"十二五"职业教育国家规划教材
经全国职业教育教材审定委员会审定
21世纪高职高专能力本位型系列规划教材

中小企业管理(第3版)

主　编　吕宏程　董仕华
副主编　陈杏头　吴小妹
参　编　赵国忻　钱　程
　　　　许　明　谢彩香

内 容 简 介

本书主要是面向高职高专经管类专业学生及其他致力于创业与从事中小企业管理的人员而编写的。全书分为“企业的创立”“中小企业的组织与管理”和“中小企业的市场营销”三大模块，以中小企业创立、经营过程为主线，围绕着中小企业的特点，着重阐述了创业机会的寻找、创业计划书的制定、中小企业组织结构的设计、经营地点的选择，以及在经营过程中遇到的财务、营销等诸多方面的问题。与同类教材相比，本书具有适用对象明确、内容新颖全面、实践操作性强等特点，突出了实用性和实践性，加入了大量案例，并在每个项目后面安排了实训项目，便于启发学生思维，培养学生应用知识分析和解决实际问题的能力。

本书可作为高等职业教育技能型人才培养的教材，也可作为相关人员的培训教材或中小企业管理人员的业务参考用书。

图书在版编目(CIP)数据

中小企业管理/吕宏程，董仕华主编. —3版. —北京：北京大学出版社，2014.11

(21世纪高职高专能力本位型系列规划教材)

ISBN 978-7-301-25016-7

Ⅰ. ①中… Ⅱ. ①吕…②董… Ⅲ. ①中小企业—企业管理—高等职业教育—教材 Ⅳ. ①F276.3

中国版本图书馆CIP数据核字(2014)第245340号

书　　名：中小企业管理(第3版)

著作责任者：吕宏程　董仕华　主编

策 划 编 辑：吴　迪　卢　东

责 任 编 辑：伍大维

标 准 书 号：ISBN 978-7-301-25016-7/F · 4078

出 版 发 行：北京大学出版社

地　　址：北京市海淀区成府路205号　100871

网　　址：http://www.pup.cn　新浪官方微博：@北京大学出版社

电 子 信 箱：pup_6@163.com

电　　话：邮购部62752015　发行部62750672　编辑部62750667　出版部62754962

印 刷 者：北京圣夫亚美印刷有限公司

经 销 者：新华书店

787毫米×1092毫米　16开本　19印张　447千字

2008年8月第1版

2012年8月第2版

2014年11月第3版　2023年1月第9次印刷(总第15次印刷)

定　　价：48.00元

第 3 版前言

值此“十二五”国家规划教材《中小企业管理》第 3 版出版之际，首先感谢广大读者的厚爱，本教材自从 2008 年首次出版以来，始终深受各高等院校师生的欢迎，很多读者朋友发来 E-mail 或者来电，给编者提出了很多宝贵的意见，鼓舞着我们不断完善、更新本教材。

其次，我们感谢众多中小企业对我们工作的支持。近年来，随着经济改革的不断深入，我国已经初步建成了社会主义市场经济体制，中小企业面临的外部环境正在发生着巨大而深刻的变化，市场经济规律在其中越来越起着决定性的作用，本教材所承载的中小企业管理的技能也越来越贴近实际。我们多次组织对中小企业的走访和调研，获得丰富的一手资料和众多有益的启示。

本教材第 3 版延续了前两版的整体风格，并与时俱进地进行了补充和修正，其特色主要体现为：①强调实训和动手能力，紧贴中小企业创建和运行的实际，重视可操作性和实用性，避免出现过度抽象、高度理论化的内容；②采用的案例既有比较经典的名人案例，也有新近几年涌现的普通人的创业和企业管理案例，有助于读者从中学习经验、复制成功，避免走弯路；③吸取了部分企业专家的意见，使教材内容在适合社会实际的同时也适合大学生尽快掌握相关规律及技能。

本教材吸取国内外关于中小企业管理的最新成果，研究了中小企业管理的客观规律，较适合高职高专经管类专业的教学和学习，也适合对中小企业管理有兴趣的读者阅读和学习。

本教材建议学时为 72 学时，各项目参考学时如下。

项　　目	内　　容	参考学时
项目 1	创业者的素质	2
项目 2	寻找创业机会	4
项目 3	制定创业计划书	4
项目 4	选择企业的创建模式	2
项目 5	选择企业创建的组织形式	2
项目 6	企业登记注册	2
项目 7	企业经营地点的选择	2
项目 8	中小企业组织结构设计	4
项目 9	中小企业的环境和发展战略	4
项目 10	中小企业的人力资源管理	4
项目 11	中小企业文化建设	2
项目 12	中小企业的财务管理	4
项目 13	中小企业风险管理	2
项目 14	中小企业的产品策略	2
项目 15	中小企业的定价策略	2
项目 16	中小企业的分销策略	2
项目 17	中小企业的促销策略	2

续表

项　目	内　容	参考学时
项目 18	中小企业的品牌管理	4
项目 19	中小企业的 CIS 设计	4
项目 20	中小企业的顾客忠诚管理	4
项目 21	中小企业公共关系	4
项目 22	制订市场营销计划	4
其他	机动	4
	综合考核	2

本教材由浙江金融职业学院的吕宏程、董仕华担任主编，陈杏头、吴小妹担任副主编，赵国忻、钱程、许明、谢彩香参编。具体编写分工为：吕宏程编写项目 4、项目 7、项目 22；董仕华编写项目 1、项目 2、项目 19、项目 21；许明编写项目 12、项目 17；赵国忻编写项目 3、项目 8、项目 13；陈杏头编写项目 5、项目 6、项目 11；钱程编写项目 9、项目 10、项目 18；吴小妹编写项目 14、项目 15、项目 16；谢彩香编写项目 20。辽宁经济职业技术学院的程云对本书部分章节提供了案例更新及部分文字修订。

浙江省杭州市、海宁市、台州市、金华市和温州市部分民营企业为本教材的编写提供了便利，在此一并表示感谢。

由于编者水平有限，书中缺点和不足之处在所难免，敬请广大读者批评指正。

编　者

2014 年 7 月于杭州

目　录

模块一　企业的创立

模块二　中小企业的组织与管理

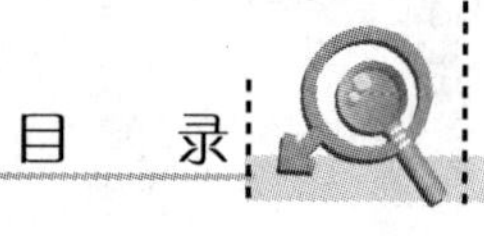

模块一

企业的创立

项目 1 创业者的素质

学习目标

1. 了解创业者需要具备的素质和能力。
2. 了解创业者提高素质的途径。
3. 分析自己是否具备创业的基本素质。

案例 1-1　从顽皮少年到商界大侠

马云，中国电子商务网站的开拓者，阿里巴巴网站创始人兼 CEO。但马云不仅没有上过一流的大学，而且连小学、中学都是三四流的。1984 年，历经辛苦的马云终于跌跌撞撞地考入杭州师范大学外语系。大学毕业后，他在杭州电子工业学院教英语。

1991 年，马云和朋友成立海博翻译社。结果，第一个月就净亏 1 300 元，就在大家动摇的时候，马云坚信：只要做下去，一定有前景。总结经验教训之后，他们决定先以最原始的小商品买卖来维持运转。于是，马云开始一个人背着个大麻袋到义乌、广州去进货，翻译社开始卖礼品、鲜花。

1995 年年初，马云偶然去美国，对电脑一窍不通的他开始接触并认识互联网。出于好奇，他请人做了一个翻译社的网页，没想到，3 个小时就收到了 4 封邮件。敏感的他意识到：互联网必将改变世界！随即，马云萌生了做一个网站，把国内的企业资料收集起来放到网上向全世界发布的想法。

此时，全球互联网刚刚发展，而杭州尚未开通拨号上网业务。于是，马云用互联网开公司、赢利的想法立即遭到了亲朋好友的强烈反对。“我想了一个晚上，第二天早上还是决定干，哪怕大家全反对我也要干……我觉得做一件事，无论失败与成功，经历就是一种成功，你去闯一闯，不行你还可以掉头；但是你如果不做，就永远没有成功的机会。”就这样，刚刚步入而立之年、已是杭州十大杰出青年教师的马云毅然放弃了在学校的一切地位、身份和待遇，开始下海经商。

1995 年 4 月，马云和妻子再加上一个朋友，凑了两万元，成立了专门给企业做主页的“海博网络”公司，这是中国最早的互联网公司之一。3 个月后，随着上海正式开通互联网，马云的公司业务量激增，先见之明为他带来了丰厚的利润。不到 3 年，马云就轻轻松松地赚了 500 万元，并在国内打开了知名度。

1997 年，在国家外经贸部(2003 年整合为商务部)的邀请下，马云带着自己的创业班子挥师北上，建立了外经贸部官方网站、网上中国商品交易市场、网上中国技术出口交易会、中国招商、网上广交会、中国外经贸等一系列国家级站点。

1999 年 3 月，马云和他的团队回到杭州，凭借 50 万元人民币在一家民房里创办了阿里巴巴网站。当时，互联网的电子商务基本上是为全球顶尖的 15%大企业服务的，但马云毅然作出决定，只做 85%中小企业的生意，其发展方向是为商人建立一个全球最大的网上商业机会信息交流站点。

阿里巴巴所采用的独特 B2B 模式，即便在美国，也难觅一个成功范例。因而，网站很快引起美国硅谷和互联网风险投资者的关注。网站注册成立一个月后，由高盛牵头的 500 万美元风险资金便立即到账；1999 年底，马云又以 6 分钟的讲述获得有“网络风向标”之称的软银老总孙正义 3 500 万美元的风险投资；2000 年 1 月，网站引入了全球首屈一指的互联网投资者——软库 2 000 万美元的投资；2004 年 2 月，总额 8 200 万美元私募成功。此时，阿里巴巴已有 10 亿元现金在手，可以和国内任何一家门户网站并驾齐驱。

有了资金的支撑，马云首先从香港和美国引进大量的外部人才，并与软库合作开发拥有日文、韩文及多种欧洲语言的当地阿里巴巴国际贸易网站；2003 年 5 月，公司投资 1 亿元推出个人网上交易平台——淘宝网；2004 年 7 月，又追加投资 3.5 亿元，用以打造全球最大的个人交易网站；2003 年 10 月，阿里巴巴创建了独立的第三方支付平台——支付宝。

事实证明，风险投资家对马云的判断是准确的。创业当年，阿里巴巴的会员就达到了 8.9 万人。在 2001 年互联网的严冬季节，公司依然实现了百万会员的目标，并成为全球首家超过百万会员的商务网站，目前的会员总数已经超过 350 万人。淘宝网在 2004 年全球权威 Alexa 对全球网站综合排名中位居前 20 位，在中国电子商务网站中排名第一。截至 2005 年 3 月，通过支付宝在淘宝网的日均交易额已超过 350 万元人民币，而且增势依然十分迅猛。

马云被著名的“世界经济论坛”选为“未来领袖”，被美国亚洲商业协会选为“商业领袖”，是 50 年来第一位成为《福布斯》封面人物的中国企业家，并曾多次应邀为全球著名高等学府，如麻省理工学院、哈佛大学等讲学。

在马云的办公室里，高高悬挂着金庸先生手书的题词——“临渊羡鱼，不如退而结网”。细品马云的创业足迹，这个题词真是点到要害，这正是马云步步成功的秘诀。“如果马云能够创业成功，我相信 80%的年轻人都能创业成功。”马云这样叮嘱当下的创业者。

(资料来源：杨得志.马云：从顽皮少年到商界大侠. 中国青年报，2004-7-26.)

思考与讨论：

(1) 你认为马云创业的动机是什么？他创业成功最根本的因素是什么？

(2) 在马云创业的过程中，经历过许多挫折，也有多次摸索，但最终取得了成功，这对你有哪些启发？

(3) 你如何认识“临渊羡鱼，不如退而结网”这句格言？

(4) 从马云最后对创业者的叮嘱中，你领悟到了什么？

1.1　创业者的定义及类型

1.1.1　创业者的定义

美国《时代周刊》评论曾经有这样一段话：“在 21 世纪，改变你命运的只有你自己，别期盼有人会来帮助你。从现在开始，‘学习、改变、创业’是通往新世界的唯一道路。”

所谓创业者(entrepreneur)，通常是指参与创业活动的核心人员，或是新企业(创立不超过 42 个月的企业)的所有者和管理者。

1.1.2　创业者的类型

依照创业动机的不同，创业者可以划分为生存型创业和机会型创业两种类型。学生休学创业、“海归”一族回国创业均是因为发现工作有吸引力，更能实现自我价值，发挥自我能力，属于机会型创业。调查表明，在我国，这类人约占 40%。而另外约 60%的创业者是因为没有其他适合的工作，为了生存而进行创业活动，属于生存型创业，换句话说，这些创业者仅仅是为了生计奔波。

1.2　创业者的必备素质

创业，有人成功，也有人失败。有人失败后总结经验教训，再度搏击便成功了，有人却屡战屡败；有人在商海中一帆风顺，有人却处处碰壁……截然相反的结局，其原因究竟何在？客观的原因当然可以找出许多，但归结到主观原因时，我们不能不探究创业者自身的素质。

创业者的素质，是指创业者自身所具备的基本条件和内在要素的总和。尽管成功的创业者千差万别，但实际上，其中还是有很多共同的东西可以描述这一特殊群体的特征。根据学者和有关机构对成功的自营企业主和企业家的调查与分析，发现这一群体在能力和意志上具有一些共同的特征。

1.2.1 创业者应具备的素质及能力

众多创业成败的案例从正反两个方面表明，创业者应锻炼并具备以下几个方面的基本素质，即心理素质、身体素质、知识素质和能力素质。

1. 心理素质

所谓心理素质是指创业者的心理条件，包括自我意识、性格、气质、情感等心理构成要素。作为创业者，他的自我意识特征应为自信和自主；他的性格应刚强、坚毅、果断和开朗；他的情感应更富有理性色彩。成功的创业者大多是不以物喜、不以己悲的，面对成功和胜利不沾沾自喜，得意忘形；在碰到困难、挫折和失败时不灰心丧气、消极悲观，这就是成功的创业者所应具有的创业精神。所谓的创业精神是创业和发展企业所必须具备的种种克服困难、战胜艰险的思想、意志和品质。

1) 创业者、应具备的心理素质

(1) 强烈的创业意识和成功欲望。要想取得创业的成功，创业者必须具备自我实现、追求成功的强烈创业意识。强烈的创业意识，能够帮助创业者克服创业道路上的各种艰难险阻。创业的成功是思想上长期准备的结果，事业的成功总是属于有思想准备的人，也属于有创业意识的人。

强烈的成功欲望是创业的最大推动力。心态，尤其是关键时候的心态，导致了人生道路的巨大差异。

(2) 自信、自强、自主、自立的创业精神。信念是生命的力量，是创立事业之本。创业是向未知领域的探险，只有相信自己有能力、有条件去开创未来的事业，相信自己能够主宰自己的命运，才能够成为创业的成功者。创业者不仅要相信自己，还要相信他们正在追求的事业，并以此来感染和说服他人，以取得信任和支持。

自强就是在自信的基础上，不贪图眼前的利益，不依恋平淡的生活，敢于实践，不断增长自己各方面的能力与才干，勇于使自己成为生活与事业的强者。

自主就是具有独立的人格，具有独立性的思维能力，不受传统和世俗偏见的束缚，不受舆论和环境的影响，能够独立自主选择事业方向，善于设计和规划自己的未来，并采取相应的行动。自主还要有远见、有敢为人先的胆略和实事求是的科学态度，能把握住自己的航向，直至达到成功的彼岸。

自立就是凭借自己的头脑和双手，凭借自己的智慧和才能，凭借自己的努力和奋斗，建立起自己生活和事业的基础。

(3) 积极、沉稳的心态。创业之路是充满艰险与曲折的，这需要创业者具有非常强的心理调控能力，能够持续保持一种积极、沉稳的心态，即有良好的创业心理品质。它主要体现在人的独立性、敢为性、坚韧性、克制性、适应性、合作性等方面。

正因为创业之路不会一帆风顺，所以，如果不具备良好的心理素质、坚韧不拔的精神，那么，一遇到挫折就会垂头丧气、一蹶不振。只有具有处变不惊的良好心理素质和愈挫愈强的顽强意志，才能在创业的道路上自强不息、竞争进取、顽强拼搏，才能从小到大、从无到有、闯出属于自己的天空。

(4) 竞争意识。竞争是市场经济最重要的特征之一，是企业赖以生存和发展的基础，也是一个人立足社会不可缺少的精神。人生即竞争，竞争本身就是提高。只有敢于竞争，善于竞争，才能取得成功。创业之初，面临的是一个充满未知、风险、困难和压力的市场，如果创业者缺乏竞争的心理准备，甚至害怕竞争，就只能是一事无成。

2) 创业者应具备的人格品质

创业人格品质是创业行为的原动力和精神内核。创业是开创性的事业，尤其在困难和不利的情况下，人格品质魅力往往具有决定性的作用。

(1) 使命感和责任心。使命感和责任心是驱动创业者勇往直前的力量之源。创业活动是社会性活动，是各种利益相关者协同运作的系统。只有对自己、对家庭、对员工、对投资人、对顾客、对供应商以及对社会拥有高度的使命感和责任心，才可能赢得人们的信任、尊重和支持。

(2) 目的明确，积极主动。创业者对于不确定的环境和全新的事业，充满激情和梦想，并为此不断挑战自我，实现超越。他们做事目的性强，目标明确，讲效率，重实效。为了完成既定目标，他们往往长时间地超常艰辛地工作，在创业初期常表现为工作狂倾向。

创业者常常要经历许多的挫折和失败，只有始终保持乐观积极的心态，才可能在失败之后振作起来，并从中汲取教训，增加下一次成功的机会。人们常说，一个人的成功不在于他曾达到的高度，而在于他掉下来之后反弹的高度。

(3) 创新冒险。创新是创业精神的核心要素，创新意识和冒险精神是创业者的内在要求。创业机会的发现和创意的形成需要进行创造性思维，发挥创造力。同样，机会的开发、资源的整合、商业模式的设计更是创新能力的集中体现。

创业的开创性需要有冒险精神，需要有胆略和胆识。同时，在创业实践中也要有风险意识，要注意冒险精神和风险意识的平衡，保持理性思维，降低风险损失。

(4) 坚韧执著。创业是对人的意志力的挑战。面对险境、身处逆境能否坚持信念，承受压力，坚持到底常常决定着创业的成败。最后的成功往往就在于再坚持一下的努力之中。

(5) 正直诚信。正直诚信是创业者必备的品质，它体现了成功创业者的人格魅力：讲信誉，守诺言，言行一致，身体力行，胸襟广阔，厚人薄己，敢于承担责任，勇于自我否定。具有良好口碑的人格魅力可以帮助创业者凝聚人心，鼓舞士气，赢得更多合作者的信任和支持。

(6) 懂得分享。成功的创业者都懂得分享的道理，即算大账的人做大生意，干大事业；算小账的人则永远只能做小生意，干小事情。

2. *身体素质*

所谓身体素质是指身体健康、体力充沛、精力旺盛、思路敏捷。现代小企业的创业与经营是艰苦而复杂的，创业者工作繁忙、时间长、压力大，如果身体不好，必然力不从心、难以承受创业重任。

中国每 100 人中就有 12.3 个人在创业，这些人的年龄集中在 18～64 岁。但一般认为，创业的最佳年龄是在 25～35 岁，因为这一年龄段被认为是创新思维最为活跃、精力最充沛、创造欲最为旺盛的高峰期，最具创新精神和创新能力。

阅读材料

知名企业家掘到“第一桶金”的年龄及秘诀见表1-1。

表1-1 知名企业家掘到“第一桶金”的年龄及秘诀

成功创业者	第一份职业	创业年龄	创业资金及来源	成功秘诀自述
香港超人：李嘉诚	推销员	22岁	做推销员积蓄的5万元	别人做8个小时，我就做16个小时，起初别无他法，只能将勤补拙
天才商圣：霍英东	铲煤工	25岁	借来的100元	我一向喜欢接受挑战，最艰苦的事情，我一定要做好。我觉得做人要本着良知，当时赚钱真是好公道，每一个人都有好处
世界船王：包玉刚	保险员	36岁	向亲友集资20万元	用笨办法取得客户的信任，在经营管理上超过同行。我的座右铭：宁可少赚钱，也要尽量少冒风险
台湾商神：王永庆	米店学徒	16岁	向亲友借的200元	先天环境的好坏，不足喜亦不足忧，成功的关键完全在于自己的努力
赚钱之神：邱永汉	经商倒卖砂糖	25岁	800元积蓄	基本上，一个人是否适合自行创业，应该是自己最清楚。譬如个性是否适合？能力或专业知识是否足够？勤不勤快？以及什么年龄最适当等，都是如此。通常最佳的创业阶段，应该是从27～35岁最恰当
万金油王：胡文虎	药店学徒	26岁	继承父业，3 000元	舍得花钱才会赚钱

3. 知识素质

创业者的知识素质对创业起着举足轻重的作用。在知识大爆炸、竞争日益激烈的今天，单凭热情、勇气、经验或只有单一专业知识，要想成功创业是很困难的。创业者要进行创造性思维，要做出正确决策，必须掌握广博的知识，具有一专多能的知识结构。具体来说，创业者应该：用足、用活政策，依法行事，用法律维护自己的合法权益；了解科学的经营管理知识和方法，提高管理水平；掌握与本行业、本企业相关的科学技术知识，依靠科技进步增强竞争能力；具备市场经济方面的知识，如财务会计、市场营销、国际贸易、国际金融等；具备一些有关世界历史、世界地理、社会生活、文学、艺术等方面的知识。

4. 能力素质

创业者至少应具有如下能力。

1) 创新精神和能力

创新精神是勇于和善于进行观念、科技、工艺、产品、品牌、市场、管理、组织等全面创新的精神。创新要有“求异”思维，即要追求理念“个性化”，这是创业者最重要的素质特征。没有创新求异精神，企业就不会有个性；没有个性的企业往往停滞不前，容易在激烈的竞争中被淘汰。

2) 冒险精神

不敢冒险就不敢前进，一旦疏忽，机会就稍纵即逝。冒险精神就是要求创业者时时刻刻拥有对市场决断的勇气与洞察力，能审时度势地在复杂环境与情况下洞察到事物的内在本质和运动发展趋势，能通过各种渠道认真听取与分析各方面意见，并不失时机地做出科学合理的决策。

3) 决策能力

创业者如同战场上的指挥员，需要感召力和果断的决策力。所谓决策能力，是指对某一问题特别是某一重大问题处理的决心和办法以及实施的力度。它包括决策者的意志，对于情况分析的程度和制定方针政策的针对性和可行性程度。市场瞬息万变，这就需要创业者善于总揽全局，审时度势，根据市场变化做出科学决策。为此，他必须有一个合理的知识结构，不仅系统掌握现代管理知识和市场经营知识，同时具有财经、金融、科技、历史和法律等方面的基本知识。

4) 预见能力

当今市场千变万化，机会和风险并存，要抓住机会必须要“先知先觉”，要有敏锐的洞察力。只有走在市场前头，才能获得丰硕的回报。独树一帜的预见能力，是创业者战胜对手的法宝。

5) 应变能力

商海变幻莫测，创业者作为小企业的代表和掌舵人，应该具备以不变应变的能力。应万变的能力指创业者能根据不断发展变化的主客观条件，随时调整对外界环境的分析、判断并适应的能力。它要求创业者善于准确把握形势的主流，能够在千变万化的形势中把握基本恒定的东西，沉着冷静、灵活机动。

6) 管理能力

管理能力是指管理者成功地完成特定管理活动所必需的一种专业能力。企业的成功离不开成功的企业管理，创业者成功的关键在于对成功管理方法的掌握。管理能力包括自我管理能力、团队管理的能力以及绩效管理能力等。

7) 社交能力

社会交往能力是指一种能够妥善处理企业内外关系的能力，包括与周围环境建立广泛联系和对外界信息的吸收、转化能力以及处理上下左右关系的能力。创业者要有较强的社交能力和语言表达能力。市场经济有时是“朋友经济”，创业者在从事经济活动中，免不了有各种社会交往，它对于搞好生产与经营工作，加强与各方面的沟通联系，扩大影响，减少负面效应，提高经济效益都有着不可估量的作用。

案例 1-2 杨金龙：市场“慧眼”造就成功

在福建省尤溪县西城镇新联村的一处崭新的食用菌工厂化栽培大棚里，年轻的大学毕业生杨龙金手捧几个圆嘟嘟的草菇，一边仔细察看，一边欣喜地说：“你看，这些小家伙长得多好！这一段日子没白忙，过两天，亲手种出的首批草菇就可以上市了，批发价将不低于每公斤 22 元。”

这个取名尤溪县绿宝农业发展有限公司的食用菌生产示范基地，正是杨龙金和他的大学生伙伴黄梓春等人共同创业的“结晶”……

他们是一个团队

这个食用菌基地由 4 名大学生共同出资创建，而参与创业的共有 12 名大学生。杨龙金是团队的主要负责人之一，主要负责食用菌栽培技术及整个基地的生产安排。他毕业于福建农林大学生物技术专业。在大学期间，就在福建农林大学菌物中心半工半读，负责基地栽培工作。大学毕业后，曾在漳州的工厂化食用菌基地打工，也曾在老家泰宁的工厂化食用菌基地担任技术顾问，积累了一定的食用菌栽培技术和实践经验。

2010 年底，他们便一起怀揣创业致富的梦想，经人介绍前来尤溪县，对多方面条件进行论证后，选择在相对偏僻的西城镇新联村发展工厂化种植食用菌。

这个食用菌基地的技术力量比较雄厚。因为真正参与到这项工作中来的，除了他们自己，还有他们在福建农林大学的导师、教授以及食用菌专业的实习生等。杨龙金他们还与农林大学菌物研究中心合作，致力食用菌设施栽培技术的研究应用、食用菌新品种的开发与生产等。

眼下，他们已建了占地面积 30 亩的 5 个大棚，其中一个种植面积达 8 亩的大棚已投入生产，全部种植草菇。一般草菇种植用的是稻草，而杨龙金和伙伴们则将利用废弃的棉花栽培草菇。杨龙金告诉我们，之前研究机构用废棉来栽培草菇，发现它的产量在所有原料中是最高、最稳的。此外，草菇生长过后所余的废料，是一种很好的绿色有机肥料。杨龙金他们已和当地的一家现代农业示范园签订合同，将废料提供给他们用于蔬菜种植。创业路上不言苦，杨龙金和他的伙伴们租住在村部，常住在村里的共有 6 个人。女生煮饭、男生洗碗，大家轮流上阵，共同解决生活问题。

工作上，大家也各司其职。每天晚上总结一下当天的工作情况，探讨如何解决碰到的棚间管理技术等问题，并对第二天的工作进行安排。杨龙金说，许多问题，多亏了自己的创业团队共同努力一起解决。

在将理论运用于种植实践中时，杨龙金他们也常会碰到一些问题。除了自己团队的技术力量外，县农业局经验丰富的食用菌专家，也给了他们实实在在的帮助。前天晚上，杨龙金发现刚长出的小草菇中间凹下去了，经调查了解，这是由于菇棚内的废气所引起的，如果不及时治理，会严重影响草菇产量。第二天，立即对草菇棚采取了加大空气流通等措施。第三天，草菇又恢复了正常生长。

每个星期放假一天的时间，这群年轻人一起出去玩，去县城唱唱歌什么的。

杨龙金说，过去的一年时间里，他自己几乎是吃住在种植基地，每天起早摸黑，风雨无阻地穿梭在田间地头。每天睡五六个小时，每天晚上 12 点和凌晨 2 点，他还要起来察看菇棚，看看菇棚的温度、湿度是否符合标准。

2011 年初，小杨的女朋友林晓丽过生日。他们约好当天晚上到晓丽的闽清老家吃饭。结果，晚上八九点才赶到晓丽家，错过了晚饭时间。晓丽当时非常生气，抱怨他投入工作的时间太多了。过后，小杨给女朋友发了个短信：工作忙，实在没办法脱身，对不起！

现在，小杨的女朋友晓丽也来到了食用菌基地，和小杨一起创业。

期盼风雨过后有彩虹

创业路上困难还有很多。比如资金问题，小杨是个刚毕业的农民大学生，创业资金非常困难。他占了 31%的股份，目前已投入的 30 多万元，全部是通过亲戚朋友筹借来的。目前还需要资金使剩余的 4 个大棚于年内全部投入生产。而眼下雇工多则 30 人、少则 10 来个人，每个月仅雇工工资得花去 4 万多元；5 个大棚全部投入生产后，每个月仅固定雇工至少需 30 多人。

此外，因为食用菌本身性质，决定了菌种的不稳定；在食用菌销售方面，尤其是冬季销售比较困难等问题，都给这个行业带来了风险。

困难面前不退缩。杨龙金他们对食用菌种植行业还是充满了信心。杨龙金说，食用菌种植不打农药，是绿色食品，而且营养成分高，味道好，甚至有“一朵香一大锅”的说法，市场的销售路子还是挺广的。

未来，他和伙伴们希望在生产上实现由季节性生产向常年生产转变；通过现代化工厂化设施栽培，带动周边农户发展食用菌，并逐渐向外扩展；在生产模式上由农户家庭式小规模分散个体生产向股份联合体、公司化经营转变。甚至，将食用菌栽培技术向野生食用菌驯化栽培扩展。

对杨龙金和他的伙伴们来说，创业道路就在脚下，梦想并不遥远……小杨满怀憧憬：“我们希望这个基地成为创业的第一个起点；我和女友晓丽计划好了，将把明年的婚礼安排在这个栽培基地全部建成并实现循环种植之后……”

(资料来源：徐州大学生创业网. http://www.xzcy.org.)

思考与讨论： 你认为杨金龙具备哪些素质促使其创业成功？

1.2.2 创业者提高素质的途径

当然，我们并不是说创业者必须完全具备以上四大素质才能创业，但创业者本人要有在创业中不断提高自己素质的自觉性和实际行动。

提高素质的途径：一靠学习，二靠改造。要想成为一个成功的创业者，就要做一个终身学习者和改造自我者。创业者不可能具备经营企业所需的所有技能。然而，上述这些技能是企业成功的砝码。因此，创业者应当从不同的培训中获取能力，或者和那些具备自己没有的技能的人合作开创公司，或者招聘那些具备自己所需技能的员工和顾问。

1.3 创业失败的原因

市场经济就是创业经济。在“创业时代”，全民创业非常活跃，但是创业的成功概率并没有因为创业者的增多而水涨船高。创业失败的现象比比皆是，其中的原因也十分复杂，一言难尽。下面是一些常见的原因。

(1) 事先没有进行详细周密的市场调查。在国外，创业前通常要委托专门的市场调查公司做专项调查，但是在我国，很多人只是道听途说某某行业好赚钱，就贸然投资。当然，也有人是为了节省市场调查这笔看似可以忽略的费用。其实，创业前不做系统的市场分析是很不明智的。

(2) 贪大求新，超过了自己的经济承受能力。一些创业者，特别是一些曾经成功的商人，不愿意再从小公司做起，希望一开始就是大手笔，规模搞得很大，固定费用不少，但是一旦遇到一点困难，企业就轰然倒塌。

(3) 所涉及的行业不是自己熟悉的业务。一些创业者往往听说什么赚钱，就开什么店，做什么业务，在业务深入到一定程度后，方才发现自己的经验、知识、能力和人际关系都与业务不吻合甚至相差太远，最后被迫破产。

(4) 盲目进行价格竞争。一些创业者热衷于或被迫进行价格战，其结果是要么偷工减料以保证利润，要么保证质量而仅获微利甚至亏损，如以薄利多销为策略经营，最后又不得不经营“低档货”甚至伪劣产品。

(5) 缺乏法制观念。在计划经济向市场经济过渡的过程中，曾经有一些人依靠钻法律空子或者走政策边缘而创业成功、发家致富，但是这种思维定式必然会导致许多不良后果。一旦出了问题，只好关门大吉。

(6) 目光短浅，急于求成。有的人急于求成，总想走捷径，早日把钱赚到手，甚至铤而走险，最后人财两空，殊不知“事业成功，钱在其中”。在很多情况下，创业者要有持久战的准备，立竿见影的机会毕竟是可遇不可求的。

(7) 重视硬件而忽视软件。许多服务场所的设备、装修都不错，但是服务质量、人员素质、管理水平却跟不上，于是生意冷冷清清。

(8) 财务上较冒险。在创业初期，对业务前景过于乐观，没有预留足够的活动资金，在生意不顺利时，资金链发生断裂，于是创业失败。

(9) 没有开拓社会资源。有人创业追求经营万事不求人，而独在小楼自成一体，这样的经营很难能获得会计师、律师、商业顾问的专业知识与经验，公司只能在低水平层次上经营，却不能充分利用政府的优惠政策、合法避税，有时还有意无意触犯法律，最后自取灭亡。

(10) 经营理念不清、不执著。有人以为小企业不需要经营理念、哲学，认为那些东西太高了，谈企业文化是大企业的事情，只要紧跟着市场潮流变化就可以了。但理念不清、目标不能确定，不能坚持长久，必然难以获得成功。

(11) 没有考虑当地的文化背景。我国的整体市场是由一个个区隔市场组成的，如何获得尽可能多的区隔市场，是每个创业者要面临的课题。为了避免区隔文化的振荡，许多人都把自己局限在自己熟悉的小圈子内，结果始终打不开局面。若是以自己的主观判断行事，一不小心就会碰得头破血流。

(12) 创办人缺少必要的经营企业的经验。许多人尽管在政府、研究机构、大专院校或者大中型企业工作过，但是本身却没有兴办民(私)营企业的经历，即使先前做过企业，那也是与现代的市场规则有着相当的差异。从某种意义上讲，熟悉业务环境和有管理经验是创业成功的最大保障。

如果你已经开始创业，首先要做的也是最基本的，就是学习和熟悉你所在地域的经商文化、商业惯例、公司法、受雇标准、环保法规以及公司管理的一般方式等。有些你所关注并且看好的市场自己做也不一定会成功，一定要有一切从头开始的心理准备。

案例 1-3　孟炎创业 7 个月

2002 年 11 月 23 日下午 5 点。北京城东一个写字楼的三层，孟炎与其创业伙伴小谢开办的公司内只剩下孟炎一个人。中午他刚刚给最后一名员工付清工资，并让他回家了。现在准备回家的是孟炎了。孟炎花了一下午的时间，将 4 台电脑、打印机、传真机、办公桌及相当多的机械轴承资料和样品收拾停当，等待着搬家公司的车辆帮他将这些东西搬回到自己的家中。这时，看着仅仅维持了半年多的公司，看着这个不得不离开的曾经播下自己第一颗创业种子、充溢着自己热望的地方，孟炎才真切感觉到自己的这次创业经历有多么盲目。

共同创业　充满激情

孟炎在大学是学习企业管理的，毕业后曾经在一家销售轴承的香港公司工作了一年。因为一直在跑市场，与客户打交道，孟炎很快就认为自己对这方面的知识和技巧已经全部掌握了，他渴望能够自己创业。

一个偶然的机会，他得知同学小谢的家人中有人做过机械轴承的销售，而且收入颇丰，并且小谢也称自己以前曾经有过相关的工作经历，有一些老客户可以联系。孟炎心动了，两人谈得投机，很快就开始规划起创业的具体细节：孟炎负责供货渠道、解决技术性问题，小谢则负责寻找客户、承接订单。两个人决定从父母那里借些钱当作创业的启动资金。

孟炎一直觉得他们的创业目的很明确，一来给将来打基础，二来多赚点钱。孟炎希望借这次创业为自己积累更多的资金，可以为以后搞投资、专门经营一些有特色的产业打下基础。但是，具体如何运作、目前的市场前景如何、这个行业的特点以及具体产品的性能等，两个人没有一个是内行。

2002 年 4 月，孟炎在北京城东的一座小写字楼租到一个 70 平方米左右的办公间，每月租金 5 000 多元，加上电费、电话费和日常开支，月支出在万元左右(原来没必要租这么贵的写字间，但两个人都觉得搞轴承销售，面积、装修都要体现一定的实力)。因此孟炎拿出了借来的 5 万元，小谢也借来了 3 万多元。他们用这笔钱购置了 4 台电脑、打印机等办公设备。公司小有模样了。他们初步确定，如果业务发展顺利，到年底，两个人按 60%和 40%的股权分配红利。

由于两个人的资金有限，因此从一开始他们就决定先不注册公司，而是打着孟炎一个朋友公司的牌子进行经营，等资金达到一定数量后，再自立门户。

尽管两个人的家里人并不支持，特别是孟炎的姐姐曾经做玩具生意吃过亏，一家人总想劝孟炎打消这个念头，但是孟炎始终觉得应该自己去闯荡一番。尽管他没有特别过硬的理由说服家人，可他却下决心一定要闯一闯。

之后的两个多月时间里，孟炎没有回过家，也没有回过自己的住处。他和小谢搬到了公司住。白天，他们带着请来的两个员工一起打印各种资料、报价单等，晚上将这些资料装入发给各个企业的信封中。

上万封信发出去后，他们陷入了一种难以名状的等待状态。然而一个多月等待的结果却是上万封信如石沉大海，他们没有等来一个业务咨询的电话，却等来了天天从邮局退回的信件。

眼看这种方法行不通，两个人并没有灰心。8 月份，他们开始分头到各个机械设备展览会现场、轴承展览会现场，向往来客商递放资料，与厂商联络，没想到这种方法竟然让他们一下子收集了几百张中间商的名片，有国内的，也有海外的订货商。两个人兴奋到了极点，他们觉得自己的前景越来越光明。

经验欠缺　起步维艰

一个月后，他们认为自己慢慢进入了状态。两个人每天忙忙碌碌，把收集到的名片输入电脑，做成数据库。借着展会的后续效应，每天都有十几个客户打电话或上门找他们谈业务。他们又忙着收集客户的需求，接收样品，记录样品的规格、型号、材质等详细数据，用最快的速度把资料发到生产厂家，等厂商提供各类的价格信息。与商城内竞争对手的产品相比，孟炎一直认为他们提供的产品质量有保证、价格合理，应该具有竞争力。

但是，又匆匆忙忙地过了一个多月，孟炎察觉到事情有些不对劲。“每天都有客户来咨询，要求提供样品或报价。但他们拿了我们的资料和报价后就绝少再有回音。”眼看着客户们都像悬在半空中的气球，看得见摸不着，没一个落地签订单的，孟炎着急起来。他们专门找了一些业内的人士请教，业内人士给他们分析了原因：机械轴承这个行业情况很复杂，发展到现在，国内外厂商和供应商之间的关系相对稳定。因此，产品质量好、价格低未必能争取到客户。“我们是小公司，人家没跟我们长时间打过交道，对我们监控产品质量或大规模供货的实力不够信任。”孟炎细想后，也看出了其中的原委。原来许多客户向他们咨询，并非真有订货意向。而是拿到他们的报价资料后，如果比原来供货商价格低，就有理由要求降价，如果低不了很多，就更不可能会轻易改变合作关系。

孟炎也想过变被动等人上门为主动上门洽谈，以增加跟客户的直接沟通。“试着到外面跑过两天，找机械厂，因为无的放矢，效果很差。”他甚至动员了所有的同学、朋友、家人，帮助他寻找相关企业的熟人，然而隔行如隔山，能够帮上忙的一个都没有。此时，孟炎决定招几个只拿底薪的业务员，并且草拟了一份销售计划，然而这就等于每月至少增加 2 000～3 000 元的支出。孟炎越来越感觉到自己就像陷入了一场赌博中一样，已经根本不可能罢手了。

素质不行　生意散伙

业务员招来了，每月孟炎给他们开出保底的 500 元工资，然而两个多月一晃过去了，公司仍然粒“米”未进，孟炎更加心急火燎。“十一”前夕，事情突然有了转机。孟炎总算吃到了创业后的第一只螃蟹，螃蟹虽小，但味道不错——石家庄一家机械公司从他们公司进了一批轴承，合同金额 7 万多元。为了赚到这笔钱，孟炎将自己的利润降到了最低点，一单生意下来只赚了 4 000 元出头。紧接着，又陆续签了几笔业务，都是小单子，赚了不到一万元。

随后，业务终于有了起色，几次生意过后，孟炎创下了不错的口碑，上门的客户越来越多，虽然都是很小的订单，但是所赚的利润也勉强够他们每月的开支。孟炎再次看到了希望。

但是，暂时的成功并不能掩盖公司在制度方面，以及孟炎作为一名创业者在素质方面的欠缺。组织不健全、构架不合理的问题原本就非常突出，加上账目混乱，员工工作秩序混乱，很快麻烦就又出来了。业务员为了争一个客户而明争暗斗，互相拆台。孟炎起初以为这是业务员竞争过程中的必然现象，并未加以重视，没想到事态逐渐恶化，一个业务员为了抢到订单，竟然与厂家做起了私下交易。然而，当供货出现问题时，厂家却找到孟炎要求赔偿。那个业务员早就走了，为了保证公司的声誉，孟炎做出了一定的赔偿，两个月刚刚赚到的钱就这样再次被断送了。更加可怕的是，对于公司业务员之间的你争我夺，业内很快就尽人皆知，厂家对孟炎的公司产生了疑虑，很快业务再次陷入僵局。

11月，小谢终于绝望，提出散伙，不再与孟炎合作，并且带走了仅有的几个客户资料。孟炎的生意彻底陷入绝境。

刚起航的船，没行多久就这样触礁搁浅了。事后孟炎说，如果能在同类的外贸公司做两三年，积累一定的经验和客户资源，他工作起来绝不至于那么被动。

(资料来源：刘文安. 孟炎创业7个月. 科学投资，2003(2).)

思考与讨论：你认为孟炎失败的原因是什么？

1.4 创业前的思想准备

创业过程充满挑战，始终与风险相伴，它意味着长期而艰苦的工作的开始。没有良好的心理素质，是难以承受这种艰辛的工作和较高的风险的。

1. 审视自己的创业动机和目标

创业动机和目标直接影响创业的成败和难易。一般创业者的创业动机可分为以下4种类型。

(1) 被迫型。创业者的社会关系不是很多，手中资源也有限。这类人中许多是：毕业找不到工作的学生。他们多是白手起家，寻找机遇。从小企业开始创业，不断积累，逐步成长。

(2) 主动型。创业者自身有一定的专业特长、资源市场或资金，利用这些资源优势，理性创业，充分准备，成功的概率比较高。

(3) 资源型。创业者曾在党政军团、行政事业单位掌握过一定权力，或者在企业中有过相当的经历，有着一定的市场、项目、资金、信息或人脉资源，借助于适当的时机，开始创业。这些创业者，由于起步较好，资源丰富，成功概率很高，且大多数都能达到相当大的规模。

(4) 随即型。创业者自身或家庭有良好的条件，创业风险对他们没太大压力，赚了钱更好，赔了也无所谓，是以一种令自己快乐的心态进行创业的。

创业目标大致也可分为以下4类。

(1) 想要实现个人梦想，相信创业是致富的唯一途径。

(2) 能在市场上发现机会，并相信自己的经营模式比别人更有效率。

(3) 希望将拥有的专长发展成为新企业。

(4) 已完成新产品开发，而且相信这项新产品能在市场上找到利润空间。

2. 测试自己创业的基本素质和条件

在创业开始之前，创业者需要评估自己的优势和劣势，看看自己是否具备创业的素质和能力。对此，已有许多相关研究成果，创业者可参考本节相关内容进行自我测试。简单而言，创业者可通过认真思考和回答以下问题，来初步判断自己是否有创业的基本素质和能力。

(1) 你适合创业吗？作为创业者或者小企业的领导者，在如何拓展业务、如何定位市场、如何管理财务和员工等各种细节问题上，经常需要做出决定，而且这些决定往往是在压力环境下要求你迅速独立完成的。创业需要热情、需要理念，更需要能力，因此要自测一下你的策划和组织能力如何，你的团队组建和管理能力如何，你的决策和综合管理能力如何，你的创业风险规避能力如何。

(2) 你能长时间保持创业激情吗？运营一个企业有时可能会把你的意志耗尽。尽管有些企业主感觉自己已经被肩上的责任重担压垮了，但是强烈的创业激情和坚强的意志，却能够使其成功，并且在遇到困难的时候帮助其顽强地生存下来。因此，应检查你选择自主创业的原因，确认这些原因在今后创业的道路上，无论碰到什么困难，都将激励你勇敢地坚持下去。至少，你的创业冲动能够强到使你长时间保持创业的激情。

认真检查你个人拥有的技能、经验和意志。因为有可能在相当长的一段时间内，企业的业务没有进展，有可能会出现与员工思想发生激烈碰撞的现象，不理解你、不支持你的现象也可能会经常发生。对此你准备如何承受？你承受得了吗？

(3) 你的身体和精神状态适合创办企业吗？创业过程充满挑战，也意味着长期而艰苦工作的开始，你将失去很多休息时间。身体健康是承受创业高强度体力和精神压力的前提，你的身体健康状况是否允许你从事这样的工作？在创业过程中，有时会令人非常兴奋和愉快，有时也会给人带来烦恼和颓丧，你有没有这样的心理准备？

(4) 你的家庭支持你创业吗？和谐稳定的家庭是事业成功的基础，创业初期对你的家庭生活影响很大，家庭支持对你能否成功也很重要，你确信你的家庭会支持你吗？

(5) 你准备承受创业初期的风险吗？创业始终伴随着风险。在确定了创业目标后，创业者应自测：创业的风险有哪些？我创业最坏的结果是什么？我能否接受？我能否从坏结果中走出来？

本项目知识要点

(1) 创业者，通常是指参与创业活动的核心人员，或是新企业(创立不超过42个月的企业)的所有者和管理者。

(2) 创业者必须具备一定心理素质、身体素质、知识素质和能力素质，并可以通过一定的途径提高自己各方面的创业素质。

(3) 创业失败的因素众多，创业者要善于汲取经验教训。

思 考 题

(1) 什么是创业者，创业者需要哪些素质？

(2) 创业者需要具备哪些能力？

(3) 创业者需要具备哪些知识？

(4) 创业者提高素质的途径有哪些？

自 测 游 戏

创业者基本素质自测：

下列各题均有4个选择，答案：A．是(记4分)；B．多数(记3分)；C．很少(记2分)；D．从不(记1分)。请在符合你实际情况的小括号内填上A、B、C、D。

(1) 在急需做出决策的时候，你是否在想“再让我考虑一下吧”？ ( )

(2) 你是否为自己的优柔寡断找借口说:“是得好好慎重考虑,怎能轻易下结论呢?”(　　)

(3) 你是否为避免冒犯某个或某几个有相当实力的客户而有意回避一些关键性的问题,甚至表现得曲意逢迎呢?(　　)

(4) 你是否在已经有了很多写报告用的参考资料的情况下,仍责令下属部门继续提供?(　　)

(5) 你处理往来函件时,是否读完就扔进文件框,不采取任何措施?(　　)

(6) 你是否无论遇到什么紧急任务,都先处理琐碎的日常事务?(　　)

(7) 你是否必须在巨大的压力下才肯承担重任?(　　)

(8) 你是否无力抵御或预防妨碍你完成重要任务的干扰与危机?(　　)

(9) 你在决定重要的行动计划时常忽视其后果吗?(　　)

(10) 当你需要作出可能不得人心的决策时,是否找借口逃避而不敢面对?(　　)

(11) 你是否总是在快下班时才发现有要紧事没办,只好晚上回家加班?(　　)

(12) 你是否因不愿承担艰巨任务而寻找各种借口?(　　)

(13) 你是否常来不及躲避或预防困难情形的发生?(　　)

(14) 你总是拐弯抹角地宣布可能得罪他人的决定吗?(　　)

(15) 你喜欢让别人替你做自己不愿做的事吗?(　　)

诊断结果:

50～60分:你的个人素质与创业者相差甚远。

40～49分:你不算勤勉,应彻底改变拖沓、效率低的缺点,否则创业只是一句空话。

30～39分:大多数情况下充满自信,但有时犹豫不决,不过没关系,有时候犹豫是成熟、稳重和深思熟虑的表现。

15～29分:你是一个高效率的决策者和管理者,更是一个成功的创业者,具有良好的心理素质和坚忍不拔的毅力。

项目2 寻找创业机会

学习目标

1. 了解市场机会的类型。
2. 掌握发现市场机会的方法。
3. 了解如何提高自己发现商机的能力。
4. 掌握如何进行创业机会的评估与比较。

2.1 寻找和发现创业的市场机会

创业是发现市场需求，寻找市场机会，通过投资经营企业满足这种需求的活动。创业需要机会，可以说机会无时不在，无处不在。机会要靠发现，在茫茫的市场经济大潮中要想寻找到合适的创业机会，需要创业者具备一定的素质并掌握发现市场机会的方法。

2.1.1 如何识别创业机会

1. 创业机会的类型

创业机会分为潜在市场机会与表面市场机会。

(1) 表面市场机会是指明显没有被满足的市场需求。

(2) 潜在市场机会是指隐藏在现有某种需求后面的未被满足的市场需求。

案例 2-1 在校学生创立“美洁日化”店

蔡梦洁、陈荣翔和蔡晓，是浙江金融职业学院市场营销12(1)班在校学生，来自不同的城市，却拥有一样的梦想和激情的青年，他们一直坚信一句话——人不逼自己一把，永远都不知道自己有多优秀！

和普通大学生一样，刚进入大学，充满了好奇和迷茫，但是梦想激励着他们，让他们清醒，让三位年轻人开始追梦。在大一的时候，他们参加各种比赛和活动，也正是如此，他们的默契度、配合度也越来越高。经过一番讨论，和调查，他们开始孕育他们的美洁……美洁的诞生不是一帆风顺的，所遇到的困难比他们想象中的多得多……

浙江金融职业学院内的银联寝室楼三幢居住的全部为女生，经过多次考虑和研究，他们决定在银联楼下开一家属于女生的日化店。

有了想法，他们便开始准备、开始努力。开学便向学校的笃信创业园申请店铺，学校为了保证店铺不浪费，对他们也是加紧了监督，为了得到学校的信任与支持，他们一次又一次地答辩、夜以继日地准备。在外开始联系供应商，面对他们几张青涩的脸庞，有些供应商根本不屑和他们谈判，没有经验，他们只能持续不断的尝试，为了让自己拿到的价格是最低的，他们通常要跑好几家供应商才能决定。就这样，他们一次一次的奔波，虽然遭遇谈判失败，或是运输困难，但是他们始终坚持着，正是这份执着，他们得到了学校的支持与肯定，供应商也愿意和他们合作。一切都按着计划有序地进行着，离开业还有 10 天，蔡梦洁和陈荣翔接到学校通知，要代表学校去北京参加模拟营销的比赛，意味着这几天的压力全部落在在蔡晓的肩上，进度也随之减慢，但是作为学生他们又不想放弃这次难能可贵的机会。从北京回来，他们只剩下 4 天的时间准备，为了在预计的时间内开业，这 4 天，他们通宵达旦的工作，早上上课，上完课马上去店里忙，有时候连饭都吃不上，打扫，装修装饰、商品入库等等，这 4 天基本都是凌晨 5 点回寝室休息，然后 7 点半起来上课。虽然很累很疲劳，但是梦想始终坚持着他们前行，鼓励着他们追梦。

通过努力，美洁日化诞生了，坐落在银联 B 幢底层，主要营业项目是生活用品、化妆护肤品，附带食品。他们采用渗透定价法，价位低于普通超市，适应学生需求，但是他们的进货渠道绝对正规，保证质量，假一赔百。开业至今，已经有不少老师参观指导，提出许多宝贵的意见，同样他们也对他们的产品也是非常肯定。

作为学生，学习是他们的本职工作，在打理美洁日化的同时他们并没有放弃学习，作为班长的蔡梦洁，团支书的陈荣翔，他们坚持以班级为重，努力为班集体服务，带领班级取得了学风示范班以及优秀团支部的荣誉，积极组织开展各种班级活动，学习上他们也毫不懈怠，坚决不旷课，不迟到早退，在班级综合测评分的排名第一。平时他们也积极参加学校开展的各项比赛，并且多次获奖，获奖次数高达十余次。蔡梦洁也担

任了营销132班班助，带领新生熟悉校园，同时也发挥特长积极为系部做贡献，在迎新晚会中，也教大一新生跳舞，忙碌但却很充实……

他们在一次次的努力后，发现自己成长了很多，社会很现实，不是每次付出都是会有回报，但是不付出是绝对没有回报，而每一次的付出都会是他们成长的脚印！有时候，他们觉得要学会对自己狠一点，逼自己一把，才能让自己更加优秀。

有些事，他们一开始不敢想，但是只要努力，就发现不敢想的事慢慢会去尝试会去做，最后做到自己想的那样！这就是成长。

生活中，也有同学会调侃她，别奋斗了，你是圣女果了，蔡梦洁也会笑笑说，美洁日化就是我的男朋友！每个人都会自己选择梦想，选择未来，我既然选择自己的路，那么我跪着也会把它爬完。美洁日化，既是对他们的肯定，也是对他们的激励，让他们更加为之努力！有人羡慕他们三个可以拥有厚厚的一打荣誉证书，或是可以舞台大方得体的演讲主持，也有人羡慕他们可以登上钱江晚报，或是明珠电视台，也有人羡慕他们可以代表学校去北京甚至台湾参加比赛，也有人羡慕他们的美洁日化，但是也许大家未曾想过，在这些的背后，是他们通宵达旦的工作与付出，是他们不断地尝试与付出！

思考与讨论：蔡梦洁三人是如何识别创业机会的？对你有何启发？

2. 创业机会主要来自6个方面

1) 问题

创业的根本目的是满足顾客需求，而顾客需求在没有满足前就是问题。寻找创业机会的一个重要途径是善于发现和体会自己和他人在需求方面的问题或生活中的难处。例如，上海有一位大学毕业生发现远在郊区的本校师生往返市区交通十分不便，创办了一家客运公司；双职工家庭，没有时间照顾小孩，于是有了家庭托儿所；双职工没有时间买菜，就产生了送菜公司等。这些都是把问题转化为创业机会的成功例子。

案例2-2 问题与机会：一体两面

湖北荆州一名经销商刚创业时，只有7万元资本。刚开始面临两难选择，找大厂家代理，大厂家早已有代理商;找小厂家代理，小厂家给自己的支持力度又不够。真是左右为难。

后来，他发现一个现象：有些代理商做大后，与厂家发生矛盾。比如，厂家重点推的产品，经销商不愿意主推，厂商产生矛盾。于是，他专门寻找经销商眼里的“鸡肋产品”，即厂家压力大，但经销商视为鸡肋的边缘化产品。把大代理商不愿做的鸡肋产品拿过来，对代理商来说是卸下包袱。

当这名经销商把鸡肋产品做成功后，厂家认为既然鸡肋产品能够做成功，其他产品也能够做得很好，干脆把所有产品都交给他做。

就这样，一个规模很小，资金不足的经销商，竟然一个一个拿下了大厂家的代理权。

(资料来源：中国创业港网站. http://www.cncyg.com/.)

2) 变化

创业的机会大多产生于不断变化的市场环境，环境变化了，市场需求、市场结构必然发生变化。著名管理大师彼得·德鲁克(Peter F. Drucker)将创业者定义为那些能“寻找变化，并积极反应，把它当作机会充分利用起来的人”。变化可以包括：产业结构变动、消费结构升级、城市化加速、人口结构变化、价值观与生活形态变化、政策变化、人口结构变化、居民收入水平提高、全球化趋势等诸方面。例如，居民收入水平提高，私人轿车的拥有量将不断增加，这就会派生出汽车销售、修理、配件、清洁、装潢、二手车交易、陪驾等诸多创业机会；人口因素变化可以产生以下一些机会：为老年人提供的健康保障用品、为独生子女服务的业务项目、为年轻女性和上班女性提供的用品、为家庭提供的文化娱乐用品等。

3) 创造发明

创造发明提供了新产品、新服务，更好地满足了顾客需求，同时也带来了创业机会。例如，随着电脑的诞生，电脑维修、软件开发、电脑操作的培训、图文制作、信息服务、网上开店等创业机会随之而来，即使你不发明新的东西，你也能成为销售和推广新产品的人，从而给你带来商机。

4) 新知识、新技术的产生

随着科技的发展，开发高科技领域是时下热门的课题。例如，美国近年来设立的风险企业，电脑领域占25%，医疗和遗传基因领域占16%，半导体、电子零件领域占13%，通信领域占9%。新知识、新技术的产生也带来了许多市场机会。例如，当人类基因图像获得完全破解，可以预期必然在生物科技与医疗服务等领域带来极多的新事业机会；又如，随着健康知识的普及和技术的进步，围绕"水"就带来了许多创业机会，上海就有不少创业者加盟"都市清泉"而走上了创业之路。

5) 竞争

机会并不只属于"高科技领域"。在运输、金融、保健、饮食、流通这些所谓的"低科技领域"也有机会，关键在于开发。如果你能弥补竞争对手的缺陷和不足，这也将成为你的创业机会。看看你周围的公司，你能比他们更快、更可靠、更便宜地提供产品或服务吗？你能做得更好吗？若能，你也许就找到了机会。

6) 顾客的差异

机会不能从全部顾客身上去找，因为顾客的共同需求容易被认识，基本上已很难再找到突破口。实际上，每个人的需求都是有差异的，如果时常关注某些人的日常生活和工作，就会从中发现一些机会。因此，在寻找机会时，应习惯把顾客按照不同的标准进行分类，如政府职员、农民、大学讲师、杂志编辑、小学生、单身女性、退休职工等，认真研究各类人员的需求特点，机会自现。

案例 2-3　吉姆·麦凯布和他的"录像天地"

当吉姆·麦凯布作为一个心理学家的生活结束时，他和他做辩护律师的妻子简决定开创一项事业。麦凯布夫妇喜欢电影，因而办一家录像带出租商店似乎是很自然的。由于他们那一地区的大部分商店出租同样的电影录像带，他们特意去查找电影目录以看看出租什么为好，结果发现有不少不同寻常的电影，其中一些只能说是"演出的大失败"。这对夫妻喜欢这些在一般商店里看不到的电影录像带，并认为别人也可能喜欢。

当他们的"录像天地"在弗吉尼亚开张时，除了在柜台内摆放常见的好莱坞电影外，还储备了许多稀奇古怪的电影，并打出了"保证供应城内最糟的电影"的招牌。结果顾客蜂拥而至，来租电影院通常不愿上演的电影。

现在，麦凯布夫妇通过免费电话向全美出租电影录像带，一年的生意达500万美元。吉姆·麦凯布说："我们发现了一个活动空间，并在竞争中获胜。我们的经验是，小经营者必须使自己与别人有所不同。"

(资料来源：美玲. 吉姆·麦凯布和他的"录像天地". 厂长经理日报，2004-1-13.)

2.1.2　几种典型创业项目分析

1. 餐饮

餐饮服务是创业者创业的最常投资项目之一，其发展潜力很大。目前我国饮食劳动社会化的程度仍然较低，赶不上新的消费需求。随着我国人民收入水平的提高，居民外出就餐越来越频繁，对餐饮服务的要求也越来越高，不仅追求食物的美味，还越来越看重就餐环境。开一家口味独特、环境优雅的餐馆，是许多创业者的创业理想。

究竟怎样在餐饮业大显身手呢？可从如下方面考虑。

(1) 选择合适的地点开一家风味独特的餐馆，以美食来吸引顾客，如现在众多的川菜馆、湘菜馆等。

(2) 发展风味小吃，组织来货来料、生产及加工一条龙服务，和麦当劳快餐业一样，实行定点、定时、定效的服务。

(3) 以便利取胜，供应上班族所需要的各种快餐、早点及所需要的各种小食品。可采取预订、送货上门、发就餐卡等形式吸引单位客户。

(4) 发展小吃店的服务中心。组织一个服务公司，进行专业化服务，与众多的小吃店签订协议，定时定量发送发酵好了的面，或者特制的面团、面皮、面条等，可供给做小吃特别需要的配料，专门为小饭店组织洗好的菜、切洗好的各式菜样。

餐饮创业项目因餐馆的规模、定位不同，所需的创业资金也有较大的区别。另外，在管理上，餐饮项目也有较高的要求，要有较高的管理水平。

2. 咨询

从事这种项目创业，要求从业人员要有较高的专业水平和熟练的业务能力，这是服务业中较高的层次。它是把知识、技术直接用于社会的一种形式，是社会急需的服务行业之一。在众多从事服务行业的“下海”人中，从事各类咨询服务业的人，其地位和收入都是很可观的。咨询主要包括以下3种。

(1) 技术咨询。指接受客户委托，向客户提供有关经营与技术指导、产品与技术服务等技术信息服务的行业。技术咨询活动早在20世纪70年代末80年代初就有了小规模的开展，至今已有近40年的历史。它在我国的信息咨询业中，属于起步早、机构多、分布广和发展快的类别。在北京和上海两大城市中，技术咨询企业或机构均占全部信息咨询服务机构的60%左右。

(2) 工程咨询。主要从事国家基建项目、技术引进和技术改造项目的可行性研究、项目评估，对有关制定交通运输、能源开发方面的长远规划、区域规划等进行专题咨询。随着经济建设的发展，尤其是近年来改革开放的进一步深入，我国的工程咨询业不断扩大业务范围，包括工程设计、工程招标、项目管理、施工监督、竣工验收等全过程的咨询服务及常年工程咨询代理业务。工程咨询在我国经济建设中发挥着越来越重要的作用，提高了决策的科学化、民主化和管理的现代化水平。

(3) 企业管理咨询。一项高智能的新兴行业，现在已经发展成为第三产业的一部分，为企业提供管理咨询服务，即由一些熟悉企业管理、具有丰富的理论知识和实践经验的专家，运用科学的方法对企业进行系统的调查研究，对企业存在的经营管理方面的问题进行定量或定性分析，提出切实可行的改进措施或改革方案，从而使企业提高竞争能力。

3. 特种产品加工

特种产品加工业是一种自己开发或创造的特殊产品，以满足他人的某种特殊需要。这类行业在时下是有利可图的，因为从事这一行业凭借的是参与者的特殊才能或嗜好，所以往往拥有得天独厚的优势，即使在充满竞争的市场大潮中，其竞争对手也很少甚至根本没有，你就会在多变的市场中站得较稳。个人特制产品主要包括各种定制字画、定制徽章、礼品篮、箱包、定制特种皮鞋和定制带有个人标记的首饰，以及一些小发明制品等。其从业人员主要为有一技之长的人，即有点绝活的人。由于特种产品的样式、面料都很考究，做工也要细之又细，所以非要内行人从业不可。从事此行业制作的产品，做工精细和手工操作，会收到高额报酬。如果你哪项业余爱好很有成就，甚至是个冷门，就应立即把它变成你业务收入的重要来源；如果你热衷于搞一些小发明创造，就应一如既往地研制下去，直到发明出一种前人没有的产品，光是你的专利就是笔巨大的财富。

4. 日常生活服务

由于这类服务业涉及人们生活的方方面面，对从业人员的要求也参差不齐。但总的说来，从事这类服务不需要太高的专业技术。例如，你若从事理发，最基本的，你应有一定的理发技巧；你若经营某类商品的专卖店，就必须对此类商品有基本认识和了解，并较准确地掌握行情；你若经营书报摊，你就得对书市有个大致的把握等。这类服务行业由于专业技术性要求不高，加之大多是一些小行当，所以不论从时间，还是资金以及获利上，都吸引了大量从业者。从业人员几乎可以囊括社会各方面的人，从工人到农民，从大学生到教师，从机关干部到退休人员等都在此类服务行业中大显身手。日常生活服务业的从业人员虽然很多，但因社会需要量也大，因而也是增加收入和充实生活的一种愉快行业。

5. 传授知识技艺

传授知识技艺业是社会上普遍存在的职业。从事这种行业要求从业人员要有较高的专业和技术水平，因此，从业人员也多是知识分子、科技人员和特种技艺人员，而且主要是那些社会急需的知识和技术广泛应用的领域，如外语、外贸、财会、商品、营销、法律、金融、电脑、生物化学和果树栽培、家禽饲养以及烹饪、裁剪、理发等。这类行业的最大特点是应用性较强快。从事传授知识技艺业的人虽然很多，但相对于服务行业和社会需求量来说还是少之又少。这类从业人员自然就颇受各界人士的欢迎，工作环境和待遇较好，报酬也很高。

在从事传授知识技艺业的队伍中，人员和层次有很大不同。其中，有中小学生的家教、有社会各类补习班教师、有各种外语强化班教师、有各门实用知识和技巧专聘教师、有高精技术讲授和指导人员，也有具体行业技术传授技师。对这些不同门类、不同层次的从业人员，应区别而论。

6. 信息服务

信息服务业是从事信息资源开发和利用的重要产业部门。从理论上说，凡对信息进行采集、传输、加工、存储、检索、显示和利用的人类活动，都是信息服务活动。这类信息服务活动一旦由于社会分工的发展而独立成为新行业，信息服务业就出现了。传统信息服务业，如图书馆业、档案业、新闻出版业、广播电视业、广告业、电信业、科技情报和社科情报业

等，近年来的发展是空前的。人们的知识正以指数形式增长，现代信息服务业，如数据库业、软件业、预测业、系统集成(信息系统建设)业、网络服务业，以及新型咨询业(以电脑应用为基础的咨询业)等，更是从无到有，“平地起高楼”，成就显赫。

2.1.3 培养发现商机的能力

发现创业机会不是一件容易的事情，对于创业者来说，发现创业机会的能力也是当老板必备的素质之一。创业者在日常生活中要有意识地加强实践，培养和提高这种能力。

1. 要培养市场调研的习惯

市场机遇的出现和捕捉，离不开对市场信息的把握和处理。发现创业机会的关键点是深入市场进行调研，要了解市场供求状况、变化趋势，考察顾客需求是否得到满足，注意观察竞争对手的长处与不足等。

2. 要多看、多听、多想

俗话说：“见多识广，识多路广。”每个人的知识、经验、思维以及对市场的了解不可能做到面面俱到，多看、多听、多想能广泛获取信息，及时从别人的知识、经验、想法中汲取有益的东西，从而增加发现机会的可能性和概率。

3. 要有独特的思维

机会往往是被少数人抓住的。要克服从众心理和传统的习惯思维模式，才能发现和抓住被别人忽视或遗忘的机会。要以超前的意识把握机遇，要发扬敢闯敢试、敢为天下先的精神，只有这样才能及时认识和把握国际国内市场为我们提供的良机。

4. 要用积极的心态发现创业机会

有一些人将创业点子的产生归因于机缘凑巧，所谓“无心插柳柳成荫”。但是，研究创意的专家认为，创意只是冰山上的一角，没有平日的用心耕耘，机缘也不会如此地凑巧出现。所谓的机缘凑巧或第六感的直觉，主要还是因为创业者在平日培养出侦测环境变化的敏锐观察力，因此，要能够先知先觉形成创意构想。著名成功学大师拿破伦·希尔说，“一切成功，一切财富，始于意念。”想创业的朋友，如果你暂时还没发现机会或抓住机会，不要怨天尤人，先想一想自己的态度是否积极，思想观念、思维方式是否正确。

案例 2-4 “棒极了！”

大家都知道牛仔裤的发明人是美国的李维斯。当初他跟着一大批人去西部淘金，途中一条大河拦住了去路，许多人感到愤怒，但李维斯却说“棒极了！”他设法租了一条船给想过河的人摆渡，结果赚了不少钱。不久摆渡的生意被人抢走了，李维斯又说“棒极了！”因为采矿出汗使很多饮用水很紧张，于是别人采矿他卖水，又赚了不少钱。后来卖水的生意又被抢走了，李维斯又说“棒极了！”因为采矿时工人跪在地上，裤子的膝盖部分特别容易磨破，而矿区里却有许多被人丢弃的帆布帐篷，李维斯就把这些旧帐篷收集起来洗干净，做成裤子销量很好，“牛仔裤”就是这样诞生的。李维斯将问题当作机会，最终实现了致富梦想，得益于他有一种乐观、开朗的积极心态。

(资料来源：李智．“棒极了！”．天下豫商，2007-12.)

2.2 如何选择创业商机

有的创业者认为自己有很好的想法和点子，对创业充满信心。有想法、有点子固然重要，但是并不是每个大胆的想法和新异的点子都能转化为创业机会的。许多创业者因为仅仅凭想法去创业而失败了。那么如何选择一个好的商业机会呢？这就需要了解创业机会的特征并根据自身的资源选择创业机会。

2.2.1 创业机会的4大特征

《21世纪创业》的作者杰夫里·A. 第莫斯教授提出，好的商业机会有以下4个特征。

(1) 它很能吸引顾客。

(2) 它能在你的商业环境中行得通。

(3) 它必须在机会之窗存在的期间被实施。机会之窗是指商业想法推广到市场上所花的时间，若竞争者已经有了同样的思想，并已把产品推向市场，那么机会之窗也就关闭了。

(4) 你必须有资源(人、财、物、信息、时间)和技能才能创立业务。

2.2.2 选择适合自己的创业机会

1. 要根据自身资源优势选择创业机会

环境机会对不同的创业者来说，并不一定都是最佳的机会。因为这些环境机会不一定符合创业者的目标和能力，不一定能取得最大的竞争优势。环境机会中只有那些符合创业者目标和能力、有利于发挥起自己的资源优势的机会，才是可以考虑的。所谓优势，如你有现成客户，典型的如很多外贸公司销售员出去自己创业，把自己积累的客户带去新公司；或者你拥有技术，如学徒工满师后自己开店，或你先天具备某一领域的专长，或你的至亲好友中有着某方面特殊资源的人才等。

2. 分析创业机会的可行性

看到创业商机之后，接下来就是考察商机的可行性。有想法、有点子只是第一步，并不是每个大胆的想法都能转化为创业机会。那么，如何判断一个好的商业机会呢？在评估创业机会是否可行时，创业者应该考虑3个相互作用的因素：创业的目标、外部环境变化带来的契机，以及竞争的基础是专有资产还是快速行动。对创业机会的吸引力(即风险和回报)进行评估和比较，是必不可少的。此外，创业者还应该以现实的态度评估自己的风险倾向等个人偏好。

2.2.3 评估创业机会的准则

针对创业机会的市场与效益，刘常勇教授提出了一套准则，可以作为创业者评估创业机会及项目投入的决策参考。

1. 市场效益

(1) 市场定位。包括：市场定位是否明确、顾客需求分析是否清晰、顾客接触通道是否流畅及产品线是否可以持续衍生等。

(2) 市场结构。包括：进入障碍、上游供应商、顾客、销售商的实力、替代性竞争产品的威胁以及市场内部的激烈程度。

(3) 市场规模大小与成长速度。市场规模大的行业，虽然进入相对容易，但是需要的资金却较多，竞争的激烈程度相对较低，如传统制造业；如果进入一个十分成熟的市场，市场规模虽大，但是利润空间很小，如个人电脑市场；而正在成长中的市场，通常是一个充满商机的市场，所谓水涨船高，如公关行业和消费娱乐业。

(4) 市场渗透力，也就是机会变现的过程。聪明的创业者知道选择适当的时间进入市场，既不成为哺育市场的先驱，又不成为最后赴宴的人，而要做那个一入市，就能接到订单的人。

(5) 市场占有率。要成为市场的领导厂商，最少需要拥有 20%以上的市场占有率。如果低于 5%的市场占有率，创业的成功率不会太高，尤其在一方独霸的高科技产业，新事业必须要拥有能够成为市场前几名的能力，或者是与众不同的地方。

(6) 计算产品的成本。例如，物料与人工成本所占比重的高低、可变成本与固定成本的比重以及经济规模与产量大小，都可以用来判断自己的利润空间与附加价值。

2. 财务效益

(1) 合理的税后净利。一般而言，具有吸引力的创业机会，至少需要能够创造 15%以上的税后净利。如果创业预期的税后净利是在 5%以下，那么，这就不是一个好的投资机会。

(2) 达到损益平衡所需的时间。合理的损益平衡时间应该能在两年以内达到，但如果三年后还达不到，恐怕这就不是一个值得投入的创业机会。不过，有的创业机会确实需要经过比较长的耕耘时间。此时，可以将前期投入视为一种投资，以容忍较长的损益平衡时间。

(3) 投资回报率。考虑到创业可能面临的各项风险，合理的投资回报率应该在 25%以上。一般而言，15%以下的投资回报率，是不值得考虑的创业机会。

(4) 资本需求。创业资本是创业者的一个拦路虎。因此在创业开始的时候，不要募集太多资金。而且，比较低的资本额，也有利于提高每股盈余。

(5) 毛利率。毛利率高的创业机会，相对风险较低，也比较容易取得损益平衡。反之，风险较高，就容易遭受损失。一般而言，理想的毛利率是 40%。当毛利率低于 20%的时候，这个创业机会就不值得考虑。

(6) 策略性价值。一般而言，策略性价值与产业网络规模、利益机制以及竞争程度密切相关，而创业机会对于产业价值链所能创造的加值效果，也与它所采取的经营策略与经营模式密切相关。

(7) 资本市场活力。一般新创企业在活跃的资本市场比较容易创造增值效果。

(8) 退出机制与策略。由于退出的难度普遍高于进入，所以一个具有吸引力的创业机会，应该要为所有投资者考虑退出机制以及退出的策略规划。

本项目知识要点

(1) 创业机会分为潜在市场机会与表面市场机会，主要来自 6 个方面：问题、变化、创造发明、新知识和新技术的产生、竞争，以及顾客的差异。

(2) 发现创业机会是创业者必备的素质之一，创业者必须有意识地培养这些能力。

(3) 创业者要善于选择适合自己的创业机会。

思 考 题

(1) 创业机会分为哪两类？

(2) 创业机会主要来自哪些方面？

(3) 如何培养发现商机的能力？

(4) 创业机会有哪些特征？

(5) 如何选择创业商机？

实 训 项 目

(1) 在“逛大街”中寻找和识别商机。

商机无处不在，可到哪里去找呢？其实办法有很多：看报纸、电视；参加展销会；听创业讲座等。但这些都是别人给你的商机，而对于多数人来说，机会应该自己寻找，然后经过思考，这样才能找到适合自己的商机。

① 逛大街，找商机。

这里说的“逛大街”，不是陪同爱人和朋友购物，而是独自一个人，或骑车，或漫步，用心去看，深入去想，无拘无束，你就会发现以前没有看到的东西——商机。

② 记录你所发现的商机。

你可以先到服装市场，你会发现甲摊位和乙摊位的同一款衣服卖价不一样，大商场的卖价和地摊也不一样，甲市场和乙市场的卖价不一样。如果有中意的，你可以试着买下，告诉摊主，您是××单位的业务员，单位要给职工统一购买，你先带一份样品，讨价还价，波澜不惊，肯定能买到最低价。

您再到副食市场，同去服装市场一样，反复比较，选家里需要的买一份，说给某单位搞样品或者说某朋友要结婚，同样能买到最低价。

逛到用餐时刻，你可以选一地摊或小吃店坐下来，要一份食物细嚼慢咽，留心观察来往的客人，算一下主人的营业额，推测一下主人的费用，没准能发现主人挣钱的秘密，不起眼的小店的收入可能是你单位工资的几倍。

看透了市场就成了半个商人。吃穿是常人容易起步的行当，如果你从中发现了机会，就着手干，如果没发现，也不忙，继续逛街。

同时，留心街上的信息栏和中介公司，看看有没有好单位在招聘，为自己将来的实习或就业做好准备。另外，重点看哪一类行当在招工，不断扩充招工的行业，一定是效益好的行业，盯住它们，也许就能找到发财的机会。

再一次逛街，你要留意身边的建设工程，看看哪里在盖楼，哪里在修路。上前问问盖楼作什么用，还缺不缺什么材料，是不是全卖了，卖给了谁。再去修路那里，问问路修到哪里，路两边要不要盖营业房等，也许就能找到一个突破口。

夜晚逛街，你盯住街上的霓虹灯，哪家不亮，你一定要记下来。第二天，去问一下他们，要不要修理，没有的，要不要安装。

③ 分析和识别商机。

结合电视、报纸及网络等媒体上的信息，进行深入分析，写一份“逛大街，找商机”的心得与体会。

(2) 商业机会的寻找与选择。

① 4～6 人为一小组，讨论自己身边存在哪些创业机会。

② 以小组为单位，对于潜在的创业机会进行市场调查。

③ 通过分析和研究，选择和确认适合自己的创业项目。

项目 3 制定创业计划书

1. 了解制定创业计划书的目的、意义。
2. 掌握创业计划书的结构和编制要点。
3. 理解创业计划书的完善及原则。
4. 能够列出创业计划书大纲，并撰写创业计划书。

案例 3-1 刘先生和他的创业计划书

刘先生原毕业于某著名大学，经过多年的业余研究，他在建筑节能材料方面取得了一项重要突破，这项技术如果在实际中得到应用，将显著减少建筑物的能源消耗，前景非常广阔。于是刘先生便辞去原来的工作，准备自己创业。但由于多年的积蓄都用在了建筑节能材料的研究上，在七凑八拼注册了一家公司后，已经无力再招聘员工、购买实验试验材料了。无奈之下，刘先生想到了风险投资基金，希望通过引入合作伙伴的方式解决困境。为此，他多次与一些风险投资机构或个人投资者接洽商谈，虽然刘先生反复强调他的技术多么先进，应用前景多好，并拍着胸脯保证投资他的公司回报绝对低不了，但总是难以令对方相信，而且他对于投资人问到的多数数据也没有办法提供，如市场需求量具体有多少？一年可以有多大的销售量？投资后年回报率有多高？就连招聘一些技术骨干也比较困难，这些人也总是对公司的前景缺乏信心。这时，曾经在刘先生注册公司时帮助过他的一位做管理咨询的朋友一句话点醒了他，“你的那些技术有几个投资者搞得懂？你连一份像样的创业计划书都没有，怎么让别人相信你？投资者凭什么相信你？”于是，在向相关专家请教咨询后，刘先生又查阅了大量的资料，然后静下心来，从公司的经营宗旨、战略目标出发，对公司的技术、产品、市场销售、资金需求、财务指标、投资收益、投资者的退出等方面进行了分析和论证，当然这个过程中，他还得不时搞一些市场方面的调查。一个月后就拿出了一份创业计划书初稿，经过几位相关专家的指点，又再次进行了修改和完善。凭着这份创业计划书，刘先生不久就与一家风险投资公司达成了投资协议，有了风险投资的支持，员工招聘问题也迎刃而解。

现在，刘先生的公司经营得红红火火，年销售利润已达到 500 万元。回想往事，刘先生感慨地说：“创业计划书的编制与我搞的节能材料要求差不多，绝不是随便写一篇文章的事。编制计划书的过程就是我不断理清自己思路的过程。只有企业家自己思路清楚了，才有可能让投资人、员工相信你。”

(资料来源：李军，吴昊，熊飞.经营一个企业.北京：机械工业出版社，2005.)

思考与讨论： 创业计划书对刘先生的创业成功起到了什么作用？

作为中小企业的创建者，首先应该有一个明确的目标，包括企业的经营宗旨、经营方向、目标市场、经营思路、人员构成、生产方法、质量控制、市场营销、管理模式等，这就是创业(商业)计划书。它是企业经营的指南，也是吸引投资者和优秀人才加盟的重要工具。

3.1 制定创业计划书的目的

创业计划书的目的无非有两个方面，一是吸引外部资源，包括资金、人才等；二是对内理清思路，明确方向目标，凝聚人心。

3.1.1 对内制定企业目标和实施计划，确定创建企业的行动纲领

创业计划书是描述企业的目的、企业目标及实现目标的方法的文件，其中要详细写出企业在今后 3～5 年中期望达到的目标。它是创业者建立企业的蓝图，没有它，创业者将浪费许多时间和资源。

(1) 一个酝酿中的项目，往往很模糊，通过制订商业计划书，把正反理由都写下来，然后再逐条推敲，从而会使创业者对这一项目有更清晰的认识。

(2) 在编制创业计划书时，创业者会逐步明确公司所需要的资源和已有的资源，包括资金、人才、设备、商品供给和场地等有形资源和能力、经验等无形资源。在评估已有资源和仍然缺少的资源的基础上，制定获取所需资源的方案。

(3) 通过编制创业计划书，创业者可以判断经营风险并采取相应的控制措施。风险包括生产经营的各个方面，例如，公司所选择的产品可能难以销售；竞争对手可能进行打压；可能缺乏行业相关的知识或人脉关系；产品供给的成本可能太高等。创业计划中对风险的真实评估可以使创业者在不忽视这些风险的情况下判断企业是否能够成功，发现企业的优势和不足。

(4) 一份完整的创业计划可以作为制定经营决策的指导。它使创业者在建立和经营企业中的每一步变得更加现实。在制定任何重大决策前，都可以用商业目标评估每种决策选择可能产生的结果，决定哪种决策可以帮助实现目标，并且信心十足地继续前进。

(5) 创业计划书为企业构建了一个目标一致的愿景，为企业的各种活动提供依据，为企业的发展指明了方向，保证了企业内部对企业的目标取得共识，为企业成员提供有效的激励。这对于一些高层的管理骨干和技术骨干尤为重要，因为他们进入企业，更看重的是自己在企业中的事业、职业发展前景。

3.1.2 对外吸引资源和宣传的重要载体

创建期企业资金紧张是普遍现象，因而如何解决资金问题成为创业成败的关键。很多企业需要融资时首先想到的是银行贷款，但一般来说，商业银行基于稳健性经营原则，对于没有经营业绩、没有资产抵押或质押，也没有担保的初创企业是不愿贷款的；创业者还可以考虑家族、亲朋借贷，但这类资源毕竟非常有限。因而，更重要的渠道是引进投资者，如引进风险投资机构、天使投资者或者战略投资者，这时创业计划书就成为吸引投资者的“敲门砖”，是资金供求双方信息传递的桥梁。

企业要引入投资者必须提供创业计划书(也称商业计划书)，它是投资者现场考察前首先要拿到的资料。现在无论是国内的还是境外的投资机构，都习惯使用创业计划书。

创业计划书对于投资者的作用体现在：①节省时间，使投资者在短时间内看到想看的信息；②投资机构内部在决策中需要依赖一整套完整的材料，需要在内部不同决策层面之间传递信息，创业计划书是主要的载体；③据此可了解项目存在的问题点或关键点，以便在面谈时提前做好安排或向企业进一步索取资料。

创业计划书对于创业企业的作用体现在：①可引起资金方的关注，使项目从众多融资项目中脱颖而出；②通过创业计划书可以提高沟通的效率，降低融资成本；③还可以同时和很多资金方进行前期联系。

与此同时，未来的债权人也会凭借创业计划决定给企业贷款的风险水平。一份考虑周详、对企业建立流程以及成功经营企业具有深刻理解的创业计划书对任何债权人来说都是一个良好的保证，因为创业计划书明显体现了创业者在资源和个人能力方面的积累。

创业企业能否吸引到投资，企业管理团队的素质和结构是最为重要的因素。要吸引各方面的人才加盟企业，共同的目标和愿景、企业的发展前途是高层次人才加入企业首先要考虑的因素。这方面，创业计划书同样具有重要意义。

在吸引其他资源方面，创业计划书中的相关内容都会起到重要的参考作用。

案例 3-2

有个企业做项目论证，由于没有多少可以直接利用的资料，就委托专业中介机构采用了“资料挖掘”、“资料量化”的方法，中介机构通过与企业经营者两天的交谈，当把整理的半成品交给企业的时候，企业老板惊

呆了，没想到经过“加工”，他脑中零散的数据变成了一张张表格，并做出了企业未来 5 年的盈利预测，当然有很多的假设。正是从这些假设，企业发现了限制自身发展的瓶颈。后来，这份半成品，成了企业到银行申请贷款和获取地方优惠政策支持的重要资料，半年以后，竟有投资者到企业洽谈投资合作事宜。

3.2　创业计划书的基本格式

创业计划书通常包括封面(标题页)、保密要求、目录、摘要、正文(综述)、附录部分。

1. 封面(标题页)

标题页可以放一张企业的项目或产品彩图，但需留出足够的版面排列以下内容：创业计划书编号、公司名称、项目名称、项目单位、地址、电话、传真、电子邮件、联系人、公司主页、日期等。

2. 保密要求

保密要求可放在标题页，也可放在次页，主要是要求投资方项目经理妥善保管创业计划书，未经融资企业同意，不得向第三方公开创业计划书涉及的商业秘密。

3. 目录

标明各部分内容及页码，要注意确认目录页码同内容的一致性。

4. 摘要

摘要是对整个创业计划书的概括，目的在于用最简练的语言将计划书的核心、要点、特色展现出来，吸引阅读者仔细读完全部文本，因而一定要简练，一般要求在两页纸内完成。摘要应从正文中摘录出投资者最关心的问题：包括对公司内部的基本情况，公司的能力以及局限性，公司的竞争对手，营销和财务战略，公司的管理队伍等情况的简明而生动的概括。如果公司是一本书，它就像是这本书的封面，做得好就可以把投资者吸引住。

5. 正文(综述)

正文是创业计划书的主体部分，要分别从公司的基本情况、经营管理团队、产品/服务、技术研究与开发、行业及市场预测、营销策略、产品制造、经营管理、融资计划、财务预测、风险控制等方面对投资者关心的问题进行介绍，要求既有丰富的数据资料，使人信服，又要突出重点，实事求是。

6. 附录

附录是对正文中涉及的相关数据、资料的补充，作为备查。

3.3　创业计划书的内容与编制要点

3.3.1　摘要

摘要是为了吸引战略合伙人与风险投资人的注意而将创业计划书的核心提炼出来制作而

成的，它是整个创业计划书的精华，涵盖计划书的要点。一般要在后面所有内容编制完毕后，再把主要结论性内容摘录于此，以求一目了然，在短时间内给使用者留下深刻的印象。

在摘要中，企业必须回答下列问题。

(1) 企业所处的行业，企业经营的性质和范围。

(2) 企业主要产品的内容。

(3) 企业的市场在哪里，谁是企业的顾客，他们有哪些需求？

(4) 企业的合伙人、投资人是谁？

(5) 企业的竞争对手是谁，竞争对手对企业的发展有何影响？

(6) 如何投资、投资数量和方式？

(7) 投资回报及安全保障。

摘要如同推销产品的广告，编制人要反复推敲，力求精益求精，形式完美，语句清晰流畅而富有感染力，以引起投资人阅读创业计划书全文的兴趣。特别要详细说明自身企业的不同之处以及企业获取成功的市场因素。

3.3.2 企业介绍

这一部分是向战略合伙人或者风险投资人介绍融资企业或项目的基本情况。具体而言，如果企业处于种子期或创建期，现在也只有一个美妙的商业创意，那么，应重点介绍创业者的成长经历、求学过程，并突出其性格、兴趣爱好与特长，创业者的追求，独立创业的原因以及创意如何产生。

如果企业处于成长期，应简明扼要地介绍公司过去的发展历史、现在的状况以及未来的规划。具体而言，包括：公司概述、公司名称、地址、联系方法；公司的业务状况；公司的发展经历；对公司未来发展的详尽规划；本公司与众不同的竞争优势；公司的法律地位；公司的公共关系；公司的知识产权；公司的财务管理；公司的纳税情况；公司的涉诉情况等。在描述公司发展历史时，正反的经验都要写，特别是对以往的失误不要回避。要对失误进行客观地描述，中肯地进行分析，反而能够赢得投资者的信任。

3.3.3 管理团队介绍

管理团队是投资者非常看重的，这部分主要是向投资者展现企业管理团队的结构、管理水平和能力，职业道德与素质，使投资者了解管理团队的能力，增强投资信心。

这部分主要介绍管理团队、技术团队、营销团队的工作简历、取得的业绩，尤其是与目前从事工作有关的经历。另外，可以着重介绍企业目前的管理模式，如果无特色，也可以不介绍，或者归入劣势部分。

在编写过程中，首先，必须对公司管理的主要情况做一个全面介绍，包括公司的主要股东及他们的股权结构、董事和其他一些高级职员、关键的雇员以及公司管理人员的职权分配和薪金情况，必要时，还要详细介绍他们的经历和个人背景。企业的管理人员应该是互补型的，而且要具有团队精神。一个企业必须要具备负责产品设计与开发、市场营销、生产作业管理、企业理财等方面的专门人才。其次，还应对公司组织结构做一简要介绍，包括：公司的组织机构图；各部门的功能与责任；各部门的负责人及主要成员；公司的报酬体系等。

这部分应让投资者认识到，创业者具有与众不同的凝聚力和团结战斗精神，管理团队人才济济且结构合理，在产品设计与开发、财务管理、市场营销等各方面均具有独当一面的能力，足以保证公司以后成长发展的需要。

3.3.4　技术产品(服务)介绍

在进行投资项目评估时，投资人最关心的问题之一就是，企业的产品、技术或服务能否以及在多大程度上解决现实生活中的问题，或者，企业的产品(服务)能否帮助顾客节约开支，增加收入，这是市场销售业绩的基础。

技术产品(服务)介绍一般包括以下内容：产品的名称、特性及性能用途；产品处于生命周期的哪一阶段；市场竞争力如何；产品的研究和开发过程；产品的技术改进、更新换代或新产品研发计划及相应的成本；产品的市场前景预测；产品的品牌和专利。

在这一部分，企业家要对产品(服务)做出详细的说明，说明要准确，也要通俗易懂，让不是专业人员的投资者也能明白。一般地，产品介绍都要附上产品原型、照片或其他介绍。具体说，产品介绍必须要回答以下问题。

(1) 顾客希望企业的产品能解决什么问题，顾客能从企业的产品中获得什么好处？

(2) 企业的产品与竞争对手的产品相比有哪些优缺点，顾客为什么会选择本企业的产品？

(3) 企业为自己的产品采取了何种保护措施，企业拥有哪些专利、许可证，或与已申请专利的厂家达成了哪些协议？

(4) 为什么企业的产品定价可以使企业产生足够的利润，为什么用户会大批量地购买企业的产品？

(5) 企业采用何种方式去改进产品的质量、性能，企业对发展新产品有哪些计划等。

此外，对于一些以技术研发为重点的高新技术企业来说，还要对相关技术及其企业研发情况进行分析，包括企业技术来源、技术原理、技术先进性、技术可靠性；公司的技术研发力量和未来的技术发展趋势；公司研究开发新产品的成本预算及时间进度，技术的专利申请、权属及保护情况、技术发展后劲和技术储备等，以使投资者对公司的技术研发队伍的实力，公司未来竞争发展对技术研发的需要有所了解。

虽然夸赞自己的产品是推销所必需的，但应该注意，企业家和投资家所建立的是一种长期合作的伙伴关系。如果企业不能兑现承诺，不能偿还债务，企业的信誉必然要受到极大的损害，得不偿失。

3.3.5　行业、市场分析预测

行业与市场分析主要对企业所在行业基本情况，企业的产品或服务的现有市场情况、未来市场前景进行分析，使投资者对产品或服务的市场销售状况有所了解。这是投资者关注的重点问题之一。

行业分析主要介绍行业发展趋势；行业发展中存在的问题；国家有关政策；市场容量；市场竞争情况；行业主要盈利模式；市场策略等。

市场分析包括已有的市场用户情况、新产品或者服务的市场前景预测和市场竞争情况分析预测三部分。

已有市场用户情况，要分析公司在以往经营中拥有了什么样的和多少用户？市场占有率如何？市场竞争情况如何？是否已经建立了完整的市场营销渠道等。

市场前景预测，首先要对需求进行预测，包括市场是否存在对这种产品的需求？需求程度是否可以给企业带来所期望的利益？新的市场规模有多大？需求发展的未来趋向及其状态如何？影响需求都有哪些因素？新产品的潜在目标顾客和目标市场是什么等。

市场竞争的情况分析包括：市场中主要的竞争者有哪些？是否存在有利于本企业产品的市场空当？本企业预计的市场占有率是多少？本企业进入市场会引起竞争者怎样的反应？这些反应对企业会有什么影响等。

为此，企业首先应尽量扩大收集信息的范围，重视对环境的预测和采用科学的预测手段和方法。让投资者相信，你的预测是建立在尽可能科学的基础之上的。其次，要注意自己所假设的一些前提条件(特别是宏观经济发展、消费者偏好、消费能力等)，并且要根据前提条件可能发生的变化对市场前景预测做出必要的调整。千万不能单凭想象，做出不切实际的美好前景估计。

3.3.6 市场营销策略

企业的盈利和发展最终都要拿到市场上来检验，营销成败直接决定了企业的生存命运。

营销策略的内容应包括：营销机构和营销队伍的建立；营销渠道的选择和营销网络的构建；广告策略和促销策略；价格策略；市场渗透与开拓计划；市场营销中意外情况的应急对策等。

一般来说，中小企业可选择的市场营销策略有以下几种。

(1) 集中性营销策略，即企业只为单一的、特别的细分市场提供一种类型的产品(如制造汽车配件)。这种方法尤其适用于那些财力有限的小公司，或者是在为某种特殊类型的顾客提供服务方面确有一技之长的组织。

(2) 差异性营销策略，即为不同的市场设计和提供不同类型的产品。这种战略大多为那些实力雄厚的大公司所采用。

(3) 无差异性营销策略，即只向市场提供单一品种的产品，希望它能引起整体市场上全部顾客的兴趣。当人们的需求比较简单，或者并不被人们认为很重要时，该策略较为适用。

3.3.7 生产计划

生产制造计划旨在使投资者了解产品的生产经营状况。这一部分应尽可能把新产品的生产制造及经营过程展示给投资者。主要的内容包括以下几个方面。

(1) 公司现有的生产技术能力，企业生产制造所需的厂房、设备情况。

(2) 质量控制和改进能力。

(3) 新产品的生产经营计划，改进或将要购置的生产设备及其成本。

(4) 现有的生产工艺流程，生产周期标准的制定及生产作业计划的编制。

(5) 物资需求计划及其保证措施，供货者的前置期和资源的需求量。

(6) 劳动力和雇员的有关情况。

同时，为了增大企业的评估价值，企业家应尽量使生产制造计划更加详细、可靠。

3.3.8 财务分析与预测

这部分包括公司过去若干年的财务状况分析，今后三年的发展预测，以及详细的投资计划。旨在使投资者据此判断企业未来经营的财务状况，进而判断其投资能否获得理想的回报，因而它是决定投资决策的关键因素之一。

(1) 过去三年的财务状况，包括过去三年的现金流量表、资产负债表以及损益表和每年度的财务总结报告书。如果公司刚刚成立，应该讲述创业者对财务管理重要性的认识。

(2) 今后三年的发展预测。主要是明确说明财务预测的依据、前提假设和预测方法，然后给出公司未来三年预计的资产负债表、损益表以及现金流量表。

财务预测的依据、前提假设是投资者判断企业财务预测准确性和财务管理水平的标尺，也是投资者关注的焦点。其主要依据和前提假设是企业的经营计划、市场计划的各项分析和预测，就是说，要在这部分明确回答下述问题。

(1) 产品在每一个期间的销售量是多少？

(2) 什么时候开始产品线扩张？

(3) 每件产品的生产费用是多少？

(4) 每件产品的定价是多少？

(5) 使用什么分销渠道，所预期的成本和利润是多少？

(6) 需要雇用哪几种类型的人员？雇用何时开始，工资预算是多少？

由于财务分析预测在公司经营管理中的重要地位，企业需要花费较多的精力来做具体分析，必要时最好与专家顾问进行商讨。

对于中小企业来说，财务预测既要为投资者描绘出美好的合作前景，同时又要使得这种前景建立于坚实的基础之上，否则反而会令投资者怀疑企业管理者的诚信或财务分析、预测及管理能力。

3.3.9 融资计划

融资计划主要是根据企业的经营计划提出企业资金需求数量、融资的方式、工具，投资者的权益、财务收益及其资金安全保证，投资退出方式等，它是资金供求双方共同合作前景的计划分析。

融资计划的主要内容包括以下几个方面。

(1) 融资数额是多少？已经获得了哪些投资？希望向战略合伙人或风险投资人融资多少？计划采取哪种融资工具，是以贷款、出售债券，还是以出售普通股、优先股的形式筹集？

(2) 公司未来的资本结构如何安排？公司的全部债务情况如何？

(3) 公司融资所提供的抵押、担保文件，包括以什么物品进行抵押或者质押，什么人或者机构提供担保？

(4) 投资收益和未来再投资的安排如何？

(5) 如果以股权形式投资，双方对公司股权、控制权、所有权比例如何安排？

(6) 投资者介入公司后，公司的经营管理体制如何设定？

(7) 投资资金如何运作？投资的预期回报是多少？投资者如何监督、控制企业运作等？

(8) 对于吸引风险投资的，风险投资的退出途径和方式是什么，是企业回购、股份转让还是企业上市？

这部分是融资协议的主要内容，企业既要对融资需求、用途提出令人信服的理由，又有令人心动的投资回报和投资条件，同时也要注意维护企业自身的利益。其基础是企业的财务分析与预测。

由于与资金供给方合作的模式可能有多种，因此还需设计几种备选方案，给出不同盈利模式下的资金需要量及资金投向。

3.3.10 风险分析

这部分内容主要是向投资者分析企业可能面临的各种风险隐患，风险的大小以及融资者将采取何种措施来降低或防范风险、增加收益等，主要包括以下几个方面。

(1) 企业自身各方面的限制，如资源限制、管理经验的限制和生产条件的限制等。

(2) 创业者自身的不足，包括技术上的、经验上的或者管理能力上的欠缺等。

(3) 市场的不确定性。

(4) 技术产品开发的不确定性。

(5) 财务收益的不确定性。

(6) 针对企业存在的每一种风险，企业进行风险控制与防范的对策或措施。

对于企业可能面临的各种风险，融资者最好采取客观、实事求是的态度，不能因为其产生的可能性小而忽略不计，也不能为了增大获得投资的机会而故意缩小、隐瞒风险因素，而应该对企业所面临的各种风险都认真地加以分析，并针对每一种可能发生的风险做出相应的防范措施，这样才能取得投资者的信任，也有利于引入投资后双方的合作。

3.4 创业计划书的检查完善与编制原则

3.4.1 创业计划书的检查

创业计划书有很多形式，最主要是 PowerPoint(PPT)格式和 Word 文件格式，基于两者的不同特点，一般同时提供两种版本，一种是完整版本(Word 格式)，一种是摘要式版本(PPT格式)。

在创业计划书编制完成之后，融资企业还应对计划书进行检查完善，以确保计划书能准确回答投资者的疑问，增强投资者对本企业的信心。通常，可以从以下几个方面对计划书加以检查。

(1) 创业计划书是否显示出创业者具有管理公司的经验。如果创业者缺乏能力去管理公司，那么一定要明确地说明，公司已经雇了一位经营大师来管理公司。

(2) 创业计划书是否显示了企业有能力偿还借款。要保证给预期的投资者提供一份完整的财务比率分析。

(3) 创业计划书是否显示出企业已进行过完整的市场分析。要让投资者坚信计划书中阐明的产品需求量是确实的。

(4) 创业计划书是否容易被投资者所领会。创业计划书应该备有索引和目录，以便投资者可以容易地查阅各个章节。此外，还应保证目录中的信息流是有逻辑的和现实的。

(5) 创业计划书中是否有计划摘要并放在了最前面，计划摘要是否写的引人入胜。

(6) 创业计划书是否在文法上全部正确。如果不能保证，那么最好请人帮你检查一下。计划书的拼写错误和排印错误就很可能使企业丧失机会。

(7) 创业计划书能否打消投资者对产品、服务的疑虑。如果需要，企业可以准备一件产品模型。

3.4.2　商业计划书的“十要”、“三忌”

一份成功的商业计划书应具备如下特点。

(1) 要精简。以2～3页的执行大纲为绪言，主体内容以7～10页为佳。注重企业内部经营计划和预算的撰写，而一些具体的财务数据则可留待下一步会见时面谈。

(2) 要第一时间让读者知道公司的业务类型，避免在最后一页才提及经营性质。

(3) 要阐明公司的目标。

(4) 要阐述为达到目标所制定的策略与战术。

(5) 要陈述公司需要多少资金以及时间和用途。

(6) 要阐明一个清晰、符合逻辑的、让投资者撤资的策略。

(7) 要介绍企业的经营风险。

(8) 要有具体资料，有根据和有针对性的数据必不可少。

(9) 要给企业计划书附上一个得体且吸引人的封面。

(10) 要预备额外的拷贝件以作快速阅读之用，还要准备好财务数据。

同时，商业计划书要注意“三忌”，即：

(1) 忌用过于技术化的词语来形容产品或生产营运过程，应尽可能用通俗易懂的语句，使读者容易接受。

(2) 忌用含糊不清或无确实根据的陈述或结算表，比如，不要仅粗略说“销售在未来两年会翻两番”，或是在没有细则陈述的情况下就说“要增加生产线”，等等。

(3) 忌隐瞒事实之真相。

3.4.3　创业计划书的编制原则

商业计划书“七分策划，三分包装”，是技术和艺术的统一体。

1. 尽量精练，突出重点

编制商业计划书的目的是为了让投资者了解商业计划，其内容必须紧紧围绕这一主题，开门见山，使投资者在最少时间内了解最多的关于商业计划的内容。如要第一时间让读者知道公司的业务类型，避免在最后一页才提及经营性质；要明确阐明公司的目标及为达到目标所制定的策略与战术；陈述公司需要多少资金以及时间和用途，并给出一个清晰和符合逻辑的让投资者撤资的策略。

2. 换位思考

融资者要设身处地，假设自己是一位战略合伙人或风险投资人，自己所最关心的问题是什么，自己判断的标准是什么。就是说，要按照阅读商业计划书的读者的思路去写作商业计划书，这样就会弄清哪些是重点，哪些可以简单描述，哪些是不必要的东西。

就此来说，编制商业计划书应忌讳用过于技术化的用词来形容产品或生产营运过程，而尽可能用通俗易懂的条款，使读者容易理解。

3. 以充分的调查、数据、信息为基础

市场销售是投资获利的基础，对此，融资者要充分考察市场的现实情况，广泛收集有关信息，使市场预测建立在扎实的调查、数据之上，否则后面的生产、财务、投资回报预测就都成了空中楼阁。

同时，在收集资料时，一定要做到客观公正，避免只搜集对自己有利的信息，而不去搜集或者故意忽略对自己不利的信息。战略投资者或风险投资家都是一些非常专业的人士，如果收集的信息有偏差或遗漏，融资者就会遇到质疑或不信任。

4. 实事求是，适度包装

商业计划书固然重要，但它只是一个敲门砖。过度包装是无益的，企业应该在盈利模式打造、管理、市场开拓、技术研发等方面下硬功夫，否则，即使有了机会，也把握不住。

5. 不过分拘泥于格式

商业计划书固然有很多约定俗成的格式，但企业也不能过分拘泥于固定的格式，“依样画葫芦”。现在很多资金供给方在实际运作中对于格式要求逐步淡化，直接关注几个关键点，关注他们想看到的东西。因此，只需把企业的优势、劣势都告诉别人，就可能是最后的赢家。

部分资金供给方或其代理机构，有时候会要求企业必须提供固定格式的计划书，在格式上做文章，这有可能是融资骗局。

案例 3-3　避免创业计划书“陷阱”

某投资方代理机构让某企业制作一套符合国际标准的创业计划书，而且需要翻译，时间很急。条件是先支付××万元的预付款，投资方认可后，再支付其余款项，否则，将全部退款。在融资顾问用诊断和评估体系给这家企业初步诊断后发现，这家企业根本不具备融资成功的条件，陈述了理由后，该企业老板认为很有道理，就放弃了编制高标准的计划书，避免了可能发生的损失。

3.4.4　编制创业计划书的注意事项

创业计划书的编写应注意以下几点。

1. 关注产品

在创业计划书中，应提供所有与企业的产品或服务有关的细节，包括企业所实施的所有调查。这些问题包括：产品正处于什么样的发展阶段？它的独特性怎样？企业分销产品的方法是什么？谁会使用企业的产品，为什么？产品的生产成本是多少，售价是多少？企业发展新的现代化产品的计划是什么？把出资者拉到企业的产品或服务中来，这样出资者就会对产品有兴趣。在创业计划书中，创业者应尽量用简单的词语来描述每件事。

2. 敢于竞争

在创业计划书中，创业者应细致分析竞争对手的情况。竞争对手都是谁？他们的产品是如何工作的？竞争对手的产品与本企业的产品相比，有哪些相同点和不同点？竞争对手所采用的营销策略是什么？要明确每个竞争者的销售额，毛利润、收入以及市场份额，然后再讨论本企业相对于每个竞争者所具有的竞争优势，要向投资者展示，顾客偏爱本企业的原因是：本企业的产品质量好，送货迅速，定位适中，价格合适等，创业计划书要使它的读者相信，本企业不仅是行业中的有力竞争者，而且将来还会是确定行业标准的领先者。在创业计划书中，创业者还应阐明竞争者给本企业带来的风险以及本企业所采取的对策。

3. 了解市场

创业计划书要给投资者提供企业对目标市场的深入分析和理解。要细致分析经济、地理、

职业以及心理等因素对消费者选择购买本企业产品这一行为的影响，以及各个因素所起的作用。创业计划书中还应包括一个主要的营销计划，计划中应列出本企业打算开展广告、促销以及公共关系活动的地区，明确每一项活动的预算和收益。创业计划书中还应简述一下企业的销售战略：企业是使用外面的销售代表还是使用内部职员？企业是使用转卖商、分销商还是特许商？企业将提供何种类型的销售培训？此外，创业计划书还应特别关注一下销售中的细节问题。

4. 表明行动的方针

企业的行动计划应该是无懈可击的。创业计划书中应该明确下列问题：企业如何把产品推向市场？如何设计生产线，如何组装产品？企业生产需要哪些原料？企业拥有那些生产资源，还需要什么生产资源？生产和设备的成本是多少？企业是买设备还是租设备？解释与产品组装，储存以及发送有关的固定成本和变动成本的情况。

5. 展示你的管理队伍

成功创办一个企业，其关键的因素就是要有一支强有力的管理队伍。这支队伍的成员必须有较高的专业技术知识、管理才能和多年的工作经验。管理者的职能就是计划、组织、控制和指导公司实现目标的行动。在创业计划书中，应首先描述一下整个管理队伍及其职责，然后再分别介绍每位管理人员的特殊才能、特点和造诣，细致描述每个管理者将对公司所做的贡献。创业计划书中还应明确管理目标及组织机构图。

6. 出色的计划摘要

创业计划书中的计划摘要也十分重要。它必须能让读者有兴趣并渴望得到更多的信息，它将给读者留下长久的印象。计划摘要将是风险创业者所写的最后一部分内容，但却是出资者首先要看的内容，它将从计划中摘录出与筹集资金最相干的细节，包括对公司内部的基本情况，公司的能力以及局限性，公司的竞争对手，营销和财务战略，公司的管理队伍等情况的简明而生动的概括。如果公司是一本书，它就像是这本书的封面，做得好就可以把投资者吸引住。

本项目知识要点

(1) 创业计划书是描述企业的目的、企业目标及实现目标的方法的文件。它的目的在于，对内可以明确企业目标和实施计划，确定创建企业的行动纲领；对外是帮助企业吸引资源和宣传的重要载体。

(2) 创业计划书的基本格式通常包括封面、保密要求、目录、摘要、正文(综述)、附录部分。

(3) 创业计划书的内容一般包括摘要、企业介绍、管理团队介绍、技术产品(服务)介绍、行业(市场)分析预测、市场营销策略、生产计划、财务分析与预测、融资计划、风险分析等部分。

(4) 在创业计划书编制完成之后，融资企业还应对计划书进行检查完善，以确保计划书能准确回答投资者的疑问，增强投资者对本企业的信心。

(5) 编制创业计划书要注意：尽量精练，突出重点；换位思考，按照阅读创业计划书的读者的思路去写作；以充分的调查、数据、信息为基础；实事求是，适度包装；不过分拘泥于格式。

思 考 题

(1) 简述编制创业计划书对创业企业的必要性。

(2) 简述编制创业计划书的目的。

(3) 简述创业计划书的格式。

(4) 简述创业计划书的内容要点。

(5) 简述编制创业计划书的编制原则及应注意的事项。

实 训 项 目

(1) 假设某一个创建企业需要进行融资，请你拟定一个需要到企业调查的资料、数据的清单，并制定一个详细的工作流程(如调查哪些资料，用来判断哪些方面的问题等)。

(2) 小组成员对这一学期以来自己小组虚拟创建的企业所做过的工作、所收集到的资料进行梳理或利用专业实习的机会，深入某个企业进行调查(也可借助于网络搜索)，针对该企业的实际情况，根据创业计划书的模板为该企业编制一份创业计划书。

项目 4　选择企业的创建模式

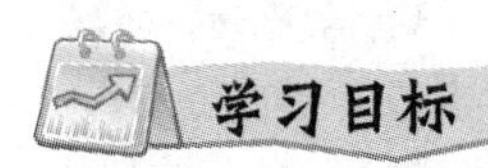

学习目标

1. 掌握不同的企业创建模式。
2. 了解各种创业模式的基本特点。

案例 4-1　选择创业，拒绝打工

乡镇企业素有“富不过三五载”之说，而宁波方太厨具有限公司董事长茅理翔、总经理茅忠群父子两人却使一个经营了 15 年的乡镇企业至今仍然保持着 100%的年增长率。父亲茅理翔，人称“世界点火枪大王”。14 年前，在政府没拨一分钱的情况下，他白手起家，找项目，跑市场，把一个 8 个月没发工资的乡办小厂发展成为名噪一方的飞翔集团。而就在企业渐渐步入正轨，点火枪生意在全世界铺开之时，市场竞争引发的价格大战却扼住飞翔集团的咽喉。要发展，只有转变思路，二次创业。在这个岔路口，父亲想到了刚刚获得上海交大硕士学位、正准备赴美留学的儿子茅忠群。没过多久，在确定了发展吸油烟机的大方向之后，茅理翔便把企业交给儿子管理了。茅理翔说儿子学历高，在品牌意识、精品意识等方面要超过他。而茅忠群缺少实际管理经验，所以也经常到父亲那里取经，一老一少形成互补。小茅初到公司时，很多职工只把他看作是初出校门的大学生，但在二次创业选择项目时，老茅的观点是上微波炉，茅忠群却认为抽油烟机更合适，市场调查结果证明，茅忠群的观点更正确。此外，茅忠群还主持策划了“方太”品牌，一举取得成功。开始时，“方太”这个名字有 90%的人反对，但他还是定下了这个名字。其实单是这两招，职工们就已经对茅忠群刮目相看，认为这位大学生是“青出于蓝而胜于蓝”。财产问题一直是家族制企业里最敏感和最尖锐的焦点。老茅把他的家族产权观念总结为“口袋论”，就是说要把利益放在一个口袋里，同一个口袋的人可以一起经营，他们会有同样的利益。即使在兄弟之间，分家后利益不同，家族矛盾也会上升为管理矛盾，给企业埋下定时炸弹，最后导致家族和企业分崩离析。他提出夫人和儿子与自己属同一个“口袋”，不会与自己争利益，不存在遗产归属问题。为了防止公司成为家族冲突的牺牲品，老茅给女儿单独制作了一个口袋。与方太公司相邻的菱克塑料厂的老板，就是茅理翔的女儿。女儿的厂子也是老茅投资，现在是方太公司的外协厂。虽然加工的是方太公司的产品，但方太公司将之与其他外协厂一样对待。

(资料来源：新浪网.http://www.sina.com.cn.)

思考与讨论：茅理翔、茅忠群父子的创业经历以及他们选择的企业模式给你何种启示？

4.1　家族企业

创业者可以采用家族化经营的方式，完全按照自己设计或构思创业的产品和商业模式，自创品牌，从无到有地创办发展自己企业的一切。这种创业模式，最能体现创业精神，给创业者的成就感最强，对创业者的要求也比较高。独立自创家族企业的风险因人而异。很多人就是依靠这种模式创业成功，后来逐步发展成为出色的企业家，但也有很多的企业夭折或者持续时间很短。

4.1.1　家族企业的优点

1. 企业利益与家族紧密联系

在家族企业中，企业利益与家族企业紧密联系，有利于家族企业凝聚家族成员关系的力量，彼此忠诚，以家族整体利益为重。特别是在创业初期，凭借家族成员之间特有的血缘关系、类似血缘关系、亲缘关系和相关的社会网络资源，以较低的成本迅速集聚人才，全情投入，团结奋斗，甚至可以不计报酬，能够在很短的一个时期内获得竞争优势，较快地完成原始资本的积累。家族成员在企业面临困难和危机时，与非家族成员相比，具有更大的牺牲精神。

2. 灵活机动

在经营管理上，家族化的方式更具有灵活机动性。首先，家族企业的创始人往往具备丰富的阅历与敏锐的洞察力，他们的决策经常基于个人的经验和直觉，决策速度快；其次，家族企业组织结构简单，规范化程度低，因此沟通的障碍少，决策的可接受程度高；再次，以家族整体利益来看，在通常情况下，利益的一致性使得各成员对外部环境变化具有天然的敏感性，外部信息尤其是市场变化的信息能很快传递至企业的每位成员。

3. 注重长期发展

家族企业更关注生存，因此更注重长期发展，更具有战略眼光。

4. 注重质量

同样为了生存和竞争的需要，家族企业在为消费者提供产品和服务时，更关注质量，也更尽心尽职。

4.1.2 家族企业的缺点

1. 往往会将一些平庸的家族成员带入企业

家族化经营一般建立在根深蒂固的家族观念基础之上，使得引进优秀人才比较困难，需要人才时往往从家族内部挑选，容易使平庸的成员进入管理层，反过来又影响非家族成员的工作积极性，进而影响到企业的进一步发展壮大。

2. 家族成员角色难以分清权责

一方面，企业内部要求下属听从上级指挥。另一方面，家族成员又是董事长、总经理的亲戚，是兄弟、姐妹，甚至是舅舅、阿姨、父母等，大家都是平辈或长辈，可以与公司领导平起平坐。这样，家族成员必然陷入一种角色冲突之中，不能正确处理好工作，对于企业的管理和发展是极其不利的。

3. 所有权和经营权相结合

所有权和经营权紧密结合，是家族企业的一大特点。这在创业时期对企业发展有推动作用，但随着企业的发展，所有权和经营权的分离是不可避免的。而采取家族化经营时，家族成员的经营理念往往难以走出家族利益的圈套，拒绝非家族成员进入企业高层，阻碍选能用贤，所有权和经营权都掌握在家族成员的手中，这样的结果往往是形成一个由家族成员为核心的狭隘团体，企业也必然缺少活力，缺乏进一步发展的动力。

4. 难以得到最优秀的人才

企业要做大、要发展需突破的一个重要的瓶颈就是专业化和规范化，家族企业也不例外。吸收大量的专业人才进入公司的核心层是专业化和规范化的必由之路。单纯在家族成员中选择人才的结果，就是选择面会变得越来越窄，可用的人会越来越少；而长期的家长制管理，会使领导者变得自负，总觉得自己是最能干的，这恰恰排斥了社会上更优秀的人才的加盟；另外，基于家族关系建立起来的内部信任，会自然对没有类似关系的员工产生不信任感。因此，家族企业的劣势首先表现在深知自己的企业因缺乏人才而长不大，却又很难创建获得和留住人才的环境。

4.2 特许加盟

特许加盟指创业者加盟别人的企业，成为别人品牌和企业模式的复制经营者。这种创业模式，创业者不需要自己摸索，只要向特许方或盟主缴纳一笔费用(加盟费、品牌使用费、货款、设备款等)，就可以在别人开发的企业模式基础上开始创业。但如果特许方的模式不完善，则创业失败的风险较高。

4.2.1 特许经营的优点与缺点

特许经营是指特许经营权拥有者以合同约定的形式，允许被特许经营者有偿使用其名称、商标、专有技术、产品及运作管理经验等从事经营活动的商业经营模式。

1. 特许经营模式的主要优点

(1) 特许人只以品牌、经营管理经验等投入，便可达到规模经营的目的，不仅能在短期内得到回报，而且能使无形资产迅速提升。

(2) 受许人由于购买的是已获成功的运营系统，可以省去自己创业不得不经历的一条“学习曲线”，包括选择赢利点、开拓市场等必要的摸索过程，降低了经营风险。

(3) 受许人可以拥有自己的公司，掌握自己的收支。受许人的经营启动成本低于其他经营方式，因此可在较短的时间内收回投入并赢利。受许人可以在选址、设计、员工培训、市场等方面，得到经验丰富的特许人的帮助和支持，使其运营迅速走向良性循环。

(4) 特许人与受许人之间不是一种竞争关系，有利于共同扩大市场份额。

综上所述，我们应明确认识到，特许经营这一经营模式的实质，是企业运用无形资产进行资本运营，实现低风险资本扩张和规模经营的有效方法和途径。这也是特许经营能得以迅速发展的根本原因所在。

2. 特许经营模式的主要缺陷

(1) 经营受到严格约束，缺乏自主权。从商店的布置、商品的陈列、经营的商品品种、经营器材、经营方式，甚至营业员的行为、语言、着装都必须跟总部规定的步调一致，分店只有服从总部安排的义务。缺乏自由，就可能使投资者失去应变能力。

(2) 特许人出现决策错误时，受许人会受到牵连。投资者若加入了特许经营组织，就等于将自己的投资得失，全部与特许经营挂上了钩，是成是败，在很大程度上受总部的影响。尽管加入特许组织可以降低经营风险，但并不意味着完全没有风险。特许经营失败的例子也有很多，这些失败的例子有一个共同的教训，即总部决策失误。

(3) 受许人要退出或转让将受到合同限制，困难重重。受许人与特许人签订合同后，在合同期限内，必须照合同办事，不能再有其他选择。如果在这期间经营不太理想，或因其他原因想中途中止合同，一般总部出于自身利益考虑不会轻易同意。如果受许人坚持要中止合同，就只能通过法律程序来解决。如果受许人想将生意转卖给第三者，或者迁移他地，也必须经过总部的批准，尽管该店土地和建筑物都归受许人所有。即使在契约终止后，如果是从事类似的商业活动，仍然会有若干的限制，因此，受许人一定要经过慎重考虑后才能签合同，否则后患无穷。

案例 4-2 孙大伟加盟星巴克

经营餐饮20多年的孙大伟，做过的品牌丰富多彩，在中国台湾被人们称作“麦当劳之父”，他是第一个把麦当劳这一美式快餐带到华人世界的人。他还在台湾经营过硬石餐厅(HARDROCK)，据说这是第一家在华人世界立足的主题餐厅。他甚至还投资过一部名叫《独立时代》的电影。当时47岁的孙大伟被带到了法国第47届戛纳电影节上，虽然没有获奖，但是“去戛纳玩了一圈”的乐观心态让孙大伟平和应对戛纳之行，在他眼里，好玩的东西不一定都赚钱。而麦当劳、星巴克在孙大伟心中则是既好玩又赚钱的东西。

1999年，孙大伟的美大咖啡得到星巴克总部授权，开始在中国北方地区开店。从此也开始了与星巴克总部最严密的合作之旅。

星巴克的经营思路：品牌背后是人在经营，星巴克严格要求自己的经营者认同公司的理念，认同品牌，强调动作、纪律、品质的一致性；而加盟者都是投资客，他们只把加盟品牌看作赚钱的途径。

“星巴克对授权方的要求非常苛刻。”美大咖啡公司执行副总裁王朝龙这样说，星巴克决不会吝啬报废物料，但不是每个加盟店的老板都会舍得一直增加成本报废。这就需要星巴克的加盟者绝对服从总部的要求。星巴克总部对加盟者的要求甚至细到每个杯子的摆放。据说每个星巴克咖啡店的设计都需要美国总部的审批。

除此之外，培训也是连接中国的星巴克和美国总部不可缺少的部分。在星巴克，产品并不只是咖啡，它更多的是“体验一种感觉”。透过巨大的玻璃窗，看着人潮汹涌的街头，轻轻啜饮一口香浓的咖啡，这非常符合“雅皮”的感觉体验。由此，产品的超值利润自然得到实现。“如何让地区授权方、员工充分了解这种文化，星巴克总部是通过公司上下一层层的培训。”

(资料来源：http://www.kclm.cn.)

4.2.2 加盟失败分析及其对策

只要是投资，就一定会有风险，开设特许经营加盟店同样也存在风险。一般来说，失败的主要原因在于以下几个方面。

1. 选择连锁总部失误

一些加盟者偏听总部的一面之词，不全面仔细调查特许组织的经营状况；或者只看到某个总部迅速发展的一时表象，不去考查总部的后续服务是否跟得上业务发展；或者不去仔细推敲加盟合约的各个条款，被一些别有用心的总部钻了空子，结果造成陷入困境或者重大损失。可以说，选择合适的加盟总部对加盟者来说是最关键的一步，在这上面多花些精力，将来在业务上就会多一份顺利，成功的机会也就相应增多。

加盟者应做好以下几个方面工作：首先，一定要认真考察总部的实力，最好能亲自到总部自己经营的直营店去考察；其次，查阅总部已有加盟店，随机抽两家或三家去实地考察；再次，请专业律师对总部提供的加盟协议进行参考，然后才提出加盟事宜；最后如果总部自己的直营店经营数量没达到5家，最好不要加盟，这样的总部更多的目的是为了加盟圈钱。

2. 缺乏连锁管理经验

缺乏管理经验也会造成加盟店陷入经营困境。有的加盟者原先是上班族，可能对某个部门的业务了如指掌，但是这点经验还不足以应付整个事业。例如，做过销售的人，可能对财务方面缺乏了解。还有一些加盟者，在加盟前已有事业，买一个特许经营权希望做多方面的发展，这一类投资者往往会犯同一个错误，即自以为是，把过去自己企业的独断专行作风带过来，认为自己有经营管理的经验，而忽略了整体纪律的重要性，这些都是缺乏管理经验的表现。

对缺乏管理经验的加盟者来说，要避免这个问题，以下几个方面应该注意：首先，加盟时要注意，总部是否能提供给加盟者足够时间到总部学习管理模式；其次，该管理模式是否适合加盟者或者说加盟者是否能有效接受该管理模式；再次，总部在传授给加盟者管理模式时，采用的是何种方式；最后，对缺乏管理经验的加盟者来说，总部提供的前期的开业支持能持续多长时间，并能言传身教地指导加盟者多长时间。

3. 偏离连锁总部经营理念

加盟者与加盟总部之间要达到互利，双方必须互相配合和协调。加盟体制是由来自各地的加盟店组合而成，每个人都有自己的想法、做法，不可能像直营系统那样凡事都是上令下行，执行的员工容易管控。所以，对于政策的执行，总部往往在观念沟通与凝聚各加盟店的共识上，得多花点工夫。

经常出现这样的情况，加盟店觉得总部随时会有新计划，浪费时间又不能多赚钱。很多加盟店正是抱着这种观念，不知不觉地偏离了总部的经营思路，结果导致经营不善。其实，总部的许多决策或经营思路，都是经过了长时间积累形成的宝贵经验。所以彼此之间的沟通非常重要。

总部和加盟店保持有效沟通十分重要：①加盟店要加强与总部的沟通，对总部下发的经营性文件要及时执行，并及时反馈相关信息；②加盟店出现经营思路变化时，要及时与总部联系，请总部派人来进行调整，并给予必要的支持；③总部要保持与加盟店的沟通渠道的畅通无阻，随时了解加盟店经营状态，使加盟商保持赢利水平。

4. 连锁总部后续服务不到位

总部对加盟店后续服务最重要的有3点：一是技术支持；二是后续培训；三是督导检查。

培训是加盟体系维系良好服务品质的重要法宝，除了初期的密集式培训外，还会随时针对新产品、新技术、新方法的采用开展培训。但不少总部所规定的培训内容，加盟店不是不来上课就是不愿意配合，致使总部的培训意愿落空。于是，总部和加盟店之间难免出现争执，总部的经营理念、营运方式以及日后的革新措施若不通过培训落实到各个加盟店，那么整个体系的步调与作风，恐怕会南辕北辙。

总部必须时常对加盟店进行检查。加盟店对总部的经营管理模式、经营理念、价值观等的执行程度是关系到经营成败的关键；总部新的产品开发后，要第一时间告诉加盟店，让加盟店派人前往参加培训。

要做到以下几个方面：①加盟店与总部要约定，督导指导人员多久必须到加盟店进行检查指导工作，并要有详细的记录；②加盟店与总部要约定，对新产品、新技术的研发要及时通知加盟店，让加盟店派人参加培训；③总部要给加盟店制订成长计划，并辅导加盟商实施成长计划。

4.3 经销和代理

经销和代理也是企业创建的重要方式。选择某产品的生产厂家，成为其代理商或经销商，做产品的批发及(或)零售业务。一般畅销或好品牌的产品，取得代理商或经销商资格的代价较高，竞争有时也很激烈。不好卖的产品，经销商开拓市场的成本往往较高，失败的风险也较大。

4.3.1　经销

1. 经销商

经销商是在某一区域和领域只拥有销售或服务的单位或个人。经销商具有独立的经营机构，买断制造商的产品或服务，拥有商品的所有权。他们关注的是利差，而不是实际的价格。经销商一般都是多品种经营，经营活动过程不受或很少受供货商限制，与供货商责权对等。

2. 成为优秀经销商的关键

想成为一名优秀的经销商，关键是要做好以下4个选择。

1) 自我选择

所谓自我选择，就是要给自己正确定位。首先，弄清楚自己的目标，是想小富即安，还是希望未来能够有一个比较大的发展。不同的目标将影响到的经营心态和经营策略。其次，弄清楚自己的资源。有什么样的社会关系？有什么样的销售渠道？对哪部分市场比较熟悉？做什么会比较有利于发挥自己的优势？根据自己的资源情况量体裁衣。最后，要树立双赢的合作态度。

2) 厂家选择

在做好自我定位的情况下，要对厂家进行谨慎选择。

(1) 选择合适的厂家。首先，要了解行业动态，避免由于信息不对称而造成的盲目选择；其次，要具备一定产品专业知识，有利于自身经营；再次，要选择有信誉的厂商，厂家的信誉可以通过咨询其他经销商或消费者来了解，还可以通过媒体、网络等渠道来收集。

(2) 厂商老板的素质。因为你的资金实力有限，可能开始只能选择一些小规模厂家的产品来代理。因为小厂家大多都是老板“一言堂”，所以，搞清楚对方老板的人品很重要。

(3) 厂家实力。厂家是小作坊，还是正规工厂？厂家是只有一个产品，或寥寥几个产品，还是有比较丰富的产品线？厂家技术先进程度如何？研发实力如何？市场竞争力如何？对市场的反馈是否及时？产品质量是否有保证？售后服务完善程度如何？通过对这些细节方面的考察，可以探知厂家的实力。

(4) 品牌。厂家是否系知名企业？厂家的产品是否系知名品牌？小经销商多数时候面对的是中小生产企业，但是中小企业一样有知名度和品牌美誉度的问题，只是他们的知名度和品牌美誉度可能局限在一个较小的范围。为了搞清楚这一点，可以到工厂的所在地进行走访。

(5) 政策。厂家一般都会对经销商有一些扶持和优惠的政策，如促销、广告、返点、奖励、费用分摊等，在其他条件相同的情况下，尽可能选择那些对经销商扶持力度较大和政策较为优惠的厂家。

(6) 服务。经销商处于流通渠道的中游，在经营业绩上受到上游厂家很大的制约，经销商经常会需要厂家提供多方面的服务，如及时供货、及时提供产品信息、对经销商进行指导、帮助经销商开展经营等，厂家的服务越周到，经销商越能够安心经营。同时，厂家对经销商利益的关心程度，也是需要经销商认真考虑的问题。

3) 产品选择

经销商的利益最后都要归结到产品的销售，包括厂家的奖励和优惠措施，通常也是根据经销商的销售业绩进行区别对待。因此，一个经销商要想赚钱，选择正确的产品乃重中之重。产品选择有两条总的原则。

(1) 受消费者欢迎，这一点容易说到不容易做到。只要产品的质量没有问题，产品的好坏多数时候只是相对而言。经销商在选择产品时，要充分考虑当地的消费能力和消费偏好，适合一个地方消费者的产品未必适合另一个地方的消费者。

(2) 经销商在选择产品时必须符合自身的资源状况，有利于发挥自身的资源优势。作为经销商，最重要的资源有以下两个。

一是资金。对于资金不足，短期赢利的压力比较大的，就应该多选择一些价值较低、消费者在购买能力上较易承受、走货较为迅速、回收现金较快的新产品，通过多走、多跑、不怕辛苦的办法开拓市场，赢得利润，同时通过一些“大路货”争取现金流，减轻资金上的压力；对于资金实力比较充足，短期赢利压力不大的经销商，则可以选择一些较为高档，利润空间较大的产品经营。

二是渠道。经销商是通过产品的流通赚钱，产品流通的数量和速度，决定经销商赚钱的多寡。任何产品的流通都需要通过一定的渠道，因此，经销商应该根据自己的渠道情况来选择产品。例如，渠道有利于日用品销售，就应该选择日用品；渠道比较有利于食品销售，就应该选择食品；渠道比较有利于其他快速消费品销售，就应该选择其他快速消费品；渠道比较有利于工业用品销售，就应该选择工业用品。切忌眉毛胡子一把抓，只要厂家愿意，什么产品都拿过来代理，把一堆互不相干的产品放在一起，这是经销商致败之源。即使经销商拥有多重渠道优势，也必须将不同门类的产品代理分开经营。

此外，在具体产品的选择上，经销商还要注意产品的市场潜力、产品功效和概念、产品外观。为了更稳妥地选择产品，做到万无一失，经销商必须做的一件事是，与同类产品进行比较。比较的元素：功能、质量、容量、包装、价格等，如这些方面基本一致，则应选择名气更大、品牌更为响亮者，如在容量、价格方面相差较大，则根据当地消费者的消费偏好进行选择，一般选择容量更大、价格更低的产品，销售情况会更好一些。差异化经营要视具体情况，食品、饮料等直接涉及人身安全的产品，人们在消费上比较谨慎，否则，如无特殊原因，人们一般会倾向于选择大路货。服装、饰品等体现个人品位和喜好的商品，在经营上实行差异化效果会更好一些。

4) 业绩选择

对于小经销商来说，实际经营中，以少数高知名度品牌带多数不知名品牌，以少数高知名度品牌树立形象，稳定现金流，而依靠更多不知名品牌赚钱，效果较好。知名品牌因为品牌知名度高，厂商“脾气”也就大，对经销商要求比较苛刻，留给经销商的利润空间非常小，但销售稳定；非知名品牌，尤其是非知名新品牌，留给经销商的利润空间通常较高。经销商可以做一些细致的工作，每月或每季度将代理产品按销售数量和利润贡献由高到低进行排名，一般经过几次排名工作，就不难做出正确选择。

4.3.2 代理

代理商是代企业打理生意，而不是买断企业产品，是厂家给予商家佣金额度的一种经营行为。所代理货物的所有权属于厂家，而不是商家。因为商家不是售卖自己的产品，而是代企业转手卖出去。所以“代理商”，一般是指赚取企业代理佣金的商业单位。

1. 做代理商的准备

(1) 必须做好头三个月或者更长时间没有任何收入的心理准备。

(2) 必须有一定费用支出的经济准备(除生活费以外必需的一些额外费用开支，如样品资料费、交通费等)。

(3) 必须做好承受三个月以后或者更长时间、花费一定的资金后，还是没有做成代理的心理准备。

如果你做好了以上准备，那么就可以准备行动了。如果没有做好以上哪怕是其中的任何一项准备，那么你就没有做好成为代理商的准备。

2. 做代理商的一种可行方案

(1) 选一个好的产品项目。这是一个事关成败的关键问题，畅销的知名品牌未必是好项目。不知名的、本地市场还没有的、有潜在的持续的市场前景而尚不为大多数人所知的新产品反而可能是好产品，因为这些产品对代理商的条件要求不高。

(2) 从业务代表做起。选好产品以后就可以联系厂家要求做本地的业务代表，这是一个必须要经历的为期2～3个月的关键步骤。因为厂家有开拓新市场的强烈愿望，但不是说就会不考虑风险先给你发货。你可以准备一份市场开拓计划书，有重点即可，必须附上自己详细的个人简历和薪酬要求(最好只要业务提成)，这样成功的可能性会高得多。然后要求厂家提供一份委托书，签订一份书面协议，规定好双方权利义务，提成支付时间及方式、违约责任，最好提供名片、资料、样品若干。

(3) 寻找目标用户。一般的厂家是要求款到发货的，而一般用户又要求货到付款。这里显然存在比较大的矛盾。

第一种情况：你没有资金但可以筹措临时资金来保证一个交易周期。短期筹集资金可以包括预付款、个人借款等。

第二种情况：没有办法短期内筹集到足够资金，那么可以寻找一个利润提成较高，有广泛使用个人群体，价廉物美的产品，以寻找合伙人的方式筹集资金。

案例4-3 从卖酒人到布局者

1987年，高考落榜青年朱跃明与许多浙江人一样，做起了低买高卖的小买卖，骑着自行车将批发来的纽扣以粒计向小裁缝铺推销，从此开始了自己的“流通经销”生涯。

1994年，朱跃明成立了浙江商业食品饮料批发公司。在当时，那些大型国营糖酒批发公司还坐着开票卖货、不送货时，朱跃明的业务员们已在市场中跑开了。由于存在着很大的资金风险，餐饮市场是大型国营糖酒批发公司一直不敢碰的，而朱跃明却将触角伸向了餐饮市场，并成功地在餐饮市场启动了自己代理的品牌产品——安徽口子酒，随后又代理了种子酒等几个徽酒品牌。朱跃明代理的安徽口子酒，仅在杭州市场年销售额就达到了5 000万元。但由于仅仅是一个地区代理，杭州市场深受窜货之扰，也没有与厂家签署相应的保护措施，自己辛辛苦苦建立起来的品牌效应，就这样为厂家做了嫁衣裳。不得已，朱跃明放弃了自己一手带大的品牌，一切从头来过。

1998年，朱跃明与新疆伊力特酒厂签订了40度以下伊力特酒的全国总代理协议，从产品包装、口感、品牌推广到营销策略完全由浙江商业食品饮料批发公司自己决定和操作。这一次，朱跃明没有忘记对自己的权益加以保护，与厂家签订了严格的保护条款：自己对厂家有一个销量保证，做不到，甘愿受罚；厂家违反了协议，则按前一年销售额的40%作为罚金。通过这种包销的形式，朱跃明拥有了自己的第一个品牌。

从此，朱跃明将一个纯粹的经销代理企业转型并将之定位于“品牌营销公司”。朱跃明认为，中国传统流通企业传统的核心竞争力在于自己的网络资源，但仅有网络是不够的，做网络应该为做品牌服务。“做一个自己拥有的产品品牌”成为朱跃明突破成长瓶颈的第一局。

20世纪90年代中期，朱跃明代理了一些日本品牌的食品饮料，经常与三菱、伊藤忠等大型商社打交道，“为什么一个岛国的流通企业能做这么大，在中国的流通企业，特别是做我们这一行的，没有做很大的？”彷徨中的朱跃明思索着。最终，他想通了，日本企业家经营企业是在下围棋，讲究的是布局，追求的是合作。

2000年后的朱跃明，开始朝着一个超级经销商、一个布局者的角色演变。

(资料来源：新浪网.http://www.sina.com.cn.)

思考与讨论：从朱跃明的成功经历，可以看到经销与代理有何优劣？做经销与代理要注意什么问题？

4.4 收购现有企业

4.4.1 收购现有企业的利弊

市场上经常会有一些已创建的企业，由于种种原因需要转让或者出售，尤其是一些餐馆或者其他零售店铺。创业者采用收购的方式，可以较快地进入经营，但是也存在较大风险。

1. 收购现有企业的优点

1) 已有一定的业务基础

收购现有企业，最重要的优势在于已有一定的客户基础和业务基础，与银行、税务等部门已经建立了一定的联系，企业不需要从头打拼。如果现成企业是赢利企业，那么其优势会更加明显，因为对于新创企业来说，投资的收益通常不会立竿见影。

2) 投资者可以节约时间和精力

由于现成企业已经拥有大多数设备和熟悉业务的员工，建立了基本的管理制度和管理方法，积累了一定的市场经验，不像新建企业必须修建或租赁房屋，聘请员工和建立企业制度，这样可以集中精力用于提供良好的服务和创造利润。

3) 可以获得较低的价格

如果原有企业主因为种种原因决定退出市场，想赶快卖掉企业，可能在经济上会有所让步。如果这个企业已经有了稳定的产品市场，那么所获得的收益就是双重的了。

4) 可以降低投资风险

如果你收购的是个现成的、赢利的企业，说明它有市场，风险通常较小。当然，并不是说就不会有风险，风险是未来的，不属于过去。例如，市场环境的变化，消费观念的变化，新的竞争对象出现等，这些风险都是随时存在的，如果管理不善，那么还会存在资产安全的风险。

2. 收购现有企业的缺点

1) 成本代价

如果原业主确实能为购买者提供上述益处，购买者或许要付出更大的成本，同时购买企业的支出可能给今后的企业资金流动造成困难。

2) 未知因素和风险

原企业主可能隐瞒了出卖企业的真实动机和原因。企业可能正出现亏损，资产负债表、损益表和现金流量表的真实性和完整性值得怀疑；企业所处的地理优势可能正在消失；产品需求可能正发生变化、市场竞争过于激烈；企业形象可能不佳、顾客满意度较差等。所有这些都增加了今后企业经营的隐患。

3) 与创业者个人意愿矛盾

企业的赢利前景固然很重要，但是作为投资者个人的一项事业，如果不考虑创业者的个人兴趣、意愿、知识和能力、事业发展因素等，对企业的持续发展不利。而购买企业的企业领域，可能不一定与创业者的兴趣、意愿完全一致。

4.4.2　收购现有企业的一般流程

1. 寻找要出售的企业

首先，要确定购买企业的类型。如果有可能，应该听取专家或者熟悉企业经营的人员的看法，对于确定的目标，要尽量做一些社会调查，做到“先静后动”。在没有深思熟虑以前要保持“静”，考虑周全以后才“动”，尽量选择有发展潜力的企业。

其次，搜寻要出售的企业。最直接的途径就是要注意搜索报纸、杂志、网上的有关信息或者拍卖公司公告等，同时要关心各种企业的动态，以了解其出售的意图。

2. 调查评价被出售的企业

1) 企业价值的分析和评估

对于企业价值的分析和评估，可以委托专业的资产评估机构进行，也可以投资者个人或其财务助理来实施，主要方法包括以下几种。

(1) 资产账面价值分析。通过分析资产负债表来确定资产账面价值。

(2) 实际价值分析。通过对企业的基础财产评估来确定其实际价值。

(3) 收益能力分析。通常可以根据企业现有利润和将来创造利润潜力来估计企业价值，并强调企业的创利潜力，然后根据创利能力来确定收购价格。

(4) 现金流量分析。通过对预期投资回报率和投资者期望回报率的比较来确定是否值得收购。主要分析每年现金流入和流出的净值是否符合投资者的需要和要求。

2) 其他因素的调查和分析

需要调查和分析的内容包括以下几点。

(1) 企业出售的原因，这可以向税务、工商部门以及企业的供应商了解。

(2) 企业的概况，如员工情况、财产情况、财务状况、盈利能力等。

(3) 企业的债权债务情况，隐藏的或有风险，无法在账面上体现出来的诉讼、担保等。

(4) 企业的商誉、信用等。

(5) 企业与银行、供应商之间的关系。

3) 谈判和实施交易

经过彻底调查以后，在咨询专家的基础上，如果确实有购买意向，应该向卖主发出要约，并向卖主取得资产评估报告，据此形成自己的心理价位，这样，就可以和卖主进行谈判了。

(1) 谈判。谈判的主要内容包括价格、付款方式、购买方式等。

(2) 实施交易。根据具体情况的不同，购买企业可以通过产权交易市场进行，也可以双方谈判签订书面合约进行所有权转移。

签约的主要内容应包括：①企业情况介绍；②购销条款；③出售资产；④有条件转让；⑤所有权转移；⑥卖方的承诺。

4.5 购买技术和专利

如今，有很多技术或专利技术在等待投资以把它们变成消费者所需的产品。创业者支付一笔技术转让费，就可以利用该技术从事生产和创业。

这种模式的优势在于创业者有可能成为该项新产品的领头企业，从而拿下较大的市场份额。最大的风险在于市场开拓，因为大多数产品的上市和市场开拓投入是个人创业者，尤其是小本创业者所无法承受的。

4.6 合 作 创 业

社会上有些创业者手上有项目，或有某种创业优势和资源，他们会寻找合作伙伴共同创业，这也为投资者走上创业之路提供了一条途径。

这种模式的好处是可以与合作伙伴分享资源和共担风险，但必须和合作伙伴共同决策，如果彼此合作不适应，则会增加合作的风险。

案例 4-4 在校学生合伙创业

成都市东门街“婚庆一条街”礼炮声声，原来又一家名为“花嫁婚庆”的公司在此开业。不过，这家公司的老板可不一般，她们可是三名在校大学生——来自四川大学锦城学院工商管理系 05 级旅游管理专业的赵麒颜、袁文、胡娟。三名同学本是学校的学生会骨干，2008 年他们成立“米娜风尚文化公司”，现在三人再次“下海”，经过一年的试营业，注资近 30 万开办起婚庆公司，这可是四川在校大学生开婚庆公司的第一例。

原来在 2008 年，已升入大三的赵麒颜、胡娟经过思考后大胆地决定，用之前创业挣来的 10 多万元收购了一家婚庆公司——花嫁婚庆，于是四川省首家大学生婚庆公司开始试营业了。“8 000 元每月的房租，装修、员工……这些开销对我们大学生来说，压力很大！”胡娟和赵麒颜累得够呛。这时学校学生会主席、同是旅游管理专业的同学袁文加入她们，并成立了大学生自主创业的公司——米娜风尚文化传播公司。从此，出身餐饮生意家庭的袁文开始了自己的生意，他不停地出入酒店、影楼、珠宝首饰、企业等地方，为公司拉业务推广公司品牌和知名度，而胡娟和赵麒颜则主要负责活动的策划。

三名大学生的努力没有白费，很快“花嫁”公司进入了正轨，每月有高达几万元的纯利润。“这也是对大学生艰辛创业的回报吧！”胡娟欣慰地说。

在这个店铺里，处处张扬着热情与活力，波浪形的沙发和衣柜别具风格。“这个沙发是我们自己设计的！波浪形的外形象征着‘爱情的起起伏伏、没有终点只有永远’……”胡娟介绍说，正是这些不断的创新、另类的创意让她们在婚庆行业越做越大。

然而三人并不满足，正在读大四的三人打算毕业后继续把婚庆公司做强做大，“我们想做四川省的第一个婚庆连锁公司，把公司开到四川的每一个城市”，胡娟说，目前他们在都江堰、德阳的分店已在紧张的筹建中，同时也将吸纳更多的大学生共同创业。

(资料来源：中国宁波网. http://jypx.cnnb.com.cn.)

4.7 其他创业模式

4.7.1 网上创业

网上创业已经成为一种时尚，特别是年轻人喜欢采用这种方式。常见的网上创业方式有以下5种。

1. 开网店

在网站上开办商店，在专业的大型网站上注册会员，你只需支付少量的相应费用(网店租金、商品登录费、网上广告费、商品交易费等)，就可以拥有个人的网店，进行网上销售。而有些网站，如淘宝、当当和易趣都是免费的平台，值得很多小本创业者选择。

2. 自办网站

对于有技术、资金和管理经验的人来说，建立地区或行业性的综合网站，也是网上创业的可行模式。自立门户型的网上创业，经营者需自己亲自动手或者委托他人进行网店的设计，完全依靠经营者个人的宣传吸引浏览者。

3. 论坛

论坛主要是为各位网民提供一个平台，可以在论坛里为自己的网站或者产品做宣传。但是，论坛所属会员所发的部分贴为垃圾帖，也为网络信息造成了一定的负担。论坛一般通过收取广告费赚钱。

4. 威客(Witkey)

Witkey是the key of wisdom 的缩写，音译为“威客”，是指那些通过互联网把自己的智慧、知识、能力、经验转换成实际收益的人。他们在互联网上通过解决科学、技术、工作、生活、学习中的问题，从而让知识、智慧、经验、技能体现经济价值。

5. 寄卖

一些小本创业者，或者一些店铺老板把自己的商品提交到寄卖网站，寄卖网站放到专门的销售网站，商品销售出去后，与寄卖者就商品进行结款。目前，国内最有代表性的寄卖平台是UX168。

4.7.2 居家创业

居家创业的主要好处是成本低，但企业经营受到一定的局限，此外，用住宅房作为经营场地，申办工商登记时也会受到一定的限制。

4.7.3 承包经营

很多成功人士采用过承包经营的创业模式，向企业的业主交纳一定的承包经营费，待行业经验和业务渠道积累到一定的时候，收购自己所经营的企业，或退出后独立开办另外一个类似的企业继续经营。

采用这种方式的主要优点是可以大大降低自己开办企业的启动资金，可以少走很多弯路。但如果承包的企业负债累累、产品滞销，可能同样面临较大的压力和风险。

4.7.4 创办风险企业

这种方式适用于学理科或工科的学生或科研人员。创业者本人或团队成员往往拥有某种尖端技术或专利。风险企业往往需要很高的研发成本，因此，风险企业的成功有赖于风险资金的投入，创业者本人资金多寡并不重要，而且，风险基金或风险投资家有较大的发言权。

本项目知识要点

(1) 企业创建方式多种多样，包括创办家族企业、特许加盟、经销与代理、购买现成企业、购买技术与专利、合作创业等。

(2) 各种创业模式具有不同的特点，各有利弊。创业者应选择适合自己和环境的创业模式。

(3) 创业者必须了解各种模式的利弊，采取适当措施，趋利避害。

思 考 题

(1) 创业方式主要有哪些？

(2) 家族企业经营有哪些优点和缺点？

(3) 什么是特许经营?有什么优点和缺点？

(4) 什么是经销?它与代理有什么区别？

(5) 购买现有企业的主要流程是什么？

(6) 网上创业、居家创业、承包经营和风险投资各有什么特点？

实 训 项 目

(1) 4～6人为一个小组，收集资料，了解某一家特许加盟企业的加盟程序。

(2) 进行市场调查，并与加盟企业总部进行联系，然后通过小组讨论，分析加入此特许加盟企业的利弊，并撰写简要的分析报告，判断是否适合加入。

(3) 模拟操作加入流程。

项目5 选择企业创建的组织形式

学习目标

1. 了解企业的类型。
2. 熟悉中小企业可以选择的组织形式及其特点。
3. 掌握各类企业组织形式设立和解散的条件。
4. 重点掌握公司制企业的特点、设立条件、设立程序和运行方式。

案例 5-1　小王该如何选择企业类型和组织形式

小王厌倦了为他人工作。他中学时候便梦想着开一家属于自己的公司，并且到 30 岁时能够成为百万富翁。小王现在已经 29 岁了，虽然明年他很有可能成不了百万富翁，但他却打算用现有的 5 万元开一家公司。那么，5 万元能成立一家什么类型的公司呢？这样的一家企业又能选择何种组织形式呢？他已经准备好去调查一下自己将要经营的企业类型和组织形式。

思考：你知道哪些企业类型和组织形式？你认为小王创办这个企业选择何种形式比较合适？为什么？

5.1　企 业 类 型

5.1.1　按企业制度的形态构成划分

这是国际上通行的对企业进行分类的一种常用方法也是法律意义上的划分方法。

1. 个体企业

个体企业又称业主制企业，是由个人出资兴办，个人直接经营和所有的企业。经营成果和风险全部由个人承担，在法律上是自然人企业，不是法人企业，是最古老和最简单的企业形式。这种企业数量庞大，但在整个经济中并不占据支配地位。

2. 合伙企业

合伙企业是由两个或两个以上的当事人联合经营的企业。合伙人按照协议共同出资、经营、分享利润并承担风险和连带无限清偿责任。

3. 公司制企业

公司制企业通称为公司，从严格的法律角度来说，是指依法设立并以赢利为目的的具有法人资格的经济组织。它是现代企业中最重要、较普遍的一种企业类型，是现代企业制度的典型形式。

公司制企业有 3 个方面的特点：①公司制企业可以发行股票募集资本，从而扩大生产经营规模；②股东和公司都只以出资为限承担公司的债务和责任，从而降低了经营风险；③公司的所有权和经营权分离，实行专家管理，克服了家族式管理的局限性。

5.1.2　按所有制形式划分

这是我国传统的一种分类方法，可将企业分成如下 4 种类型。

1. 国有企业

国有企业又称全民所有制。生产资料归国家所有，经营利润绝大部分通过税收形式交给国家统一分配和使用。

2. 集体企业

集体企业的生产资料归劳动者共同占有。

3. 私营企业

私营企业是指由自然人投资设立或由自然人控股，以雇佣劳动为基础的营利性经济组织，包括按照《中华人民共和国公司法》、《中华人民共和国合伙企业法》、《中华人民共和国私营企业暂行条例》规定登记注册的私营有限责任公司、私营股份有限公司、私营合伙企业和私营独资企业。其基本特征是：企业主对企业资产享有私人所有权，依法行使对资产的占有、使用、处分和收益的权利；雇用 8 人以上的人员从事生产经营活动；企业主主要从事管理工作，不一定亲自参加劳动。

4. 混合所有制企业

混合所有制是指公有制经济和私有制经济在同一经济实体中相互参股而并存，以市场经济为主导，以国家宏观调控为辅助，二者相互融合、互为补充、共同发展的一种经济所有制形式。

5.1.3　按企业的行业性质分类

1. 工业企业

工业企业包括生产加工企业、工程与服务企业(建筑、安装、施工、运输等)、工商一体化企业。

2. 商业企业

商业企业包括批发企业、零售企业。

3. 服务企业

服务企业包括餐饮服务企业、金融保险企业、中介服务企业。

5.1.4　按企业组合方式划分

1. 单一企业

单一企业即指一家工厂或一家商店就是一个企业。其经营项目比较专业化，或具有相同的生产过程。

2. 多元企业

多元企业即指由两个以上的工厂组成的企业，是按照专业化、联合化与经济合理原则，由若干个工厂组成的企业法人。

3. 经济联合体

经济联合体即指由一些企业组成的、松散的、相对稳定的经济联合组织。参加联合的各方，不改变各自的领导体制与隶属关系，本着自愿、互利的原则，在生产、科研、技术、设备、劳力、物资及销售等方面进行联合。

案例 5-2　大康牧业创新养殖模式成立首家联合体

2012 年 1 月，大康牧业首家养殖联合体——溆浦县小康生猪养殖专业合作社成立。溆浦县小康生猪养殖专业合作社是湖南大康牧业股份有限公司牵头成立的首家养殖联合体，专业合作社理事会成员共有 102 位养殖大户，他们分布于溆浦县的10个生态养殖村，专业合作社每年可出栏生猪20万头，约占溆浦县生猪出栏量的30%。大康牧业采用的是“公司+基地+加养殖村”的专业合作社模式。在专业合作社这个养殖联合体中，大康牧业将发挥上市公司的资本、技术、信息、市场优势，加强银企合作，争取信贷支持，提供融资平台，为广大农村养殖户融入大市场提供全方位的服务与帮助。专业合作社将负责生态养殖村的选定与布局，组织养殖大户加盟专业合作社，负责统一协调防疫、原料采购、种猪仔猪调配、市场销售、粪污综合利用等工作。

(资料来源：中国经济网.http://jingji.cntv.cn/20120130/112785.shtml.)

4. 企业集团

企业集团是以资产为纽带建立起来的、由若干独立企业法人组成的企业群体组织，是独立核算企业的较紧密联系的复合组织。其核心是技术、经济和资金实力雄厚的集团公司通过控股、参股来影响一批企业的经营方向和经营活动。

5. 连锁企业

连锁企业是指由一个资本统一经营和管理众多的企业或店铺的企业群体。具有企业集团的性质，但又有其特殊性，包括正规连锁、自由连锁、特许连锁等。

5.2 可供选择的各类企业组织形式

5.2.1 个人独资企业

个人独资企业是最为简单的企业组织形式，是指依照《中华人民共和国个人独资企业法》在中国境内设立，由一个自然人投资，财产为投资人个人所有，投资人以其个人财产对企业债务承担无限责任的经营实体。个人独资企业是非法人型企业，个人独资企业的财产属投资人个人所有，在企业财产无法清偿债务时，由投资人以个人独资企业以外的财产承担。

个人独资企业是中小企业中十分常见的一种组织形式，尤其适于初涉市场、资金实力有限的创业者。

1. 个人独资企业的设立条件

根据《个人独资企业法》规定，设立个人独资企业应当同时具备下列条件。

(1) 投资人为一个自然人。

(2) 有合法的企业名称。

(3) 有投资人申报的出资。

(4) 有固定的生产经营场所和必要的生产经营条件。

(5) 有必要的从业人员。

此外，个人独资企业的名称应当与其责任形式及从事的营业相符合：根据《个人独资企业登记管理办法》，个人独资企业的名称中不得使用“有限”、“有限责任”或者“公司”字样。

2. 个人独资企业的投资人和事务管理

1) 个人独资企业的投资人

根据《个人独资企业法》规定，除法律、行政法规禁止从事营利性活动的人，如国

家公务员不得作为投资人申请设立个人独资企业外，其他人都可以作为个人独资企业的投资人。

个人独资企业投资人对本企业的财产依法享有所有权，其有关权利可以依法进行转让或继承。

个人独资企业投资人在申请企业设立登记时明确以其家庭共有财产作为个人出资的，应当依法以家庭共有财产对企业债务承担无限责任。

2) 个人独资企业的事务管理

个人独资企业事务管理完全由企业投资人自行决定。投资人可以自行管理企业事务，也可以委托或者聘用其他具有民事行为能力的人负责企业的事务管理。投资人委托或者聘用他人管理个人独资企业事务的，应当与受托人或者被聘用的人签订书面合同，明确委托的具体内容和授予的权利范围。受托人或者被聘用的人员应当履行诚信、勤勉义务，按照与投资人签订的合同负责个人投资企业的事务管理。

3. 个人独资企业的解散与清算

1) 个人独资企业的解散

根据《个人独资企业法》规定，个人独资企业有下列情形之一时，应当解散。

(1) 投资人决定解散。

(2) 投资人死亡或者被宣告死亡，无继承人或者继承人决定放弃继承。

(3) 被依法吊销营业执照。

(4) 法律、行政法规规定的其他情形。

2) 个人独资企业的清算

个人独资企业解散，由投资人自行清算或者由债权人申请人民法院指定清算人进行清算。投资人自行清算的，应当在清算前15日内书面通知债权人，无法通知的，应当予以公告。债权人应当在接到通知之日起30日内，未接到通知的应当在公告之日起60日内，向投资人申报其债权。

个人独资企业解散后，原投资人对个人独资企业存续期间的债务仍应承担偿还责任，但债权人在5年内未向债务人提出偿债请求的，该责任消灭。

个人独资企业解散的，财产应当按照下列顺序清偿。

(1) 所欠职工工资和社会保险费用。

(2) 所欠税款。

(3) 其他债务。

清算期间，个人独资企业不得开展与清算目的无关的经营活动。在按前述规定清偿债务前，投资人不得转移、隐匿财产。个人独资企业财产不足以清偿债务的，投资人应当以其个人的其他财产予以清偿。

4. 个人独资企业的特点

(1) 组建和终止的程序都非常便捷，创建成本低。

(2) 经营、决策权都集中于企业主个人。

(3) 投资规模和发展前景相对有限，融资渠道也受限制。

(4) 债务由投资人承担无限责任，企业主的所有个人财产和企业的经营风险相关，风险极大。

个人独资企业与个体工商户区别在于：雇员 7 人以下为个体户，8 人以上为个人独资企业，两者分别依据不同的法律办理工商登记手续。

案例 5-3　个人独资企业法案例

刘某是某高校的在职研究生，经济上独立于其家庭。2011 年 8 月在工商行政管理机关注册成立了一家主营信息咨询的个人独资企业，取名为“远大信息咨询有限公司”，注册资本为人民币一元。营业形势看好，收益甚丰。于是后来黄某与刘某协议参加该个人独资企业的投资经营，并注入投资 5 万元人民币。经营过程中先后共聘用工作人员 10 名，对此刘某认为自己开办的是私人企业，并不需要为职工办理社会保险，因此没有给职工缴纳社会保险费也没有与职工签订劳动合同。后来该独资企业经营不善导致负债 10 万元。刘某决定于 2012 年 10 月自行解散企业，但因为企业财产不足清偿而被债权人、企业职工诉诸人民法院。法院审理后认为刘某与黄某形成事实上的合伙关系，判决责令刘某、黄某补充办理职工的社会保险并缴纳保险费，由刘某与黄某对该企业的债务承担无限连带责任。

问：(1)该企业的设立是否合法？(2)刘某允许另一公司参加投资，共同经营的行为是否合法？(3)刘某的理由是否成立？(4)该企业的债权人要求是否成立？(5)刘某是否解散企业？(6)黄某是否承担责任？

答案：(1)该企业的设立是否合法。根据我国《个人独资企业法》第二条、第十条的规定，自然人可以单独投资设立个人独资企业，设立时法律仅要求投资人申报出资额和出资方式但并不要求须缴纳最低注册资本金。因此刘某单独以一元人民币经法定工商登记程序投资设立个人独资企业的做法，符合法律规定。但根据第十一条的规定，“个人独资企业的名称应与其责任形式相符合”，而个人独资企业为投资人个人负无限责任，因此刘某将其取名为“远大信息咨询有限公司”违反法律规定，应予以纠正。

(2)刘某允许另一公司参加投资，共同经营的行为不合法。根据《个人独资企业法》第二条、第八条、第十五条的规定，个人独资企业须为一个自然人单独投资设立，企业存续期间登记事项发生变更时应当在作出变更决定之日起十五日内申请办理变更登记。因此，刘某如允许他人参加投资经营，必须依法办理变更登记，并改变为其他性质的企业，因为此时已经不符合个人独资企业的法定条件了。

(3)该企业应当与职工签订劳动合同并为其办理社会保险。根据我国的社会保障方面的立法及《劳动法》的相关规定，该企业不与职工签订劳动合同、不为职工办理社会保险的做法违反法律的强制性规定。《个人独资企业法》第二十二条、第二十三条对此也作出了规定：“个人独资企业招用职工的，应当依法与职工签订劳动合同”，并“按照国家规定参加社会保险，为职工缴纳社会保险费”。因此刘某的理由不成立。

(4)该企业的债权人在刘某不能清偿债务时不能向刘某的家庭求偿。根据《个人独资企业法》第二条、第十八条的规定，刘某经济上独立于其家庭，且法律规定只有投资人在申请设立个人独资企业进行登记时明确以其家庭共有财产作为个人出资的，才可以依法由家庭共有财产对企业债务承担无限责任，因此债权人不能向刘某的家庭求偿，而应当是由刘某个人负无限责任。

(5)刘某决定自行解散企业的做法是否合法。根据《个人独资企业法》第二十六条的规定，刘某作为该企业的投资人，有权决定自行解散个人独资企业，因此刘某的做法并不违法。

(6)由于黄某后来加入投资经营，因此该个人独资企业事实上已转变为公民之间的合伙关系，由此，法律责任也应当由合伙人刘某、黄某承担。人民法院的判决是正确的。

(资料来源：李彬 博客. http://blog.sina.com.cn/qdlyt.)

5.2.2 合伙企业

所谓合伙企业，是指按照《合伙企业法》在中国境内设立的由各合伙人订立合伙协议，共同出资、合伙经营、共享收益、共担风险，并对合伙企业债务承担无限连带责任的营利性组织。合伙企业也是非法人型企业，不具备法人资格。

在中小企业中，合伙企业所占比例很高。中外实践证明，合伙企业是一种灵活、简便又不失一定规范和规模的企业组织形式。

1. 合伙企业的设立条件

根据我国《合伙企业法》的规定，设立合伙企业，应当同时具备下列条件。

(1) 须有两个以上合伙人。合伙人应当为两个或两个以上的具有完全民事行为能力的人。合伙企业设立时，无民事行为能力的人与限制民事行为能力的人不得作为合伙人；法律、行政法规禁止从事营利性活动的人，不得成为合伙企业的合伙人，如国家公务员。合伙人都应当依法承担无限责任，不存在承担有限责任的合伙人。

(2) 有书面合伙协议。合伙协议是由各合伙人协商一致，明确各合伙人权利义务的法律文件。合伙协议应采取书面方式订立，经全体合伙人签名、盖章后生效。合伙人依照合伙协议享有权利，承担义务。合伙协议生效后，全体合伙人经协商一致，可以修改或者进行补充。

合伙协议应当载明下列事项：

① 合伙企业的名称和主要经营场所的地点；

② 合伙目的和合伙企业的经营范围；

③ 合伙人的姓名及其住所；

④ 合伙人出资的方式、数额和缴付出资的期限；

⑤ 利润分配和亏损分担办法；

⑥ 合伙企业事务的执行；

⑦ 入伙与退伙；

⑧ 合伙企业的解散与清算；

⑨ 违约责任。

(3) 有各合伙人实际缴付的出资。合伙协议生效后，合伙人应当按照合伙协议约定，履行出资义务。根据我国《合伙企业法》的规定，合伙人可以用货币、实物、土地使用权、知识产权或者其他财产权利出资。上述出资应当是合伙人的合法财产及财产权利。对货币以外的出资需要评估作价的，可以由全体合伙人协商确定，也可以由全体合伙人委托法定评估机构进行评估。经全体合伙人协商一致，合伙人也可以用劳务出资，其评估办法由全体合伙人协商确定。

(4) 有合伙企业的名称。

(5) 有经营场所和从事合伙经营的必要条件。

2. 合伙企业的财产

1) 合伙企业财产的性质

合伙企业存续期间，合伙人的出资和所有以合伙企业名义取得的收益均为合伙企业的财产。

对货币以外的出资需要评估作价的，可以由全体合伙人协商确定，也可以由全体合伙人委托法定评估机构进行评估。

2) 合伙企业财产的转让

合伙企业存续期间，合伙人向合伙人以外的人转让其在合伙企业中的全部或者部分财产份额时，须经其他合伙人一致同意。

合伙人之间转让在合伙企业中的全部或者部分财产份额时，应当通知其他合伙人。

合伙人依法转让其财产份额的，在同等条件下，其他合伙人有优先受让的权利。

经全体合伙人同意，合伙人以外的人依法受让合伙企业财产份额的，经修改合伙协议即成为合伙企业的合伙人，依照修改后的合伙协议享有权利，承担责任。

合伙人以其在合伙企业中的财产份额出资的，须经其他合伙人一致同意。未经其他合伙人一致同意的，合伙人以其在合伙企业中的财产份额出资的，其行为无效，或者作为退伙处理；由此给其他合伙人造成损失的，依法承担赔偿责任。

3. 合伙企业事务的执行

1) 合伙事务执行的方式

我国相关法律规定，各合伙人对执行合伙企业事务享有同等的权利，可以由全体合伙人共同执行合伙企业事务，也可以由合伙协议约定或者全体合伙人决定，委托一名或者数名合伙人执行合伙企业事务。

也就是说，合伙企业的事务执行方式有以下两种。

(1) 合伙人共同执行。共同执行，即是全体合伙人都参与事务执行的执行方式。这是直接体现合伙人平等执行事务权利的普通执行方式。共同执行包括两种情况：①对经营管理中的有关问题由全体合伙人讨论决定后，委托某个或几个合伙人具体执行；②合伙人按照各自的分工分别执行。共同执行企业事务，各合伙人都可以对内负责管理事务，对外以合伙企业的名义从事经营活动。共同执行方式一般适合于合伙人较少、经营业务比较单一的合伙企业。

(2) 委托部分合伙人代为执行。委托部分合伙人执行，即根据合伙协议，由全体合伙人中的某一或几个代为执行合伙事务。为了避免各合伙人发生意见分歧，或者部分合伙人不愿参与企业事务执行时，就可以运用这种方式执行企业事务。尤其适合规模较大、人数较多、专业分工比较精细的合伙企业。因而大部分企业往往委托部分合伙人，或者选举一名甚至数名合伙人作为企业负责人，代为执行企业事务。

2) 合伙人在执行合伙事务中的权利和义务

(1) 合伙人在执行合伙事务中的权利。

各合伙人对执行合伙企业事务享有同等的权利；执行合伙企业事务的合伙人，对外代表合伙企业；不参加执行事务的合伙人有权监督执行事务的合伙人，检查其执行合伙企业事务的情况；合伙人为了解合伙企业的经营状况和财务状况，有权查阅账簿；合伙协议约定或者经全体合伙人决定，合伙人分别执行合伙企业事务时，合伙人可以对其他合伙人执行的事务提出异议。提出异议时，应暂停该项事务的执行。如果发生争议，可由全体合伙人共同决定；被委托执行合伙企业事务的合伙人不按照合伙协议或者全体合伙人的决定执行事务的，其他合伙人可以决定撤销该委托。

(2) 合伙人在执行合伙事务中的义务。

由一名或者数名合伙人执行合伙企业事务的，应当依照约定向其他不参加执行事务的合伙人报告事务执行情况以及合伙企业的经营状况和财务状况；合伙人不得自营或者同他人合

作经营与本合伙企业相竞争的业务；除合伙协议另有约定或者经全体合伙人同意外，合伙人不得同本合伙企业进行交易；合伙人不得从事损害本合伙企业利益的活动。

(3) 合伙企业的下列事务必须经全体合伙人同意。

① 处分合伙企业的不动产；

② 改变合伙企业名称；

③ 转让或者处分合伙企业的知识产权和其他财产权利；

④ 向企业登记机关申请办理变更登记手续；

⑤ 以合伙企业名义为他人提供担保；

⑥ 聘任合伙人以外的人担任合伙企业的经营管理人员；

⑦ 依照合伙协议约定的有关事项。

3) 合伙企业的损益分配

合伙企业的利润和亏损，由合伙人依照合伙协议约定的比例分配和分担；合伙协议未约定利润分配和亏损分担比例的，由各合伙人平均分配和分担。合伙协议不得约定将全部利润分配给部分合伙人或者由部分合伙人承担全部亏损。

合伙企业存续期间，合伙人依照合伙协议的约定或者经全体合伙人决定，可以增加对合伙企业的出资，用于扩大经营规模或者弥补亏损。合伙企业年度的或者一定的利润分配或者亏损分担的具体方案，由全体合伙人协商决定或者按照合伙协议约定的办法决定。

4. 入伙与退伙

1) 入伙

新合伙人入伙时，应当经全体合伙人同意，并依法订立书面入伙协议。订立入伙协议时，原合伙人应当向新合伙人告知原合伙企业的经营状况和财务状况。入伙的新合伙人与原合伙人享有同等权利，承担同等责任。入伙协议另有约定的，从其约定。入伙的新合伙人对入伙前合伙企业的债务承担连带责任。

2) 退伙

(1) 自愿退伙。

合伙协议约定合伙企业的经营期限的，有下列情形之一时，合伙人可以退伙：

① 合伙协议约定的退伙事由出现；

② 经全体合伙人同意退伙；

③ 发生合伙人难于继续参加合伙企业的事由；

④ 其他合伙人严重违反合伙协议约定的义务。

合伙协议未约定合伙企业的经营期限的，合伙人在不给合伙企业事务执行造成不利影响的情况下，可以退伙，但应当提前30日通知其他合伙人。

合伙人违反前两条规定，擅自退伙的，应当赔偿由此给其他合伙人造成的损失。

(2) 法定退伙。

法定退火是指合伙人出现法定事由而退伙，包括当然退伙和除名两种情况。

① 合伙人有下列情形之一的，属当然退伙：死亡或者被依法宣告死亡；被依法宣告为无民事行为能力人；个人丧失偿债能力；被人民法院强制执行在合伙企业中的全部财产份额。退伙以实际发生之日为退伙生效日。

② 合伙人有下列情形之一的，经其他合伙人一致同意，可以决议将其除名：未履行出资

义务；因故意或者重大过失给合伙企业造成损失；执行合伙企业事务时有不正当行为；合伙协议约定的其他事由。

对合伙人的除名决议应当书面通知被除名人。被除名人自接到除名通知之日起，除名生效，被除名人退伙。

被除名人对除名决议有异议的，可以在接到除名通知之日起30日内，向人民法院起诉。

合伙人死亡或者被依法宣告死亡的，对该合伙人在合伙企业中的财产份额享有合法继承权的继承人，依照合伙协议的约定或者经全体合伙人同意，从继承开始之日起，即取得该合伙企业的合伙人资格。合法继承人为未成年人的，经其他合伙人一致同意，可以在其未成年时由监护人代行其权利。

合伙人退伙的，其他合伙人应当与该退伙人按照退伙时的合伙企业的财产状况进行结算，退还退伙人的财产份额。

退伙时有未了结的合伙企业事务的，待了结后进行结算。

退伙人在合伙企业中财产份额的退还办法，由合伙协议约定或者由全体合伙人决定，可以退还货币，也可以退还实物。

退伙人对其退伙前已发生的合伙企业债务，与其他合伙人承担连带责任。

5. 合伙企业的解散与清算

合伙企业有下列情形之一时，应当解散。

(1) 合伙协议约定的经营期限届满，合伙人不愿继续经营的。

(2) 合伙协议约定的解散事由出现。

(3) 全体合伙人决定解散。

(4) 合伙人已不具备法定人数。

(5) 合伙协议约定的合伙目的已经实现或者无法实现。

(6) 被依法吊销营业执照。

(7) 出现法律、行政法规规定的合伙企业解散的其他原因。

合伙企业解散后应当进行清算，并通知和公告债权人。清算人由全体合伙人担任；未能由全体合伙人担任清算人的，经全体合伙人过半数同意，可以自合伙企业解散后15日内指定一名或者数名合伙人，或者委托第三人，担任清算人。15日内未确定清算人的，合伙人或者其他利害关系人可以申请人民法院指定清算人。

清算人在清算期间执行下列事务。

(1) 清理合伙企业财产，分别编制资产负债表和财产清单。

(2) 处理与清算有关的合伙企业未了结的事务。

(3) 清缴所欠税款。

(4) 清理债权、债务。

(5) 处理合伙企业清偿债务后的剩余财产。

(6) 代表合伙企业参与民事诉讼活动。

合伙企业财产在支付清算费用后，按下列顺序清偿。

(1) 合伙企业所欠招用的职工工资和劳动保险费用。

(2) 合伙企业所欠税款。

(3) 合伙企业的债务。

(4) 返还合伙人的出资。

合伙企业财产按上述顺序清偿后仍有剩余的，由合伙人依照合伙协议约定的比例分配；合伙协议未约定比例的，由各合伙人平均分配。合伙企业清算时，其全部财产不足清偿其债务的，由其合伙人以个人财产，按照合伙协议约定的比例进行清偿；合伙协议未约定比例的，由各合伙人平均承担清偿责任。合伙企业解散后，原合伙人对合伙企业存续期间的债务仍应承担连带责任，但债权人在5年内未向债务人提出偿债请求的，该责任消灭。

清算结束，应当编制清算报告，经全体合伙人签名、盖章后，在15日内向企业登记机关报送清算报告，办理合伙企业注销登记。

需要注意的是，我国法律意义上的合伙企业仅限于由工商行政管理部门登记的、以自然人为合伙人的企业，不包括法人之间的合伙。另外，目前采用合伙制的律师事务所、会计师事务所、医生诊所等也都不属于合伙企业，它们归各自的行政主管机关登记管理。所以，我国《合伙企业法》的适用范围在一定程度上受到了限制。

6. 合伙企业的特点

在现代市场经济国家，合伙企业是一种被广泛采用的企业形式，合伙企业从事的行业主要分布在农、林、牧、渔、自由职业、小型加工、商品零售等领域。合伙企业的特点主要有以下几个方面。

(1) 合伙人数较多，能够筹集更多的资金；人多，有利于经营水平的提高。

(2) 合伙人都有权参与企业经营决策。

(3) 全体合伙人对企业债务承担无限连带责任。

(4) 受入伙、退伙的影响。由于合伙企业具有浓重的人合性，任何一个合伙人破产、死亡或退伙都有可能导致合伙解散，因而其存续期限不可能很长。

(5) 管理风险和责任风险都较大。

但是，与公司相比，合伙企业无论在管理还是责任的承担方面，仍具有十分明显的“个人化”色彩。例如，全体合伙人都有权参与企业的经营决策，全体合伙人都对企业的债务承担无限连带责任等。所以，怎样挑选合伙人，如何协调合伙人之间的关系等问题都直接影响企业的经营和发展。加之受入、退伙的影响及无限连带责任的牵制，使得合伙企业面临的管理风险和责任风险都较大，合伙企业的存续和发展依然受到不少因素的影响，带有一定的局限性。

案例5-4 合伙企业法案例

关某、孟某、邢某是多年来非常要好的朋友，2008年6月，他们经协商共同出资设立了一合伙企业，经营装修材料。三人口头约定了有关的合伙事项，商定由关某负责进货，孟某负责销售，邢某负责保管及账目。经营期间，关某因病在家休养了两个月。这期间，由邢某从某瓷砖厂进了一批货，欠了3万元的货款。关某病愈后上班，要求查看一下这两个月的账目，孟某和邢某认为关某不出力反而不信任他们，就拒绝了关某的要求，并告知生意不景气，亏损了8 000多元。一天，关某在进货途中因违章驾驶发生交通事故，致行人吴某受重伤，花去医疗费71 000余元。邢某见此情况声明退伙，并私自开走了自己用做出资的汽车，同时拉走了一车的货物。关某又病倒在家，眼看合伙已经难以为继，孟某便将企业的剩余存货以低价全部买下，自己继续经营。2008年12月，瓷砖厂找到孟某要求偿还欠款。孟某认为，瓷砖是邢某进的货，而他们三个的合伙人约定邢某是不负责进货的，所以进货时他的个人行为，故让瓷砖厂找邢某索要欠款。吴某伤愈后也找到孟某要求支付医疗费和赔偿金，孟某说吴某是被关某撞伤的，与自己无关，让吴某去找关某索赔。

问：上述哪些做法或说法是错误的？为什么？

答：第一，关某有权利去查看账面，这是他的权利，作为合伙人，他有监督权。第二，关某生病，邢某去进货是合伙人的行为，不可以认为是他的个人行为，所以3万元的债务是合伙人共同的债务。第三，关某在进货当中发生车祸，造成损失，这也是合伙人的共同债务，要合伙人共同承担。邢某要求退伙，要提前通知其他的合伙人，并不能私自开走作为合伙人的共同财产的车辆和货物。其他两人要求退伙后，孟某买下企业的存货自己经营，这视为其他合伙人因退伙而转让出资份额，其他合伙人可优先受让，但不是财产分割，且合伙期间的债务也要分割。

5.2.3 公司企业

所谓公司企业，是指依照该法在中国境内设立的有限责任公司和股份有限公司，是所有企业组织形式中最成熟、最规范、最先进的企业组织形式。公司是企业法人，有独立的法人财产，享有法人财产权。公司以其全部财产对公司的债务承担责任。有限责任公司的股东以其认缴的出资额为限对公司承担责任；股份有限公司的股东以其认购的股份为限对公司承担责任。

1. 有限责任公司

有限责任公司，是指两个以上股东共同出资，股东以其出资额为限对公司承担责任，公司以其全部资产对公司的债务承担责任的企业法人。

1) 有限责任公司的设立条件

(1) 股东符合法定人数。有限责任公司由50个以下股东出资设立。

(2) 股东出资达到法定资本最低限额。有限责任公司注册资本的最低限额为人民币30 000元。

(3) 股东共同制定公司章程。有限责任公司的公司章程必须由股东共同制定，所有股东应该在章程上签名盖章。

有限责任公司章程应当载明下列事项：

① 公司名称和住所；

② 公司经营范围；

③ 公司注册资本；

④ 股东的姓名或者名称；

⑤ 股东的出资方式、出资额和出资时间；

⑥ 公司的机构及其产生办法、职权、议事规则；

⑦ 公司法定代表人；

⑧ 股东大会会议认为需要规定的其他事项。股东应当在公司章程上签名、盖章。

(4) 有公司名称，建立符合有限责任公司要求的组织机构。

(5) 有公司住所。

2) 设立程序

(1) 制定公司章程。

(2) 特种行业(如金融保险机构、桑拿洗浴场所、KTV等)依法报经政府部门审批。

(3) 股东缴纳出资。

(4) 验资机构验资并出具证明。

(5) 进行工商注册登记。

(6) 签发出资证明书。

3) 组织机构

(1) 股东会。

有限责任公司股东会由全体股东组成。股东会是公司的权力机构，依照公司法行使职权。

股东会行使下列职权：

① 决定公司的经营方针和投资计划；

② 选举和更换非由职工代表担任的董事、监事，决定有关董事、监事的报酬事项；

③ 审议批准董事会的报告；

④ 审议批准监事会或者监事的报告；

⑤ 审议批准公司的年度财务预算方案、决算方案；

⑥ 审议批准公司的利润分配方案和弥补亏损方案；

⑦ 对公司增加或者减少注册资本做出决议；

⑧ 对发行公司债券做出决议；

⑨ 对公司合并、分立、解散、清算或者变更公司形式做出决议；

⑩ 修改公司章程；

⑪ 公司章程规定的其他职权。

对前款所列事项股东以书面形式一致表示同意的，可以不召开股东会会议，直接做出决定，并由全体股东在决定文件上签名、盖章。

首次股东会会议由出资最多的股东召集和主持，依照本法规定行使职权。

股东会会议分为定期会议和临时会议。定期会议应当依照公司章程的规定按时召开。代表十分之一以上表决权的股东，三分之一以上的董事，监事会或者不设监事会的公司的监事提议召开临时会议的，应当召开临时会议。

有限责任公司设立董事会的，股东会会议由董事会召集，董事长主持；董事长不能履行职务或者不履行职务的，由副董事长主持；副董事长不能履行职务或者不履行职务的，由半数以上董事共同推举一名董事主持。有限责任公司不设董事会的，股东会会议由执行董事召集和主持。董事会或者执行董事不能履行或者不履行召集股东会会议职责的，由监事会或者不设监事会的公司的监事召集和主持；监事会或者监事不召集和主持的，代表十分之一以上表决权的股东可以自行召集和主持。

召开股东会会议，应当于会议召开15日前通知全体股东；但是，公司章程另有规定或者全体股东另有约定的除外。

股东会应当对所议事项的决定做成会议记录，出席会议的股东应当在会议记录上签名。

股东会会议由股东按照出资比例行使表决权，但是，公司章程另有规定的除外。

股东会会议做出修改公司章程、增加或者减少注册资本的决议，以及公司合并、分立、解散或者变更公司形式的决议，必须经代表三分之二以上表决权的股东通过。

(2) 董事会。

公司的执行机构，向公司股东负责。

有限责任公司设董事会，其成员为3～13人。

两个以上的国有企业或者两个以上的其他国有投资主体投资设立的有限责任公司，其董事会成员中应当有公司职工代表；其他有限责任公司董事会成员中可以有公司职工代表。董事会中的职工代表由公司职工通过职工代表大会、职工大会或者其他形式民主选举产生。

董事会设董事长一人，可以设副董事长。董事长、副董事长的产生办法由公司章程规定。

董事任期由公司章程规定，但每届任期不得超过三年。董事任期届满，连选可以连任。

董事任期届满未及时改选，或者董事在任期内辞职导致董事会成员低于法定人数的，在改选出的董事就任前，原董事仍应当依照法律、行政法规和公司章程的规定，履行董事职务。

董事会对股东会负责，行使下列职权：

① 召集股东会会议，并向股东会报告工作；

② 执行股东会的决议；

③ 决定公司的经营计划和投资方案；

④ 制定公司的年度财务预算方案、结算方案；

⑤ 制定公司的利润分配方案和弥补亏损方案；

⑥ 制定公司增加或者减少注册资本以及发行公司债券的方案；

⑦ 制定公司合并、分立、解散或者变更公司形式的方案；

⑧ 决定公司内部管理机构的设置；

⑨ 决定聘任或者解聘公司经理及其报酬事项，并根据经理的提名决定聘任或者解聘公司副经理、财务负责人及其报酬事项；

⑩ 制定公司的基本管理制度；

⑪ 公司章程规定的其他职权。

董事会会议由董事长召集和主持；董事长不能履行职务或者不履行职务的，由副董事长召集和主持；副董事长不能履行职务或者不履行职务的，由半数以上董事共同推举一名董事召集和主持。

董事会的议事方式和表决程序，除《公司法》有规定的外，由公司章程规定。

董事会应当对所议事项的决定做成会议记录，出席会议的董事应当在会议记录上签名。

董事会决议的表决，实行一人一票。

(3) 经理。

有限责任公司可以设经理，由董事会决定聘任或者解聘。经理对董事会负责。股东人数较少或者规模较小的有限责任公司，执行董事可以兼任公司经理。

经理对董事会负责，行使下列职权：

① 主持公司的生产经营管理工作，组织实施董事会决议；

② 组织实施公司年度经营计划和投资方案；

③ 拟订公司内部管理机构设置方案；

④ 拟订公司的基本管理制度；

⑤ 制定公司的具体规章；

⑥ 提请聘任或者解聘公司副经理、财务负责人；

⑦ 决定聘任或者解聘除应由董事会决定聘任或者解聘以外的负责管理人员；

⑧ 董事会授予的其他职权。

公司章程对经理职权另有规定的，从其规定。

经理列席董事会会议。

执行董事的职权由公司章程规定。

(4) 监事会。

有限责任公司设监事会，其成员不得少于三人。股东人数较少或者规模较小的有限责任

公司，可以设1或2名监事，不设监事会。

监事会应当包括股东代表和适当比例的公司职工代表，其中职工代表的比例不得低于1/3，具体比例由公司章程规定。董事、高级管理人员不得兼任监事。监事的任期每届为三年。监事任期届满，连选可以连任。

有限责任公司设监事会，其成员不得少于三人。股东人数较少或者规模较小的有限责任公司，可以设1或2名监事，不设监事会。

监事会应当包括股东代表和适当比例的公司职工代表，其中职工代表的比例不得低于1/3，具体比例由公司章程规定。监事会中的职工代表由公司职工通过职工代表大会、职工大会或者其他形式民主选举产生。

监事会设主席一人，由全体监事过半数选举产生。监事会主席召集和主持监事会会议；监事会主席不能履行职务或者不履行职务的，由半数以上监事共同推举一名监事召集和主持监事会会议。

董事、高级管理人员不得兼任监事。

监事会、不设监事会的公司的监事行使下列职权：

① 检查公司财务；

② 对董事、高级管理人员执行公司职务的行为进行监督，对违反法律、行政法规、公司章程或者股东会决议的董事、高级管理人员提出罢免的建议；

③ 当董事、高级管理人员的行为损害公司的利益时，要求董事、高级管理人员予以纠正；

④ 提议召开临时股东会会议，在董事会不履行本法规定的召集和主持股东会会议职责时召集和主持股东会会议；

⑤ 向股东会会议提出提案；

⑥ 依照本法第152条的规定，对董事、高级管理人员提起诉讼；

⑦ 公司章程规定的其他职权。

4) 一人有限责任公司

一人有限责任公司，是指只有一个自然人股东或者一个法人股东的有限责任公司。

一人有限责任公司的注册资本最低限额为人民币10万元。股东应当一次足额缴纳公司章程规定的出资额。

一个自然人只能投资设立一个一人有限责任公司。该一人有限责任公司不能投资设立新的一人有限责任公司。

一人有限责任公司应当在公司登记中注明自然人独资或者法人独资，并在公司营业执照中载明。

一人有限责任公司章程由股东制定。

一人有限责任公司不设股东会。

一人有限责任公司应当在每一会计年度终了时编制财务会计报告，并经会计师事务所审计。

一人有限责任公司的股东不能证明公司财产独立于股东自己的财产的，应当对公司债务承担连带责任。

5) 有限责任公司的特点

有限责任公司是中小企业比较理想的企业模式，其优点在于：其一，投资者风险较小，易于筹集资本；其二，相对股份有限公司而言，其设立手续简便，便于组织管理；其三，股东人数较少，相互了解信任，内部关系密切；其四，资本确定，人员稳定，对外信用牢固。

在我国，由于法律对股份有限公司的规定较为严格，所以，有限责任公司为中小规模的企业广泛采用。

2. 股份有限公司

股份有限公司，是指将公司全部资本分为等额股份，股东以其所持股份对公司承担责任，公司以其全部资产对公司的债务承担责任。公司股东作为出资者按投入公司的资本额享有所有者的资产受益、重大决策和选择管理者等权利。

1) 设立条件

设立股份有限公司，应当具备下列条件。

(1) 发起人符合法定人数。根据《公司法》的规定，设立股份有限公司，应当有2人以上200人以下为发起人，其中须有半数以上的发起人在中国境内有住所。

(2) 发起人认购和募集的股本达到法定资本最低限额。我国《公司法》规定，股份有限公司注册资本的最低限额为人民币500万元。

(3) 股份发行、筹办事项符合法律规定。

(4) 发起人制定公司章程，采用募集方式设立的经创立大会通过。

(5) 有公司名称，建立符合股份有限公司要求的组织机构。

(6) 有公司住所。

股份有限公司的设立，可以采取发起设立或者募集设立的方式。发起设立，是指由发起人认购公司应发行的全部股份而设立公司。募集设立，是指由发起人认购公司应发行股份的一部分，其余股份向社会公开募集或者向特定对象募集而设立公司。以募集设立方式设立股份有限公司的，发起人认购的股份不得少于公司股份总数的35%。

2) 设立程序

(1) 发起人发起。

(2) 制定公司章程。

(3) 申请设立批准。

(4) 认购股份。

(5) 进行验资。

(6) 募集设立方式必须召开创立大会。

(7) 建立公司的组织机构。

(8) 申请工商注册登记。

3) 组织机构

与有限责任公司基本相同。

4) 股份有限公司的特点

股份有限公司是资本的集合体，实行股份的等额化和转让自由化，对股东身份、人数都没有限制，因而能广泛筹集资金，有利于企业规模扩大，也使得企业的稳定性和独立性进一步增强。股份有限公司是现代企业制度最典型的形式。其主要特点如下。

(1) 资本证券化，并允许自由转让。

(2) 个人财产与企业财产完全分离。

(3) 所有权与经营权分离，股东不参与经营，企业经营权由董事会和经理掌握。

但对中小企业来说，股份有限公司并不是理想的企业模式，股份有限公司较高的设立门槛和运作方式都不适合中小规模的企业。

5.3　选择企业类型的考虑因素

选择企业类型，一般要考虑多种因素，主要包括以下几点。

1. 税收

不同的企业组织形式所适用的税收政策是不同的，而且税收政策对企业的影响是长期的，也是非常重大的，因此，应比较不同组织形式的税率和征收方法。私营有限责任公司要双重征税，而私营独资企业和私营合伙企业，就可以避免双重征税的问题。

2. 承担责任

有些组织形式能够对业主及投资人提供一定程度的保护，如公司制企业的有限责任原则，就是对其个人财产的有效保护。选择组织形式时要权衡各种形式赋予业主的法律和经济责任，将责任控制在其愿意承担的范围内。私营独资企业的无限责任以及私营合伙企业的无限连带责任就给投资者的个人和家庭财产带来了风险。

3. 行业

选择何种企业方式，和创业者要进入的行业有很大关系。私营独资企业比较适合于零星分散的小规模经营，在个体农业、建筑手工业、零售商业以及服务行业和自由职业中所占比例较大。一些行业的创业者必须要有合作精神，要建立起合作的团队，这就需要考虑私营合伙企业。例如，创办律师楼、顾问公司、培训机构等，如果没有合伙人，很难开展业务。而对资金、技术依赖性强的行业，也不适合单干。有限责任公司的行业范围更广，可以考虑贸易、电子、化工等行业。

4. 初创和未来的资本需求

不同企业形式在组建时的资本需求是不同的，企业主应根据自己的资金情况选择。同时，不同形式的融资能力也不相同，在需要追加投资时的难易程度也是不相同的。私营独资企业的初创成本要求最低，但未来的融资能力也最差；公司制企业的初始投资大，但能募集到的资本也更多。

5. 可控性

在不同的企业形式下，企业主对企业的控制能力是不一样的，有的权力高度集中而有的就相当分散。企业主要权衡他愿意放弃的控制力和想要获取的他人的帮助。在私营独资企业中，企业主一人拥有经营决策权；私营合伙企业的每个合伙人都可以参与企业的管理；而在公司中，每个股东都有权力干预企业的经营。

6. 管理能力

企业主要评估自己的管理能力，如果自己不擅长管理，就应该选择那些能够将多种人才纳入企业内部的组织形式。私营独资企业基本上全部依赖于企业主的个人能力；私营合伙企业的合伙人就可以实现优势互补；而公司制企业中的经营权和所有权的分离，则可以让专业的管理者来经营企业。

7. 综合成本与收益

一般营业额3万元以下的选用个体或独资企业；营业额3万～10万元的可以采用合伙企业；10万～50万元的，可以选择合伙企业、非公司制企业法人和公司。

本项目知识要点

(1) 企业类型：按企业财产组织形式划分，可以分为个体企业、合伙企业、公司制企业；按所有制形式划分，可以分为国有企业、集体企业、私营企业和混合所有制企业；按企业的行业性质分类，可以分为工业企业、商业企业、服务企业；按企业组合方式划分，可以分为单一企业、多元企业、经济联合体、企业集团、连锁企业。

(2) 可供中小企业选择的不同组织形式：个人独资企业、合伙企业、公司企业(含有限责任公司和股份有限公司)。

(3) 选择企业类型的因素主要包括：税收、承担责任、行业、初创和未来的资本需求、可控性、管理能力、综合成本与收益。

思 考 题

(1) 企业有哪些类型？

(2) 中小企业可以选择哪些组织形式，各有什么特点？

(3) 设立个人独资企业有什么条件？

(4) 设立合伙企业的应具备哪些条件？

(5) 公司制企业有什么特点？它的设立条件、设立程序和运行方式是怎样的？

实 训 项 目

如案例5-1所述，小王开始在自己的社区内寻找建立成功企业的点子。尽管他平时很喜欢和同事们打羽毛球，但他却没有任何一种兴趣和爱好使他能够建立一家企业。经过一番考察，他意识到自己还是应该致力于销售产品而不是提供服务，但是他仍然为销售何种产品而发愁。

讨论：

(1) 小王要创建自己的企业，应该选择什么样的组织形式？

(2) 如果你是小王，你会选择销售什么样的产品？

提示：

不同的企业形式对注册资本有着不同的最低限额，在目前的经济环境中，与创办企业者情况较近的企业形式：非公司企业法人、有限责任公司、股份有限责任公司、个体工商户、私营独资企业、私营合伙企业，每一种企业形式都有其注册资本的最低限额及注册的基本要求。

项目 6 企业登记注册

学习目标

1. 掌握各类企业的设立登记程序。
2. 重点掌握有限责任公司的设立登记程序。
3. 会办理公司的登记注册。

案例 6-1

如案例 5-1 所述，小王经过调查后，发觉男士美容方面的产品市场潜力较大，经过一番仔细的市场调查后，便决定成立一家专门的企业来销售男士美容产品，而且已经找好了几家供应商，而在组织形式方面，他倾向于成立有限责任公司。但他只有 5 万元，不能成立一人有限责任公司。于是，小王找到了朋友小陈，因为他知道小陈也想自己创业，小王将自己的想法告诉了小陈，两人一拍即合。接着，便开始找地方，进行企业的注册登记。

思考与讨论：小王他们应该按照什么样的程序进行操作呢？

6.1 有限责任公司设立登记程序

6.1.1 有限责任公司设立登记的程序介绍

有限责任公司设立登记提交材料参见附录 A、B、C。

1. 有限责任公司设立登记提交材料规范

(1) 公司法定代表人签署的《公司设立登记申请书》。

(2) 全体股东签署的《指定代表或者共同委托代理人的证明》(股东为自然人的由本人签字；自然人以外的股东加盖公章)及指定代表或委托代理人的身份证复印件(本人签字)；应标明具体委托事项、被委托人的权限、委托期限。

(3) 全体股东签署的公司章程(股东为自然人的由本人签字；自然人以外的股东加盖公章)。

(4) 股东的主体资格证明或者自然人身份证明复印件。股东为企业的，提交营业执照副本复印件；股东为事业法人的，提交事业法人登记证书复印件；股东人为社团法人的，提交社团法人登记证复印件；股东为民办非企业单位的，提交民办非企业单位证书复印件；股东为自然人的，提交身份证复印件。

(5) 依法设立的验资机构出具的验资证明。

(6) 股东首次出资是非货币财产的，提交已办理财产权转移手续的证明文件。

(7) 董事、监事和经理的任职文件及身份证明复印件。依据《中华人民共和国公司法》(以下简称《公司法》)和公司章程的规定和程序，提交股东会决议、董事会决议或其他相关材料。股东会决议由股东签署(股东为自然人的由本人签字；自然人以外的股东加盖公章)，董事会决议由董事签字。

依据《公司法》和公司章程规定有职工董事和职工监事的，提交职工民主选举的证明。设立监事会的，应当提交监事会主席的任职证明。

(8) 法定代表人任职文件及身份证明复印件。根据《公司法》和公司章程的规定和程序，提交股东会决议、董事会决议或其他相关材料。股东会决议由股东签署(股东为自然人的由本人签字；自然人以外的股东加盖公章)，董事会决议由董事签字。

(9) 住所使用证明。自有房产提交产权证复印件；租赁房屋提交租赁协议复印件以及出租方的房产证复印件；无偿使用的，提交产权人允许使用的证明原件及产权人的产权证复印件；未取得房产证的，提交房地产管理部门的证明或者购房合同及房屋销售许可证复印件；出租方为宾馆、饭店的，提交宾馆、饭店的营业执照复印件。

(10) 《企业名称预先核准通知书》。

(11) 法律、行政法规和国务院决定规定设立有限责任公司必须报经批准的，提交有关的批准文件或者许可证书复印件。

(12) 公司申请登记的经营范围中有法律、行政法规和国务院决定规定必须在登记前报经批准的项目，提交有关的批准文件或者许可证书复印件或许可证明。

注：依照《公司法》、《中华人民共和国公司登记管理条例》(以下简称《公司登记管理条例》)设立的除一人有限责任公司和国有独资公司以外的有限责任公司申请设立登记适用本规范。《公司设立登记申请书》、《指定代表或者共同委托代理人的证明》可以通过国家工商行政管理总局“中国企业登记网”(http://qyj.saic.gov.cn)下载或者到各工商行政管理机关领取。

以上各项未注明提交复印件的，应当提交原件；提交复印件的，应当注明“与原件一致”并由股东加盖公章或签字。

2. 一人有限责任公司设立登记提交材料规范

(1) 公司法定代表人签署的《公司设立登记申请书》。

(2) 股东签署的《指定代表或者共同委托代理人的证明》(股东为自然人的由本人签字，法人股东加盖公章)及指定代表或委托代理人的身份证复印件(本人签字)；应标明具体委托事项、被委托人的权限、委托期限。

(3) 股东签署的公司章程(股东为自然人的由本人签字，法人股东加盖公章)。

(4) 股东的法人资格证明或者自然人身份证明。股东为企业法人的，提交营业执照副本复印件；股东为事业法人的，提交事业法人登记证书复印件；股东人为社团法人的，提交社团法人登记证复印件；股东是民办非企业单位的，提交民办非企业单位证书复印件；股东是自然人的，提交身份证复印件。

(5) 依法设立的验资机构出具的验资证明。

(6) 股东首次出资是非货币财产的，提交已办理财产权转移手续的证明文件。

(7) 董事、监事和经理的任职文件及身份证明复印件。

依据《公司法》和公司章程的规定和程序，提交股东签署的书面决定(股东为自然人的由本人签字，法人股东加盖公章)、董事会决议(由董事签字)或其他相关材料。设立监事会的，应当提交监事会主席的任职证明。根据公司章程的规定和程序，提交监事会决议，由监事签字。

(8) 法定代表人任职文件及身份证明复印件。

依据《公司法》和公司章程的规定和程序，提交股东签署的书面决定(股东为自然人的由本人签字，法人股东加盖公章)、董事会决议(由董事签字)或其他相关材料。

(9) 住所使用证明。自有房产提交产权证复印件；租赁房屋提交租赁协议复印件以及出租方的房产证复印件；无偿使用的，提交产权人允许使用的证明原件及产权人的产权证复印件；未取得房产证的，提交房地产管理部门的证明或者购房合同及房屋销售许可证复印件；出租方为宾馆、饭店的，提交宾馆、饭店的营业执照复印件。

(10) 《企业名称预先核准通知书》。

(11) 法律、行政法规和国务院决定规定设立一人有限责任公司必须报经批准的，提交有关的批准文件或者许可证书复印件。

(12) 公司申请登记的经营范围中有法律、行政法规和国务院决定规定必须在登记前报经批准的项目，提交有关的批准文件或者许可证书复印件或许可证明。

注：依照《公司法》、《公司登记管理条例》设立的一人有限责任公司申请设立登记适

用本规范。

《公司设立登记申请书》、《指定代表或者共同委托代理人的证明》可以通过国家工商行政管理总局《中国企业登记网》(http://qyj.saic.gov.cn)下载或者到各工商行政管理机关领取。

以上各项未注明提交复印件的，应当提交原件；提交复印件的，应当注明“与原件一致”并由股东加盖公章或签字。以上需股东签署的，股东为自然人的，由本人签字；自然人以外的股东加盖公章。

6.1.2 设立登记过程中的要求和注意事项

1. 名称预先核准的要求

设立有限责任公司，应当由全体股东指定的代表或者共同委托的代理人向工商登记机关申请名称预先核准。有限责任公司名称应由以下4部分构成：行政区划、字号(商号)、所属行业或经营特点、组织形式。以“杭州中萃食品有限公司”为例，“杭州区”为区划，“中萃”为字号，“食品”为行业，“有限公司”为组织形式。

(1) 名称登记必须具有明确的投资主体并符合名称管理的规定。

(2) 名称预先登记应提交的材料(适用于所有申请企业名称预先核准的企业)。

① 全体投资人签署的《企业名称预先核准申请书》[①]；

② 全体投资人签署的《指定代表或者共同委托代理人的证明》及指定代表或者共同委托代理人的身份证复印件[②]；

③ 代办人或代理人身份证复印件；

④ 股东的主体资格证明或自然人身份证明复印件[③]；

⑤ 其他需提交的文件。

(3) 名称办理时限：自收到申请人提交的名称核准登记所需材料起，即时做出核准或驳回的决定。

---

① 应提交的材料中凡是打上书名号的，均为工商登记机关制发的表式，申请人可到工商登记机关注册专窗领取，也可在工商行政管理局网上下载。

② 身份证复印件粘贴在对应表格的相应位置。

③ 股东是企业法人、个人独资企业、合伙企业的，提交有效的营业执照复印件；股东是事业法人的，提交有效的事业法人登记证书复印件；股东是社团法人的，提交有效的社团法人登记证复印件；股东是民办非企业的，提交有效的民办非企业证书复印件；股东是居委会(村委会)的，提交加盖居委会(村委会)印章并由该委员会负责人签字的说明其合法组建的证明文件；股东是自然人的，提交有效的身份证复印件或户籍证明；国家授权投资的机构或部门，提交批准其出资的文件。

若股东属村委会、合伙企业、个人独资企业、外商投资企业的，还应提交以下文件。

如股东属村委会的，应提交村委会决议；属合伙企业的，应提交全体合伙人同意投资入股的文件；属个人独资企业的，应提交投资人同意投资入股的文件。

如股东属外商投资企业的，公司的经营范围属于鼓励或允许外商投资领域的，外商投资企业股东应提交：外商投资企业关于对外投资一致通过的董事会决议；外商投资企业的批准证书和营业执照复印件；法定验资机构出具的注册资本已经缴足的验资报告；外商投资企业经审计的资产负债表；外商投资企业缴纳所得税或减免所得税的证明；法律、行政法规及规章规定的其他材料。

股东是外商投资企业的，公司的经营范围属于限制外商投资领域的，除外商投资企业股东应提交上述规定提交材料外，公司还应提交省级以上外经贸主管部门的批准文件。

2. 公司章程应载明的事项

根据《公司法》第25条规定，有限责任公司章程应当载明下列事项。

① 公司名称和住所。

② 公司经营范围。

③ 公司注册资本。

④ 股东的姓名或者名称。

⑤ 股东的出资方式、出资额和出资时间。

⑥ 公司的机构及其产生办法、职权、议事规则。

⑦ 公司法定代表人。

⑧ 股东会会议认为需要规定的其他事项。

3. 出资的注意事项

各股东全部以现金出资的，应根据公司名称核准通知书及公司章程规定的投资比例及投资金额，分别将投资款缴存公司验资户，缴存投资款可采用银行转账或直接缴存现金两种方式。需注意的是，股东在缴存投资款时，在银行进账单或现金缴款单的“款项用途”栏应填写“××(股东名称)投资款”。

股东如以实物资产(固定资产、存货等)或无形资产(专利、专有技术)出资，则该部分实物资产或无形资产需经过持有资产评估资格的会计师事务所或资产评估公司评估，并以经评估后的评估价值作为股东的资本投入额。

4. 验资需要提供的材料

与会计师事务所签订验资业务委托书，委托会计师事务所验资。验资时需向会计师事务所提供以下资料。

(1) 公司名称核准通知书。

(2) 公司章程。

(3) 股东身份证明，个人股东提供身份证，法人(公司)股东提供营业执照。

(4) 股东投资款缴存银行的银行进账单(支票头)或现金缴款单以及银行询证函。

(5) 如个人股东是以个人存折转账缴存投资款的，则需提供个人存折；提供以上资料时，会计师事务所需验原件后留存复印件。

案例6-2　设立一个有限责任公司

A和B两个自然人在杭州市江干区拟投资4万元设立一个有限责任公司。公司注册过程如下。

1. 公司名称预先登记

办理机构：杭州市江干区工商分局。

办理地点：杭州市江干区工商分局服务大厅窗口。

办理时限：当场。

办理程序：持股东(投资人)资格证明领取“名称预先核准申请书”→填表(按公司命名要求一次可以最多

起九个名称备用)→交表→领取“名称核准通知书”。

收费标准：无收费。

提交材料：①名称预先核准申请书；②全体投资人资格证明(2个自然人的身份证)；③投资人的指定或委托代理书(参见附件2)。

2. 领取“企业设立登记申请书”

办理机构：杭州市江干区工商分局。

办理地点：杭州市江干区工商分局服务大厅窗口。

办理时限：立等可取。

办理程序：交“名称预先核准申请书”→领取“企业设立登记申请书”。

收费标准：无收费。

注：也可从网上下载。

3. 将注册资金存入银行

办事机构：自己选定的一家银行。

办理时限：立等可取。

办理程序：出示股东的身份证原件→填写入资单→存入注册资金→领取入资原始进账单。

收费标准：无收费。

提交材料：①名称通知书原件；②所有股东身份证原件及复印件；③注册资金：自然人出资，可以用现金或银行通存通兑存折；法人出资可以用出资单位支票。

4. 办理验资报告

办事机构：会计师事务所。

办理地点：自选的会计师事务所。

办理时限：由开设的企业所处行业情况决定，时间不等。

办理程序：出示入资原始进账单及资产依据→领取验资报告。

收费标准：会计师事务所——注册资本25万元以上的收取0.2%～0.3%，视各会计师事务所不同会有所不同；银行——向会计师事务所出具询证函，要收取200元。

提交材料：参见“有限责任公司设立登记提交材料附件A：一、有限责任公司设立登记提交材料规范”，其中第5条由入资原始进账单代替，另外，还要提交银行询证函。

5. 工商注册及领取营业执照

办事机构：杭州市江干区工商分局。

办理地点：杭州市江干区工商分局服务大厅窗口。

办理时限：受理材料后5个工作日领取营业执照。

办理程序：填写“企业设立登记申请书”→提交验资报告、公司住所证明等有关材料→领取受理单→5个工作日后，凭身份证、受理单，并交相关费用→领取营业执照正副本。

收费标准：按注册资本的0.08%收取；注册资本超过1 000万元的，超过部分按0.04%收取；注册资本超过1亿元的，超过部分不再收取。

提交材料：参见“有限责任公司设立登记提交材料附件A：一、有限责任公司设立登记提交材料规范”。

6. 公章刻制

办事机构：刻字社。

办理程序：携带营业执照副本到公刻字社刻制公章、财务章、人名章等印章。

提交材料：营业执照副本。

7. 组织机构代码登记

办事机构：杭州市技术监督局。

办理地点：质量技术监督局窗口。

办理时限：受理后3～5个工作日。

办理程序：领取组织机构代码登记申请表→填表→提交单位公章等资料→交费→领取组织机构代码证书。

收费标准：40元。

提交材料：①营业执照副本原件及复印件；②法人身份证复印件；③单位公章。

8. 地税、国税登记

办事机构：杭州市国家税务局。

办理地点：国、地税联合办证大厅。

办理时限：材料齐全立等可取。

收费标准：税务登记工本费40元/个。

提交材料：①工商营业执照证件原件和复印件一式两份；②有关合同、章程、协议书原件和复印件一式两份；③组织机构统一代码证书原件和复印件一式两份；④法定代表人或负责人的居民身份证、护照或者其他合法证件原件和复印件一式两份；⑤验资报告一式一份；⑥自有房提供房产证、租用房提供房屋租赁合同一式一份；⑦税务登记表一式三份。

9. 开立银行账号

办事机构：自选的开设本企业账户的银行。

办理地点：同上。

办理时限：材料齐全立等可取。

收费标准：无收费。

提交材料：①营业执照正、副本及复印件；②组织机构代码证书副本；③法人身份证原件及复印件；④单位公章、财务章、法人人名章；⑤国、地税登记证复印件。

10. 统计登记

办事机构：杭州市江干区统计局。

办理地点：同上。

办理时限：3个工作日。

办理程序：领取“统计登记单位基本情况表”两份→参加相关培训→填表并提交下述材料后，领取统计登记证。

收费标准：无收费。

提交材料：①《统计登记单位基本情况表》加盖公章一式两份；②营业执照副本复印件；③企业法人组织机构代码证书复印件；④验资报告。

6.2 个人独资企业设立登记程序

6.2.1 个人独资企业设立登记的程序介绍

个人独资企业设立登记的程序如图6.1所示。

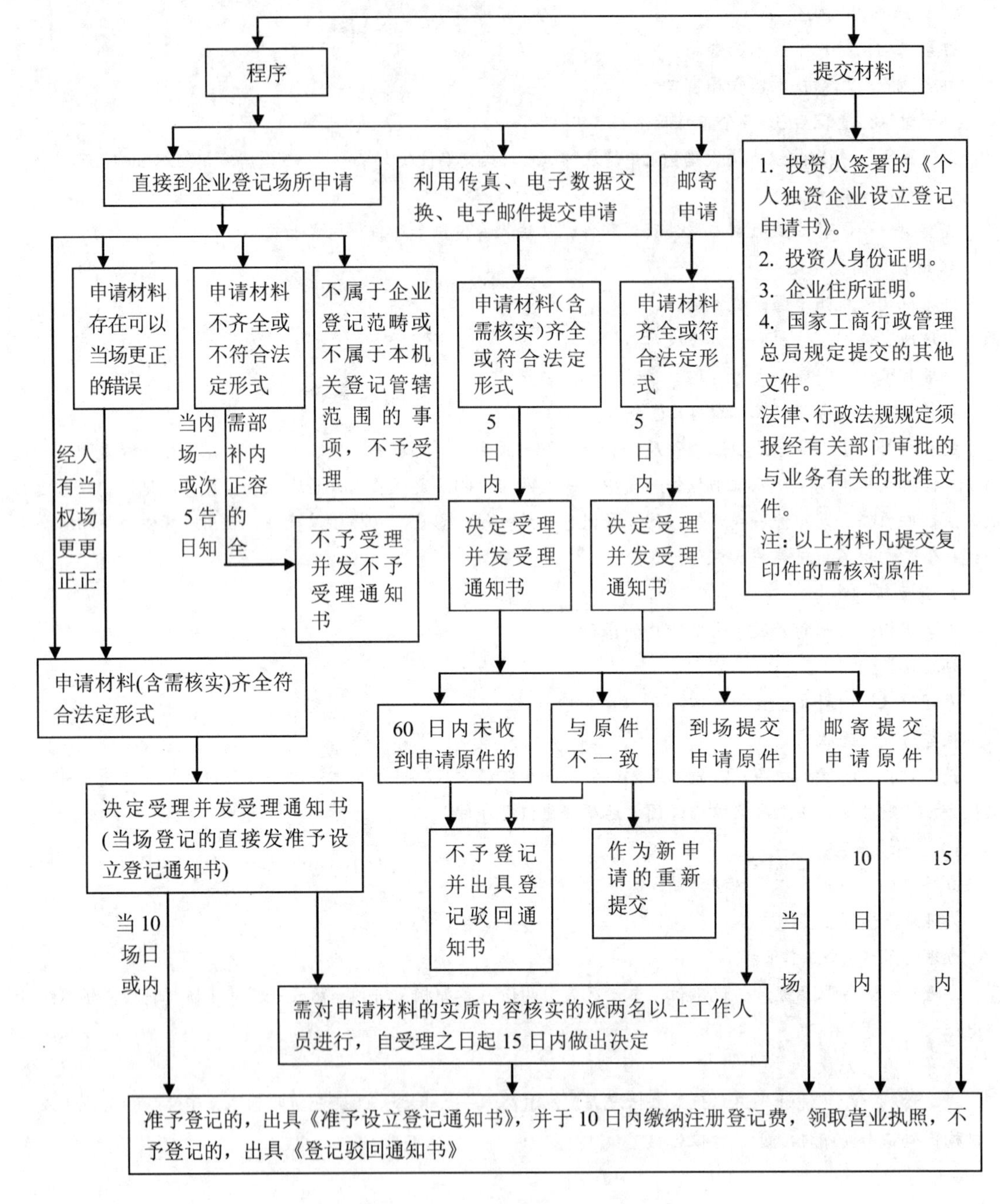

图 6.1 个人独资企业设立登记流程图

6.2.2 设立登记过程中的要求和注意事项

1. *名称预先核准的要求*

个人独资企业的名称应当符合名称登记管理的有关规定，并与其责任形式及从事的营业相符合。个人独资企业的名称中不得使用“有限”、“有限责任”或者“公司”字样。

2. 设立申请书应当载明的事项

(1) 企业的名称和住所。

(2) 投资人的姓名和居所。

(3) 投资人的出资额和出资方式。

(4) 经营范围及方式。

个人独资企业投资人以个人财产出资或者以其家庭共有财产作为个人出资的，应当在设立申请书中予以明确。

6.3 合伙企业设立登记程序

合伙企业设立登记分为两个阶段，第一阶段为名称预先核准，第二阶段为设立登记。

6.3.1 合伙企业名称预先核准

合伙企业名称预先核准与公司名称预先核准办法相同，按《企业名称登记管理规定》登记，但名称中不可使用“公司”、“有限”或者“有限责任”字样。

企业名称预先核准应提交如下文件、证件：

①名称预核申请表；②委托书(粘贴被委托人身份证复印件)；③合伙人身份证明。

6.3.2 合伙企业设立登记

1. 合伙企业设立登记的时限

(1) 合伙企业设立登记必须在企业名称保留期内申请。企业名称保留期为6个月。

(2) 法律、行政法规规定设立合伙企业必须报经审批的，申请人必须在批准之日起90天内持审批文件向登记机关申请设立登记。

2. 合伙企业设立登记的程序

合伙企业登记设立的程序如图6.2所示。

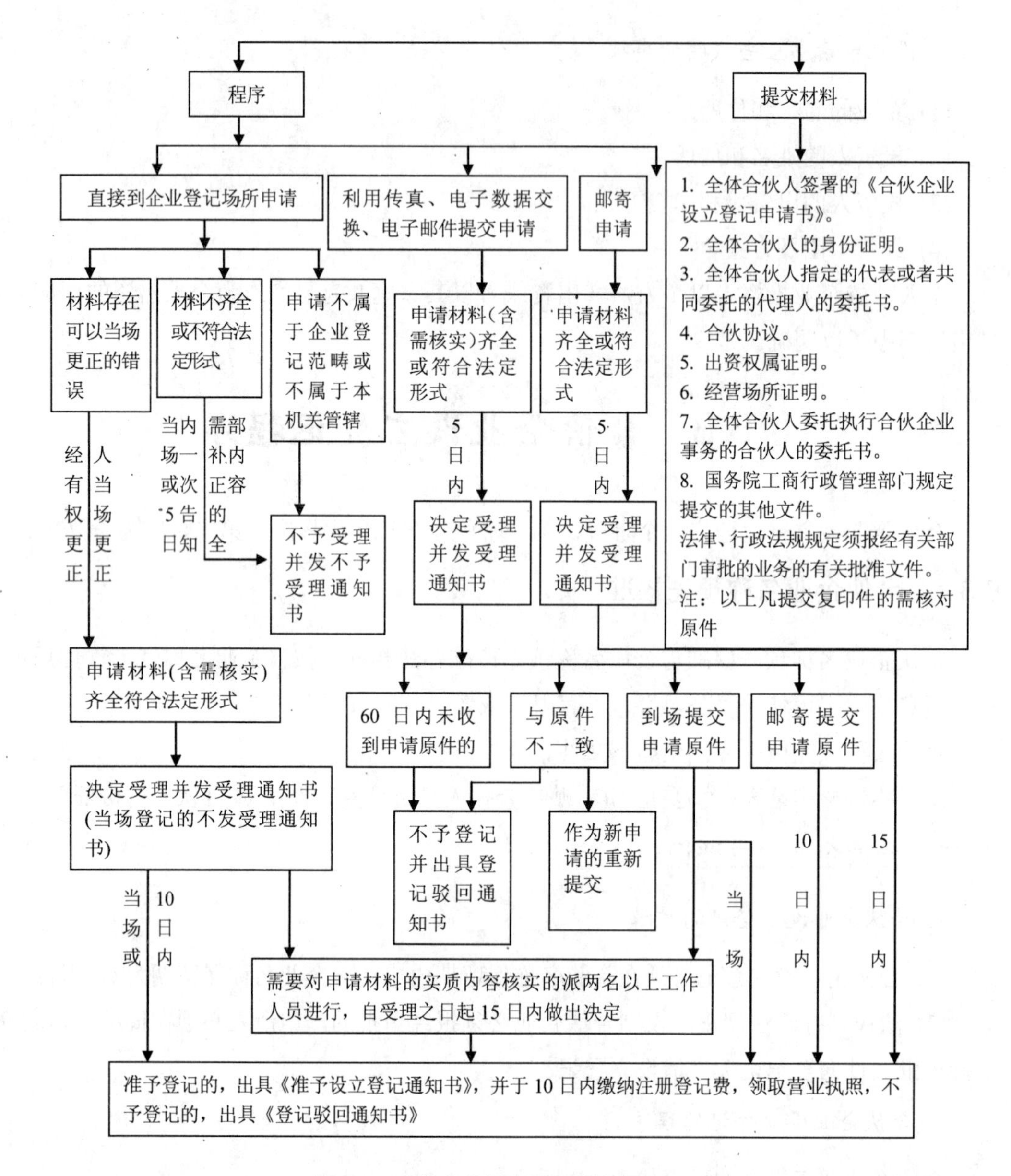

图6.2　合伙企业设立登记流程图

案例6-3　杭州紫竹湾食品有限公司注册流程

杭州紫竹湾食品有限公司将于2012年8月8日成立，选址在杭州市江干区下沙杭州市经济技术开发区，公司已进入登记注册环节。在《中华人民共和国行政许可法》实施后，杭州市经济技术开发区的行政审批及为企业服务工作跃上新台阶。新建立的投资服务中心设立了投资咨询、规划建设、经济发展、消防、技术监督、人事劳动保障、卫生监督、土管、招商、贸促、卫监等11个窗口，按“一站式服务”的要求，为进区企业及广大人民群众提供全方位的优质高效服务。通过提高行政许可审批效率，实现“优化流程、审批提速”。下面是杭州紫竹湾食品有限公司的注册流程。

第1步：公司名称预先登记

办事机构：杭州市工商局经济技术开发区分局(以下简称“经开分局”)。地址：江干区下沙迎宾路69号。

办事地点：经开分局投资服务大厅工商分局窗口。

地址：江干区下沙银都商厦一楼大厅。

办理程序：持股东(投资人)资格证明领取《名称预先核准申请书》→填表→交表→领取“名称核准通知书”。

提交材料：①《名称预先核准申请书》；②全体投资人资格证明；③投资人的指定或委托代理书。

第2步：领取《企业设立登记申请书》

办理地点：经开分局投资服务大厅工商分局窗口。

办理程序：交《名称预先核准申请书》→领取《企业设立登记申请书》。

第3步：前置审批

前置审批是指在企业登记注册之前，政府行业主管部门对企业经营资格的审查；由于紫竹湾食品属于饮食业，因此需要前置审批，需由杭州市卫生局经开分局核发《卫生许可证》。

第4步：将注册资金存入银行

办理地点：经开分局投资服务大厅指定银行的窗口。

办理程序：出示股东的身份证原件→填写入资单→存入注册资金→领取入资原始进账单。

提交材料：①名称通知书原件；②所有股东身份证原件及复印件；③注册资金；自然人出资，可以用现金或银行通存通兑存折；法人出资可以用出资单位支票。

第5步：办理验资报告

办理地点：经开分局投资服务大厅内设的会计师事务所或自选的会计师事务所。

办理时限：由开设的企业所处行业情况决定，时间不等。

办理程序：出示入资原始进账单及资产依据→领取验资报告。

收费标准：注册资本25万元以上的收取0.2%~0.3%。

提交材料：①企业名称核准通知书复印件2份；②组织章程2份；③入资原始进账单。

第6步：工商注册及领取营业执照

办理地点：经开分局投资服务大厅工商分局窗口。

办理程序：填写《企业设立登记申请书》→提交验资报告、公司住所证明等有关材料→领取受理单→5个工作日后，凭身份证、受理单，并交相关费用→领取营业执照正副本。

提交材料：①《企业设立登记申请书》；②《名称预先核准申请书》及《名称预先核准通知书》；③公司章程；④入资凭证或验资报告；⑤以非货币形式出资的，应提交评估报告，50万元以下注册资金(包括50万)，非货币形式出资的，可以做验资报告；⑥股东资格证明；⑦委托书；⑧打印的股东名单和董事、经理、监事成员名单各一份；⑨经营范围涉及前置审批项目的，应提交有关部门的批准文件。

第7步：公章备案及刻制

办理地点：经开分局投资服务大厅公安分局窗口备案，经开区公安分局指定的刻字社刻章。

办理程序：携带营业执照副本到公安分局备案→在营业执照副本上印核准章→在指定的刻字社刻制公章、财务章、人名章等印章。

提交材料：①营业执照副本及复印件；②法人身份证复印件。

第8步：企业法人代码登记

办理地点：经开分局投资服务大厅质量技术监督局窗口。

办理程序： 领取企业法人代码登记申请表→填表→提交单位公章等资料→交费→领取组织机构代码证书。

提交材料：①营业执照副本原件及复印件；②法人身份证复印件；③单位公章。

第9步：开立银行账号

办理地点：自选的开设本企业账户的银行。

提交材料：①营业执照正、副本及复印件；②组织机构代码证书副本；③法人身份证原件及复印件；④单位公章、财务章、法人人名章；⑤国、地税登记证复印件。

第10步：开转资证明和划转资金

办理地点：经开分局投资服务大厅工商分局窗口、指定银行窗口。

提交材料：①工商分局开具的转资证明；②划资人身份证原件及复印件；③营业执照副本及公司章程；④开户银行的开户许可证和交换号；⑤入资时的原始进账单。

第11步：地税登记

办理地点：经开分局投资服务大厅地税局窗口。

提交材料：①营业执照副本及复印件；②企业法人组织机构代码证书复印件；③法人代表或负责人身份证复印件；④银行的开户许可证复印件；⑤公司章程复印件；⑥房产证明或租房合同复印件；⑦公司印章(公章及财务章)。

第12步：国税登记

办理地点：经开分局投资服务大厅国税局窗口。

提交材料：准备与地税登记相同的材料，外加企业财务人员会计证复印件、身份证复印件。

第13步：统计登记

办理地点：经开分局投资服务大厅统计局窗口。

办理程序：领取“统计登记单位基本情况表”两份→参加相关培训→填表并提交下述材料后，领取统计登记证。

提交材料：①《统计登记单位基本情况表》加盖公章一式两份；②营业执照副本复印件；③企业法人组织机构代码证书复印件；④验资报告。

第14步：社会保险登记

办理地点：劳动局经济技术开发区分局社保中心。

办事程序：领取并填写《社会保险登记表》→交表→领取养老、失业、工伤、医疗等各种险种申请表→分别填写完毕交到办险柜台。

提交材料：①营业执照副本及复印件；②企业法人组织机构代码证书及复印件；③单位公章及法人身份证；④开户银行账号及复印件。

本项目知识要点

(1) 有限责任公司、个人独资企业和合伙企业的设立登记程序。

(2) 三种企业类型的设立登记程序都分直接到企业登记场所申请、利用传真、电子数据交换、电子邮件提交申请、邮寄申请三种方式。不同的方式，设立登记的程序和时限有所不同。

(3) 三种企业类型设立登记的最大区别是提交的材料不尽相同。

思 考 题

(1) 有限责任公司登记有哪些程序？
(2) 有限责任公司名称由哪些部分构成？
(3) 开立银行基本账户需提供哪些资料？
(4) 个人独资企业登记有哪些程序？
(5) 合伙企业登记有哪些程序？

实 训 项 目

如案例6-1所述，为小王的有限责任公司进行模拟的登记注册。

请各位同学将公司注册过程中所需提供的各种证明材料、得到的各种证照以及费用、时间做汇总。

操作提示[①]

1. 公司名称预先登记

办理机构：区工商分局。

办理地点：区工商分局服务大厅窗口。

办理时限：当场。

办理程序：持股东(投资人)资格证明领取《名称预先核准申请书》→填表(按公司命名要求一次可以最多起九个名称备用)→交表→领取“名称核准通知书”。

收费标准：无收费。

提交材料：①名称预先核准申请书；②全体投资人资格证明；③投资人的指定或委托代理书。

2. 领取《企业设立登记申请书》

办理机构：区工商分局。

办理地点：区工商分局服务大厅窗口。

办理时限：立等可取。

办理程序：交《名称预先核准申请书》→领取《企业设立登记申请书》。

收费标准：无收费。

注：也可从网上下载。

3. 前置审批

前置审批是指在企业登记注册之前，政府行业主管部门对企业经营资格的审查，如：

(1) 餐饮业、娱乐业等，需卫生部门核发《卫生许可证》，涉及有污染的由环保局核发《排污许可证》。

(2) 生产或经营化工化学危险品的均向省级化工行政管理部门申请领取《生产许可证》、经贸委核发的《经营许可证》。

(3) 汽车、摩托车修理业均由市级交通管理部门核发《汽车、摩托车维修业经营许可证》。

(4) 歌舞厅、影剧院、旅馆业等均由公安、消防部门审批。

(5) 医药企业由药监局核发《经营许可证》。

(6) 营业性歌舞、娱乐、电子游戏游艺等娱乐场所均由文化、卫生、消防部门审批。

(7) 建筑业、木材加工经营、科技开发等均由有关部门审核。

(8) 按摩、美容、美发要由卫生部门核发《卫生许可证》。

(9) 开办旅行社需市旅游局核发的《旅行社业务经营许可证》。

(10) 开办“网吧”需有公安、文化部门审核的前置审批手续。

注：该企业由于属于第(8)条的情况，所以需要前置审批。如无需前置审批则直接进入下一步。

4. 将注册资金存入银行

办事机构：自己选定的一家银行。

办理时限：立等可取。

---

① 各地可能会稍有不同，本提示主要以杭州办理程序作为参考。

办理程序：出示股东的身份证原件→填写入资单→存入注册资金→领取入资原始进账单。

收费标准：无收费。

提交材料：①名称通知书原件；②所有股东身份证原件及复印件；③注册资金；④自然人出资，可以用现金或银行通存通兑存折；⑤法人出资可以用出资单位支票。

5. 办理验资报告

办事机构：会计师事务所。

办理地点：自选的会计师事务所。

办理时限：由开设的企业所处行业情况决定，时间不等。

办理程序：出示入资原始进账单及资产依据→领取验资报告。

收费标准：会计师事务所——注册资本 25 万元以上的收取 0.2%～0.3%，视各会计师事务所不同会有所不同；银行——向会计师事务所出具询证函，要收取 200 元。

提交材料：参见“有限责任公司设立登记提交材料附件 A：一、有限责任公司设立登记提交材料规范”，其中第 5 条由入资原始进账单代替，另外，还要提交银行询证函。

6. 工商注册及领取营业执照

办事机构：区工商分局。

办理地点：区工商分局服务大厅窗口。

办理时限：受理材料后 5 个工作日领取营业执照。

办理程序：填写《企业设立登记申请书》→提交验资报告、公司住所证明等有关材料→领取受理单→5 个工作日后，凭身份证、受理单，并交相关费用→领取营业执照正副本。

收费标准：按注册资本的 0.08%收取；注册资本超过 1 000 万元的，超过部分按 0.04%收取；注册资本超过 1 亿元的，超过部分不再收取。

提交材料：参见“有限责任公司设立登记提交材料附件 A：一、有限责任公司设立登记提交材料规范”。

7. 公章刻制

办事机构：刻字社。

办理程序：携带营业执照副本到公刻字社刻制公章、财务章、人名章等印章。

提交材料：营业执照副本。

8. 企业法人代码登记

办事机构：区技术监督局。

办理地点：质量技术监督局窗口。

办理时限：受理后 3～5 个工作日。

办理程序：领取企业法人代码登记申请表→填表→提交单位公章等资料→交费→领取组织机构代码证书。

收费标准：目前北京海淀区的收费总共为 30 元，但其他一些地方收费标准可能还不统一，以下收费内容可以参考，具体情况请咨询当地技术监督局。

IC 卡代码副本 150 元/个；组织机构代码证书技术服务费 35 元/个；组织机构代码证书正本 10 元/个；组织机构代码证书副本 8 元/个。

提交材料：①营业执照副本原件及复印件；②法人身份证复印件；③单位公章。

9. 地税登记

办事机构：地税局。

办理时限：材料齐全立等可取。

收费标准：税务登记工本费 40 元/个。

提交材料：①工商营业执照或其他核准执业证件；②有关合同、章程、协议书；③组织机构统一代码证书；④法定代表人或负责人或业主的居民身份证、护照或者其他合法证件；⑤银行账号证明；⑥房产证明或租房合同复印件；⑦公司印章(公章及财务章)；⑧企业财务人员会计证复印件、身份证复印件。

10. 国税登记

办事机构：国税局。

办理时限：材料齐全立等可取。

收费标准：税务登记工本费 40 元/个。

提交材料：①营业执照副本及复印件；②企业法人组织机构代码证书复印件；③法人代表或负责人身份证复印件；④房产证明或租房合同复印件；⑤银行账号证明；⑥公司章程复印件；⑦公司印章(公章及财务章)；⑧企业财务人员会计证复印件、身份证复印件。

11. 开立银行账号

办事机构：自选的开设本企业账户的银行。

办理地点：自选的开设本企业账户的银行。

办理时限：材料齐全立等可取。

收费标准：无收费。

提交材料：①营业执照正、副本及复印件；②组织机构代码证书副本；③法人身份证原件及复印件；④单位公章、财务章、法人人名章；⑤国、地税登记证复印件。

12. 统计登记

办事机构：区统计局。

办理地点：区统计局。

办理时限：3 个工作日。

办理程序：领取《统计登记单位基本情况表》两份→参加相关培训→填表并提交下述材料后，领取统计登记证。

收费标准：无收费。

提交材料：①《统计登记单位基本情况表》加盖公章一式两份；②营业执照副本复印件；③企业法人组织机构代码证书复印件；④验资报告。

13. 社会保险登记

办事机构：区劳动局社保中心。

办理地点：区劳动局社保中心。

办理时限：受理后 10 个工作日领取社保登记证。

收费标准：无收费。

办事程序：领取并填写“社会保险登记表”→交表→领取养老、失业、工伤、医疗等各种险种申请表→分别填写完毕交到办险柜台。

提交材料：①营业执照副本及复印件；②企业法人组织机构代码证书及复印件；③单位公章及法人身份证；④开户银行账号及复印件。

项目 7 企业经营地点的选择

学习目标

1. 掌握影响企业经营选址的主要因素。
2. 掌握企业经营选址的步骤。
3. 了解不同行业企业的选址方法。

案例 7-1 折戈沉戟黄金地段

半年前，在化妆品行业打拼多年的小慧终于实现了自主创业的梦想——在家乡H县城开了一个化妆品专卖店。专卖店避开了竞争激烈的商业中心西区，选在H城东区——一个小商品和五金批发区，紧邻一个很大的三峡移民社区，人气十分旺，更重要的是方圆一公里内没有竞争对手，大家都认为那是一个黄金地段。小慧有许多地方让人羡慕：从业多年练就了一身过硬的销售本领，售后服务也做得很专业，产品定位也很准确……总之小慧好像具备了一切成功要素，成功仿佛是一种必然！但现实总爱捉弄人，开业后两个月中，生意相当冷清。小慧认为：这是一个新店必须经历的过程——顾客理解接受有一个过程，市场导入期嘛。但4个月过去了，生意依然没有起色，小慧着急了，为了吸引顾客，她运用了多种曾经被无数事实证明简单可行的促销手段：会员卡、产品派送、传单……可是她辛苦的吆喝并没有带来回报——生意仍然没有起色。小慧和同事弄不明白：明明万事俱备，为什么生意不能取得成功呢？

(资料来源：第一营销网.http://www.cmmo.cn.)

思考与讨论：小慧创业失败的主要原因是什么？

经营选址是指选定企业的经营场地或住所，这不仅是工商登记的要求，也是企业经营本身的需要。不论何种行业，经营场地的好坏直接影响到企业的经营效益，这是因为企业的所在位置直接关系到与客户的往来和销售，而且经营场地的费用是企业固定成本中的一大笔开支。

经营选址是一项重要的基础性工作。选址不仅包括选择街区和具体的建筑物，而且包括选择国家、地区和城市。影响选址的因素很多，选址也需遵循一定的步骤，不同行业选址的方法也不尽相同。

7.1 影响选址的主要因素

经营选址是创业者在创业初期面临的一大难题，选择经营地点应该注意市场因素、商圈因素、资源因素、物业因素、所区因素、个人因素和价格因素等。

7.1.1 市场因素

市场因素要从两个角度考虑，一个是顾客因素，另一个是竞争对手因素。

1. 顾客因素

对于一些行业，特别是对于零售业和服务业来说，客流量和客流的购买力决定着企业的业务量。所以经营场地是否接通顾客，周围的顾客是否有足够的购买力是选址的一个决定性因素。

2. 竞争对手因素

(1) 选择同行聚集林立的地方，同行成群有利于人气聚合与上升，如服饰一条街、建材市场、家电市场、小商品市场等。

(2) “别人淘金我卖水”，别人都蜂拥到某地去“淘金”，成功者固然腰缠万贯，失败者也要维持生存。如果到他们中间去做好相关的服务工作，也是不错的、有利可图的选择。

7.1.2 商圈因素

商圈因素就是指要对特定商圈进行特定分析。例如：

(1) 车站附近是往来旅客集中的地区，适合发展餐饮、食品、生活用品。

(2) 商业区是居民购物、聊天、休闲的理想场所，适宜开设大型综合商场和特色鲜明的专卖店。

(3) 影剧院、公园名胜附近，适合经营餐饮、食品、娱乐、生活用品等；在居民区，凡能给家庭生活提供独特服务的生意，都能获得较好的发展。

(4) 在市郊地段，不妨考虑向驾车者提供生活、休息、娱乐和维修车辆等服务。

(5) 在繁华街区，客流一般以购物为目的，停留的时间相对较长，应经营一些可比较、挑选的商品。

(6) 在机关、学校、工厂附近，客流主要是路过，相对停留时间短，应经营一些选择性不强，可以直观鉴别质量、携带方便的商品。

案例 7-2 选址是开店成功的一半

很多到日本旅游过的人都知道，在日本有一种陶瓷招财猫，那憨态可掬的模样和双眼迷离的笑容让很多游客爱不释手。其实，在中国一样可以找到地道的招财猫，因为它们其实都产自中国。车先生的招财猫专门店就是这样一个例子，他成功吸引了众多年轻消费者，一家店一个月就有3万元左右的纯利。

车老板名叫车斯勇，原是日本招财猫中国生产厂家的一名销售人员。该厂的产品都直接出口到日本，直到2005年才获得在国内市场销售的授权。而车先生抓住机会，自主创业，从做招财猫的礼品批发业务开始，接着又开起了零售店。

2008年6月，他在东山口的好又多超市旁边开了第一家招财猫专卖店。“当时觉得那里人流量很大，消费力也比较强，但没想到却以中年人居多，没有多少人会欣赏招财猫，结果开了一个多月就支持不下去了，亏了四五万元。”

选址相当重要。做潮流产品一定要选择人流量大、购买力强、年轻人比较多的地方开店。货物必须更新快。如果产品一个月都没有新款出来，对于新鲜感很强的年轻人来讲，可能就有点厌倦了。这是在车老板失败后总结的经验。

2008年年底，公园前地铁站通往五月花广场的地下通道全部变成商铺，车先生在这里租了一个20多平方米的小档口。

“这里人流量非常大，每天约有5万人，周末高达13万人左右。而且消费能力比较强，年轻人又比较多，这次我才算选对了地方。做这些礼品性质的生意，地方选对了就成功了一大半。”车先生说。

现在这家店每天的营业额有3 000元左右，周末则高达5 000元左右。除去租金、水电和4名工人的费用，每个月的净利润可以达到3万元左右。

如今，车先生还在中华广场、江南新地和天河又一城等3个地方新开了3家分店。生意可谓日益红火。

(资料来源：天下创业网.http://www.chyee.com.)

7.1.3 资源因素

在某些企业特别是生产性企业选址的时候，要考虑与经营有关的资源，如原材料、土地、劳动力、运输和通信设施等。

7.1.4 物业因素

在置地建房或租用店铺前，创业者应首先了解以下一些物业因素。

(1) 该地段或房屋的规划用途与自己的经营项目是否相符。

(2) 该物业是否有合法权证。

(3) 该物业的历史以及空置待租的原因、坐落地段的声誉与形象等。

(4) 有无环境污染和治安问题等。

7.1.5　所区因素

所区因素指的是经营业务最好能得到当地所区和政府的支持，至少不能与当地的政策背道而驰。

7.1.6　个人因素

有人喜欢选择自己家乡的社区、离自己的亲朋好友近些或自己比较熟悉的地区，这种做法是有利有弊的。其优势是：一方面熟悉周边环境，了解其交通状况及其他设施，熟悉周围的消费群及其购买力、品味和爱好；另一方面，创业者与周边的环境有良好的关系资源，更容易得到信任和支持。但这也有弊端，可能会令创业者丧失更好的机会或因经营受到局限，购买力无法突破。

7.1.7　价格因素

创业者在购买商铺或租赁商铺时，要充分考虑价格因素，包括资金、业务性质、创业成功或失败后的安排、物业市场的供求情况、利率趋势等，以免做出错误决定，对企业的业务经营造成不良影响。

例如，工厂配送经营则不必考虑在租金较高的路边，可选择租金较便宜的地方；前店后厂的则要选择方便人们购买和显眼的地方，铺面租金最好控制在月营业额的 10%左右，否则将影响到投资回报。

7.2　选址的步骤

经营选址一般需经过以下步骤：商圈调查→确定选址范围和目标→取得合适的经营场所。

7.2.1　商圈调查

商圈就是指店铺以其所在地点为中心，沿着一定的方向和距离扩展，那些优先选择到该店来消费的顾客所分布的地区范围，即顾客所在的地理范围。

店铺通常有相对稳定的商圈，但由于经营商品、交通因素、地理位置、经营规模等方面的不同，不同店的商圈规模、商圈形态存在很大差别。即使是同一个店，在不同时间也可以会因为不同因素的影响，而引致商圈的变化，如说出现了竞争者，吸引了一部分的顾客。

但是对一家大型店而言，其商圈范围除了周围的地区之外，对于交通网分布的情形变化必须列入考虑，顾客利用各种工具即可很容易来店的地区也应被纳入商圈。

案例 7-3　肯德基选址的商圈调查和选择

肯德基计划进入某城市，就先通过有关部门或专业调查公司收集这个地区的资料。有些资料是免费的，有些资料需要花钱去买。把资料凑齐了，就开始规划商圈。

商圈规划采取的是计分的方法。例如，这个地区有一个大型商场，商场营业额在1 000万元算一分，5 000万元算5分，有一条公交线路加多少分，有一条地铁线路加多少分。这些分值标准是多年平均下来的一个较准确经验值。

通过打分把商圈分成几大类。以北京为例，有市级商业型(西单、王府井等)，区级商业型，定点(目标)消费型，还有社区型，社区、商务两用型，旅游型等。

选择商圈即确定目前重点在哪个商圈开店，主要目标是哪些。在商圈选择的标准上，一方面要考虑餐馆自身的市场定位，另一方面要考虑商圈的稳定度和成熟度。餐馆的市场定位不同，吸引的顾客群不一样，商圈的选择也就不同。

例如，马兰拉面和肯德基的市场定位不同，顾客群不一样，是两个“相交”的圆，有人吃肯德基，也吃马兰拉面，有人可能从来不吃肯德基专吃马兰拉面，也有反之。马兰拉面的选址也当然与肯德基不同。

而肯德基与麦当劳市场定位相似，顾客群基本上重合，所以在商圈选择方面也是一样的。可以看到，有些地方同一条街的两边，一边是麦当劳另一边是肯德基。

商圈的成熟度和稳定度也非常重要。例如，规划局说某条路要开，在什么地方设立地址，将来这里有可能成为成熟商圈，但肯德基一定要等到商圈成熟稳定后才进入。说这家店三年以后效益会多好，对现今没有帮助，这三年难道要亏损？肯德基投入一家店要花费好几百万，当然不冒这种险，一定是采取比较稳健的原则，保证开一家成功一家。

(资料来源：金融界.http://www.jrj.com.cn.)

7.2.2 确定选址范围和目标

1. 搜寻目标场地

在商圈调查的基础上，可以初步确定合适的地段、街道、小区或楼宇，然后需要实地去找到经营场所。搜索的途径很多，可以通过房屋中介公司、相关楼宇的物业公司或租赁处、各种商用房和写字楼等的招租广告以及实地查找。

一般说来，物廉价美的好商铺通常非常紧俏，一般房东不会交给中介公司代理出租。这时搜索的方法可以是在你感觉满意的地段逐个搜索，或者从房东直接发布招租信息的渠道搜索，目前这种信息的渠道主要有房屋租赁网站，专业服务公司的信息平台，房东在报刊上登载的招租广告，房东在打算出租的房屋门窗上或附近醒目处张贴的招租告示等。

2. 选址时应考虑的因素

不同的企业和不同的业务对选址会有不同的要求，但也不乏共性的地方。

(1) 一般性原则。指离目标客户近，方便客户上门，客流量大，符合企业的形象，配套设施完备，进货无障碍，租金可承受。

(2) 针对产品的性质和客户特点选址，并非所有零售或服务都应在繁华闹市或人流量大的地方。

(3) 注重目标地址未来的成长性，可以酌情考虑目前不引人注目但是将来发展前景较好的地点。

(4) 好的地址不要在意租金高，只要能尽快赢利，哪怕少赚也值得。

7.2.3 取得合适的经营场所

1. 可以租赁的场地

要取得合适的经营场所，首先要了解可租赁场地的情况，这些场地一般包括商铺、摊位、专柜、办公室、厂房、仓库等。

2. 租赁谈判

租赁谈判内容主要包括以下几个方面。

(1) 租赁期、租金、押金/违约金和支付条件。租赁期一般可争取在 3 年以上，如果租赁期太短则不利于稳定经营。租金是关键性因素，应争取以租金为杠杆拿到理想的商址，或争取优惠租金；违约金或押金应在自己可承受的能力范围内；应争取优惠的支付条件。

(2) 装修、物业、供暖、水电等费用。除了水电、煤气等费用以外，装修、物业、供暖等费用都可要求业主承担。

(3) 审核业主的产权文件。需仔细审核，以确保对方拥有合法的使用权，房屋的用途与企业的性质一致。

(4) 签订租赁合同。应签订书面的合同，载明一切租赁条件。不可轻信口头上的任何承诺。

3. 租赁陷阱

租赁陷阱主要包括房屋是违章建筑或用途不符、无合法产权、二手房东转租未获得业主同意以及中介欺诈等。

4. 取得经营场地的其他选择

(1) 购房。适用于经济条件比较好的投资者。多数情况下，只要支付首期付款，就可以买下。

(2) 利用现有住房。临街的平房，若符合城市规划和工商局许可，可以改造成经营场所；其他住宅能否登记为经营场所，取决于企业的性质和当地工商部门的登记管理办法。

7.3　不同行业的选址

7.3.1　零售业、服务业企业的选址

选择人口密集的繁华闹市区、商业区，还是临近居民区的街面房，取决于你的顾客定位和投资规模。首先，确定你的经营目标和顾客定位，这些将直接决定你的投资大小；其次，确定你的经营范围和经营风格，锁定消费层次和经营种类；最后，还要根据经营规模来选择铺面。

1. 低值易耗的日用生活品

低值易耗的日用生活品包括牙膏、肥皂、手绢、毛巾之类。人们购买这类商品时，并不反复挑选，但求方便就近。因此，经营这类商品的商店，应最大限度地接近消费者，距居民区 300 米，步行即可到达的路程为宜。

2. 价高耐用的选择性消费品

价高耐用的选择性消费品包括服装、家具、家用电器之类。这类商品价格高，购买频率低，消费者购买时不惜多跑路，货比三家后方肯解囊。因此，经营这类商品的商店应靠近店铺密集的商业区，便于顾客多家比较选择。

3. 能满足消费者某种特殊偏好的特殊商品

能满足消费者某种特殊偏好的特殊商品包括古玩、钓鱼用具、古装书等。经营这类商品的专营店店址不必一定设于闹市区，因有特殊偏好的消费者是不惜走远途来满足自己的需要的。但这种商店一定要品种齐全，各档次兼备，便于顾客挑选。

4. 旅游区的店铺

旅游区的店铺与旅游季节有关。如果在旅游区选址，不可忽视淡季、旺季之别。以旺看淡是旅游区店铺经营策略。旅游区的商品有自己的特点，如纪念品、饮料、食品、餐饮等。因为在旅游地区，人们主要是以娱乐为目的，所以，在开店时，要对自己经营的商品有所了解。对将要选择的商业区不了解，盲目选址，不会有好的经济效益。

5. 郊区的店铺

城镇郊区的居民区也是零售商店经营的理想区域，特别是较低的房租降低了投资成本和风险。一般来说，郊区店铺比较适合杂货店、五金店、餐厅、日用百货店、药店。

7.3.2 批发业的选址

对于批发业和生产企业而言，经营、公关、策划显得更重要，服务业主要讲究特色与服务质量，知名度、信誉度是经营的基本策略，选址自由度更大一些。

(1) 区位方面。批发市场与主城区距离远近要适宜。若太远，不利于流通效率；若太近，不利于周边环境、交通和居住状况的改善。批发场所必须有优越的公共基础设施条件。

(2) 资源方面。首先，要有足够的土地资源，以利于市场的未来发展；其次，有的批发市场应建立在商品生产城市或者场所附近，有效发挥资源的聚集效应。

(3) 交通方面。批发业一定要选择交通便利的地方，这样有利于快速、便捷、高效到达邻近的零售市场。

(4) 人文环境。批发市场的建立和发展，必须得到附近居民和单位的认同，避免存在利益冲突，影响发展。

(5) 政府的支持。在有些地方，当地政府对于批发业的选址进行了规划，将某一行业的批发商集中安排在某一街区或某一商厦中，从而形成一个以批发为主，兼营零售的商业圈。对此，创业者应有充分的了解，成行成市无论对于招商还是引客都具有极大的吸引力。

7.3.3 生产企业的选址

工业企业选址时主要考虑以下几个因素。

(1) 当地政府的规划、限制性规定以及优惠政策。

(2) 交通的便利性。要注意靠近原材料生产基地或靠近销售市场。同时便利的交通可以减少人员的住宿、交通费用的支出。

(3) 供应和服务的便利性。供应包括燃料、水、电等能源和土地、劳动力的供应，方便的银行服务和金融支持等。

(4) 对环境的影响。工业企业往往会带来环境污染，对附近的居民区带来诸多不便，也会影响自身的生产运作，因此，引进先进设备或治理污染的设施非常重要，同时在尽可能远离居民区、粮食生产基地、水源地等。

案例 7-4 乔伊丝饰品加盟连锁店选址案例分析

随着创业热的不断升温，越来越多的人加入了创业的大军，他们梦想着能够自己当老板，实现发财的梦想。于是各种小店应运而生，有经营服装的，也有经营各种饰品的，但是开店并非像人们想象的那样简单——“今天开张，明天赚钱”。在店铺的运营过程中，牵涉到选址、融资、进货、营销、财务管理等诸多环节，

任何一个环节考虑不周都可能导致整个投资链的断裂。因此，在投资开店前应就开店的细节问题进行深入仔细的研究。

店面的选择和货品的选择是制胜的法宝，这两点解决得好，店铺赢利就有 70%以上的把握了。但如何才能选到一块“黄金宝地”呢？

国际著名时尚品牌乔伊丝饰品连锁体系直营店及加盟店店面选址的成功率均高达 99%以上，到底是一些什么样的因素支撑了其如此之高的店面选址成功率呢？通过对乔伊丝店面选址部门及其连锁店的访问，我们提炼出一些基本原则来与大家共享。下面，我们就来与大家一起分析乔伊丝饰品加盟连锁体系的选址“战略”和“战术”。

“客源”＝“财源”

乔伊丝饰品连锁认为，对于一个创业者而言，消费者的消费是关键，看一个店铺的位置是否优越，首先就要看它是否能带来充足的客流。

上海的王小姐在 2006 年决定创业，经过紧张的筹备，她的乔伊丝饰品店开业了，但是一个月下来，店里的生意一直很冷清，极少有顾客光顾。仔细分析后才发现，失败的原因是当初在选择店址的时候，没有充分考虑客流这个因素。店铺的位置比较偏僻，人流量较少，虽然付出的租金较少，但最后带来的收益也少。有了这样的教训，她在重新选址时充分考虑了客流这一因素，根据周围的人流密度、交通情况以及居民的收入水平，将店铺的位置选在了一个住宅区比较集中的路边。现在她的生意好得不得了。

提到选址，王小姐很有感触。她说，选址时要牢牢记住，“客源”就是“财源”，将店铺的位置选在人流比较集中的商业区，虽然会有租金、竞争压力等困扰，但是店铺比较集中的位置，反而有利于人气的积累，千万不能因为这些担心而将店铺选在偏远地区，这样做的结果只能是得不偿失。

商圈是关键

所谓“商圈”，是指以店铺的所在地为中心，向四周延伸至某一距离所形成的圆形消费区域。商圈一般包括 3 种：第一种位于城市的核心商业区域，这种地方的商业非常发达，由于知名度较高，可以吸引不同地域、不同层次的消费者；第二种一般是指区域性的商务办公楼或开发区，它适合的对象是站在时尚潮流的风口浪尖上的年轻一族；第三种主要分布在大中型的社区附近，针对的人群主要是社区中的居民。

乔伊丝饰品连锁认为，一般而言货物的销售通常要受一定的地理范围限制，也就是货物一般具有相对稳定的商圈，饰品行业尤其如此。不同的店铺因为商品的种类、地形和地域风光、经营规模、交通条件以及顾客的层次等方面的不同，其商圈的形态和规模存在着很大的差别。因此乔伊丝饰品连锁店在店铺选址时，一般会根据具体的情况，确定合适的商圈，从而正确对店址进行定位。

要从长远处着眼

我们总是要用发展变化的眼光看问题，并不是选择最繁华的地段就一定能够挣钱，可能今天还是繁华商业街，明天就会变成冷僻之地。

成都的何女士在选择店铺时，就将店铺的位置选在了一个人流密集、商业活动频繁的“黄金”地段，正当她准备大干一场时，市政府将这一地区纳入了近期规划的范围，众多的商户纷纷撤出，原来的繁华再也不复当初了。

可见，乔伊丝饰品连锁店的选址要求不仅关注现在的状况，更从区域长远发展的角度进行考虑，不仅了解相应的政策规划的变动，还注意未来的发展动向的法规就不得不说是一个非常有战略眼光的政策了。

选址要注意群聚效应

我们经常会看到，一家饰品店的旁边，经常还会有其他的饰品店，这些相关的店铺聚集在一起，不仅没有因为相互间的竞争而被拖垮，反而提高了目标消费群的关注度，从而使相互间的关系更加趋于稳定。因为

一条街上如果聚集着很多卖饰品的店铺，人们一旦想要购买饰品自然而然就会想到这条街。因此，乔伊丝饰品连锁店在选择店址时，不但不担心经营对手，必要时甚至会和竞争对手联合起来。

一般人都认为，选店址时，越是繁华地段，挣钱就越多。其实也不尽然。在店址的选择上，要综合考量很多因素。有时，次优的位置反而比最优的位置创造更多的利润空间。

云南的方小姐就没有将店铺选择在繁华地段，她在一所大学的旁边开了一家中档的乔伊丝饰品专卖店，周围也没有其他的饰品店。但是这个小店却每个月给她带来超过万元的净利润额。因为，她的乔伊丝饰品的价位相对来说性价比非常高，比较适宜还没有在经济上取得独立的大学生，因此，经常有大学生来光顾她的小店，并挑选心仪的物品。

由于店面选址的重要性，乔伊丝饰品连锁加盟体系通常会直接对其加盟店提供选址方面的帮助，或是派出专业人员赴实地帮助选址，或是对加盟店申请者的店面进行审核评估，以防止店面的错误选择。

总之，对创业者来说，店铺的选址是一项关乎生意兴衰的重要因素。在选址的过程中，不仅要从人口密度、地理环境、地形特点等常规的方面进行考量，还要从区域经济、收入水平、居住区规划等发展趋势加以考虑。另外，店铺所在道路的特点、店铺的构型都是应纳入考虑的因素。选择合适的店址，应综合以上的各种因素加以考量，如果是开设加盟店的话，还应善于取得加盟总部的支持，借助加盟总部的专家的经验对店址进行评估论证，切忌盲目开店。

(资料来源：中国专卖店网.http://www.zgzmd.com/info.)

本项目知识要点

(1) 经营选址是一项重要的基础性工作。选择经营地点应该注意市场因素、商圈因素、资源因素、物业因素、所区因素、个人因素、价格因素等。

(2) 经营选址一般需经过以下步骤：商圈调查→确定选址范围和目标→取得合适的经营场所。

(3) 不同行业选址的方式各不相同。

思　考　题

(1) 影响企业经营选址主要有哪些因素？
(2) 企业选址有哪些步骤？
(3) 零售业、服务业的选址应注意哪些问题？
(4) 生产企业的选址主要考虑哪些因素？
(5) 批发业的选址主要考虑哪些因素？

实　训　项　目

(1) 在学校所在地区选择小型店铺适合的经营地点。

① 学生分组通过收集资料掌握相关的政策，了解宏观环境和微观环境。

② 通过实地调查，选择小型饮食店适合的经营地点。

③ 完成开设小型店铺的合适地点的选择。

(2) 为自己的模拟企业选择合适的经营地点，程序如上。

模块二

中小企业的组织与管理

项目 8　中小企业组织结构设计

学习目标

1. 掌握企业组织结构设计的基本原理。
2. 掌握不同组织结构形式的特点和适用范围。
3. 了解中小企业组织结构设计的特殊性及存在的问题。
4. 掌握中小企业组织结构设计的方法和技巧。
5. 了解中小企业组织结构创新的时机、途径。

案例 8-1 “美的”公司的组织结构改革

早在 1968 年的时候，“美的”公司的创始人何享健和 23 位同伴，为求生计，在广东顺德市北滘镇七拼八凑凑了 5 000 元，办起了一个生产药瓶盖的作坊，后来转而为广州的一家风扇厂生产风扇配件。1980 年他们“另立山头”，生产自己的“美的”风扇，开始在家电领域里崛起。

创业时的“美的”需要的是雷厉风行、当机立断的决策机制。因此，采用的是直线式组织管理，这种组织管理方式简单直接，环节清晰，因此保证了当时的“美的”船小好调头，能够随着市场和竞争对手的变化而迅速地采取各种相应的对策。但是随着“美的”公司一天天的发展和壮大，直线式管理的弊端就一天天显现了。由于“美的”的各个产品经营单位都只顾埋头生产，整个公司近千种产品统一由一个销售分公司负责推广，而且企业内部实行的还是计划经济模式，导致了企业的产品和销售严重脱节。而作为公司总裁的何享健更是一天到晚忙得焦头烂额，原材料没有了，找何享健；产品有次品，还是找何享健。何享健变成了整个企业的“大保姆”。眼看着“美的”的市场优势在一点一点地失去，在这种情况下，“美的”集团决定大胆进行组织机构的变革。

1996 年，“美的”公司开始了事业部形式的组织体制改革试点，到 1997 年 7 月，改革全面铺开。总公司负责总体发展战略、产业发展取向、投资导向、资本经营和品牌经营，原有的五大类核心产品生产单位组建成五个事业部，实行开发、生产、销售、服务一体化，以总公司授权委托的身份真正成了“美的”的利润来源。事业部自主权的充分落实带来了活力。

实行事业部制改革后，“美的”公司的高层干部把以往埋头拉车的时间，用来抬头看路了。从日常工作中解脱出来，他们有时间思考企业文化、生存与发展问题、经营方针、增长方式、组织发展、管理机制、产品方向、市场定位等战略问题。从前一天从早忙到晚的总裁何享健每年也能有 1/3 的时间在国外考察，他的职责也由原来的什么都管变成了“推开窗口看世界”。最直接的变化是公司每一位员工都由过去的“要我做”变成现在的“我要做”。依靠正确的组织管理思路，“美的”公司重新获得了市场和活力。

随着小企业一天天的成长和变化，市场对企业提出了更高的管理要求。企业曾经屡试不爽的管理和制度法宝也许就成为企业进一步发展的障碍。因此，小企业的组织并不永远都是静态的，它需要适时而变。今天“美的”公司的成功就得益于企业组织结构的不断变化。

(资料来源：李军，吴昊，熊飞. 经营一个企业. 北京：机械工业出版社，2005.)

思考与讨论：“美的”公司的组织结构变化对企业的进一步发展壮大起到了什么作用？你如何看待组织结构设计的动态性问题？

相关调查表明，有 90%的小企业倒闭是因为经营管理不善导致的，而经营管理不善，关键是因为组织结构与设计问题，组织结构与设计是管理的核心内容，合理的组织设计，是企业有效运作的保证。

8.1 组织结构设计的基本原理

组织结构是组织内全体成员为实现组织目标，在管理工作中进行分工协作，通过职务、职责、职权及相互关系构成的结构体系。它具体包括：①职能结构，即完成组织目标所需的各项业务工作及其比例和关系；②层次结构，即各管理层次的构成，又称组织的纵向结构，是一个自上而下的纵向组织结构层次；③部门结构，即各管理或业务部门的构成，又称组织的横向结构；④职权结构，即各层次、各部门在权力和责任方面的分工及相互关系(协作、监督)等。

8.1.1　组织横向结构设计

组织横向结构设计主要解决管理与业务部门的划分问题，反映了组织中的分工合作关系。

1. 部门划分的原则

部门划分就是指把工作和人员组织成若干管理的单元并组建相应的机构或单位。部门划分应遵循下述3条原则。

(1) 有效实现组织目标原则。

(2) 专业化原则，将相似职能、产品业务汇到一个部门中。

(3) 满足社会心理需要原则，部门划分不宜过度专业化，而应按照现代工作设计的原理，使员工的工作实现扩大化、丰富化。

2. 部门划分方法及特点分析

(1) 按人数划分部门。适于某项工作必须由若干人一起劳动才能完成时，现在大多仅限于某些技术含量低的组织。

(2) 按时间划分部门。指采用轮班作业的方法。其特点是可以保证工作的连续性。通常用于生产经营一线的基层组织。

(3) 按职能划分部门。指把相似的工作任务或职能编在一起形成一个部门。优点：有利于强化各项职能，可以带来专业化分工的种种好处，还有利于工作人员的培训与技能提高。缺点：长期在一个专业部门工作，容易形成思维定势，产生偏见；可能导致整个组织对于外界环境变化的反应较慢。

(4) 按产品划分部门。指按产品分工划分部门，组成按产品划分的部门(或事业部)。优点：能使企业将多元化经营和专业化经营结合起来；有利于企业加强对外部环境的适应性；有利于促进企业的内部竞争。缺点：必须有较多的全面管理能力的人员；由于职能部门重叠设置而导致管理费用的增加；各产品部门的负责人可能过分强调本部门的利益，而影响企业的统一指挥。

(5) 按区域划分部门。指将一个特定地区的经营活动集中在一起，委托给一个管理者或部门去完成。优点：可以根据本地区的市场需求情况自主组织生产和经营活动，更好地适应市场；在当地组织生产可以减少运费和运送时间，降低成本；分权给各地区管理者，可以调动其参与决策的积极性，有利于改善地区内各种活动的协调。缺点：存在与按产品划分部门类似的缺点。

(6) 按工艺过程(设备)划分部门。指把完成任务的过程分成若干阶段，以此来划分部门，或按大型设备来划分部门。优点：符合专业化的原则，可充分利用专业技术和特殊技能，简化培训。缺点：各部门之间沟通协作困难，同时不利于全面管理人才的培养。

(7) 按服务对象划分部门。指按照企业的服务对象进行部门划分。其最大优点：可以对顾客提供针对性更强、更高质量的服务。缺点：加大成本，并增加协调的难度。

3. 部门职责委派

划分部门涉及工作的分配、部门职责的委派等问题。其基本的依据是按业务工作的类似性分配任务。同时，也应考虑彼此联系密切的程度，需要避免以下问题。

(1) 重复。把同类问题同时分派给不同机构，会发生职责重复，等于机构设置重复。“扯皮”现象多源于此。如确需几个部门协作解决时，应在委派职责时，明确划清各自的权限和职责范围，并确定牵头部门。

(2) 遗漏。即职责的遗漏，出现有事无人管的现象。

(3) 不当。指将某项职责委派给了不适于完成这一职责的部门。每个机构都有其基本的职能及有助于完成这一职能的有利条件。

8.1.2 组织纵向结构设计

组织纵向结构设计主要解决管理层次的划分与职权分配问题，反映了组织中的领导隶属关系。主要涉及管理幅度和管理层次的设计。

管理幅度(管理跨度)是指一名管理者直接管理的下级人员的数量。管理层次(组织层次)是指组织内部从最高一级管理组织到最低一级管理组织的各个组织等级。管理幅度与管理层次互相制约，之间存在着反比例的数量关系。因为管理层次具有较高的稳定性，管理幅度在一定程度上应服从既定的管理层次。

1. 管理幅度设计

管理幅度设计应依据上下级关系的复杂程度进行设计。主要依据：管理工作性质，如复杂程度、相似性等；管理者自身的能力与素质状况；下级人员素质与职能性质；计划与控制的难度与有效性；信息沟通的难易与效率；组织的空间分布与外部环境等方面。

常用的设计方法主要有以下两种。

(1) 经验统计法。通过对同类型组织管理幅度调查统计，结合本组织的具体情况确定管理幅度。

(2) 变量测定法。把影响管理幅度的各种因素作为变量，采用定性分析与定量分析相结合的方法来确定管理幅度。

2. 管理层次设计

管理层次设计有两种典型的企业组织结构：高层(垂直)结构和扁平结构。

1) 高层(垂直)结构

高层(垂直)结构的管理层次较多，管理幅度较小。高层(垂直)结构的主要优点如下。

(1) 能够对下属进行有效控制。

(2) 不需设副职或助手，有利于明确领导关系，建立严格的责任制。

(3) 各级主管职务相应较多，能为下属提供晋升机会。

高层(垂直)结构的主要缺点有以下4点。

(1) 协调工作增加，管理费用大。

(2) 信息的上传下达慢，并容易发生失真和误解。

(3) 计划和控制工作较为复杂。

(4) 最高领导层不容易了解基层现状并及时处理问题。

2) 扁平结构

扁平结构的管理层次较少，而管理幅度较大。扁平结构的主要优点有以下几点。

(1) 信息传递速度快、失真少。

(2) 能灵活适应市场。

(3) 管理费用低。

(4) 便于高层领导了解基层情况。

(5) 有利于授权，激发下属积极性，并培养下属管理能力。

扁平结构的主要缺点有以下几点。

(1) 管理幅度大，负荷重，难以对下级进行深入具体的指导和监督。

(2) 对领导人员的素质要求较高。有时需配备副职协助，这又可能引起职责不清与不协调的现象。

总体而言，组织结构类型的设计必须根据企业的具体条件选用。不过采用扁平结构是一种普遍趋势。

8.1.3　组织结构的基本形式与适用对象

组织结构形式是管理组织结构设置的具体模式，主要有下述几种。

1. 直线制

这种组织形式没有职能机构，从最高管理层到最低管理层，实现直线垂直领导。它是最早、最简单的组织形式，产生于手工业作坊时代，由经理个人对生产、技术、销售、财务等各项事务亲自处理。

优点：①机构简单，沟通迅速；②权力集中，指挥统一；③垂直联系，责任明确。缺点：没有职能机构，管理者负担过重，且难以满足多种能力要求，只适用于小规模企业。

2. 职能制

职能制指设立若干职能部门，各职能部门在自己的业务范围内都有权向下级下达命令和指示，即员工除服从上级直接领导指挥外，还受上级职能部门领导。

职能制的优点是管理分工较细，利于工作深入，便于充分发挥职能机构的专业管理功能。但容易出现多头领导，政出多门，不符合统一指挥原则。职能制只是表明了一种强调职能管理专业化的意图，无法在现实中真正实行。

3. 直线-职能制

直线-职能制又称直线参谋职能制，或生产区域制。它吸取前两类的长处，把直线指挥的统一化思想和职能分工的专业化思想相结合，设置纵向的直线指挥系统和横向的职能管理系统，即在各级领导者之下设置相应的职能部门分别从事专业管理。

特点：既保证了组织的统一指挥，又有利于强化专业化管理，普遍适用于各类组织。缺点：①下级缺乏必要的自主权；②各职能部门之间易于脱节或难以协调；③直线人员与参谋人员关系有时难以协调。

4. 事业部制

事业部制也叫联邦分权化，指在公司总部下增设一层相对独立经营的“事业部”，实行公司统一政策，事业部独立经营。

事业部不是按职能而是按企业所经营的事业项目划分的，具有经营自主权的专业化生产经营单位。它是分权化单位，有进行采购、生产、销售的自主权；每一个事业部是一个利润责任中心，有自己独立的市场；在总公司领导下，实行独立核算，自负盈亏。

事业部制的优点：①对产品的生产和销售实行统一管理，自主经营，独立核算，有利于发挥各事业部的积极性、主动性，并能更好地适应市场；②有利于最高层管理者摆脱日常事务，集中精力去考虑宏观战略；③有利于锻炼和培养综合管理人员。

事业部制的缺点：①要求管理者必须具备很高的管理素质，否则会造成事业部管理的困难；②还存在着分权所带来的一些不足，如本位主义，指挥不灵，企业整体性差，职能机构重复设置，管理人员增多等。

这种模式主要适用于规模大、有不同市场面向和产品(服务)的现代大企业。

5. 矩阵制

矩阵制最初出现在19世纪50年代末，被用于完成某些特殊任务。它由纵横两套管理系统叠加在一起组成一个矩阵，其中纵向系统是按照职能划分的指挥系统，横向系统一般是按产品、工程项目或服务组成的管理系统。

矩阵制的主要优点：①纵横结合的联系，加强了各职能部门之间的配合，有利于发挥专业人员的综合优势；②较强的灵活性，可快速组建，完成任务后又可以撤销。

矩阵制的主要缺点：①成员受双重领导，破坏了统一指挥原则，下属会感到无所适从；②不易分清领导责任。

这种模式主要适用于变动性大的组织或临时性工作项目。

此外，还有动态网络结构(也称虚拟组织)、委员会组织等。

8.2 中小企业组织结构设计的特殊性及存在的问题

8.2.1 中小企业组织结构的特殊性

中小企业相比于大中企业，最显著的特点就是规模小，员工数量少。因而，其组织结构大部分具有下述特征。

(1) 中小企业的负责人对企业组织结构及其员工的影响很大。生存是中小企业的第一需要，在简单的组织结构下，老板的个人魅力、与员工的关系等因素对企业经营效率具有重要影响。

(2) 组织结构比较简单，不可能建立复杂的、特别是多层次的组织结构。这是由管理幅度和企业的任务决定的，而且复杂的组织结构会显著增加企业的管理成本。

(3) 专业化分工不可能很细。由于规模小，部门划分不会很细，从而各个部门不可能像大中型企业那样，有着较为精细的专业化分工，各个岗位的职位职责范围相对较广泛，从而要求部门管理人员及员工要有较强的适应性。

(4) 大部分中小企业直接面对市场，因而，一般营销部门在组织结构中占有重要位置。

8.2.2 中小企业组织结构及其设计中存在的问题

中小企业组织结构及其设计中常见的问题集中体现为组织结构形同虚设、组织机构不健全和过分复杂三个方面。

1. 组织结构形同虚设

许多中小企业经营者不重视组织机构的作用，虽然建立了机构层次，设置了职能部门，

但总喜欢揽权，使得各管理层级缺乏履行职责应有的职权。具体表现在以下几个方面。

(1) 有些经营者习惯于“一竿子插到底”的工作方式。虽然建立有不同的组织机构，但他们在布置工作中常常越过中间管理层，直接对底层员工发号施令，造成中间层次的组织机构和管理人员被架空，无所事事。久之大家有问题都会直接向最高领导层请示回报。既使得组织功能被严重削弱，中间层次的管理人员积极性受到打击，也使得组织内部管理陷于混乱状态，更严重的是企业最高层“日理万机”，终日陷于日常琐事中，对于企业的战略问题考虑不够。

(2) 有的企业在组织机构设计中，为了照顾一些企业元老、功臣，将他们放在一些重要的岗位上，但由于这些人能力有限，最高层管理者在很多重要的问题上就直接越过他们与下级对话，和部门主管对话。结果造成原有管理层级体制人为地变短，职位越高的管理者其管理幅度越宽的奇怪现象。

(3) 一些公司设立专门职位对区域营销职能岗位进行管理和考核，但由于是单线管理，造成管理人员难以了解全面真实的情况，而区域负责人则无权管理的局面。

(4) 一些中小企业管理者凭感情、意气用事，随意决策。表现在组织结构方面就是不经过详细的调查分析和论证，随意设置新的部分，撤销原有部门，造成组织结构多变，人心浮动。

2. 组织结构不健全

由于许多中小企业普遍存在重销售、轻市场，重执行、轻计划和检查的现象，在组织结构设计中常无意识地就使得一些重要职能性板块缺失。常见的原因如下。

(1) 营销机构功能较强，但在组织机构中对于营销计划和检查方面的职能明显缺失或偏弱，导致营销活动缺乏目标，造成市场混乱，企业各部门内部无序竞争，影响了企业整体合力的有效发挥。

(2) 一些企业由于组织结构中缺乏监督控制这一职能部门，在分权化后造成权力失控。一些中型企业，在市场扩大后，常采取区域事业部制的组织形式，但由于对区域(省区)营销组织的过分放权，没有建立立体化的监督体系，导致区域(省区)经理成为独立王国中的国王，权力失控。例如，一家代理国内知名葡萄酒品牌、年销售额近 4 亿的销售企业，总部营销中心的任何指令(包括市场、销售、行政和财务等)要想传达到省区，都要经过省区经理，而且省区的任何信息要向总部反馈都要经过省区经理，同时，省区经理还对本区域有绝对的人事裁决权。结果造成多数省区经理对总部报喜不报忧。当然省区的企划员、业务员、人事专员和会计也唯省区经理的马首是瞻，总部营销部门很难了解到一线的真实市场、销售信息。久而久之，省区就变成了一个独立王国，腐败官僚盛行。

(3) 一些公司设立专门职位对区域营销职能岗位进行管理和考核，但由于是单线管理，造成管理人员难以了解全面真实的情况，而区域负责人则无权管理的局面。

3. 组织结构过分复杂

中小企业在组织结构设计中还存在另外一种极端，即企业老板不考虑本企业的实际情况，直接套用大企业的组织机构或依照政府机构模式来设置。由于机构设置缺乏相应的工作分析，导致岗位职责模糊，部门职能交叉严重，互相推诿，扯皮不断。

案例 8-2　过度复杂的结构让公司倒闭

深圳曾经有一个做保健醋的公司，公司的老板雄心勃勃，想以深圳市场为出发点，进入全国市场。在产品上市的初期，老板就开始“招兵买马”，设立了财务部、市场部、销售部、市场拓展部、行政部等部门。开策划会议时，相关部门经理都来参加，都西装笔挺，老板也前呼后拥很是风光。表面上看来，组织架构非常完善，但事少人多，有些人就开始无事生非。不知不觉中，销售部、市场部、市场拓展部之间的配合出现了问题，职责不分，企业已经患了大企业病。企业的“头”已经很大，但“身子”很小，经营不稳，每个月卖醋的收入还不够发工资。支撑了不到半年，终于宣布倒闭了。

8.3　中小企业组织结构设计的方法与技巧

8.3.1　组织结构设计的原则、程序

1. 组织结构设计的原则

(1) 目标、任务原则。即组织结构设计应从组织要实现的目标、任务出发，并为其有效服务。

(2) 专业分工与协作的原则。

(3) 指挥统一原则，要求指挥具有统一性，防止令出多门。

(4) 有效管理跨度原则，要求确保管理者能实现有效控制。

(5) 集权和分权相结合的原则，即要将高层适度权力集中与放权于基层有机结合起来。

(6) 责权利相结合(对称)原则。

(7) 稳定性和适应性相结合原则，要求既相对稳定，又能够适应或及时调整。

(8) 决策执行和监督机构分设的原则。

(9) 精简高效原则。要求组织机构既要精简，又要有效率。

2. 影响组织结构的因素

影响组织结构的主要因素：①组织目标与任务；②组织环境；③组织的战略及其所处发展阶段；④生产条件与技术状况；⑤组织规模；⑥人员结构与素质。

3. 组织结构设计的程序

(1) 确定组织结构设计的方针和原则。例如，公司一级的管理幅度是宽些还是窄些，是实行集权式管理还是实行分权式管理等。

(2) 进行职能分析和职能设计。例如，根据企业目标设置各项经营、管理职能，明确关键职能；把公司总的管理职能分解为具体管理业务和工作等。

(3) 设计组织结构框架。即设计承担这些管理职能和业务的各个管理层次、部门、岗位及其权责。

(4) 设计联系方式。即设计纵向管理层次之间、横向管理部门之间的联系、协调方式和控制手段、信息沟通模式和控制手段，并建立完善的制度规范体系。

(5) 相应的管理人员和工作人员配备和训练，使其了解企业内的管理制度或掌握所需技术等。

(6) 反馈与修正。根据出现的新问题、新情况，对原有组织结构设计适时进行修正，使其不断完善。

案例 8-3　对一家中小企业组织结构的瘦身

图 8.1 是某家年收入 1 000 万元的组织结构图。

从表面上看，这个组织结构比较合理，但实际情况上，由于一级部门负责人大多是老板的亲戚或公司元老，素质跟不上企业发展，因而总经理要直接和二级主管对话，从而使得公司领导人事无巨细，疲于应付；同时，这家公司竟然设置了 10 个一级部门，实际上很多部门用不上或可以合并。

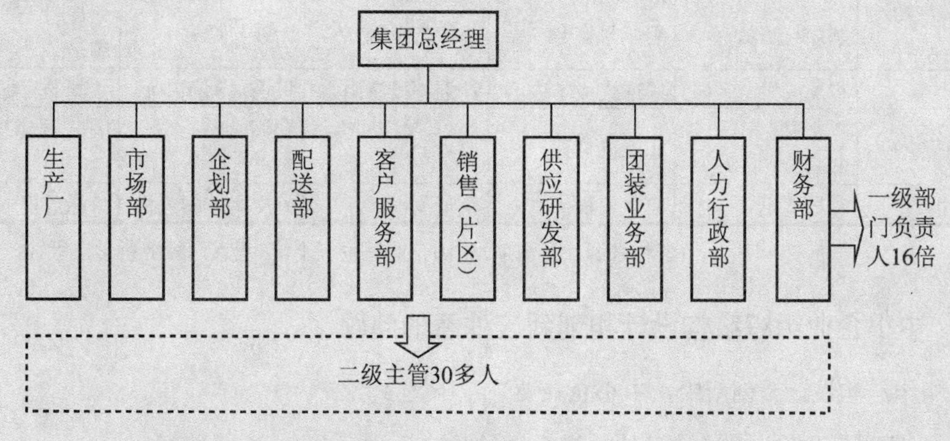

图 8.1　某公司原来的组织结构图

经过分析，对上述组织结构进行了改善，首先将亲戚、元老等另行安排，将有能力的人放在了部门领导位置，大幅减少部门，形成如图 8.2 所示的组织结构。

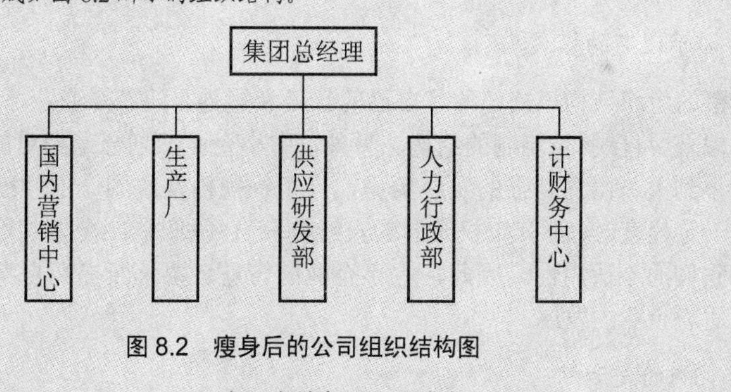

图 8.2　瘦身后的公司组织结构图

（案例资料来源：徐德盛 . http://blog.sina.com.cn/u/3601361377.）

8.3.2　各种企业组织结构形式的比较与适用对象

前述的企业组织结构的 5 种类型中存在着共同之处，也有不同之处。共同点表现在：一是共存性，即在大部分时期内，多种组织形式是共存的，而不是“你死我活”的关系；二是复杂性，即每一种组织结构形式在它的初步形成阶段都是相对简单的，随着发展都表现出复杂的特征；三是相容性，即某个组织可能以一种结构形式为主而又同时容纳其他多种组织结构形式，形成几种组织结构形式并存的局面；四是递接性，即随着组织的发展，其结构形式也依次变化。

5 种类型组织结构的不同点及适用范围如表 8-1 所示。

表 8-1　5 种组织结构形式的特点及适用范围

项目	直线制	职能制	直线-职能制	事业部制	矩阵制
管理作风	一个人家长式	维持班子家长式	集中的行政管理	以利润为中心的分权管理	分权与集权
组织职能	适应外部环境	资源的获取	重点是目标达成	重点是保持制度的精细化	适应与更新
领导者与被领导者的关系	领导与随从	忠诚与安全	工作与报酬	一致与稳定	适应性与工作满足
控制系统	市场成果	标准式成本中心	计划与投资中心	报告与利润中心	共同的目标系统
组织发展与变革	重点是创出一些产品	职能机构建立	权力分散	利润分红方法制定	团队活动与自发性管理
组织危机	领导危机	自主危机	管理危机	繁文缛节的危机	目标危机

(资料来源：郑海航. 中国企业理论五十年. 北京：经济科学出版社，1999.)

8.3.3　中小企业组织结构设计和创新应注意的问题

在组织结构设计及创新中，中小企业要注意下述 3 点。

1. 直线制是小企业普遍适用的组织结构形式

对于小企业来说，组织规模不大，任务和关系不太复杂，因此，直线制是众多小企业普遍适用的结构模式。

2. 不要囿于固定的模式

上述典型的组织结构模式，各有自己的长处和短处。随着企业业务的发展，规模的扩大，企业可以考虑采用直线-职能制的结构。另外，中小企业的划分是相对的，任何大公司、大集团都经过由小到大、由弱到强的发展历程，当组织规模发展到一定程度、组织任务分散性和复杂性达到一定程度时，带有集权倾向的直线制和直线-职能制会限制组织及其成员的内在活力，暴露出它们的不适用性。因此，中小企业的管理者要不断提高自身的管理能力，变革组织设计，以适应企业的发展。

3. 操作规则的灵活性

一定的组织结构，决定了相应的管理模式。但是，由于不同的结构模式各自都有其优缺点存在，因此，管理者要考虑即使对同一种结构模式，也应根据企业自身的生存和发展需要设计不同的操作规则，以发挥每一种结构模式的有效性。例如，同样是直线-职能制，既可以强调职能部门的参谋作用，不允许参谋部门向下发号施令，也可以通过适当授权，使职能部门拥有一定的向下指挥权。授权时必须注意权限范围。在现代的组织设计中，为适应环境的快速变化，一般将职能部门的功能适当扩大，从而使组织设计呈现出动态性的特点。

8.3.4　中小企业组织结构设计要满足适用性、动态性和弹性等特殊要求

1. 适用性

对于中小企业来说，没有必要参照大企业的做法来进行组织设计，组织结构的设计要符

合自身的需要，同时还要根据企业目标和任务的变化，适时改变原有的组织结构设计，充分考虑运用临时性的项目组织。

案例 8-4 金花公司的组织结构

金花公司是一家生产脱水蔬菜的小企业，员工总数约 30 人。该公司经过对市场和企业本身情况的详细研究之后，从实际出发对企业进行了合理的组织结构设计，保证了企业的正常发展。其公司结构如图 8.3 所示。

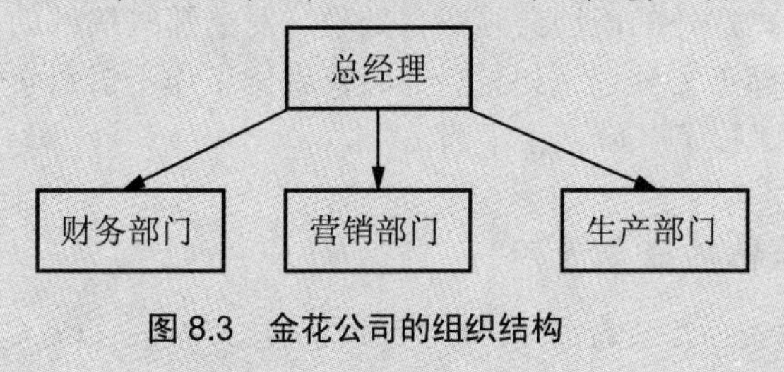

图 8.3 金花公司的组织结构

这种精简的组织结构保证了金花公司的企业开支远远低于竞争对手，而且企业的整体工作效率也得到了很大的保障。因此，金花公司的效益远远好于市场的同类企业。

2. 动态性

组织设计没有固定的模式。中小企业组织结构设计时要充分反映其经营方式灵活，适应市场变化灵敏的特点，使组织整体保持活力。

案例 8-5 联想组织结构的演变

联想的组织结构改变了好几次：从大船结构到舰队模式；从众多的事业部到整合为 6 大子公司；从北京联想、香港联想分而治之到统一平台。目前联想已经摆脱了大多数民营企业小作坊式的经营模式，走向大集团、正规化、协同作战的现代企业管理模式。

3. 弹性

从一定意义来说，组织设计是相对稳定的。但中小企业可以随时通过适当的人员调配来保持组织结构设计的弹性。由于中小企业没有大企业过于专业化分工的缺陷，因此，中小企业的组织机体可以具有更大的弹性和活力。

根据中小企业组织管理工作的特殊性，对于多数小型企业特别是创建初期的小企业，其组织结构设计可采用直线制，也就是企业的一切管理工作，均由企业的厂长(或公司总经理)直接指挥和管理，不设专门的职能机构。至于总经理这一级别之下，是否设立人事部或者其他部门，则应该根据企业的实际情况、人员编制以及相应的经济实力来考虑。不过一般来说，对于年赢利不大，而且人数不超过 30 人的小企业，人事部门或其他部门的设立可滞后。

8.3.5 消除组织设计与组织管理中的障碍

1. 授予职位并给予权力

小企业发展到一定的程度，企业经营者就需要脱身出来考虑企业的发展和如何更好地组织资源的问题，这个时候企业经营者就应当考虑权利的分配问题。

但比较突出的问题是企业经营者不完全放心让下面的部门经理去干，很多事情不给予决策权，最后变成了部门经理有名无实，很多事情他们都得回来向经营者汇报。

授权就是小企业经营者根据情况，将某些方面的权利和责任授给下级，使其在一定监督之下，得到一定的自主权而行动。授权其实代表着企业经营者对中层队伍的信任，也是一些小企业不能良好运转的标志。企业要健康发展，经营者“放权”是个大的趋势。当然，经营者作为小企业的行政长官，在权力的运用上，应做到大权独揽、小权分散。对于那些全局性的、重要的、关键的、意外的问题必须亲自处理，对于那些局部的、次要的、一般的、正常的工作，则尽可能让部下去处理。如果企业经营者做工作不讲科学性，只是一味蛮干，忙忙碌碌，到头来很可能“捡了芝麻，丢了西瓜”。

案例 8-6　家乐福的分权管理

家乐福在管理分权方面，实行以门店为中心的管理体系。家乐福的门店和店长可以根据实际情况，具有独立的行事权，包括商品组合结构的建议权和决定权、商品的价格变动权、人事管理权、商品的促销权等。家乐福以门店为中心的管理体系是其海外经营成功的关键因素之一。

授权的形式和方法有以下几种。

(1) 一般授权。这是小企业经营者对部下所做的一般性工作指示，并无特定指派，属于一种广泛事务的授权。这种授权可分为 3 种：一是柔性授权，即企业经营者对被授权者仅指示一个大纲或者轮廓，被授权者有很大的余地做因时、因地、因人的处理；二是模糊授权，即授权有明确的工作事项与职权范围，但对怎样实现目标并未做出要求，被授权者在实现的手段方式上有很大的自由发挥和创造余地；三是惰性授权，即经营者由于不愿意多管琐碎纷繁的事务，且自己也不知道如何处理，于是就交给部下处理。

(2) 特定授权。这种授权也叫刚性授权，是小企业经营者对被授权者的职务、责任及权力均有十分明确的指定，下属必须严格遵守，不得渎职。

案例 8-7　汤森德的授权理论

美国著名企业家、国际出租汽车公司总经理罗伯特·汤森德曾举例说明应如何授权。现在有一份合同需重新签署，有两个竞争厂家，一个是老主顾，一个是新客户。经理应如下授权。

(1) 物色一个人，把签订合同的权力给他，让他全面负责谈判。

(2) 把合同中各项条款的最低和最高要求写在纸上。

(3) 给有关专家几天时间，讨论一下自己所提出的要求，然后把意见汇总，反复修改，最后重新写出来。

(4) 让谈判人守在电话机旁，给每个厂商的最高领导打个电话，寒暄几句后就说：“我已经决定让某某去谈这份合同，无论他提出什么意见，我都同意。”

2. 消除官僚习气

其实并不是企业做大了才会有官僚。现实生活中，众多的企业，不管是家族企业还是各种合伙企业或者个人独资企业，都存在各种各样的官僚习气。无论企业如何小，都会存在着各式各样的矛盾，组织结构的设置不当或组织管理不当都会产生或助长官僚习气。

现实中，有些经营者没有意识到官僚习气的危害，一旦创建了公司就觉得自己拥有了一定的权力，他们不是考虑如何运用这些权力来进一步促进企业的经营和发展，却玩起了各式

各样的权力游戏。例如，有一个小企业一共也不过十几个人，但是董事长秘书、总经理助理、办公室主任这样的职位却样样俱全，企业经营者以此显示自己的权利和威风，而且还认为自己很会管理公司，但是他却偏偏忘记了这种人浮于事的表现恰恰助长了公司的官僚气息，而且每增加一个产生不了利润的部门都会进一步造成公司内部权力的异化以及员工之间的勾心斗角，以至最终败坏了整个企业。

有的企业由于机构设置过多，各个部门职责、权利不清，从而使大家的主要精力都用在争权夺利、尔虞我诈上，谁也没有心思搞生产经营，结果可想而知。

3. 善于处理企业内部的各种冲突

在小企业的发展过程中总是存在各种各样的矛盾和冲突，作为小企业的经营者应当学会处理这些冲突，只有解决了这些冲突，才能保证企业内部的和谐和团结。

至于如何解决这些冲突，小企业的经营者首先必须确认哪些冲突是消极冲突，哪些冲突是非消极冲突。对于消极冲突，管理者自然应该尽量使用各种手段将冲突迅速消除。但对于非消极冲突，管理者需要积极地引导，以促使非消极冲突变成对组织有利的因素。

8.4 根据企业发展变化及时进行组织结构创新

有两方面的因素会要求小企业进行组织结构变革。一是小企业所面临的市场外部环境和技术条件总在不断变化之中，这就会导致企业的工作流程和工作方法不断变化，相应的组织结构必然要随之改变；二是随着小企业的成长和发展，企业的规模将不断从小向大发展，从单品种向多品种变化，从本地市场向国际市场进军。因此，企业的机构设置、工作思路和管理制度都应该进行及时的调整。为此，中小企业管理者要及时根据内外部环境条件的变化，进行组织结构的创新。

8.4.1 组织结构创新的时机、程序

1. 组织结构创新的时机选择

进行企业组织创新活动要把握恰当的时机，选择适当的时机进行组织创新活动，以使创新顺利展开，大大提高组织创新所产生的边际贡献。

一般来说，企业组织结构创新时机主要有以下 4 个。

(1) 大规模危机开始出现。具体表现为发生严重的财务亏损、失去重要的顾客或被竞争对手重创等。

(2) 领导职位人员更新。任命新的高层管理人员，可能预示着一场重大的组织变革将要发生，新的领导人可能将会把其新的角色模式、管理价值观、领导风格、管理思想注入组织中。

(3) 组织决策形成过于缓慢，以至于无法把握良好的发展机会，或者时常造成重大的决策失误等。

(4) 组织中沟通不良，内部冲突严重，组织的机能不能得到正常发挥，造成许多严重后果等。

2. 组织创新的程序

一般来说，企业组织创新存在比较规范的程序，要通过 7 个步骤来实现。

(1) 认清变革的力量及需要。变革的力量来自于组织内外部两方面，如市场环境的变化、技术进步以及政府的经济政策变动等。

(2) 明确问题。弄清问题的实质、组织现有状态与理想状态的差距，以确定进行变革的目标。

(3) 确定组织创新的内容。即在以人为中心的组织创新、以结构为中心的组织创新和以组织过程为中心的组织创新这三种组织创新形态中进行选择。

(4) 认识限制条件。影响组织创新成败的限制条件主要有3个方面：一是领导工作作风与习惯；二是组织结构的法定惯例和原则；三是企业的组织风尚。

(5) 确定解决问题的方法。根据限定条件，确定适当的解决方法，是采取集权还是分权、是扩大还是缩小管理范围等。

(6) 实施变革计划。在实施变革计划时，既要考虑选择变革的恰当时机，又要恰当地选择变革的范围，以便取得较好的效果。

(7) 检查变革结果，进行反馈，并找出以后改进的途径，进行再次循环，以使组织不断得以完善。

3. 组织结构创新的原则

(1) 目标一致性原则，组织结构的变更要围绕组织的目标来进行。

(2) 相关性原则，即企业组织创新活动应当围绕企业生产经营活动的要求设置、调整进行，不能因人设机构，也不能使机构的分工过细、过专。

(3) 精简原则，即进行组织结构创新时，尽量要保持机构、人员与生产经营规模协调配比。具体包括：一是机构、人员在与生产经营规模协调的情况下，尽可能选用高水平、高素质的人员承担相关的职责，以达到减少人员数量、保持机构能够胜任工作的要求；二是要求企业尽可能地简化职能相关、相近的机构，以避免机构重叠、职责分散、责任不清、相互扯皮。

(4) 效率原则，即在投入一定的情况下，力争产出最大。

8.4.2 中小企业组织结构变革的途径

中小企业的组织结构变革有内部和外部两个基本途径。20 世纪 80 年代以来，许多企业开始了一种基于信息技术而对企业运作流程进行的重新设计，即“企业再造”，企业再造的结果是使企业组织呈现出与官僚组织的“科层制”完全不同的新特点，主要表现为柔性化和扁平化。中小企业组织变革的另一个途径是改变与其他企业之间的关系，这主要通过网络化和虚拟化来实现。

1. 柔性化

柔性化组织结构的典型形式是临时团队和重新设计等形式。

(1) 临时团队。指在组织结构上不设置固定的和正式的组织机构，而代之以一些临时的以任务为导向的团队式组织。临时团队往往是任务单一、人员精干的临时性组织。这种组织形式大大提高了组织结构的弹性，把核算单位划小，让基层组织有更大的自主权和主动权，从而对传统的垂直式的组织模式形成很大的冲击。

根据团队的存在目的、拥有自主权的大小，可将团队分为问题解决型团队、自我管理型团队和多功能团队3种。

(2) 重新设计。指把组织结构的不断调整看成是组织结构存在的常态，而不是偶然进行的

一次性组织行为，这对中小企业来说，尤其重要。中小企业的组织设计没有固定的模式，可以根据企业目标和任务的变化，适时地改变原有的组织结构。一方面要充分考虑运用临时性团队组织，另一方面可以随时通过适当的人员调配来保持组织结构的弹性。

2. 网络化与虚拟化

现代网络技术对组织结构变革的直接影响是网络化。在企业内部，通过网络技术对组织结构进行重新构造，突破了传统层级制组织结构纵向一体化的特点，组建由小型、自主和创新的经营单元构成的以横向一体化为特征的网络制组织形式。在组织外部，通过联合与兼并组成企业集团，各种企业集团和经济联合以网络制的形式把若干命运休戚相关的企业紧密联结在一起。

通过网络化和虚拟化，可以改变中小企业与其他合作企业或竞争企业之间的关系，具体的形式有以下几个。

(1) 虚拟运作。就是中小企业根据市场的需求，将外部资源和内部资源整合在一起，以增强自身竞争优势、提高企业竞争力的一种管理模式。虚拟运作使得中小企业能够充分借用企业外部力量——诸如设计、生产、营销网络等，来拓展企业可优化配置资源的范畴，使内外部各种资源得以整合，聚变成强大的综合的竞争优势。

(2) 业务外包。指大企业把一些重要的但又非核心的业务职能交给外面的中小企业去完成。大企业可以充分利用中小企业“精、专、特”的优势，获取质优价廉的零部件和配件；而中小企业通过业务外包，则能够与大企业分享合作的经济成果，增强了小企业与大企业之间的合作。

(3) 战略联盟。指两个或两个以上的企业，为达到共同拥有市场、共同使用资源和增强竞争优势的目的，通过各种协议而结成的优势互补、风险共担的松散型组织。中小企业之间的联盟可以是上下游企业之间，也可以是在竞争企业之间，中小企业还可以与大企业建立联盟关系。

本项目知识要点

(1) 组织结构设计包括横向的部门划分和纵向的管理幅度、管理层次设计。

(2) 部门划分应遵循有效实现组织目标、专业化、满足社会心理需要3条原则，划分方法可以按照人数、时间、职能、产品、区域、工艺过程、服务对象等，不同划分方法各有优缺点，分别适用不同企业。部门职责委派的依据是业务工作的类似性和彼此联系的密切程度。同时要注意不能有重复、遗漏和不当等情况。

(3) 组织纵向结构设计应依据上下级关系的复杂程度来进行，有两种典型的组织结构。一是高层(垂直)结构，二是扁平结构形式。总体上，组织结构类型必须根据企业的具体条件选用，采用扁平结构是一种普遍趋势。

(4) 组织结构的基本形式主要有直线制、职能制、直线-职能制、事业部制、矩阵制5种，它们各有优缺点和适用范围。

(5) 中小企业组织结构设计中常见的问题集中体现为组织结构形同虚设、组织机构不健全和过分复杂3个方面。

(6) 组织结构设计要遵循目标、任务、专业分工与协作、指挥统一、有效管理跨度、集权和分权相结合、责权利相结合、稳定性和适应性相结合、精简高效等原则。

(7) 中小企业应根据组织目标与任务、组织环境、组织的战略及其所处发展阶段、生产条件与技术状况、组织规模、人员结构与素质等特征设计组织结构。

(8) 在5种组织结构中，直线制是小企业普遍适用的组织结构形式，但中小企业组织结构不要囿于固定的模式，同时注意操作规则的灵活性。总体上，中小企业的组织结构设计要满足适用性、动态性和弹性等特殊要求。

(9) 中小企业在组织结构设计和管理中要有效消除相关障碍，授予职位，还要给予权力；不要错误地助长官僚习气；善于处理企业内部的各种冲突。

(10) 中小企业应根据企业发展变化及时进行组织结构创新。企业组织结构创新时机主要有：大规模危机开始出现、领导职位人员更新、组织决策形成过于缓慢、内部沟通不良、冲突严重等；在组织结构创新时，要遵循目标一致性、相关性和精简原则。

(11) 中小企业组织创新的途径包括为企业内部的柔性化和扁平化、企业之间的网络化和虚拟化等。

思考题

(1) 简述部门划分的原则和方法及不同划分方法的优缺点。

(2) 简述部门职责委派的依据及注意事项。

(3) 简述高层(垂直)结构和扁平结构的优缺点。

(4) 简述组织结构设计的原则和影响组织结构设计的因素。

(5) 中小企业在组织结构及设计方面存在哪些问题？

(6) 中小企业在组织结构设计和管理中面临哪些障碍？如何有效消除？

(7) 中小企业应该如何随着企业成长而变更组织结构？

实训项目

(1) 请对某个中小企业进行调查，分析其组织结构的变更历史。如果组织结构变更过，请分析当时设计组织结构时考虑的问题和要达到的目标，后来运行中存在哪些问题，企业经营者是如何进行变更的，变更的时机怎样，是否达到与其效果等；如果没有变更，请分析是因为当初的设计能满足需要还是企业经营者懒得变更，原因何在？

(2) 请为你自己创建的公司设计一套组织机构，要求提出组织结构要达到的目标，各部门的职责和权力，部门间的分工与合作机制，管理层次和管理跨度。

项目 9 中小企业的环境和发展战略

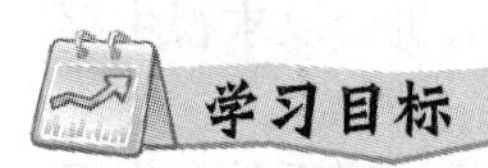

1. 了解中小企业战略管理的主要问题。
2. 了解中小企业行业环境分析的方法。
3. 了解愿景规划的含义及作用。
4. 掌握差异化战略实施的方式。

9.1 中小企业的环境分析

中小企业要成功、要发展，必须根据对自身实际情况和所处环境的分析选择适合的经营战略。

9.1.1 中小企业的外部环境

1. 外部环境分析的内容

1) 宏观环境

宏观环境主要包括以下几方面因素。

(1) 政治与法规环境。对一个中小企业来说，社会与法规环境属于不可控因素，带有强制约束力。中小企业要灵敏地预测出政府行动或管理部门的决定所带来的巨大机会以求得生存与发展。

(2) 经济环境。指企业经营过程中所面临的各种经济条件、经济特征、经济联系等客观因素，主要由社会经济结构、经济发展水平、经济体制和宏观经济政策等方面构成。

(3) 社会文化环境。指一个国家和地区的民族特征、文化传统、价值观、宗教信仰、教育水平、社会结构、风俗习惯等情况。

(4) 科学技术环境。指一个国家和地区的科学技术水平、技术政策、新产品研制与开发能力以及技术发展的新动向等。一项新科学技术的发明或应用，可能又同时意味着“破旧立新”。整个国家的研究开发经费总额、企业所在行业的研究开发支出，技术开发力量集中的程度、知识产权与专利保护、新产品开发状况、实验室技术向市场转移的最新发展趋势、信息与自动化技术发展、可能带来的生产率提高等。

(5) 自然环境。自然环境主要是指企业所在地域的全部自然资源所组成的环境，它包括诸如钨矿、铁矿、煤矿、石油等矿藏资源以及地理与气候等自然条件，像空气、水、自然地界地貌、各种自然灾害等。此外，沿海、沿边、内陆、岛屿和春夏秋冬因素，对于企业的经营活动也有着极大的影响。

2) 行业环境

行业环境是介于宏观环境和微观环境之间的环境，通常包括两个方面的因素。

(1) 行业的竞争结构。

迈克尔·波特在其《竞争优势》一书中指出：市场中的竞争主要是行业内企业间的竞争，一个行业的竞争远不止在原有竞争对手之间进行，而是有 5 种基本竞争力量，行业的竞争强度取决于这 5 种力量之间的相互作用。这就是所谓的波特的五力竞争模型，如图 9.1 所示。

第一，行业内企业的竞争。这种竞争直接决定中小企业的利润水平、生存与发展。其主要手段有价格竞争、广告竞争、服务竞争和产品创新竞争等。

第二，潜在进入者的威胁。这会进一步加剧行业内竞争，导致行业原材料成本的提高，利润下降。

第三，供应商的讨价能力。其威胁主要表现在提高供应价格或降低产品和服务的质量，所以不能过分依赖于一个供应商。

第四，购买方的还价能力。如果购买方还价能力强的话，将导致行业利润下降。

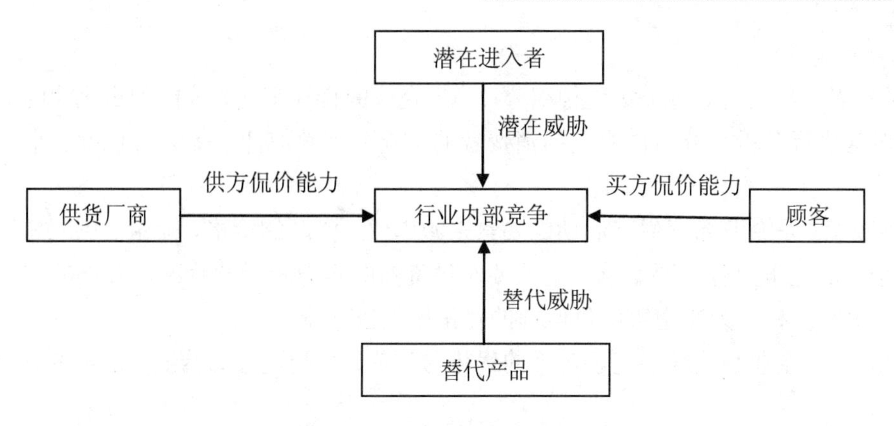

图9.1 波特的五力竞争模型

第五，替代品的威胁。市场上可替代你的产品和服务的存在意味着你的产品和服务的价格将会受到限制。

(2) 行业寿命周期。

行业寿命周期指一个行业从诞生、发展、成熟、衰退直至退出历史舞台所经历的时期。

在开创阶段，往往是技术革新时期，由于前景光明，吸引了多家企业进入该行业，投入到新技术新产品的创新和改造的潮流中。经过一段时间的竞争，一些企业的产品为市场消费者所接受，逐渐占领和控制了市场，而更多的企业则在竞争过程中遭到淘汰。该阶段利润极为可观，风险最大。

在成长阶段，市场需求上升，行业参与者不断加入，竞争主要集中在市场份额的争夺上。

在成熟阶段，市场空间已越来越窄，行业参与者的市场比例相对比较稳定，竞争主要体现在市场份额的保持上。

在衰退阶段，市场需求萎缩，产品销售量大幅下降。

案例 9-1 一些行业所处的寿命周期

(1) 遗传工程行业正处于产业生命周期的初创阶段。由此便可以知道以下投资信息：如果打算对该行业进行投资的话，那么只有为数不多的几家企业可供选择，投资于该行业的风险较大，但投资于该行业可能会获得很高的收益。掌握以上信息以后，通过未来风险和未来收益的权衡比较来决定是否投资于该行业。

(2) 个人用计算机行业处于成长阶段的初期，医疗服务行业处于成长阶段的中期，大规模计算机和快餐服务处于后期。由此便可知道个人用计算机的行业将会以很快的速度增长，但企业所面临的竞争风险也将不断增长；而医疗服务、大规模计算机和快餐服务行业在增长速度上要低于计算机行业，但竞争风险则相对较小，因此，投资者须通过收益、风险分析来决定投资于哪种行业。

(3) 石油冶炼、超级市场和公用电力等行业已进入成熟期阶段，因此这些行业将会继续增长，但速度要比前面的各阶段的行业慢。成熟期的行业通常是盈利的，而且投资的风险相对较小，当然，一般来说盈利不会太大。

(4) 传统的铁路和采矿业已进入衰退期中。由此可知，对这些行业投资的收益较少，而且从长期看，这种投资也是不安全的。投资者要避免对进入衰退期的行业投资。

行业的生命周期与其他经济分析方法一样，只说明了行业发展的一般情况，并非所有行业的发展过程都能用它进行说明或解释，因而是不尽完善的。但是，更主要的是，它具有指导投资者投资的重要意义，这一点是不可不论的，也是毋庸置疑的。

(资料来源：东方财富网. http://www.eastmoney.com.)

3) 微观环境

(1) 消费者。企业先要对市场进行细分，确定企业的目标市场，才能确定企业的消费者群体，最后对其进行分析。分析内容包括消费者的民族、宗教信仰、受教育程度、个人偏好、生活方式等。

(2) 供应者。是企业经营生产活动的要素来源单位。资源的价格、质量、供应者提供的服务对中小企业的竞争力有重要影响。企业要对供货商的实力和经营状况、发展的方向和技术水平等进行调查分析，为制定巩固供应商的对策提供依据。

(3) 竞争者。企业必须掌握竞争对手的优势与劣势、分类及分布情况、市场占有率高低的原因。

(4) 联盟者。企业之间可以结成企业间联盟，取长补短、互帮互助。选择的联盟企业注意要与自己的企业有互补性与利害共同性。企业在结盟前应对联盟者的实力状况、发展趋势做调查。

2. 中小企业外部环境分析方法

(1) 对于宏观环境，中小企业要进行政策收集、新闻收集等工作。

(2) 对于行业环境，应调查该行业在过去的销售和收入的增长如何，其业绩与国民生产总值增长(或其他有关综合统计数据，如国民收入等)相比较的情况，了解行业增长与国民生产总值增长的关系。有的行业与国民经济同步增长，有的行业增长则更快，这为投资者提供了最佳投资的选择。

(3) 对于微观环境，中小企业应该进行充分的调研，分析其存在的情况，从而采取相应的策略。

9.1.2 中小企业的内部环境

1. 内部环境分析内容

1) 企业资源分析

资源泛指企业从事生产经营活动或提供服务所需要的人力、资金、物料、机器设备、组织管理、信息等各方面的能力与条件。

(1) 人力资源分析。对企业高层管理者的分析、对企业管理人员的分析、对企业技术人员的分析和对企业员工的分析。

(2) 物资资源分析。包括物料分析和生产设备分析。物料的好坏直接影响到企业的生产经营活动及其经济效益。如何节约物料、发挥物料的最大效用，是企业经营战略目标的内容之一，而生产设备则是企业现代化生产的物质技术基础。

(3) 财力资源分析。主要指企业进行生产经营活动所需的资金。分析的重点在长期的企业净收入趋势及总资产的利用上；同时要分析企业在计划期内为保持战略所需要的增长率而进行投资的资金数量。

(4) 组织资源分析。只有进行组织资源分析才能发现组织结构中导致效率低下的因素，从而进行组织变革，提高企业的管理效率。

案例 9-2　导入企业组织资源环境对组织效率影响的实验

找出两位学生让他们分别准备一分钟的演讲，其中一位(学生A)最好是班干部，组织能力和表达沟通能力很强；另一位(学生B)是普通同学，平时比较内向，羞于表达自己，表达能力较弱。实验开始前，先把两位同学叫到门外，然后交代教室内的同学在学生A进行演讲时可以随便交头接耳地说话、讨论、谈笑甚至随便进出教室；而在学生B进行演讲时，教室里要保持绝对的安静，大家要以鼓励的目光、专注地听其讲演，如遇到其怯场时，要给予适当的掌声以示鼓励。

实验结果：平时表达能力很强的学生A几乎无法开展其演讲；而表达能力较弱的学生B却成功地演讲完所有内容。

(资料来源：窦胜功．组织行为学教程．北京：清华大学出版社，2005.)

思考与讨论：企业的组织环境对员工的工作的效率、效果有何影响？

2) 核心能力分析

核心能力是指居于核心地位并能产生竞争优势的要素作用力。分析内容主要包括：自己有没有核心能力，自己的核心能力是什么，体现在哪里。

从短期来看，企业产品质量、性能和服务质量决定了企业的竞争能力。但从长期来看，以企业资源为基础的核心能力则是企业保持竞争力的决定性源泉。因此，如何将自身的资源、知识和潜能这些重要因素加以协调和结合是形成中小企业核心能力关键中的关键。

2. 内部环境分析方法

内部环境分析方法一般来说可归纳成两大类：纵向分析和横向比较分析。

(1) 纵向分析。即分析企业的各方面职能的历史演化，从而发现企业的哪些方面得到了加强和发展，在哪些方面有所削弱。根据纵向分析的结果，在历史分析的基础上对企业各方面的发展趋势做出预测。

(2) 横向比较分析。即将企业的情况与行业平均水平做横向比较。通过横向比较分析，企业可以发现相对于行业平均的优势和劣势。这种分析对企业的经营来说更具有实际意义。对某一特定的企业来说，可比较的行业平均指标：资金利税率、销售利税率、流动资金周转率、劳动生产率等。

9.2　中小企业的愿景规划

9.2.1　愿景的概念

所谓愿景，是一种愿望、理想、远景和目标。企业愿景(或企业宗旨)是指企业长期的发展方向、目标、目的、自我设定的社会责任和义务，明确界定公司在未来社会范围里是什么样子，其“样子”的描述主要是从企业对社会(也包括具体的经济领域)的影响力、贡献力、在市场或行业中的排位(如世界500强)、与企业关联群体(客户、股东、员工、环境)之间的经济关系来表述的。企业愿景主要考虑的是对企业有投入和产出等经济利益关系的群体产生激励、导向、投入作用，让直接对企业有资金投资的群体(股东)、有员工智慧和生命投入的群体、有环境资源投入的机构等产生长期的期望和现实的行动，让这些群体、主体通过企业使命的履行和实现感受到实现社会价值的同时，自己的利益的发展得到保证和实现。

它由3个要素组成：即目标、价值观和使命感。一个企业光有目标还不行，目标如何来实现，还必须有共同的价值观和使命感来作为强大的支撑保证。例如，20世纪50年代初，索尼的愿景是成为最知名的企业，改变日本产品在世界上的劣质形象；20世纪初，福特的愿景是使汽车大众化。

9.2.2 愿景的作用

愿景陈述了个人或组织经营时的哲学、理念、方法和原则，以人和组织起指导作用。愿景可以帮助人们或组织成员从内心渴望归属于一项重要的任务、事业和使命，从而引领人们成长。愿景可以激发人们克服困难的勇气，建立创造性的工作观，从而走向成功。愿景为学习和反思提供了焦点和能量。

可以简单地把企业定义为一群人——他们为实现共同的目标和理想而协同工作。仅仅对周围的世界观进行观察和学习并不能为一个企业打下足够的基础。发展一种理念并将其转化成为一种能够清楚表达出来的，有着明确定义的愿景，这一点至关重要。

一个组织中人们所共同持有的意愿和景象或者说一个组织成员共同的“雄心壮志”，从而创造出众人一体的感觉，使每一个人的活动都融汇一体。个人愿景的力量源自一个对愿景的深度关切，而共同愿景的力量则源自共同的关切，共同愿景对学习型组织至关重要。好的企业领导着重创造愿景，清晰明确地陈述愿景，充满真情地享有愿景，并不屈不挠地实现愿景。

案例 9-3 优秀企业愿景

1. 联想集团——未来的联想应该是高科技的联想、服务的联想、国际化的联想。
2. 华为公司——丰富人们的沟通和生活。
3. 万科集团——成为中国房地产行业领跑者。
4. 腾讯——最受尊敬的互联网企业。
5. 东软集团——成为最受社会、客户、股东、员工尊敬的公司。
6. 花旗集团——成为一家拥有最高道德行为标准、可以信赖、致力于社区服务的公司。
7. IBM——无论是一小步，还是一大步，都要带动人类的进步。
8. 迪士尼公司——成为全球的超级娱乐公司。
9. 宝洁公司——长期环境可持续性。
10. 麦肯锡公司——帮助杰出的公司和政府更为成功。
11. 惠普公司——为人类的幸福和发展做出技术贡献。
12. 3M公司——通过积极致力于环境保护、履行社会责任和实现经济发展，来实现可持续发展。

思考与讨论：愿景在企业中起到什么作用？

9.2.3 企业愿景规划的内容

1. 核心价值观

核心价值观是愿景规划的起点，是企业最根本的价值观和原则。它总是隐藏在某个背景下，却又总起着决定性作用。例如，海尔的核心价值观是“创新”；惠普公司的核心价值观是“尊重人”；宝洁公司的核心价值观是“追求一流产品”。

2. 战略目标

战略目标是企业在一定时期内，考虑企业的内外条件及可能，沿着其经营方向预期所要达到的理想成果。企业的战略目标应该具备以下特点。

(1) 可接受性。战略目标应与企业各方面情况相适应，要量力而行。

(2) 可实现性。战略目标应根据企业内部条件和面临的外部环境来制定。

(3) 可检验性。战略目标的定量化是使目标具有可检验性的最有效方法。

(4) 激励性。战略目标要能激发员工的工作热情和献身精神，使之成为一种激励力量。

3. 企业任务

企业任务是将价值和目标转化为强有力的重点突出的计划。任务应简洁、明确、大胆、振奋人心，要能激发人们的胆识。

9.3 中小企业战略的选择

战略的本义是对战争全局的谋划和指导。企业经营战略是指把战略的思想和理论应用到企业管理当中，指企业为了适应未来环境的变化，寻求长期生存和稳定发展而制订的总体性和长远性的谋划。而中小企业对战略的选择更多的是企业的经营战略的选择。战略大师波特在对行业结构进行深入分析并在广泛研究不同企业成败经验的基础上，对中小企业提出了 3 种基本的竞争战略，即成本领先战略、差异化战略(标新立异战略)和目标集聚战略。

9.3.1 成本领先战略

成本领先战略主要依靠追求规模经济、专有技术和优惠的原材料等因素，以尽可能低的成本(低于行业平均水平以下)提供产品和服务，来获得较高的利润和较大的市场份额。

物美价廉是所有人追求的目标，但这两者往往很难兼得。先价格而后质量是成本领先战略，在追求价格领先的前提下保证质量，这就是成本领先战略的哲学。

案例 9-4 丰田的突围策略

日本丰田汽车公司是推行低成本战略的一家典型企业。那么丰田汽车在推行低成本战略中是如何克服困境，并获得巨大战略回报的呢?

丰田公司(简称丰田)一直以其高水平的成本管理而闻名于世。多年来，丰田通过持续改进来消除浪费和保持产品的高质量。所谓消除浪费，实际上就是不遗余力地削减成本，丰田形象地称之为“从干毛巾中拧出水来”。2001 年，丰田实施了一项名为 CCC21(21 世纪成本竞争架构)的成本削减计划，共为丰田节约成本约 100 亿美元。为了节约成本，丰田不断地挑战成本极限，成了汽车行业的低成本领导者。因此，丰田汽车公司在众多同行市场份额下降，面临巨额亏损的恶劣市场环境下，保持了快速的增长，市场份额稳步攀升，而且创造了巨大的利润(其利润率远超过通用、福特)，因此丰田被冠以“道路王者”的美誉。然而，丰田在推行其低成本领导战略时，同样不可避免地面临着前面所提出的三大困境，关键是丰田能重视并有效解决这三大困境。

其一，产品的多样化和零部件的标准化相结合。丰田意识到汽车市场的车型迅猛增加，所以也不断推出新车型。丰田的成本策略是一方面努力扩大市场份额，形成规模经济；另一方面在满足市场多样化需求的前提下尽可能共享零部件以降低成本。例如，丰田车的每个门都有一个把手，该公司曾经使用 35 种不同的把手，现在丰田 90 种车型只使用 3 种不同的此类把手。还有，丰田将丰田车空调排气管种类由以前的 27 种降至4种，使相关成本降低了28%。而丰田还不满足，它希望进一步减少到3种。

其二，产品的低成本和高质量相结合。从市场层面上看，丰田的成功不在于它的低价格，而在于其产品较高的性价比。丰田在成本方面所做的一切都是以不牺牲质量作为前提的。为了做到这一点，丰田的策略：第一，把成本压力向供应商转移；第二，通过技术创新节省成本；第三，全球化经营。

其三，在定价策略上攻和守相结合。虽然丰田的利润率较高，但在产品的产销量方面，丰田多年来一直排在通用和福特的后面，只是作为全世界第三大的汽车公司为世人所认知。由于考虑到竞争对手的实力，多年来丰田一直采用谨慎的定价策略，随行就市定价，既不太高也不太低，保持低调，始终维护一种优良的产品性价比。这样避免了在价格上惹怒诸如通用、福特这些强劲的竞争对手，以致遭到他们的价格报复。但也伺机而动，力争低价策略的进一步实施。

(参考资料：黄翔，高树林. 突破成本领先战略的困境.企业管理，2006，4.)

9.3.2 差异化战略

差异化战略依赖于基础产品、销售交货体系、营销渠道等一系列因素，为顾客提供附加价值，以它的一种或多种特质在产业内独树一帜。

价格优势是所有厂商努力追求的目标，虽然它看起来很简单，但实际操作起来却很难。单从某一方面降低成本其意义几乎没有，因为价格低廉必然要带来质量的下降，能够在保持竞争力的质量前提下取得成本优势并不是大部分厂商的能力所在。所以，取得差异化的竞争优势相对而言是大部分企业所能够快速获取的竞争优势之一。

由此看出，对产品价格的降低难度总体上高于差异化的难度，因为对产品进行局部的创新，也可以引起顾客的兴趣，尽管这种创新并不能真正形成企业的竞争优势，但进入门槛事实上比降低成本要低得多。

企业要形成真正的核心竞争力，就必须培养自己的差异化竞争优势，而不是相对的竞争优势。但这种差异化的竞争优势带来的必然是成本的上升，这种成本上升的幅度必须低于差异化所增长的溢价，不然厂商就会失去对差异化的追求。

企业的差异化如果不能让顾客认同，则失去差异化的意义。因此，差异化战略必然是可以给顾客带来价值的，没有价值的差异化纯粹是画蛇添足。例如，人的每一个部位都可以与众不同，关键是这个与众不同是否能够让人接受。如果你的与众不同是比正常人多了一只耳朵，那这种差异化相信很少人能够接受，则这种差异化是失败的。

9.3.3 目标集聚战略

这种战略着眼于在产业内的一个狭小空间做出选择，即选择产业内一种或一组细分市场，并量体裁衣为其服务而不是为其他细分市场服务。

企业之所以要选择一个细分的目标市场，一是因为当企业集中力量致力于某一特定目标时，能够更加深入地了解顾客的需求，把产品做得更好，使顾客得到更大的满足，从而在市场竞争中占据有利的地位；二是因为选好目标市场的企业，竞争对手比较少，取得这部分市场领袖地位的概率较大。

这种战略是对以上两种战略的细分，在上面两种基本战略的范围内，采取集聚一点的策略，在特定市场上提供产品或服务，以此来形成差异或成本优势，所以还是可以归类到上述两种战略范畴之内的。

从上述分析可以知道，企业用什么样的竞争战略是根据企业的实情战略选择的，这两者

并没有过多的优劣差别，但它们是有先后之别或者说是轻重之分的，到底哪一种战略适合你的企业，则应该根据企业具体情况具体分析。

本项目知识要点

(1) 中小企业的外部环境包括宏观环境、行业环境和微观环境。

(2) 中小企业内部环境分析应从中小企业资源分析和核心能力分析两方面进行。

(3) 企业愿景是指企业长期的发展方向、目标、目的、自我设定的社会责任和义务，用以明确界定公司在未来社会是什么样子。

(4) 中小企业战略选择的方式有成本领先战略、差异化战略、目标集聚战略等。

思 考 题

(1) 中小企业外部环境分析主要有哪些内容？

(2) 环境分析中波特五力分析模型主要指的是哪5种因素？

(3) 中小企业的内部环境分析主要有哪些内容？

(4) 什么是愿景规划？它有什么作用？

(5) 中小企业最基本的竞争战略有哪几种？

实 训 项 目

(1) 以4～6人为一小组，小组成员通过查阅网络、书刊等方式收集所选择创业项目宏观环境和行业环境方面资料，对其进行分析；通过实地观察法及设计调查问卷，展开问卷调查，充分了解创业项目的微观环境，从而掌握对企业外部环境的分析方法。

(2) 以4～6人为一小组，分小组讨论，分析所创业项目的市场消费需求及市场的竞争态势，在充分讨论的基础上，确定企业的核心价值观及战略目标，制定出适合企业自身特点和长期发展的经营战略，形成小组的课题报告。

项目 10 中小企业的人力资源管理

1. 了解我国中小企业人力资源管理现状。
2. 理解中小企业人力资源规划的内容。
3. 掌握中小企业人力资源规划的制定原则。
4. 掌握中小企业人力资源招聘和选拔的程序。
5. 掌握面试、绩效考核的基本内涵。
6. 掌握薪酬的基本构成及薪酬制度的类型。

案例10-1　锦程集团公司的人力资源管理

位于华浦高科技工业园区的锦程集团公司，创建六年以来，无论在绩效，还是在扩展速度与规模上都取得了骄人的业绩。它从一家小型软件开发公司，迅速成长为一家业务几乎覆盖信息产业所有主要领域的集团公司，发展之快，令人惊叹。这自然引起企业界及传媒的关注。在最近该集团举行的有关其跨世纪发展计划的新闻发布会上，集团董事长任俊奇先生接受了多家媒体的采访。当被问及集团成功的诀窍时，这位不到40岁的电子工程博士莞尔一笑，侃侃而谈。

任董事长说，我们的秘诀无它，无非就是“重才”二字。本企业管理哲学的核心，就是视其人力资源为其成功之本。尤其是其中被称为人才的那些具有超常潜质与才能的人，他们是企业的精英与骨干。这里所说的才能，既可是专业技术性的，也可是综合管理性的，任先生指出，重才本是我国的传统，用贤养士，古已有之，孟尝君门客三千，刘备三顾茅屋，千古美谈。具体说来，重才体现在我们的“八才”方针上，这就是：引才、识才、容才、用才、信才、育才、护才和奖才。

任先生进一步解释道：引才，就是通过一切渠道来吸引人才。识才就是要有伯乐的眼力。我们决不单凭学历、证书来定取舍。应聘者都要经过认真的测试和考评，进行初选，然后还要经历半年的试用实习期，才做出录用决策。容才就是要有容人的雅量，不做“武大郎”，不忌避贤者 ，怀公正之心。用才是指用人之长，以尽其才，不致埋没、误用而浪费。育才就是对人才不仅要使用，还要教育培养，使其长处和潜能得到进一步发扬和开发，弱点得以补足与纠正。信才就是要充分信任人才，做到用人不疑，放手让人发挥其创造性。任先生说，既然录用时筛选甚严，就应充分信任。他特别提到他十分欣赏的美国成功企业之一的惠普公司，作为使命说明书中的第一要义：“我们坚信我们的每一位员工，都是会自觉地尽力做好自身的工作的。”护才则指爱护人才，保护其合法权益不受损害，并慎于惩罚，教育鼓励为主，允许犯错误，改了就好。最后是奖才，这不仅指本公司对员工的所付薪酬要维持在全行业最高水平，而且敢于重赏确有成就者，不惜重金，使人才所获确能与其所值与所献一致。任先生含笑说道：能广纳天下之英才而用之，此实人生之至乐也。

为了强调人力资源，即员工队伍对企业的重要性，任董事长举出60年代美国电机业两大巨头，即“通用电气”(GE)与“西屋”公司(WH)同时进入喷气航空发动机制造业而结果迥异的例子。通用电器公司是购并了一家现成的发动机制造公司，在资金、设备上给予大量投入，但人力上却基本使用原班人马，结果取得巨大成功，迄今仍是全球三家最大喷气发动机制造商之一。西屋公司也未吝资本，但却在一新址上另建新厂，招收人马，企图开启新机，结果却血本无归，铩羽而退。这说明了一支训练有素，经验丰富的人才队伍之重要。

见多识广的任董事长在结束其经验之谈时，引用了美国一位很成功的大企业家所说过的一句壮语，给人以极深刻的印象与启迪。这位著名的企业家说过：“你把我公司全部资产全拿走吧，可是得把我的人才留下。那么，只要五年，就准能把所失去的一切完全恢复。”

现代的与传统的管理学的一个显著区别在于：是否承认人力资源在经济发展中的关键作用。

经过多年的研究，芝加哥大学教授、诺贝尔经济学奖获得者西奥多・舒尔茨(T.T.schultz)在50年代末、60年代初提出了人力资源本的理论，他用这种理论成功地解决了古典经济学家长期以来未曾解决的经济增长的源泉之难题，解开了当代富裕之谜。

当代经济学家普遍接受了舒尔茨的观点。经济学家认为，土地、厂房、机器、资金等已经不再是国家、地区和企业致富的源泉，唯独人力资源才是企业和国家发展之根本。

思考题：

1. 通过本案例，你对人力资源在组织生存与发展过程中的作用有何认识？
2. 如何理解锦程集团公司的“八才”方针？

10.1 中小企业人力资源管理概述

10.1.1 中小企业人力资源管理的现状

1. 缺乏科学的人力资源战略

由于意识与实际操作过程中存在差异，人力资源管理理念与人力资源投资理念也往往不一致，导致企业战略规划与人力资源战略并不协调。在实际实施过程中却更多的是将“人情”与“人性”混淆。同时，由于人才流动性大，中小企业对人力资源的投资比较慎重，再加之企业发展较快，人才需求量较大，时间紧，因此人才更多的是从人才市场招聘，不能真正将人力资源投资作为企业基础性投资看待。相应地，这些企业在制定市场战略、产品战略、投资战略时，也未能制定相应的人力资源战略以支持。

2. 人力资源管理机构设置与人员配备专业化程度偏低

中小企业虽然意识到了人力资源管理的重要性，但由于管理基础薄弱，人力资源部门功能定位不清，导致人力资源管理部门先天不足。目前不少中小企业人事管理的职能正步原国有企业中人事工作仅承担行政人事事务和劳资福利的后尘。人力资源管理职能界定不清，尤其是对核心员工激励不到位，将会影响士气进而影响企业绩效。其直接后果是人力资源管理机构设置不科学和人员配备不合理，仍由人事行政部门承担或直接由行政后勤部人员兼任人力资源管理工作。就人员配备而言，不仅专职人力资源管理人员配备很少，分工也不明确，即使有也大多未受过专业训练，大多停留在员工的档案管理、工资和劳保福利等日常事务性管理中，是典型的以“事”为中心的“静态”人事管理。

3. 漠视人力资本的投入

大多数中小企业在人才培养上或多或少都存在着一些短期行为，没有形成与企业发展战略相匹配的系统性、持续性的培训机制，只使用不培养已成为普遍的现象。培训方式也多限于师徒之间的传、帮、带，培训内容以企业的应急需求为主，仅有的培训也成为一种短期行为。许多企业认为人才培养的成本高于直接招聘的成本；认为人才培养的技术越高，人才流失的越快。因此，不重视也不愿意进行人才培养，造成了人力资源的贬值。另外，有些企业虽然较重视人才培养，但只重视对新人的培养，而忽视了对旧人的培养。

4. 缺乏长期有效的薪酬与激励机制

在中小型民营企业，员工的报酬一般采用基薪加奖金或基薪加提成的办法，且带有一定的灵活性。这对于一般员工效果可能比较好，或者在企业发展初期没有太多不足。随着企业的发展和人才结构的复杂化，对核心员工来说，报酬不仅是一种谋生手段，或是获得物质及休闲需要的手段，更是一种人们的自我满足和自尊的需要。单一的薪酬体系已不能满足核心员工的多样化需求，原有的薪酬体系必须做出调整。如考虑合理地设计核心员工持股、公开同样岗位的市场工资水平、增加外出培训机会、增加额外的保险与福利，或者改善工作环境，提供良好的休假以及员工娱乐等。

10.1.2　中小企业用人的误区

1.“自己人”的误区

中小企业在管理方面突出的问题便是家族式管理。许多企业主认为，企业要稳定发展就必须“由我本人或我的家人来经营管理”。

民营企业在创业初期使用的这种家族式管理模式，在一定阶段和范围内有着不可比拟的优势。诸如内在的凝聚力和团结、能提供可充分利用的信用资源、避免代理人的“通往风险”和“逆向选择”、减少代理成本等。但当企业发展到一定阶段后，弊端就很明显地暴露出来，企业发展的历史习惯使得他们在用人方面常表现为对外人不放心、任人唯亲、过分集权、论资排辈等。对企业的局限性可表述如下。

(1) 企业并没有足够信得过的亲人可用，如果靠熟人介绍来扩大网络，使得关系趋于复杂，信用度偏低。

(2) 人才的压力不断增大。现代企业受技术专业化和管理专业化挑战，民营企业仅仅依靠原来的家庭成员已难保证企业的持续成长。

(3) 近亲繁殖获取信息量小，思路狭窄。

(4) 由于家族成员在企业里掌控较多的资源，在企业里无意间容易形成排挤外来人才的行为，特别是一些引进的管理“空降兵”在企业的存活率往往较低，外来人员对企业缺乏认同感，很难真正融入团队。

2. 大材小用的误区

盲目求“全”才，求“高”才，不讲求人才的适用性，突出地表现在对人才的“高消费”。许多中小企业招聘管理人员，非大学本科以上学历不用。而实际上许多工作岗位只需要初中文化水平，有实践经验就可以胜任。

10.1.3　中小企业人力资源管理落后的原因

1. 管理方式

中国特殊的社会文化背景造就了管理者与被管理者之间与生俱来的不平等地位，形成了实际工作中支配与被支配的领导方式。

2. 管理理念

中国长期以来形成的复杂的社会与文化背景，对于真正认识和运用“以人为本”的理念还需要一个长期的、渐进的探索过程。

3. 管理机制

中小企业在用人方面缺乏科学的绩效评估机制。

10.2 中小企业人力资源规划

10.2.1 中小企业人力资源规划的内容

公司的人力规划一般包括岗位职务规划、人员补充规划、教育培训规划、人力分配规划等。

1. 岗位职务规划

岗位职务规划主要解决公司定员定编问题。公司依据公司的近远期目标、劳动生产率、技术设备工艺要求等状况确立相应的组织机构、岗位职务标准，进行定员定编。

2. 人员补充规划

人员补充规划就是在中长期内使岗位职务空缺能从质量上和数量上得到合理的补充。人员补充规划要具体指出各级各类人员所需要的资历、培训、年龄等要求。

3. 教育培训规划

教育培训规划是依据公司发展的需要，通过各种教育培训途径，为公司培养当前和未来所需要的各级、各类合格人员。

4. 人力分配规划

人力分配规划是依据公司各级组织机构、岗位职务的专业分工来配置所需的人员，包括工人工种分配、干部职务调配及工作调动等内容。

10.2.2 中小企业人力资源规划的程序

人力资源规划的程序，分为5个步骤。

1. 弄清企业的战略决策及经营环境

弄清企业的战略决策及经营环境，是人力资源规划的前提。不同的产品组合、生产技术、生产规模、经营区域对人员会提出不同的要求。而诸如人口、交通、文化教育、法律、人力竞争、择业期望则构成外部人力供给的多种制约因素。

2. 弄清企业现有人力资源的状况

弄清企业现有人力资源的状况，是人力规划的基础工作。实现企业战略，首先要立足于开发现有的人力资源，因此必须采用科学的评价分析方法。人力资源主管要对本企业各类人力数量、分布、利用及潜力状况、流动比率进行统计。

3. 对企业人力资源需求与供给进行预测

对企业人力资源需求与供给进行预测，是人力资源规划中技术性较强的关键工作。全部人力资源开发、管理的计划都必须根据预测决定。预测的要求是指出计划期内各类人力的余缺状况。

4. 制订人力资源开发、管理的总计划及业务计划

制订人力资源开发、管理的总计划及业务计划，是编制人力资源规划过程中比较具体细

致的工作。它要求人力资源主管根据人力供求预测提出人力资源管理的各项要求，以便有关部门照此执行。

5. 评价计划质量

对人力资源计划的执行过程进行监督、分析，评价计划质量，找出计划的不足，给予适当调整，以确保企业整体目标的实现。

10.2.3 中小企业人力资源的预测

1. 人力资源需求预测

人力资源需求预测的基本方法有以下两种。

1) 经验估计法

经验估计法就是利用现有的情报和资料，根据有关人员的经验，结合本公司的特点，对公司职工需求加以预测。经验估计法可以采用“自下而上”和“自上而下”两种方式。“自下而上”是由直线部门的经理向自己的上级主管提出用人要求和建议，得到上级主管的同意；“自上而下”的预测方式就是由公司经理先拟定出公司总体的用人目标和建议，然后由各级部门自行确定用人计划。最好是将“自下而上”与“自上而下” 两种方式结合运用，先由公司提出职工需求的指导性建议，再由各部门按公司指导性建议的要求，会同人事部门、工艺技术部门、职工培训部门确定具体用人需求；同时，由人事部门汇总确定全公司的用人需求，最后将形成的职工需求预测交由公司经理审批。

2) 统计预测法

统计预测法是运用数理统计形式，依据公司目前和预测期的经济指标及若干相关因素，做数学计算，得出职工需求量。这类方法中采用最普遍的是比例趋势分析法，经济计量模型法和工作研究预测法比较复杂，用得也不多。

(1) 比例趋势分析法。这种方法通过研究历史统计资料中的各种比例关系，如管理人员同工人之间的比例关系，考虑未来情况的变动，估计预测期内的比例关系，从而预测未来各类职工的需要量。这种方法简单易行，关键就在于历史资料的准确性和对未来情况变动的估计。

(2) 经济计量模型法。这种方法是先将公司的职工需求量与影响需求量的主要因素之间的关系用数学模型的形式表示出来，依此模型及主要因素变数，来预测公司的职工需求。这种方法比较复杂，一般只在管理基础比较好的大公司才采用。

(3) 工作研究预测法。这种方法就是通过工作研究(包括动作研究和时间研究)，来计算完成某项工作或某件产品的工时定额和劳动定额，并考虑到预测期内的变动因素，确定公司的职工需求。

2. 人力资源供给预测

人力资源供给预测就是为满足公司对职工的需求，而对将来某个时期内，公司从其内部和外部所能得到的职工的数量和质量进行预测。

人力资源供给预测一般包括以下几方面内容。

(1) 分析公司目前的职工状况，如公司职工的部门分布、技术知识水平、工种、年龄构成等，了解公司职工的现状。

(2) 分析目前公司职工流动的情况及其原因，预测将来职工流动的态势，以便采取相应的措施避免不必要的流动，或及时给予替补。

(3) 掌握公司职工提拔和内部调动的情况，保证工作和职务的连续性。

(4) 分析工作条件(如作息制度、轮班制度等)的改变和出勤率的变动对职工供给的影响。

(5) 掌握公司职工的供给来源和渠道。职工可以来源于公司内部(如多余职工的安排，职工潜力的发挥等)，也可来自于公司外部。

对公司职工供给进行预测，还必须把握影响职工供给的主要因素，从而了解公司职工供给的基本状况。

10.2.4 中小企业人力资源规划制定的原则

中小企业人力资源规划制定要遵循以下原则。

第一，充分考虑环境的变化。

第二，确保企业人力资源的管理与开发。

第三，兼顾企业和员工的长期利益。

10.3 中小企业人员招聘与选拔

在招聘时要考虑企业与人员的匹配性。

10.3.1 制订人员招聘计划

招聘计划内容：需要招聘的职位是哪些，需要多少人；任职资格是否明确；通过什么方式发布招聘信息；对应聘人员如何测试；招聘的费用预算是多少等。

一个公司的人员如果长期稳定，就会缺乏新鲜感和活力，产生惰性。因此，采取一些必要的手段或措施，刺激企业活跃起来投入到市场中积极参与竞争，从而激活市场中的相关物流企业。其实质是一种负激励，是激励员工队伍的奥秘。这就是所谓的鲶鱼效应。

10.3.2 招聘应聘者

1. 内部招聘渠道

从公司内部员工中进行招聘的过程，根据岗位描述和公司用人标准进行初选、面试，协调内部调动工作，并办理交接调动手续和员工档案信息管理的工作。

内部招聘有利有弊。其主要优点：企业现有人员熟悉本企业的情况，可以即时投入工作；如果晋升，可以激发现有人员的工作积极性和创造性。其主要缺点：要寻找人员来填补旧的工作岗位；可能会造成企业内部人际关系的紧张，打击没被选中的或没能得到晋升人员的积极性。

2. 外部招聘渠道

外部招聘常用的招聘渠道有以下几种。

(1) 现场招聘会。采用这种方式能在短期内收到大量的简历，并且有和求职者“面对面”的机会，求职者也可以对公司有一个直观的了解。但准备展会、展会上的面谈、收集简历以及接下来的筛选过程可能使人事经理精疲力尽，并且招聘会往往收费不菲。

(2) 互联网。随着互联网的普及，越来越多的人选择上网找工作，上网招聘的人事经理也面临着一个日益庞大的网上人才资源库。调查显示，互联网正以惊人的速度赶超招聘会和报

纸广告，成为人才交流的一大媒体。它的优势显而易见，廉价、快捷、节省人力物力的种种优势。但由于外部招聘有广告效应，经常存在“只招不聘”的不良现象，大大影响网络招聘的发展。

(3) 传统广告。要招聘职位的类别决定你选择何种媒体，是地方性报纸还是某种专业性杂志。当招聘的是蓝领工人、办公室雇员和低层次管理人员时，地方性报纸往往是被选择的媒介，如《钱江晚报》、《都市快报》等。至于专业雇员的招聘，则应在专业性杂志上刊登广告，如《计算机世界》上经常会看到招聘程序员的广告。除了选择合适的媒体，广告的设计还必须足以吸引读者的注意以及求职者对该工作的兴趣，使用一些有诱惑力、煽动性的词汇也不妨。但当你接到求职者的电话前，经常会接到与招聘不相关的电话。

(4) 校园招聘。校园招聘是企业获得潜在管理人员以及专业雇员和技术雇员的一条重要途径。但绝大多数企业在进行校园招聘时都遇到了这样的问题：一是花费时间和金钱太多；二是负责此项工作的人由于对这种独特的招聘形式缺乏理解，往往不能很好地完成任务。

(5) 猎头公司。这是搜寻高层管理人才的有效途径。这种人才需求相对较少，但都是企业中相当重要的职位。资深的“猎手”对一定行业中的高层人员有深入的了解并保持密切的联系，他们将针对职位需求，与候选人进行反复的沟通、面谈，推荐给雇主的已经是一位相当成熟的候选人。当然，这种服务费用较高，但与得到的效果和节省的资源相比，这笔费用是值得的。

(6) 人才中介机构。传统的人才中介机构向求职者和招聘者双方收取费用。它会收集求职者信息，与企业提出的要求做初步的匹配，促成双方达成意向。对于小企业或较低级的职位，使用这种方式将可以把成本降到最低。 由于其向求职者收费以及行业不是十分规范，造成其口碑一般，所得求职人员信息有限，提供人员的素质一般。

招聘人员时，最好要做一个人才库。人才库越大，人事经理的选择余地也就越大。

10.3.3　选拔应聘者

1. 制定求职表

(1) 求职表是企业初步甄选的手段之一，目的在于获取应聘人员的背景信息，对不合要求者加以淘汰。

(2) 求职表内容：求职者基本情况；教育与培训情况；工作经历和工作要求；个人心理特征；其他信息。

2. 审核求职申请表

找出申请表与工作中相符的关键词，以往的工作经历中的技术、知识、能力、经验与新工作所需是否相符，并判断其可靠程度。

3. 面试

(1) 组成面试遴选小组。面试遴选小组成员由以下三方人士组成：用人部门领导、人事部人员、独立评选人。独立评选人应对该职位的工作有深切了解及有密切工作关系。

(2) 面试制度。面试方法采取单一议制(也可采取多方制面试)，用人部门主管的意见起决定作用，其他成员的意见起参谋作用。

(3) 根据招聘职位的职位说明书设计面试评价量表。面试评价要素共分以下19项。

——个人仪容；
——人生观、社会观、职业观；
——职业规划；
——人格成熟程度(心理健康与成熟等)；
——个人涵养；
——求职个人相关动机；
——有关规定工作经验；
——相关的专业知识；
——语言表达能力；
——思维逻辑性；
——应变能力；
——社交能力；
——自我认识能力；
——个人支配能力；
——协调沟通能力；
——责任心、时间观与纪律观；
——分析与判断能力；
——应变能力；
——个人决策能力。

(4) 面试场所的选择与环境控制。
——应保持安静舒适；
——面试官的位置应避免背光；
——位置避免放在房子中央；
——面试中人员不能随意走动；
——面试中不要被打断。

(5) 对初试合格的函邀复试。

4. 就业测试

(1) 就业测试是初步甄选的最后一个环节，可以是现场测试，也可以是心理测试，如职业兴趣测试和人格测试。

(2) 对于打字员、速记员等类人员，由于担任工作属技术性工作，可进行实地操作测试。

(3) 高级职位之职务，非由博学多能之士无法担任，此类人员可用审查其著作、发明，或核查其学历、经历，以鉴定其资格。

5. 录用

(1) 以上面试过程中，面试遴选小组成员应填写面试记录表，表明对应征者的评语及结论。

(2) 全部面试结束后，遴选小组成员应讨论对各应征者的意见。当小组成员未能达成一致结论时，由用人部门代表决定。评价结果应填写在面试结果推荐书上，送达用人部门主管及人事部备案，作为下一步行动的依据。

(3) 人事部向入选应征者发出录用通知单。

(4) 人事部将面试结果通知落选的应征者。

(5) 当最终合格人选少于所需人员数量时，应当避免用人的将就心理，要按标准进行录用；当最终合格人选多于所需要人员数量时，应当按照以下原则进行录用决策：①重工作能力；②优先工作动机；③任职条件的适用性；④不要使用能力超过任职条件过高的人，因为这些人的流动性概率更大。

10.3.4　招聘效果评估

1. 招聘选拔成本评估

如果成本低，录用人员质量高，则效率高；反之，则效率低。如果成本低，录用的人数多，则效率高；反之，则效率低。

单位招聘和选拔费用比=(总经费/录用人数)×100%

2. 录用人员评估

1) 人员录用比

人员录用比=(录用人员/应聘人数)×100%

录用比越小，则录用人员素质较高。

2) 招聘完成比

招聘完成比=(录用人数/计划录用人数)×100%

如果招聘完成比大于100%，说明在数量上全面或超额完成了计划。

3) 应聘比

应聘比=(应聘人数/计划录用人数)×100%

如果应聘比高，说明发布招聘信息的效果较好，同时也说明录用人员的素质相对较高。

10.4　中小企业绩效与薪酬

10.4.1　中小企业人员的绩效考核

1. 绩效考核的目的

(1) 作为晋升、解雇和调整岗位的依据。着重在能力和能力发挥、工作表现上进行考核。

(2) 作为确定工资、奖励的依据，着重在绩效考核上。

(3) 作为潜能开发和教育培训的依据。着重在工作能力和能力适应程度上进行考核。

(4) 作为调整人事政策、激励措施的依据，促进上下级的沟通。

(5) 考核结果供生产、采购、营销、研发、财务等部门制订工作计划和决策时参考。

2. 考核原则

(1) 对企业的高、中、低层员工均应进行考核。当然，不同级别员工考核的要求和重点不同。

(2) 程序上一般自下而上，层层逐级考核，也可单项进行。

(3) 制定的考核方案要有可操作性，是客观的、可靠的和公平的，不能掺入考评主管个人好恶。

(4) 考核要有一定的透明度，不能搞暗箱操作，甚至制造神秘感、紧张感。

(5) 提倡考核结果用不同方式与被评者见面，使之心服口服、诚心接受，并允许其申诉或解释。

(6) 大部分考核活动应属于日常工作，不要过于繁复地冲击正常工作秩序，更反对无实效的走过场、搞形式主义。

3. 考核形式

(1) 直接上级考核。由直接上级对其部下进行全面考核和评价，其缺点是日常接触频繁，可能会掺杂个人感情色彩(常用于对一线的工人)。

(2) 间接上级考核。由间接上级越级对下级部门进行全面考核和评价。

(3) 同事评议。同级或同岗位的职工之间相互考核和评价，须保证同事关系是融洽的，用于专业性组织(研发部门)和中层职员。

(4) 自我鉴定。职工对自己进行评价，抵触情绪少，但往往不客观，会出现自夸现象。

(5) 下级对上级评议。下级职工(部门)对上级领导(部门)评价。弊端较多：下级怕被记恨，故光说好话，或缺点一语带过；上级怕失去威信，工作中充当“老好人”。可改进用无记名评价表或问卷。

(6) 外部的意见和评议。由外协单位、供应商、中间商、消费者(或传媒)，对与之有业务关系的企业职工进行评价。

(7) 外聘绩效专家或顾问。一般较为公允，避开人际矛盾，结论较为客观；但成本较高，且对某些职位工作不内行。

(8) 现场考核或测评。企业专门召开考评会对有关人员进行现场答辩和考评，或者通过相对正式的人事测评程序和方法对候选人考评。

各种形式各有优缺点，适用于不同的考核对象和目的，也可在考核中综合应用。

4. 考核办法

(1) 查询记录。对生产记录、员工工作记录、档案、文件、出勤情况整理统计。

(2) 定期考核。企业视情况进行每周、月、季度、半年、年度的定期考核，以此为基础积累考核资料。

(3) 书面报告。部门、个人总结报告或其他专案报告。

(4) 考核表。设计单项考核主题或综合性的表单，为方便应用可使用多项式选择、评语、图表、标度或评分标准。

(5) 重大事件法。为每一员工或部分建立考绩日记，专门记录其重要的工作事件，均包括好的和坏的。

(6) 比较排序法。通过在考评群体中，对考评对象两两相互比较，优中选劣或劣中选优，逐步将员工从优到劣排队。

目前绩效考核的方法很多，企业可根据考核目标、考核对象等因素选用；或者综合各种办法，归纳出考评结果。

5. 考核结果的反馈

考绩应与本人见面，具体方法有以下几种。

1) 通知和说服法

主管如实将考核结果的优缺点告诉被评人，并用实例说明考绩的正确性，最后鼓励其发扬优点、改掉缺点、再创佳绩。

2) 通知和倾听法

主管如实将考核结果(优缺点)告诉被评人，然后倾听对方意见，相互讨论。

3) 解决问题法

主管一般不将考核结果告诉被评人，而是帮助其自我评价，重点放在寻找解决问题的途径上，协商出有针对性的改正计划，激励、督促其执行。

案例10-2 摩托罗拉绩效评估 让大家都有奔头

1. 绩效评估的目的

摩托罗拉员工的薪酬和晋升都与评估紧密挂钩，但是摩托罗拉对员工评估的目的绝不仅仅是为员工薪酬调整和晋升提供依据。摩托罗拉评估的目的：使个人、团队业务和公司的目标密切结合；提前明确要达到的结果和需要的具体领导行为；提高对话质量；增强管理人员、团队和个人在实现持续进步方面的共同责任；在工作要求和个人能力、兴趣和工作重点之间发展最佳的契合点。

2. 绩效评估目标

摩托罗拉业绩评估的成绩报告表(SCORE CARD)是参照美国国家质量标准制定的。各个部门根据这个质量标准，针对具体业务制定自己的目标。摩托罗拉员工每年制定的工作目标包括两个方面：一个是战略方向，包括长远的战略和优先考虑的目标；另一个是业绩，它可能会包括员工在财政、客户关系、员工关系和合作伙伴之间的一些作为，也包括员工的领导能力、战略计划、客户关注程度、信息和分析能力、人力发展、过程管理等。

员工制定目标的执行要求老板和下属参与。摩托罗拉每3个月会考核员工的目标执行情况。

3. 如何避免误区

有些人在工作中的焦点不是客户，而是怎样使他的老板满意。这种情况也导致评估的误区，出现两种不好的情况：一个是员工业绩比较一般，但是老板很信任他；另一种是后加入团队的员工，成绩很好，但是没有与老板建立信任的交情。人力资源部的细致工作就变得非常重要了。人力资源部会花很多精力在工作表现前25名和后25名人身上。有时候如果这个人很有能力，老板不重视，人力资源部会帮他找一个好老板。

4. 论功行赏

摩托罗拉年终评估在1月进行，个人评估是每季度一次，部门评估是一年一次，年底对业务进行总结。根据SCORE CARD的情况，公司年底决定员工个人薪水的涨幅，也根据业绩晋升员工。摩托罗拉常年都在选拔干部，一般比较集中的时间是每年2、3月，公司挑选管理精英，到总部去考核学习，到5、6月会定下管理人才。

5. 绩效评估流程

1) 管理者的素质是关键

如果员工对评估有不公之感，可以拒绝在评估结果上签字。每个员工的评估表会有自己的主管和主管的主管签字，所以他的上级会知道其中有问题，并会参与进来，了解其中情况，解决存在的问题。

评估的质量如何与管理者的关系很大。摩托罗拉非常注重管理者的素质，因为管理者是制度的执行者，所以选拔管理者有许多明确的条件。例如，摩托罗拉对副总裁候选人的素质要求有四点：第一是个人的道德素质高；第二是在整个大环境下，能够有效管理自己的人员；第三是在执行总体业务目标时，能够执行得好，包括最好的效果、最低的成本、最快的速度；第四是需要能够创新，理解客户，大胆推动一些项目，进行创新改革。副总裁需要有这四个素质，而且还要求这几点比较平衡。总监、部门经理等都会有其就职要求。摩托罗拉有许多给领导的素质培训、职业道德培训。摩托罗拉还给他们跨国性的培训，让他们在全球做项目，让他们知道做事方法不止一种。

摩托罗拉重视管理者的素质，如果管理手段不妥，犯了严重管理过失，摩托罗拉会将管理者撤掉。

2) 适应变革的薪酬

在摩托罗拉，薪水的标准从职位入手，同一个职位可能会有差距，因为要看工作业绩。有些特殊能力的人，可能要从国外招聘，薪水跟国际市场挂钩。摩托罗拉的工资水平在市场中处于中间档次。

摩托罗拉的薪水一大部分是基本工资，占的百分比很大，还有年终奖金。

摩托罗拉意识到固定工资也有好有坏，2000年摩托罗拉的工资结构有所变化，会增加一些可变动的工资，并将以前每年一次的奖金改为每季度发放。以前奖金与全球市场挂钩，2000年将以一个国家单元的业绩作为奖金考核依据。

3) 科学调节薪酬

如果员工对自己的薪酬不满，可向人力资源部提出来，摩托罗拉会进行市场调查，如果真的比市场平均水平低，摩托罗拉会普调工资。例如，成都的员工曾经反映说工资低，人力资源部就通过调查市场，发现情况的确如此，然后给员工涨工资。

在摩托罗拉刚刚开始工作时，学历上的差别会在工资中体现出来，如研究生和本科生会有差别。工作后，本科生比研究生高是非常可能的。随着时间的推移，老员工可能经过几年涨工资，基数变得很大，那么应届毕业生的涨幅就会比老员工高。对有创造性的人摩托罗拉会破格调级。

4) 大家都有奔头

摩托罗拉的经理级别为初级经理、部门经理、区域经理(总监)、副总裁(兼总监或总经理)、资深副总裁。在摩托罗拉，员工的男女比例相当。摩托罗拉的经理数有664人，女经理人数占到经理总数的23%，而且计划要发展到40%。在摩托罗拉，中专毕业的工人也有达到部门经理的。摩托罗拉强有力的培训给许多人提供了成长的空间。

(资料来源：http://www.226e.net.)

10.4.2 中小企业薪酬管理

案例10-3 白秦铭的跳槽

白秦铭在大学时代成绩不算突出，老师和同学都不认为他是有自信和抱负的学生，他的专业是日语，不知何故，毕业后被一家中日合资公司招为销售员了。他对这个岗位挺满意，不仅工资高，而且尤其令他喜欢的是这个公司给销售业务员发的是固定工资，而不采用佣金制。他担心自己没受过这方面的专业训练，比不过别人，若拿佣金，比人少多了丢脸。

刚上岗位的头两年，小白虽然兢兢业业，但销售成绩只属一般。可是随着他对业务的逐渐熟练，又跟那些零售商客户们搞熟了，他的销售额渐渐上升。到第三年年底，他觉得自己已可算是全公司几十名销售员中头20名之列了。不过公司的政策是不公布每人的销售额的，也不鼓励互相比较，所以他还不能很有把握地说自己一定是坐上了第一把交椅。

去年，小白干得特别出色。尽管定额比前年提高了25%，可到了9月初他就完成了全年的销售定额。虽然他对同事们仍不露声色，不过他冷眼旁观，也没发现有什么迹象说明他们中有谁已接近完成自己的定额了。此外，10月中旬时，日方销售经理召他去汇报工作。听完他用日语做的汇报后，那经理对他说："咱公司要有几个像你一样棒的推销明星就好了。"小白中微微一笑，没说什么，不过他心中思忖，这不就意味着承认他在销售员队伍中出类拔萃、独占鳌头么？

今年，公司又把他的定额提高了25%。尽管一开始不如去年顺手，但他仍是一马当先，比预计干得要好。他根据经验估计，10月中旬前准能完成自己的定额。不过他觉得自己心情不舒畅。最令他烦恼的事，也许莫过于公司不告诉大家干得好坏，没个反应，他听说本市另两家中美合资的化妆品制造企业都搞销售竞赛和奖励活动，其中一家是总经理亲自请最佳销售员到大酒店吃一顿饭，而且人家还有内部发行的公司通讯之类

的小报，让人人都知道每人的销售情况，还表扬每季和年度的最佳销售员。想到自己公司这套做法，他就特别恼火。其实，在开头他干得不怎么样时，他并不太关心排名第几的问题，如今可觉得这对他越发越重要了。不仅如此，他开始觉得公司对销售员实行固定工资制是不公平的，一家合资企业怎么也搞“大锅饭”？应该按劳付酬嘛。

上星期，他主动找了那位日本经理，谈了他的想法，建议改行佣金制，至少实行按成绩给予奖励的制度。不料那位日本上司说这是既定政策，母公司一直就是如此，这正是本公司的文化特色，从而拒绝了他的建议。昨天，令公司领导吃惊的是，小白辞职而去，听说他被挖到另一家竞争对手那儿去了。

1. 薪酬的含义

薪酬指企业因使用员工的劳动而付给员工的钱或实物，分为直接薪酬和间接薪酬，直接薪酬包括基本工资、奖金、津贴补贴和股权，间接薪酬即福利。

2. 薪酬体系的功能

1) 对员工的保障功能

劳动力通过对产出的边际贡献获得薪酬，薪酬是绝大多数劳动者的主要收入来源，它对于劳动者及其家庭的生活所起到的保障作用是其他任何收入保障手段都无法替代的。

2) 对员工的激励功能

员工对薪酬状况的感知可以影响员工的工作行为、工作态度以及工作绩效，即产生激励作用。员工总是期望自己所获得的薪酬与同事之间具有一种可比性，得到公平感。企业必须注意同时满足员工的不同层次薪酬需求。如果员工的薪酬需求得不到满足，则很可能产生工作效率低下、人际关系紧张、缺勤率和离职率上升、组织凝聚力和员工对组织的忠诚度下降等多种不良后果。

3) 改善企业经营绩效

通过合理的薪酬设计以及科学的绩效考核，企业向员工传递了什么样的行为、态度以及业绩是受到鼓励的，是对企业有贡献的信号。通过信号的引导，员工的工作行为和工作态度以及最终的绩效将会朝着企业期望的方向发展。如何通过充分利用薪酬这个利器来改善企业经营绩效，是企业薪酬管理的一个重大课题。

4) 吸引与保留人才

人和人的状态是任何企业经营战略实施的基石，是企业达到优良经营绩效的基本保障。薪酬不仅决定了企业可以招募到的员工的数量和质量，而且决定了企业中的人力资源存量。一套有竞争力的薪酬体系，不仅能够提供有吸引力的货币报酬，而且还能够为吸引目标人群的特别需要提供各种非货币形式的报酬，从而体现出对员工的人文关怀。

3. 薪酬体系的构成

薪酬体系的构成是指在薪酬总量中的各种成分以及每种成分在总量中所占的比重，如图10.1所示。薪酬体系可以分为经济报酬和非经济报酬。非经济报酬包括职业奖励和社会奖励，而经济报酬主要包括以下方面。

1) 基本薪酬

有两种形式，岗位薪酬和技能薪酬。

岗位薪酬：指一个组织根据员工所承担或完成的工作本身对企业的边际贡献而向员工支付的报酬。技能薪酬：指依据员工所具备的完成工作的技能或能力而向员工支付的稳定性报酬。基本薪酬对于员工而言是至关重要的，是一位员工从企业那里获得的较为稳定的经济报酬，为员工提供了基本的生活保障和稳定的收入来源。

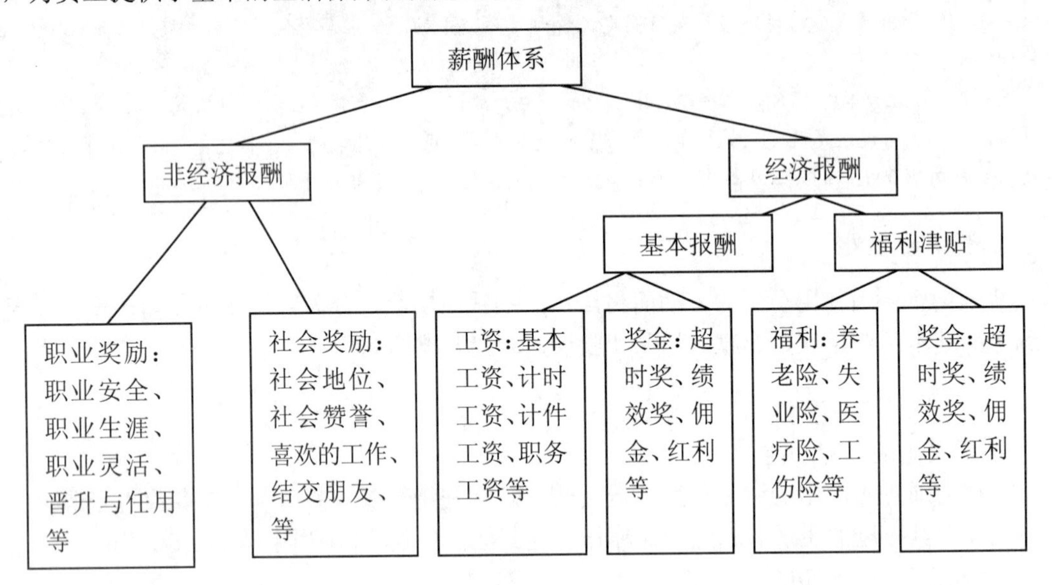

图 10.1　薪酬体系的构成

2) 可变薪酬

可变薪酬又称浮动薪酬或奖金，是薪酬系统中与绩效直接挂钩的部分。绩效既可以是员工个人的业绩，也可以是企业中某团队甚至整个公司的业绩。可变薪酬对于员工具有很强的激励性。

3) 福利津贴

福利是企业为了吸引员工或维持人员稳定而支付的报酬。从本质上讲，福利是一种补充性薪酬，它往往不以货币的方式直接支付，而多用实物或服务的形式支付，如带薪休假、子女教育补贴、员工个人及家庭服务、健康以及医疗保健、人寿保险和养老金等。

作为一种不同于基本薪酬的薪酬支付手段，福利津贴减少了以现金形式支付给员工的薪酬，企业通过这种方式能达到适当避税的目的。另外，福利和服务为员工将来的退休生活和一些可能发生的不测事件提供了保障。

4. 薪酬制度的类型

从目前的情况来看，企业薪酬制度可以分为 3 种类型：第一种是自然人工资体系，工资跟着员工走；第二种是岗位工资体系，工资跟着岗位走；第三种是绩效工资体系，工资跟着业绩走。另外一种结构工资体系是择优采用前种工资体系的优点，形成一种组合工资体系。

1) 自然人工资体系

自然人工资体系是根据劳动者的潜在劳动，即劳动者自身能力高低支付工资的薪酬制度。一般包括年功序列工资制、技术等级工资制等。

劳动者潜在劳动的内容通常表现为以下几个方面。

一是职工的文化程度：分为小学、初中、高中、中专、大学、硕士、博士。一般来说，文化程度越高，受教育年限越长，工作能力也就越强。

二是劳动者的专业知识和专业技能水平：国家认可的专业技术资格、专业证书、上岗证书、技术等级证书等。

三是劳动者的工作经历：一般包括从事过什么工作，在某一岗位上的工作年限等。一般来说，在某一岗位上的工作年限越长则工作经验就越丰富。

潜在劳动只是在理论上说明劳动者具有某种劳动能力，实际的劳动效率和劳动成果如何，还需要外部配套条件的帮助，劳动者的实际劳动能力与其潜在劳动能力是否一致，还需要劳动者劳动实践的检验。

(1) 年功序列工资制。

① 年功序列工资制的特点。

自然人工资体系的典型代表是日本的年功序列工资制度。它起源于第一次世界大战时期，于20世纪50年代初全面形成，是一种年龄越大，企业工龄越长，工资也就越高的工资制度。

实行年功序列工资制度的依据是，根据以往的工资管理经验发现，员工的年资越长，熟练程度越高，贡献也就越大。所以这种工资制度依据的不是工人劳动的工种或工作种类，而是依据工人所具备的完成任务的能力。工资标准不是由行业来确定，而是由企业决定。总的来看，年功序列工资制中，工资与劳动的质量和数量是一种间接关系。起点工资低，工资差别大，随着企业工龄的增长，每年定期增薪。

年功序列工资有自己的特点：一是重视资历，以员工的年龄、本企业工龄和学历等作为决定基本工资的主要因素；二是生活保障的色彩浓厚，从工资构成比重看，保障员工本人及家庭生活需要的部分占65%以上；三是与终生雇佣制度密切相关，它是以员工在本企业的工龄、年龄、经历及学历确定工资的制度，它以终生雇佣制为基础，反过来又为终生雇佣制起到巩固的作用。

② 年功序列工资的构成。

年功序列工资的构成包括以下3个方面。

基本工资。一般占全部收入的70%左右，它是工资的基本部分，也是计算奖金和退休金的基础。由年龄薪金、工龄薪金、学历薪金、职务薪金和职能薪金组成。

奖金。在一般情况下，大部分企业都发放奖金，约占年工资的25%左右。

津贴。是补充基本薪金未能补偿的部分，包括职务津贴、技能津贴、交通津贴、全勤津贴等。

③ 工资制度简单评述。

年功序列工资制是配合终生雇佣制而实行的，能最大限度地稳定企业员工，增强员工对企业的认同感和员工的凝聚力，鼓励员工安心本职工作，钻研业务技术，以达到尽可能高的熟练程度。

(2) 技术等级工资制。

① 技术等级工资制的概念。

技术等级工资制是按照工人所达到的技术等级标准确定工资等级，并按照确定的等级工资标准计付劳动报酬的一种制度。这种制度适用于技术复杂程度较高，工人劳动差别较大，分工较粗及工作物等级不固定的工种。其主要作用是区分技术工种之间和工种内部的劳动差别和工资差别。

② 技术等级工资制的构成。

技术等级工资制由工资标准、工资等级和技术等级标准3个基本因素组成。借助这3个组成部分，给具有不同技术水平或从事不同工作的工人规定适当的工资等级。

一是工资标准：按单位时间规定的工资数额，表示某一等级在单位时间内的货币工资水平。一般有小时工资标准、日工资标准、月工资标准等。我国企业的工资标准一般是月工资

标准，企业可以根据需要，将其换算成日工资标准或小时工资标准。

确定工资标准，最重要的是规定好一级工资标准，它是一切工资差别的基础，以它为基数，高于其劳动等级的工资标准就可以按照一定的位数计算。一级工资标准的确定很大程度上取决于本地区的最低工资限额。

二是工资等级表：用来规定工人的工资等级数目以及工资等级之间差别的一览表。它由工资等级数目、工资等级差别以及工种等级线组成。它表示不同的劳动熟练程度和不同工作之间工资标准的关系。

工资等级数目指工资有多少个等级，是工人技术水平和工人熟练程度的标志，其数目的多少是根据生产技术的复杂程度、繁重程度及工人技术熟练程度的差异规定的。凡是生产技术比较复杂，繁重程度和工人技术熟练程度差别较大的产业或工种，工资等级数目就应规定得多一些，反之则应少一些。

工资等级之间的差别，简称级差，是指相邻两个等级的工资标准相差的幅度。它可以用绝对金额表示，也可用工资等级系数表示。所谓工资等级系数，是指某一等级的工资标准同一级工资标准的对比关系，它说明某一等级的工资比一级工资标准高多少倍，某一等级的工作就比最低等级的工作复杂多少倍。我们知道一级工资标准和某一工资等级系数，就可以求出某一等级的工资标准。

工种等级线是用来规定各工种(岗位)的起点和最高等级的界线。起点等级线是熟练工、学徒工转正定级后的最低工资，最高等级线是该工种在一般情况下不能突破的上限。凡技术复杂程度高、责任大以及掌握技术所需要的理论知识水平较高的工种，等级起点就高，等级线长；反之，则起点低，等级线短。一些技术简单而又繁重的普通工种，由于体力消耗大，其等级线起点较高，但等级线不宜过长。

三是技术等级标准：按生产和工作分类的所有技术工种的技术等级规范，是用来确定工人技术等级和工人工资等级的尺度。它包括“应知”、“应会”和“工作实例”3个部分。

“应知”是指完成某等级工作所必须具备的理论知识，也可以同时规定工人的文化水平。

“应会”是指工人完成某工作所必须具备的技术能和实际经验。

“工作实例”是指根据应知、应会的要求，列举本工种某等级工人应该会做的典型工作项目。

我国的技术等级标准由国家统一制定。

2) 岗位工资体系

岗位工资是指以岗位劳动责任、劳动强度、劳动条件等评价要素确定的岗位系数为支付工资报酬的根据，工资多少以岗位为转移，岗位成为发放工资的唯一或主要标准的一种工资制度。

岗位工资的特点是对岗不对人，它有多种形式，如岗位薪点工资制、岗位系数工资制、岗位等级工资制等。无论哪一种岗位工资制，岗位工资的比重都应占到整个工资收入的60%以上。实行岗位工资，要进行科学的岗位分类和岗位劳动测评，岗位工资标准和工资差距的确定，要在岗位测评的基础上，引进市场机制参照劳动力市场中的劳动力价格加以合理确定。

(1) 岗位等级工资制。是指将工作岗位按重要程度划类归级，然后进行排序，最后确定工资等级的制度。

岗位工资有两种形式，一种是一岗一薪，另一种是一岗数薪。一岗一薪是指一个岗位只有一个工资标准，凡在同一岗位上工作的员工都执行同一工资标准，岗位工资由低到高顺序排列，组成一个统一的岗位工资体系，它反映的只是不同岗位之间的劳动差别和工资差别，不能反映岗位内部的劳动差别和工资差别。它较适用于专业化、自动化程度较高，流水线作

业、工种技术比较单一，工作物等级比较固定的工种。一岗数薪是指在一个工作岗位内设置几个工资标准，以反映岗位内部不同员工之间的劳动差别。由于企业岗位较多，从管理成本看，不可能有多少个岗位就设多少个岗位工资标准，只能将相近岗位进行归并归级，这就形成了同一岗位级别内也存在劳动差别的问题。它较适用于岗位划分较粗，同时岗位内部技术有差别的岗位和工种。

(2) 岗位薪点工资制。指采用比较科学合理的“点因素”分析法，按职工岗位的岗位因素测定出每个岗位的点数，然后将其与员工的劳动报酬相联系的制度。岗位薪点工资制的优点是将每个岗位的价值直接以工资报酬形式标出，可以使劳动付出与劳动所得相符合。岗位薪点工资制较适合岗位比较固定，岗位劳动以重复性劳动为主的岗位工种。

① 岗位薪点的确定：岗位劳动点是反映员工岗位劳动差别的薪点。根据工作评价，确定出各岗位获得的点数。

② 岗位薪点值的确定：薪点值的高低可以按企业效益的好坏确定，使工资分配密切与企业效益相联系。将岗位点数换算成薪值的最简单办法，就是将点数乘以一个倍数，这个倍数应考虑目前的政府法规、市场行情、同业水准等，并可以随每年的物价变动而调整倍数。

3) 绩效工资体系

绩效工资主要是根据员工的工作成绩而支付的工资，工资支付的主要根据是工作成绩和劳动绩效，是典型的以成果论英雄，以实际的最终劳动成果确定员工薪酬的工资制度。主要有计件工资制、佣金制等形式。

(1) 计件工资制。按工人生产合格产品的数量和预先规定的计件单价来计算员工劳动报酬的一种工资形式。

工资数额＝计件单价×合格产品的数量

① 计件工资的组成。由工作物等级、劳动定额和计件单价3个要素。工作物等级，是指根据各种工作的技术复杂程度及设备状况等，按照技术等级要求，确定从事该项工作的工人应该达到的技术等级。劳动定额，是指在一定的生产技术条件下，工人应该完成的合格产品的数量或完成某些产品的必要劳动时间的消耗标准，它是合理组织劳动和制定计件单价的基础。计件单价，是指以工作物等级和劳动定额为基础计算出来的单位产品的工资。

② 实行计件工资的条件。计件工资制的实行受到一定条件的限制，它只有在一定的条件和范围内，才能对生产起积极的促进作用。首先，必须是计件单位的产品数量能够单独准确地计量，并且产品数量能准确反映劳动者支出的劳动量的工种；其次，必须是企业能准确地制定先进合理的劳动定额，并能准确反映劳动者劳动消耗量的工种；第三，企业还必须是生产任务饱满，原材料供应正常，成批生产，产销正常，能够鼓励工人争取达到最高产量或达到最多工作量的工种。

③ 计件工资的优缺点。由于计件工资的数额是根据工人生产合格产品的数量直接决定的，它能够从劳动成果上准确反映出劳动者实际付出的劳动量，不但劳动激励性强，而且使劳动者感到公平，同时计件工资还能反映同等级工人之间的劳动差别。由于产量与工资直接相联，因此它能够促进工人经常改进工作方法，提高技术水平，充分利用工时，提高劳动生产率。但是，实行计件工资容易出现片面追求产品数量、忽视产品质量、消耗定额、不安全和不注意保护机器设备的偏向，工人也会因过分追求收入而有碍健康。所以，实行计件工资除了要有严格的检验制度、核算制度管理外，还要注意不断改善计件工资的措施，如对不同质量的合格产品确定差距较大的不同计件单价，对消耗定额内有节约的，辅之以节约奖等，以促进员工注意优质、节约和安全。

(2) 佣金制。直接按销售额的一定比例确定销售人员的报酬，是根据业绩确定报酬的一种典型形式，主要用于销售人员的工资支付制度。佣金制的优点是由于报酬明确同业绩挂钩，因此，销售人员为得到更多的工资报酬，会努力扩大销售额，促进企业市场份额的迅速扩大；另外，佣金制由于计算简单，易于为销售人员理解，所以管理和监督成本较低。这种工资制度的缺陷是容易导致销售人员只注重扩大销售额，而忽视培养长期顾客，不愿推销难以出售的商品。而且，由于市场的风险性，有可能形成销售人员的工资忽高忽低。

佣金制有单纯佣金制、混合佣金制、超额佣金制等形式。

① 单纯佣金制是一种风险较大而且挑战性极强的制度。

销售人员的薪酬＝每件产品单价×提成比率×销售件数

② 混合佣金制是大多数企业对销售人员实施的佣金制度，薪酬由底薪加提成组成，这种佣金制的底薪部分能保证销售人员的基本生活，提成部分又能起到激励作用。

销售人员的薪酬＝底薪＋每件产品的单价×提成比率×销售件数

③ 超额佣金制是销售人员必须完成一定的定额后才开始有收入。

销售人员的薪酬＝销售件数×每件产品单价×提成比率－产品定额×每件单价×提成比率

这种佣金制度只适用于容易推销的产品。

4) 结构工资体系

结构工资体系是指由几种职能不同的工资结构组成的工资制度。每一部分的工资报酬都对应一个付酬因素，通过工资对劳动差别的分项表现实现劳酬相符和达到社会发展对工资的多种功能要求。结构工资主要由以下几部分组成。

(1) 年功工资。年功是企业设立工龄工资的依据，年功工资是根据员工逐年积累的劳动贡献确定的工资，它一般是由企业决定建立的辅助工资单元。

(2) 岗位工资。指根据岗位责任、岗位劳动强度、岗位劳动环境等因素确定岗位薪酬。它是结构工资的主要部分。

(3) 技能工资。指根据员工本身的技术等级或职称的高低确定报酬部分。一般在结构工资中的权重仅次于岗位工资部分。

(4) 效益工资。它是根据企业最终经济效益状况而决定的工资部分，属于活工资部分。

(5) 津贴、补贴。津贴是员工特殊劳动的补偿，有些企业将津贴部分纳入岗位工资中，有些企业还作为单独的一个组成部分。补贴主要是为保证员工不因物价上涨降低名义工资而设立的部分。

结构工资制度是一种科学合理的工资制度，由于结构工资办法根据不同岗位拉开岗位等级工资差距，使一线脏、苦、累、重岗位工作的员工能安心工作，年功工资的设置有利于员工树立为企业长期服务的思想，激励员工爱护企业，起到了稳定员工队伍，增强企业凝聚力的作用。

案例 10-4 猎狗的致富哲学

1. 目标

一条猎狗将兔子赶出了窝，一直追赶它，追了很久仍没有捉到。牧羊看到此种情景，讥笑猎狗说你们两个之间小的反而跑得快得多。猎狗回答说："你不知道我们两个的跑是完全不同的！我仅仅为了一顿饭而跑，它却是为了性命而跑呀！"

2. 报酬与代价

这话被猎人听到了，猎人想：猎狗说的对啊，那我要想得到更多的猎物，得想个好法子。于是，猎人又买来几条猎狗，凡是能够在打猎中捉到兔子的，就可以得到几根骨头，捉不到的就没有饭吃。这一招果然有用，猎狗们纷纷去努力追兔子，因为谁都不愿意看着别人有骨头吃，自己没得吃。就这样过了一段时间，问题又出现了。大兔子非常难捉到，小兔子好捉。但捉到大兔子得到的奖赏和捉到小兔子得到的骨头差不多，猎狗们善于观察发现了这个窍门，专门去捉小兔子。慢慢地，大家都发现了这个窍门。猎人对猎狗说：最近你们捉的兔子越来越小了，为什么？猎狗们说："反正没有什么大的区别，为什么费那么大的劲去捉那些大的呢？"

思考：奖惩措施的制定——计件工资，激励了猎狗们的工作积极性。但是，由于奖惩的衡量尺度不科学，导致了猎狗的投机取巧行为。那么，该如何制定措施改变这一状况？

3. 明天的早餐在哪里

猎人经过思考后，决定不将分得骨头的数量与是否捉到兔子挂钩，而是采用每过一段时间，就统计一次猎狗捉到兔子的总重量。按照重量来评价猎狗，决定一段时间内的待遇。于是猎狗们捉到兔子的数量和重量都增加了。猎人很开心。

分析：改变了绩效考核的衡量指标——由考核兔子的个数改为考核兔子重量。考核时间发生改变——由每天考核变为每隔一段时间考核，即定期考核。

但是过了一段时间，猎人发现，猎狗们捉兔子的数量又少了，而且越有经验的猎狗，捉兔子的数量下降得就越厉害。于是猎人又去问猎狗，猎狗说："我们把最好的时间都奉献给了您，主人，但是我们随着时间的推移会老，当我们捉不到兔子的时候，您还会给我们骨头吃吗？"

思考：猎狗们对自己的养老问题产生了担忧。猎人该如何改革？

4. 骨头与肉兼而有之

猎人做了论功行赏的决定，分析与汇总了所有猎狗捉到兔子的数量与重量，规定如果捉到的兔子超过了一定的数量，即使捉不到兔子，每顿饭也可以得到一定数量的骨头。猎狗们都很高兴，大家都努力去达到猎人规定的数量。

分析：出现了福利奖金，也可以说是退休金。

一段时间过后，终于有一些猎狗达到了猎人规定的数量。这时，其中有一只猎狗说："我们这么努力，只得到几根骨头，而我们捉的猎物远远超过了这几根骨头。我们为什么不能给自己捉兔子呢?"于是，有些猎狗离开了猎人，自己捉兔子去了。

5. 只有永远的利益，没有永远的朋友

猎人意识到猎狗正在流失，并且那些流失的猎狗像野狗一般和自己的猎狗抢兔子。情况变得越来越糟，猎人不得已引诱了一条野狗，问他到底野狗比猎狗强在那里。野狗说："猎狗吃的是骨头，吐出来的是肉啊!"，接着又道："也不是所有的野狗都顿顿有肉吃，大部分最后骨头都没的舔！不然也不至于被你诱惑。"于是猎人进行了改革，使得每条猎狗除基本骨头外，可获得其所猎兔肉总量的 $1/n$，而且随着服务时间加长，贡献变大，该比例还可递增，并有权分享猎人总兔肉的 $1/m$。就这样，猎狗们与猎人一起努力，将野狗们逼得叫苦连天，纷纷强烈要求重归猎狗队伍。

分析：出现了销售提成——$1/n$ 的兔肉，甚至出现了分红——猎人总兔肉的 $1/m$！到此为止，猎人的绩效考核改革非常成功！它由原来的大锅饭的报酬体系逐渐改革为计件工资，后又增设了福利，最后还设奖金，并提出利润分成。

故事还在继续……

日子一天一天过去，冬天到了，兔子越来越少，猎人们的收成也一天不如一天。而那些服务时间长的老猎狗们老得不能捉到兔子，但仍然在无忧无虑地享受着那些他们自以为是应得的大份食物。终于有一天猎人再也不能忍受，把他们扫地出门，因为猎人更需要身强力壮的猎狗。

6. MicroBone Co.的诞生

被扫地出门的老猎狗们得到了一笔不菲的赔偿金，于是他们成立了 MicroBone 公司。他们采用连锁加盟

的方式招募野狗，向野狗们传授猎兔的技巧，他们从猎得的兔子中抽取一部分作为管理费。当赔偿金几乎全部用于广告后，他们终于有了足够多的野狗加盟，公司开始赢利。一年后，他们收购了猎人的家当……

7. MicroBone Co.的发展

MicroBone 公司许诺给加盟的野狗能得到公司 $1/n$ 的股份，这实在是太有诱惑力了。这些自认为是怀才不遇的野狗们都以为找到了知音：终于做公司的主人了，不用再忍受猎人们呼来唤去的不快，不用再为捉到足够多的兔子而累死累活，也不用眼巴巴地乞求猎人多给两根骨头而扮得楚楚可怜。这一切对这些野狗来说，比多吃两根骨头更加受用。于是野狗们拖家带口地加入了 MicroBone，一些在猎人门下的年轻猎狗也开始蠢蠢欲动，甚至很多自以为聪明实际愚蠢的猎人也想加入。好多同类型的公司像雨后春笋般地成立了，BoneEase、Bone.com、ChinaBone……一时间，森林里热闹起来。

8. F4 的诞生(待续……)

猎人凭借出售公司的钱，走上了老猎狗走过的路，最后千辛万苦要与 MicroBone 公司谈判的时候，老猎狗出人意料地顺利答应了猎人，把 MicroBone 公司卖给了猎人。老猎狗们从此不再经营公司，转而开始写自转《老猎狗的一生》，又写了《如何成为出色的猎狗》、《如何从一只普通猎狗成为一只管理层的猎狗》、《猎狗成功秘诀》、《成功猎狗 500 条》、《穷猎狗，富猎狗》，并将老猎狗的故事搬上屏幕，取名《猎狗花园》，4 只老猎狗成了家喻户晓的明星 F4，收版权费，没有风险，利润更高。

(资料来源：http://www.56865.com.)

本项目知识要点

(1) 我国中小企业人力资源管理存在缺乏科学的人力资源战略、人力资源管理机构设置与人员配备专业化程度偏低、漠视人力资本的投入和缺乏长期有效的薪酬与激励机制等现状，存在这些问题主要有中小企业管理方式单一、管理理念落后和管理机制不健全等原因。

(2) 中小企业人力资源规划的内容有岗位职务规划、人员补充规划、教育培训规划和人力分配规划等；中小企业人力资源规划有 5 步程序；中小企业人力资源的预测分为人力资源需求预测和人力资源供给预测；制定中小企业人力资源的规划要掌握充分考虑环境的变化、确保企业人力资源的管理与开发、兼顾企业和员工的长期利益等原则。

(3) 中小企业人力资源招聘和选拔的程序包括制定人员招聘计划、招聘应聘者、选拔应聘者和招聘效果评估等。

(4) 面试的基本流程：①组成面试遴选小组；②面试制度；③根据招聘职位的职位说明书设计面试评价量表；④面试场所的选择与环境控制；⑤对初试合格的函邀复试。

(5) 绩效考核的内涵有绩效考核的目的、绩效考核的原则、绩效考核的形式、绩效考核的方法和考核结果的反馈等。

(6) 薪酬的基本构成有工资、津贴、奖金、福利等；薪酬制度有岗位工资制度、绩效工资制度、混合工资制度和年薪制等类型。

思　考　题

(1) 中小企业人力资源规划的内容是什么？

(2) 什么是中小企业人力资源规划的制定原则？

(3) 招聘和选拔员工有哪些程序？

(4) 什么是绩效考核，它有什么作用？

(5) 薪酬由哪些部分构成？

实 训 项 目

以4～6人为一小组，小组成员根据小组的创业计划，拟定企业人员数目、职位需求计划，确定招聘与选拔企业员工的方法，决定面试、笔试内容，制定企业招聘计划书。通过训练，使学生能了解中小企业人力资源招聘与选拔的渠道，熟悉招聘计划书的编写流程。

项目 11　中小企业文化建设

1. 了解企业文化的含义。
2. 掌握企业文化的作用。
3. 了解建设优秀的企业文化的途径。

案例 11-1　“卓望科技”的成功之源

卓望科技 CEO 谢峰认为，卓望科技的成功之处就在于它从创立初期就十分重视企业文化建设。从卓望科技前三年走过的路来看，从当初成立时的一个人发展到三百多人，卓望科技建立了一支快速响应客户的技术支持队伍，开发能力不断增强，管理结构初具规模。在此期间，他们时时刻刻都能体会到员工的工作激情和创业动力，以及对理想的孜孜不倦的追求。这使他们能够在这个竞争异常激烈的行业生存下来，并且获得了业界瞩目的高成长。在谢峰看来，正是卓望人敢于挑战自我的精神，对瞬间而逝的市场机遇显示出高度的敏感性和灵活性，对内关注员工的需求以及营造积极的工作氛围的努力，才造就了卓望科技今天的成就，而这些正是卓望科技企业文化的重要体现。

谢峰分析卓望科技所处行业的变化趋势：领导者需高瞻远瞩并具有强大的号召力；信息在企业内可以通畅地传递和分享；员工承担自己应该承担的责任；协作的工作团队和团队互助精神；公开诚实的沟通；时刻准备应变和敢于创新。基于以上对行业趋势的深刻理解，卓望科技从创立初期就开始建设企业文化。

(资料来源：http://china.alibaba.com/.)

思考与讨论：你认为什么是企业文化？企业文化起着什么作用？为什么中小企业也要重视企业文化？

看不见摸不着的企业文化，像高楼大厦里的钢筋、螺钉、焊缝，在装饰一新的大厦外观，轻易不被人看见，可这种被叫做企业文化的东西却渗透到了大厦的每一个角落、关节和着力点，承载着大厦最为沉重的负荷。毫不夸张地说，一个没有企业文化的企业肯定是永远长不大的企业，一个长大了没有健康企业文化的企业，不但营养不良，而且会弱不禁风。任何人都知道企业文化的重要，只是一部分人束手无策，一部分人无暇顾及，一部分人停留于口头。

小企业创立初期，规模还小，需要解决的问题很多，很多创业者觉得条件还不成熟，企业文化建设不是急需解决的问题，因而忽略和不重视企业文化建设是很多小企业的通病。然而事实上，任何一个创业者在潜意识上都很重视企业文化：作为老板，你是不是整天考虑如何让员工愿意和你同舟共济、如何让他们提高工作效率、如何让员工认同你的企业发展目标并为之奋斗？其实每个老板都会考虑企业凭什么来凝聚员工，这就是企业文化要解决的问题。

那么什么是企业文化？

11.1　企业文化及其构成

企业文化是指在一定的社会政治、经济、文化背景条件下，企业在生产经营实践过程中所创造或逐步形成的价值观念、行为准则、作风和团体氛围的总和。

从一定义看，企业文化是精神文化。但是，企业文化常常要通过企业制度和物质形态表现出来，不同的企业文化有不同的企业管理制度，表现出不同的物质形态，相应地也创造出不同的物质财富。这就是企业文化的三层次结构：精神文化、制度文化、行为(物质)文化。精神文化是基础，是核心，是企业文化的内容实质；制度文化和行为文化是在精神文化基础上表现出来或形成的形式和结果。

企业文化的本质要素是信条，即以企业全体员工的行为所表现出来的所信守的准则。人有各种信条，如信奉上帝、主张唯物、突出自我、注重团体、追求私利、报效国家等。人们的这些信条都会表现在他们的行为之中，并产生不同的结果，从而形成不同人的个性和特点。

企业也是一样。不过企业的信条是企业全体职工共同信守的准则，表现出一致性的行为，从而形成一个企业区别于其他企业的某种风格。企业的这种信条一旦形成，它将对企业的内部管理和外部交流产生巨大的影响，对企业经营目标的实现和企业的生存与发展发挥重要作用。这是企业文化的经济性，也是我们研究企业文化和进行企业文化建设的根本所在。

11.1.1 精神文化层

企业的精神文化是用以指导企业开展生产经营活动的各种行为规范、群体意识和价值观念，是以企业精神为核心的价值体系。

企业精神具有号召力、凝聚力和向心力，是一个企业最宝贵的经营优势和精神财富，它不是可有可无，而是必不可少。正如美国IBM的董事长小托马斯·沃森所说："一个组织与其他组织相比较取得何等成就，主要决定于它的基本哲学、精神和内在动力，这些比技术水平、经济资源及组织机构、革新和选择时机等重要得多。"

案例 11-2 海尔核心价值观与海尔精神

海尔企业文化的核心价值观：创新

海尔精神：敬业报国 追求卓越

敬业报国的中心思想是中国传统文化的"忠"，"忠"就是回报，海尔人就是要用最好的产品和服务来回报用户、回报社会、回报国家；"忠"就是真诚，海尔人真诚到永远。

追求卓越的核心思想是创新。追求卓越表现了海尔人永不自满、永远进取、永远创新的生生不息的精神境界。

能体现海尔精神的两句话：把别人视为绝对办不到的事办成；把别人认为非常简单的事持之以恒地坚持下去。

例证：三小时抢订单——把别人视为绝对办不到的事办成了。

德国经销商史密斯先生与海尔人做了一笔生意，改变了他十几年来的一种信念。

"嘟……"海外推进本部的电话又急促地响起来。这是德国经销商史密斯先生打来的订货电话，电话要求"必须两天之内发货，否则订单自动失败。"

两天内发货实际意味着当天下午所要货物就必须装船，而此刻正是星期五下午2：00，如果按海关等有关部门5：00下班计算的话，时间只有3个小时了，而按照一般程序，做到这一切几乎是不可能的。

"订单就是命令单，海尔人决不能对市场说不。"几分钟后，一个大胆的决定产生了：船运、备货、报关几项工作要齐头并进，一定要确保货物在当天下午发出。

时间在渐渐逝去，一分、两分、十分……空气仿佛变得凝固起来，每个人都行色匆匆，全身心地投入到工作中。调货的、报关的、联系船期的……订单面前，海尔人迅速反应，马上行动的工作作风发挥到了极致。

当天下午5：30，当史密斯先生收到来自海尔"货物发出"的消息后，发来一封感谢信："我做家电十几年了，还从没有给厂家写过感谢信，可对海尔，我不得不这样做！"

(资料来源：中国影响力品牌：海尔. 海尔核心价值观与海尔精神. http://www.cec-ceda.org.cn/brand/haier/neihan/neihan2.htm.)

11.1.2 规范文化层

规范文化层是企业文化结构的中间层部分，是组织物质和精神文化的中介，组织的精神文化通过中介层转化为物质文化层，它包括具有本企业文化特色的，为保证组织活动正常进行的组织领导体制、各种规章制度、道德规范和员工行为准则的总和。例如，企业中的厂规、厂纪、各种工作制度和责任制度以及人际交往的方式等。

11.1.3　行为(物质)文化层

企业行为文化是指企业员工在生产经营、学习娱乐中产生的活动文化。它包括企业经营、教育宣传、人际关系活动、文娱体育活动中产生的文化现象。它是企业经营作风、精神面貌、人际关系的动态体现，也是企业精神、企业价值观的折射。

从人员结构上划分，企业行为中又包括企业家的行为、企业模范人物的行为、企业员工的行为等。企业的经营决策方式和决策行为主要来自企业家，企业家是企业经营的主角。在具有优秀企业文化的企业中，最受人敬重的是那些集中体现了企业价值观的企业模范人物。这些模范人物使企业的价值观“人格化”，他们是企业员工学习的榜样，他们的行为常常被企业员工作为仿效的行为规范。企业员工是企业的主体，企业员工的群体行为决定了企业整体的精神风貌和企业文明的程度。

物质文化层，是企业文化结构的表层部分，是企业精神文化的物质体现和外在表现。它以物质形态作为载体，是人们可以直接感受到的，但从中反映出组织的精神状态，包括组织开展活动所需的基本物质基础，如企业产生经营的物质技术条件，诸如厂容、厂貌、机器设备，产品的外观、质量、服务以及厂徽、厂服等。

11.2　企业文化的功能

企业文化发挥着极为重要的功能，改变一个人的行为所产生的功效是 1 倍，改变工作流程所产生的功效是 10 倍，而改变企业文化所产生的功效是 100 倍。

11.2.1　导向功能

导向功能指把组织成员的思想、行为引导到实现企业所确定的目标上来。传统管理的权力支配和物质利益刺激，都使员工在完成任务时处于一种被动地位。而企业文化通过对组织群体共有的价值观念的塑造，从精神上引导员工的心理和行为，使员工在潜移默化中接受共同的价值观念，使实现企业目标成为员工的自觉行动。

11.2.2　凝聚功能

一方面由于企业文化重视人的价值，珍惜和培养人的感情，注重集体观念的形成，因而有利于促进员工间的团结；另一方面企业文化注重从多方面的文化心理去沟通人们的思想，使人们产生对组织目标、准则、观念的认同感、使命感、归属感和自豪感，从而使企业产生一种强烈的向心力和凝聚力。

11.2.3　激励功能

激励功能指有助于激励企业成员培养自觉为企业发展而积极工作的精神。一方面是由于企业文化是一种以人为中心的管理，注重对人的思想、行为的“软”约束，从而起到传统激励方式起不到的作用；另一方面，企业文化的激励功能通过组织的共同价值观的形成，使其转化为员工实现自我激励的动力，自觉地为企业的生存和发展工作。

“攻城难，守城更难”，任何一家公司都需要有自己的企业文化和理念来坚定公司员工的信念；而员工也渴望在充满活力、有着文化底蕴的企业中与企业一同成长进步。

案例 11-3 IBM 的“必须尊重个人”

在 IBM，任何人都不能违反这一准则，至少，没有人会承认他不尊重个人。

毕竟在历史上许多文化与宗教戒律上，也一再呼吁尊重个人的权利与尊严。虽然几乎每个人都同意这个观念，但列入公司信条中的却很少见，更难说遵循。当然 IBM 并不是唯一呼吁尊重个人权利与尊严的公司，但却没有几家公司能做得彻底。

沃森家族都知道，公司最重要的资产不是金钱或其他东西，而是员工，自从 IBM 公司创立以来，就一直推行此行动。每一个人都可以使公司变成不同的样子，所以每位员工都认为自己是公司的一分子，公司也试着去创造小型企业的气氛。分公司永保小型编制，公司一直很成功地把握一个主管管辖十二个员工的效率。每位经理人员都了解工作成绩的尺度，也了解要不断地激励员工士气。有优异成绩的员工就获得表扬、晋升、奖金。在 IBM 公司里没有自动晋升与调薪这回事。晋升调薪靠工作成绩而定。一位新进入公司的市场代表有可能拿的薪水比一位在公司工作多年的员工要高。每位员工以他对公司所贡献的成绩来核定薪水，绝非以资历而论。有特殊表现的员工，也将得到特别的报酬。

有能力的员工应该给予具有挑战性的工作。好让他们回到家中，回想一下他们做了哪些有价值的事。当他们工作时能够体会到公司对他们的关怀，都愿意为公司的成长贡献一技之长。IBM 公司晋升时永远在自己公司员工中挑选。如果一有空缺就由外界找人来担任，那么对那些有干劲的员工是一种打击，而且深受挫折、意志消沉。IBM 公司有许多方法让员工知道，每一个人都可使公司变成不同的样子，在纽约州阿蒙克的 IBM 公司里，每间办公室，每张桌子上都没有任何头衔字样。

(资料来源：君远咨询.企业文化案例精选(第一辑). IBM：电脑帝国的企业文化.)

11.2.4 约束功能

企业文化具有对企业员工的思想和行为进行约束和规范的作用。由于企业文化是组织群体的文化，其必然影响到企业中每个成员的认识、感觉、思想、伦理、道德等心理过程。一旦违反这种价值观念，自己都会感到内疚和不安，从而自己在思想和行为上做出调整。

11.2.5 辐射功能

对内，企业文化通过强烈的感染传播力量对员工产生影响。无论员工的来去，职位的调动，甚至领导者的改换，都难以影响企业文化的固有力量。企业文化也可以向组织外部传播，通过各种渠道对社会产生影响。例如，通过高质量的产品和满意的服务，使顾客感受到企业独特的文化特色；通过利用各种宣传手段，如电视、广播、报纸、书刊、会议等传播方式，宣传企业文化等。企业文化对内对外的辐射过程，也正是企业形象的塑造过程，因而对企业的发展有着重要的意义。

企业文化的功能如此强大，那么，如何进行企业文化的建设呢？

11.3 企业文化建设的步骤

11.3.1 企业文化设计

1. 企业文化的核心——企业理念

要想切实建立企业价值观体系，从企业所处的地位、环境、行业发展前景以及其经营状

况着手；通过大量的调研、分析，结合高级管理层本身对企业发展的考量，从企业发展众多的可能性中，确认企业的愿景；依据企业发展必须遵循的价值观，确立企业普遍认同体现企业自身个性特征的，可以促进并保持企业正常运作以及长足发展的价值体系。特别是企业战略目标和经营理念，必须是无论社会环境和时间怎样变化，都可以成立的。

案例 11-4

UT斯达康是一家成立于美国，成长于中国，正在走向世界的国际化高科技通信公司。独特的创业背景、多元的文化交融使UT斯达康形成了自己独特的企业理念：客户成功，我们成功；以人为本，共同成长；东方智慧，西方创新；追求创新，勇争第一；高效运转，注重结果的企业理念。

案例 11-5

佳能的企业理念是“共生”，它是指为了共同的利益而工作和生活在一起，消除由于文化、风俗、语言和种族的不同而造成的隔阂，建立一个全人类共享幸福美满生活的社会。佳能把消除不均衡现象作为自己义不容辞的使命，不遗余力地把“共生”理念付诸实践。作为一个真正的全球公司，不仅需要同客户及其所在的社区建立良好关系，而且还要与各国及地区、地球与大自然和平共处，同时承担相应的社会职责。因此，佳能把“促进世界的繁荣和人类的幸福”作为自己的目标，沿着持续增产和进一步实现共生理念的道路大步前进。

(资料来源：http://hr.chinamtcm.com/index.htm.)

2. 企业文化的血肉——行为文化

制定了新的企业理念，我们并不是把它形式化，停留在口号、标语层次。我们需要贯彻它，需要它对员工的理想追求进行引导。怎样引导、规范企业员工的思想、行为？这就需要我们着力从以下5个方面进行落实。

1) 规章制度

企业理念能够落实，最重要的应该体现在企业的规章制度中，使员工的行为能够体现出企业理念的要求，如员工行为规范、公共关系规范、服务行为规范、危机管理规范、人际关系规范等。

企业制度是在生产经营实践活动中所形成的，对人的行为带有强制性，并能保障一定权利的各种规定。从企业文化的层次结构看，企业制度属中间层次，它是精神文化的表现形式，是物质文化实现的保证。企业制度作为职工行为规范的模式，使个人的活动得以合理进行，内外人际关系得以协调，员工的共同利益受到保护，从而使企业有序地组织起来，为实现企业目标而努力。

2) 工作与决策

企业理念必须反映到企业的日常工作和决策中，企业领导应该以身作则，做员工效仿的榜样。从以下案例可以看出，企业领导的行为往往对企业文化的形成起着决定性的作用。

案例 11-6 陈裕阳与他创造的公司：现代

现代企业王国年销售额450亿美元，由40多个分公司组成，其经营业务相当广泛，从船运到半导体，从机动车辆到计算机，从工程到机器人，从石油化工产品到百货商店等。现代集团是一个纪律严明、带有军事风格的组织，使现代集团成为这样一个组织的人是陈裕阳。

陈裕阳 1915 年出生于一个贫苦农民家庭，有 6 个兄弟姐妹。第二次世界大战结束后，他建立了一个汽车修理店，取名为 Hyundai，在韩语中，意为现代。一个巨大的王国就从这个小小开端起步了。在公司的整个发展过程中，陈裕阳的风格塑造了现代集团特有的文化：家庭忠诚感和专制统治。“老板总是老板”，现代美国分公司的总裁金永达说。

在他权力的顶峰，陈裕阳是一个令人畏惧的人物。有传闻说，在现代集团的经营委员会会议室里常备担架，因为陈裕阳有时会把不听他的话或不按他的方式做事的下属击倒。

现代集团可能代表了封建顺从制的典型，但它渐渐进化成为陈的执行官所称谓的“现代精神”。集团给每位新员工一本员工手册，里面写着“创建者(陈)的艰苦工作和开创者的勇气，帮助我们开辟通向外国工业化社会兴盛、成熟、国际化的道路”。在现代的成文与不成文的文化中，陈裕阳被引用的频率与 20 年前的中国人引用毛泽东的频率差不多。

“现代集团一切事情都在家庭式军事化的基础上运行”，一位美国咨询人员说，“他们在院中装有一门大炮，每个受过教育的人都知道如果战争爆发，他们应该干什么。”

如果你想理解现代集团强制的、充满竞争气氛的风格，以及它的封建顺从意识，或它的严格、军事化的本质，你不必考察太多，只要看一眼创建者陈裕阳就足够了。

(资料来源：[美]斯蒂芬·P.罗宾斯，组织行为学.孙健敏，等译.北京：中国人民大学出版社，1997.)

3) 典礼、仪式

必不可少的各类典礼和仪式可以有效地推广企业理念，丰富生动地贯彻到各个方面，如企业各类会议、展览、庆典以及企业内外部节日等。

4) 典范、英雄

为了实施和贯彻企业理念，需要有各个部门及员工学习的榜样，树立典范或优秀人物可以让所有的员工感受到切实的影响。

5) 传播途径、教育培训

要有效地传播企业理念，共享价值体系，也为了让员工切实参与到企业文化中，就需要建立畅通而多样化的途径，如内部网络、报刊、论坛、宣传阵地，并利用这些途径经常性地对员工进行教育和培训。

行为的规划应依附于总体目标之上，综合运用相关的知识与技巧，给予整体策划。着眼于与长期性、可操作性强，细致规范甚至教条的企业行为规范，才可以有效地落实下去。久而久之，才能真正规范、鲜明地体现企业理念。

案例 11-7 “迪士尼就是让大家快乐”

迪士尼公司就是运用灌输信仰、严密契合和精英主义等手段，作为保存核心理念的方法。

迪士尼的员工，不管什么职位和阶层，公司要求每个人都必须参加迪士尼大学的新人训练。目的是向迪士尼团队的新人介绍公司的传统、哲学、组织和做生意的方式。这些规定，培养出了有一种相当标准化仪容的员工。

迪士尼乐园所有人员都要学习一种角色定位：

员工——演员表上的演员；顾客——贵宾；群众——观众；值班——表演；职务——角色；制服——戏装；当班——在舞台上；下班——在后台；人事部门——分派角色部门等，把生活和事业看作是一场永不谢幕的舞台剧。

这种特殊角色定位不断强化员工的心态，由训练有素的“导演”不断在新员工心里灌输和加强公司的理念“迪士尼就是让大家快乐”。

迪士尼内部的运作和培训以及管理方式大部分都秘而不宣，更增添了神秘感和精英意识，迪士尼严格的员工筛选和教育培训程序，对秘密运作和控制的沉迷以及精心创造神话，培养公司对全世界儿童生活极为特别和重要的形象，全都有助于创造一种类似教派一样的信仰，从而创造了魔术神话般的迪士尼。

(资料来源：http://hr.chinamtcm.com/index.htm.)

3. 企业文化的仪容——视觉形象

进入 21 世纪，世界范围内，启用新的视觉形象系统的公司越来越多，在中国，更换形象识别系统的企业也层出不穷。究其原因，有的是由于企业拆分如中国网通、中国电信；有的则是由于企业战略或经营方向发生变化，为适应新的企业战略而以精妙的视觉语言来诠释新的企业经营理念，以求产生最大的视觉冲击，如联想、福田等。当前的中国企业，很多品牌有着较高的品质和服务，但企业形象，特别是标志，却与自身的地位、企业战略风格不匹配，没有视觉冲击。所以，建立一套科学的国际化企业形象系统已经是当前中国企业的当务之急。

心理学研究表明，一个人在接受外界信息时，视觉接受的信息占全部信息量的 83%，11% 的信息来自听觉，因此我们认为在企业文化的建设和传播过程中，视觉形象是依附于企业理念的，但却是依靠它广泛传播的，它是企业文化、理念的重要载体。企业一定要清晰认识视觉形象的重要性，以艺术化、国际化、简洁易懂的设计，给予社会强有力的视觉冲击，以树立企业的形象。

在企业形象设计中，最为重要的是企业标志、标准字、标准色和吉祥物。只要确定了这 4 种元素，其他的应用设计就会水到渠成。

基本元素设计应遵循以下几个原则。

(1) 要能担当公司理念、精神的象征。

(2) 可以长久使用，与公司远景相适应。

(3) 易于识别，具有艺术的美感。

(4) 与其他行业具有良好差别性，无类似。

(5) 放大、缩小、黑白阴阳变化时会改变感觉。

设计时首先要考虑行业属性，融入经营特性和目标，体现企业精神。其次要参考大量国内外设计行业设计趋势，作为设计参考。再次要进行视觉喜好度调查，以客观数据为依据。综合多种信息后，先要从广度的水平做出大量草图，从中筛选出至少 5 种方向性草图进行二次深度发展，然后再从扩展方案中筛选出 3 或 4 种进行喜好测试，最后确定具有艺术美感的企业形象基本元素。

基本元素确定后，就可以依据企业需求，进行应用系统的规划与设计。应用系统一般包括以下部分。

(1) 导视系统(户外、户内)。欢迎牌、企业标牌、导视牌、企业整体平面图、建筑指示牌、道路行车指示、门牌等。

(2) 户外展示、广告、宣传系统。霓虹灯、灯箱、灯杆、阅读栏、车体展示、大型广告牌、旗帜、海报、报刊等。

(3) 办公用品系统。信封、信纸、传真纸、便签、格式文件、文件袋、文件夹、笔记本、工作证等。

(4) 服装、识别系统。门店统一形象识别、产品包装、员工制服、工作服、胸牌等。

(5) 礼品系统。企业形象礼品、赠品、手提袋、文化衫、台历、挂历等。

拥有世界十大名牌之称的可口可乐、索尼、奔驰、柯达、雀巢、丰田、麦当劳等公司都十分注重自己的品牌视觉形象传播，都具有其个性化的视觉识别特征。它是企业自身理念、行为和内在个性、文化、定位、价值观、追求的外在表现，是企业塑造形象、风格、品位的重要手段和方法，是企业走向成功的关键所在。

11.3.2 企业文化的实施步骤

企业文化主要依靠高层管理者来推动，其实施步骤一般包括以下5步。

第一步：企业内部要组建企业文化战略委员会等相关部门，由专人负责(最好是企业最高领导)，并组建企业文化执行小组，最重要的是全员参与。

第二步：调查分析企业现状、行业态势、竞争状况、企业最终目标等，得出企业存在的必要性、企业发展要求、员工和管理层的实际需求，企业文化才能够真正被认同，被全体执行和传递。

第三步：科学性、艺术性归纳总结企业远景、企业使命、企业精神、企业理念、企业战略、企业口号等。

第四步：依据已提炼出的理念层和企业实际需求，设计企业行为规范，包括员工行为规范、服务规范、生产规范、危机处理规范、典礼、仪式等。

第五步：进行企业形象系统规划，一般要请专业的设计机构来规划，以确保设计符合艺术性、国际化、高识别性、行业要求等。

企业文化的建立和重塑，是目前企业各级管理层最重要的事，是人力资源管理的核心任务，它关系到整个组织系统的运行和发展系统工程。要建立和谐的社会，必须有一个和谐的劳资关系。和谐的劳资关系，必须有一个和谐的企业文化，其中管理者，特别是高层管理者的观念和行为起着至关重要的作用。在企业文化中，管理者是企业利益的代表者，是群体最终的责任者，是下属发展的培养者，是新观念的开拓者，是规则执行的督导者。在企业文化建设中，每一位管理者能否把握好自身的管理角色，实现自我定位、自我约束、自我实现乃至自我超越，关系到一个优秀的企业文化建设的成败。

案例 11-9 高管层对施乐公司文化变迁的影响

1961—1968年，该公司首席执行官是约瑟夫·威尔森。他是那种进取心很强，富有创新精神的企业家。他预见到了公司会因其914型复印机而停滞不前，尽管当时这种复印机在美国历史上处于空前盛世状态。在威尔森领导下，施乐的组织环境充满了创新气氛，创立了一种非正式的、洋溢着友谊与忠诚、富有创新精神、无所拘束、鼓励冒险的企业文化。威尔森的后继人是彼德·迈高乐，他是哈佛大学的工商管理硕士，具有正统的管理风格。他在施乐公司建立了官僚式控制体制，改变了施乐的文化。到他1982年下台时，施乐公司已经变得滞重正统，规章制度繁多，监督管理人员层叠。在他之后的总裁是戴维·克恩斯。他上任后，认为公司的文化阻碍了公司的竞争能力。他大力精简机构，裁减了15 000个工作岗位，下放了决策权，把公司文化重新定位到一个简单的主题上：提高施乐公司产品和服务的质量。通过他与高层管理人员的努力，克恩斯把重视质量与效率的观念，灌输给了公司每一位员工。克恩斯在1990年退休时，公司仍然存在不少问题。复印机行业已经发展到顶点，而施乐公司在开发计算机化办公系统方面，又处于劣势。公司现任首席执行官保罗·埃莱尔也在尽力和重塑公司文化。具体来说，他以全球性营销部门为中心，对公司进行了重组，把产品开发部门与制造部门合并到一起；聘用公司外部人才，取代一半的公司高级管理人员。埃莱尔的目的是把施乐的文化重新塑造成为重视创新与竞争的文化。

(资料来源：[美]斯蒂芬·P. 罗宾斯. 组织行为学. 孙健敏，译. 北京：中国人民大学出版社，1997.)

必须明确的是，企业文化的形成在很大程度上要与企业的人力资源管理相结合，才能将抽象的核心价值观通过具体的管理行为统筹起来，真正得到员工的认同，并由员工的行为传达到外界，形成在企业内、外部获得广泛认同的企业文化，真正树立公司外部形象。

具体的人力资源管理策略主要有以下 4 个方面。

1. 将核心价值观与公司的用人标准结合起来

人力资源部通过有目的公关活动和广告宣传，让员工了解企业文化，特别是公司的核心价值观，并通过开发合适的测评工具，对招聘主管人员与用人部门的经理进行严格的技能培训；在制定职位“入职要求”时会请企业文化主管人员参与，保证录用与本公司文化契合程度较高的人才。在制定员工发展政策时，要明确告诉员工，公司只培养与发展那些与本公司文化契合程度较高的员工。

2. 将核心价值观的要求贯彻于企业培训之中

在公司各类培训活动中，要采用一些比较灵活的方式，如非正式活动、非正式团体、管理游戏、管理竞赛、“师傅带徒弟”等方式将公司核心价值观在这些活动中不经意地传达给员工，这样有助于营造一种强大的文化氛围，潜移默化地影响与改变员工的行为。

3. 将企业文化的要求融入员工的绩效与激励之中

在公司的绩效与激励管理体系内要将公司的价值观的内容作为考评与激励内容的一部分，具体做法是将公司核心价值观用各种职业化行为标准来具体描述，通过鼓励或反对某种行为，达到诠释公司核心价值观的目的。或者采用通用电气公司的做法，Welch 指出如何对待员工是公司文化建设能否成功的关键。对于员工可以区别不同时期以及该员工在公司的职位高低、影响力大小而区别对待，但倾向于将其清理出局。特别是那些职位较高、影响力较大的员工，他们的职位越高、影响力越大对公司文化的破坏作用就越大、越恶劣。

4. 企业文化的形成要与沟通机制相结合

通过各种灵活务实的沟通机制，可使核心价值观达到上下理解一致，从而在员工心目中真正形成认同感。公司可以开展象征性的企业欢庆仪式、礼仪、纪念活动，也可以通过树立本公司典型的英雄人物、传奇人物，通过“树立典型”的方法，明确告诉员工提倡什么、鼓励什么，公司员工也就知道自己该怎么做。当然这也要求所有的管理人员参与其中，并成为忠实实践公司核心价值观的表率。

同时要着手修订公司制度上与企业文化建设不相符合的部分，用公司的核心价值观来指导公司各项管理制度的修订与完善。另外，要按照公司的核心价值观的要求，花时间培训中层管理人员，从而在管理方式上做出相应的改进。

通过机制与制度建设以及管理改进，新的价值观的群体意识逐步形成，企业文化建设的目标得以实现。

案例 11-10 源远流长的古井文化建设

古井酒厂建于 1957 年。建厂初期，共有 32 名职工，12 间简陋厂房，1 口酿酒锅甑，7 个发酵池。1963 年“古井贡酒”被评为 8 大名酒第二名，30 多年来荣获各种奖项近 100 种。目前，古井酒厂已发展成为以名优白酒生产为龙头，致力多元化经营和国际化发展、集科工贸为一体的大型集团公司，拥有 50 多家子公司。古井集团现有员工 6 000 余人，总资产约 25 亿元，净资产 15 亿元。

近20年来，古井集团乘改革的风帆，凭借现代化的经营管理，以人为本，强化管理，开拓市场，取得了卓越的经营业绩。近年来，公司每年的投资规模大约2亿元，其中国有资金70%。先后投资建设的项目：合肥古井大酒店、九方制药公司项目、热电站项目、乳制品项目等。值得一提的是，古井集团还积极利用收购、控股、兼并等经营手段，扩大集团资产经营规模，取得了良好的效果，为古井集团的发展注入了强大的活力，保持了企业强劲的发展势头，实现了企业快速健康的发展。

古井集团在从一个传统的手工酿酒作坊向多元化经营的企业集团发展过程中，以"效忠古井、业绩报国"的使命，树立了"敢为人先"的古井精神，通过"两场效应"管理法，走出了一条"名牌、名企、名人"的发展道路，培育了独具特色的"以人为本、天人合一"的古井文化。

1. "四子"立业学说

所谓"四子"立业学说就是"抓班子、立柱子、上路子、创牌子"；这是古井文化的凝练。董事长王效金认为，企业家是企业凝聚力的核心，企业家并非企业中的某一个人，而是由具有帅才、将才、管家、参谋和监督等才能且博与专相结合的一群人所组成的领导班子集体。企业要想取得良好发展，首先得有一个好领导班子。王效金强调"立柱子"思想，高度重视企业的支柱性产品的发展，并形成支柱产品群，以支撑企业发展。古井人的"上路子"思想是指管理规范化、高效化、现代化，向管理要质量，要效益。强调企业管理，练内功，只有日积月累，执著追求，坚持不懈，才能不断优化。古井人力创民牌与名牌的统一，铸就属于广大消费者心目中的金牌，属于人民大众的名牌。

2. "三层文化"的系统运作

在精神文明层面上，古井人以"提高广大人民的生活质量，建设'富有、文明、民主'的新古井"的经营哲学思想为指导，讲求"业绩报国，双向效忠"的企业道德，以"爱国、爱厂、爱岗位"的爱国思想和敬业精神塑造企业全体员工的灵魂，树立企业的精神支柱。在制度文化层面上，古井人极力强化制度建设，先后制定了《生产工艺法规》、《产品质量法规》、《现场管理法规》等15种企业内部规章制度，以约束员工行为，维护企业经营活动的正常秩序。同时，古井人还坚持"以人为本"，讲求以情动人、以理服人、以德信人的"情、理、德"相结合的柔性管理，做到软硬结合，优化企业管理行为。在物质文化层面上，古井人在厂容、厂貌、产品构成和包装、装备特色、建筑风格、厂旗、厂服、厂标、纪念物、纪念性建筑物等方面大做"文化"文章，创建了"花园式工厂"。"古井亭"、"古井"、"古槐"、"古井酒文化博物馆"向人们展示了千年古井酒文化的历史渊源。

3. "两场效应"的管理文化

古井的"两场效应"管理法，简单来说就是"抓市场、促现场、抓现场、保市场"。利用现场与市场之间的"促保"互动关系，下真工夫做实做细。古井人抓市场就是抓经营，把眼睛向外，开辟市场、培育市场、建设市场，不断提高产品市场占有率、覆盖率和品牌美誉度；抓现场，就是抓管理。古井人实行综合管理，质量、成本、设备、技术、人事、信息、纪律、工艺安全等系统运作，达到整体优化，形成了"一严、二细、三洁、四无、五不准、六统一"的14字现场管理标准。市场的深入发展，不断向企业管理提出新要求，古井人始终围绕着市场需要不断改进管理，进而保证满足市场需求，两场彼此促进，周而复始，螺旋上升，形成良性循环。

(资料来源：http://zl.hrloo.com/html/2011/1212/4818.html.)

本项目知识要点

(1) 企业文化是指在一定的社会政治、经济、文化背景条件下，企业在生产经营实践过程中所创造或逐步形成的价值观念、行为准则、作风和团体氛围的总和。

(2) 企业文化的构成：精神文化、制度文化、物质文化。

(3) 企业文化的功能：导向功能、凝聚功能、激励功能、约束功能和辐射功能。

(4) 企业文化建设的步骤分为企业文化设计和企业文化具体实施。

思　考　题

(1) 什么是企业文化？

(2) 企业文化有怎样的作用？

(3) 建设企业文化的步骤有哪些？

(4) 企业形象基本元素设计应遵循哪些原则？

(5) 怎样具体实施企业文化建设？

实　训　项　目

案例分析

情境一：6天6夜的守候

2009年6月5日，震惊全国的重庆市武隆县铁矿乡山体崩塌事件发生了，当地所有通信全部中断。救灾需要通信指挥，灾情就是命令！

6月6日凌晨，重庆公司涪陵分公司武隆维护中心负责人柴慈杰带领三名抢险队员和抢险车辆、发电油机和工具驱车三个半小时赶到铁矿乡。到达现场后，立即向现场抢险救援指挥部报到并获得指挥部发放的进入崩塌现场的特别通行证。这次超大规模的山体崩塌使当地一个C网基站光缆中断，电信的手机通信全部中断。抢险队员到达现场，立即抢修被巨石打断的光缆，队员们依靠手电筒和头灯在黑暗中进行接续，在天亮前将光缆接通恢复了该基站的通信，还对铁矿乡的电信模块机房线路和设备进行了全面的检修检查，确保当地突然激增的抢险通话需求。

在现场，抢险队员们白天维护线路作保障，一身泥水一身汗，饿了啃几口面包方便面，晚上就几个人挤在抢险车上和衣而睡，连续6天6夜战斗在抢险第一线，坚韧的品质、无悔的付出为抢险指挥和救灾队伍提供了有力的通信保障。

情境二：坚忍不拔，成功开拓电子业务新蓝海

中国通信服务四川公司所属某专业公司用了三年多的时间，从涉足电力市场，到取得“某电网公司及所属5省通信资源管理系统项目建设无一旁落他人”的成就。

对市场的一无所知，没有任何电力行业的相关背景，面对强有力的竞争者，为了在参与前期项目交流的10多家公司中脱颖而出，公司派出最优秀的客户经理和技术实力最强的研发工程师长驻项目所在地，直接与客户面对面沟通，为客户量身定制解决方案，同时还额外承担起了咨询服务工作，免费帮助客户制定未来几年的发展规划和战略路径。通过长达半年的反复沟通，客户对公司的技术实力和创新实力逐步开始认可。2007年8月，公司与客户签订资源管理系统合同。自合同签订的那一刻起，公司技术总监就带领着5个研发小组60多人不分昼夜开始加班，平均每人每天工作14个小时以上，没有周末、没有假期。在项目建设的1年时间里，公司相继开发完成了光缆网、传输网、交换网、调度数据网、载波、视频会议、动力、配线几大子系统及继电保护、安稳、自动化等业务系统的通信资源管理模块。2009年

4 月，验收委员会认为公司研发的通信资源管理系统已成功应用，并取得多项创新成果，有很高的社会效益和经济效益，已达到国内领先水平，一致同意通过验收。

(资料来源：豆丁网，http://shequ.docin.com/app/teamMessage/showTeamTalk?teamId=2714&cardId=4384515.)

问题：

(1) 坚韧的文化内涵是什么？坚韧的品质为什么对中国通信服务公司的发展显得尤为重要？

(2) 结合案例，谈谈中国通信服务公司的企业文化核心。

自我认识练习

哪种组织文化最适合于你

阅读以下问题，根据个人感觉，圈出适合表达你的感觉的答案。

A. 很同意　B. 同意　C. 不确定　D. 不同意　E. 很不同意

(1) 我愿意成为工作团队中的一员，希望组织以我对团队的贡献来衡量我的绩效。

(2) 为了实现组织目标，任何个人的利益都可以有所牺牲。

(3) 我喜欢从冒险中找到刺激和乐趣。

(4) 如果一个人工作绩效不符合标准，他做了多大努力都白费。

(5) 我喜欢稳定和可以预见的事情。

(6) 我喜欢能对决策提供详细合理解释的管理人员。

(7) 我希望工作压力不大、同事易于相处的环境。

第 5、6 项得分标准如下：

很同意＝＋2　同意＝＋1　不确定＝0　不同意＝－1　很不同意＝－2

对于 1，2，3，4，7 项，得分标准恰好相反(很同意＝－2，以此类推)，累计所得，你的部分会在－14～＋14 分。

得分越高(正数)，则表明你在一种正式的、机械的、规则导向的、有结构的组织文化中越舒服，这通常与大型公司及政府机构相联系；负数则表示你喜欢非正式的、人本主义的、灵活的、创新的组织文化，这种文化在研究机构、广告公司、高科技公司以及一些小型企业中更为常见。

项目 12　中小企业的财务管理

学习目标

1. 理解中小企业财务管理的目标。
2. 了解财务管理的日常工作。
3. 掌握降低成本的艺术。
4. 能够阅读与分析财务报表。

12.1 财务管理概述

对于中小企业来说，建设适合自己的财务管理体系是一个非常重要的问题。中小企业人员少，资金实力不雄厚，很多小企业的经营者往往认为所谓的财务管理就是找一个会计记账，找一个出纳发工资。其实这是极大的误解，中小企业财务管理远非如此“简单”。事实上，只有科学有序的财务管理才能够为中小企业的成长和发展提供强大的动力和支持。否则，短缺的现金流、极大的成本支出都会把小企业带进成长的死胡同，最后走上失败的道路。因此，中小企业经营者应充分认识到财务管理的作用，学会制定正确的财务制度，做好财务管理的每一步。

12.1.1 生存是中小企业的第一目标

企业财务管理的目标是赢利，但是不能把赢利作为企业第一位的目标。为什么呢？仔细想一想，很多中小企业的寿命都很短暂，就是在拼命赚钱的过程中忽略了风险的存在，从而导致了破产。而生存才是中小企业财务管理的第一目标。如果连生存的能力都不具备，又怎么去谈赢利？所以企业首先要正常地生存下去。影响企业生存的最主要因素有以下两个。

(1) 到期能不能还债？这是影响企业生存的最直接因素，也就是说任何一个企业破产最直接的原因就是到期的债务偿还不了，债权人申请企业破产。

(2) 收入能不能抵偿支出？如果企业要生存下去，那么它应做到：第一要到期偿债，第二要以收抵支。也就是说要做好偿债的管理、做好收支的管理、要非常关注现金的流动。关注现金的流动实际上是在关注企业的偿债能力，实际是在关注企业的生存。

企业不仅要生存，还要不断地发展，增强竞争能力。企业的发展对财务管理工作的要求就是要筹集到发展资金。所以企业的发展就要求在财务上能够及时足额地筹集到发展所需要的资金。

生存、发展的最终目标就是获利。企业在生存和发展的基础上才能赢利，赢利才有可能持续发展。企业获利的前提就是要正确地进行投资，也就是要选择好投资项目，取得较高的投资报酬率。

因此，在正常的生存前提下谋求企业的发展，在发展的前提下再去获利，这才是企业发展的良性循环。这就是财务管理工作的必要性和重要性所在。

12.1.2 财务管理的日常工作

1. 财务决策

财务决策是有关资金筹集和使用的决策，它分为 4 个阶段：情报活动、设计活动、抉择活动、审查活动。

财务决策是财务管理的核心职能。管理的重心在经营，经营的重心在决策。财务决策正确与否，取决于财务信息情报的收集、财务决策方案的设计、抉择和审查。

2. 财务计划

财务计划就是财务规划和财务预算。规划和预算在市场经济条件下显得尤为重要，没有长期的规划和科学合理的预算，很难想象一个企业的管理是有效的。财务规划包括财务预测和本量利的分析。财务预算是计划和控制的主要手段。

3. 财务分析

财务分析是指以财务报表为基础的分析。通过各种会计核算进行定量定性分析，计算出各种比率，或根据经验，对财务状况、获利能力、发展趋势做出判断。

4. 财务控制

财务控制就是通过计划、预算和规划对整个资金运动的过程加以控制。财务计划制订出来就要执行，所以执行计划的手段就是财务控制。比如，实际成本与预算成本之间可能存在差异，在分析这些差异后，通过财务控制对财务计划、财务规划和预算进行调整。

财务决策、财务计划、财务分析和财务控制是现代财务管理非常重要的思想。

12.2　建立良好的财务制度

对于中小企业经营者来说，要做好企业的财务管理，首先要做好企业财务制度的建设，只有有了健全的财务制度，并且保证财务制度的完整执行，才能够保证中小企业的财务管理能够顺利地进行下去。

一般来说，中小企业的财务管理制度重点要做好以下几点。

(1) 制定一套规范的财务管理制度及实施方案。理顺企业的各项投资管理与财务管理的衔接与沟通，建立规范的合同管理制度。

(2) 设立财务跟踪机制，对投资行为进行控制，也可以聘请财务公司作为公司的“公共财务总监”对公司账目进行审计，直接对公司股东或者总经理负责。

(3) 细化各项投资及收益的会计核算工作。重点加强公司现金流量及重大财务收支的核算。对公司专项资金、专题项目的实施进行事中、事后的专项财务报告。

12.3　筹措经营需要的资金

中小企业的生产经营需要钱，随着企业规模的扩大，企业的融资需求会越来越大，选择正确的融资渠道对中小企业的经营者来说，有着重要的作用。

融资渠道是指资金从谁那里取得，确定融资渠道是融资的前提。企业融资渠道受制于经济体制和资金管理政策，并与企业的所有权形式和企业的组织形式密切相关。据统计，美国小企业的资金来源结构：个人积蓄60%，金融机构23%，亲戚朋友9%，投资者3%，政府1%，其他方面4%。大多数小企业的创业资金在2万美元以下。

从现实来看，我国中小企业的资金来源主要有以下6个方面。

12.3.1　企业自有资金和股权融资

所谓自有资金，是指企业为进行生产经营活动所经常持有，可以自行支配使用并无需偿还的那部分资金。它是与借入资金对称的。中小企业的自有资金，主要来自股东的投资和企业的未分配利润。由于中小企业融资难度比较大，企业自有资金是其资金重要的基础性来源。

股权融资是指企业的原有股东愿意让出部分企业所有权，通过企业增资的方式引进新的股东的融资方式。股权融资所获得的资金，企业无须还本付息，但新股东将与老股东同样分享企业的赢利与增长。这种融资方式适合具备一定条件、具有发展前景的中小企业。

12.3.2 金融机构资金

金融机构资金指各种银行和非银行金融机构向企业提供的资金，它包括银行信贷资金和其他金融机构资金。我国商业银行、信用合作机构，是企业经营资金的主要来源渠道，但是对于多数中小企业来说，获得金融机构资金也殊为不易。各级政府和其他组织主办的非银行金融机构如科技投资公司、租赁公司、保险公司等，虽然其融资额有限，但其资金供给方式灵活方便，可以作为企业补充资本的来源渠道。

此外，随着 WTO 保护期的结束，外资银行在中国境内的分支机构也越来越多，必将成为中小企业企业尤其是外商投资的企业资金来源渠道之一。

12.3.3 民间融资

民间融资可以称为乡土信用和草根金融，是民间按照市场机制调节资金余缺的经济活动。由于大多数中小企业从正规金融机构获得资金难度较大，民间融资在很多地方正越来越活跃，俨然成为一些特定区域经济和民营经济资金支持的主体之一。中小企业的第一桶金往往得益于民间资本，甚至在一些偏远地区，民间金融对中小企业发展的贡献率也超过 50%。

民间融资在促进企业发展的同时也隐藏着巨大的风险，甚至容易滑向非法融资。因此利用民间融资既要运用其合理性的一面，又要防范风险。

12.3.4 国家财政资金

国有企业改制之后，企业原有的国家财政投入转作国家资本金。不过经过长期的改革历程，绝大部分中小企业不再是国有企业，国家财政资金不再是中小企业的主要来源，但是国家财政资金今后还将以基金的形式，以无偿拨款、投资、贴现贷款等方式来扶持某些行业的中小企业发展。

12.3.5 其他企业和单位的资金

其他企业和单位的资金指其他企事业单位、非营利社团组织等，在组织生产经营活动和其他业务活动中暂时或长期闲置，可供企业调剂使用的资金。中小企业可以通过接受投资和商业信用等方式吸引使用其他企业的资金。

12.3.6 境外资金

境外资金指国外和我国港澳台地区的投资者向企业提供的资金。利用外资的方式主要有吸收外资和借用外资两大类，这也是中小企业不可忽视的资金来源。

融资渠道的选择是中小企业财务管理工作中的一个重要环节。中小企业在确定适用的融资渠道时，应注意分析以下几个方面：各种渠道资本存量和流量的大小；各种渠道提供资本的使用期长短；各种渠道适用于哪些融资方式；本企业可以利用哪些渠道；目前已经利用了哪些渠道；各种渠道适用于哪些经济类型的企业。只有这样，对于处在增长期的中小企业来说，才能筹集到满足自身发展需要的资金。

12.4　降低成本的艺术

中国人有句老话说得好："省钱就等于挣钱。"我们每个人也都知道一个公式：利润=销售额－成本。因此，从某种意义上来说"成本降低"和"利润增加"这两个概念实际上是可以相互换用的。因此，作为中小企业的经营者要知道如何花钱，才能节约和降低自己的成本。

案例 12-1　把降低成本当作一种习惯

频繁做客有关财经类访谈节目的新希望集团掌门人刘永好，电视台化妆师最头疼的就是如何处理这位知名企业家的发型。原来，刘永好十多年来从未换过发型。在去年一次携带女儿做客央视某档节目时，刘永好这一从来不变的发型，让央视的主持人们打趣了老半天，说不太喜欢他的发型。刘永好哈哈一笑，说他剪头只剪 5 块钱一次的那种。

此外，刘永好还在公开自曝自己最爱好朴素的生活。他在 16 岁时最想吃的是红薯白米饭，后来当老师最想吃的是回锅肉。结果这个习惯到现在都没改变，"和我出差的人都知道，我一般就点麻婆豆腐、回锅肉、蚂蚁上树三样菜。喜欢看书看报，喜欢运动，登小山，不登大山，喜欢摄影、游泳，经常带着相机到处走，把旅游和休闲、学习结合在一起，但不会高尔夫、不敢冲浪。"

12.4.1　钱一定要花在"刀刃"上

企业每天都在花钱，但是作为中小企业经营者，您想过花钱的方法吗？企业要发展，就应知道花钱的正确方法。如果经营者只关注收入增加，而对减少支出没有足够关注的话，成本的增加也会抵消收入。

对每一笔开支，中小企业经营者都应该问一下自己支出的目的是什么？这个支出必要吗？如果经营者经常考虑这些问题的话，资金使用效率就会有所提高。

总而言之，花钱要有重要点，一定要"把钱花在刀刃上"。

12.4.2　花钱要有计划

有的中小企业经营者也许会认为"增加收入最重要，靠节支太守旧了"。这种观点认为只要增加收入，多赚多花比节约更重要。当然，这种想法不能说不对。但是，"放开花费易，控制开支难"。企业控制开支需要依靠明确的规章制度，依靠良好的运行习惯。许多成功企业的一个共同点是对物资、金钱都有计划。

也许有人会说："对于小事情过于关心，是不是做不了大事情？"应该说，合理的回答是："不是！"不细心，不去关心小事情，也做不了大事情，即使做了，也会失败。这正是古人说的"一屋不扫，何以扫天下"的哲理。从小事做起，它所代表的是一种企业文化，一种企业思维习惯。这正是成功企业所不可缺少的。

12.4.3　学会选择花钱的时机

花钱的时机是非常重要的。例如，把 10 年前买的房子与最近买的房子相比较，则可以发现两者之间有较大的差距。在通货膨胀严重的时候，正是企业投资不动产的好时机。中小企业经营者在投资时，更要避开不必要的投资时机，即通货膨胀率较低的时候做设备投资和在通货膨胀率较高的时候做设备投资，两者之间的差别还是很大的。

有些中小企业的老板被称为“资金周转高手”，就在于他善于选择支出金钱的时机。聪明的经营者会在经济景气时赚钱，在通货紧缩时投资。

总而言之，虽然花同样的钱，但花钱的时机不一样，效果差异会很大。

12.5 学习财务基础知识

学习中小企业财务管理，首先要对会计语言要素有一个基本的理解。对于什么是会计，社会各界，包括企业家们的理解是不一样的，甚至职业会计人也有不同的理解。但从企业管理的角度来说，会计是企业的语言，这种语言是企业内部交流的工具。

当公司领导开会时，要借助会计语言来研究企业的管理。用会计语言表述，企业用了多少资产、欠了多少债务、拥有多少权益、有多少收入、用去多少费用、获得多少利润等。会计语言是企业通用的语言，在企业内部各部门之间是通用的，在一个国家里也是通用的，甚至是国际通用的语言。当企业和另外一家企业打交道时，要借助于会计语言；当企业和银行打交道时，也要使用会计语言；当企业和政府打交道时，同样要使用会计语言。

如果把会计当成一种语言来看待，这种语言到底要描述什么呢？会计语言所描述的内容，就是用货币表现出来的经济活动。会计描述经济活动时需要借助一种载体，会计语言中所使用的载体就是大家所熟悉的会计凭证、会计账簿和财务会计报告。

不管会计多么复杂，会计报告写得有多厚，凭证账簿有多少，但是会计的语言主要是由两组词汇来构成：一组是反映企业财务状况的会计语言词汇；另一组是反映企业在一定期间经营成果的会计语言词汇。

12.5.1 反映企业财务状况的会计词汇

在反映企业财务状况的会计语言这组词汇里，要了解3个词：资产、负债、所有者权益。这组词的特点：它提供的是“时点数”，即在会计语言中，要借助这3个词来讲述企业在某一特定时刻的状况如何。而这个特定时刻，通常可以理解成某一时点。例如，月末的财务状况如何，12月31日的财务状况如何。它是一个在特定时点的信息，也有人说这组词所要做的工作，就是给企业的经济活动“拍快照”。

1. 资产

资产一般可以认为是企业拥有和控制的能够用货币计量，并能够给企业带来经济利益的经济资源。简单地说，资产就是企业的资源。企业资源必须同特定时点连在一起。例如，年初拥有多少资产，月末拥有多少资产，12月31日拥有多少资产，它必须和时点连在一起。当然，在某一时刻说企业拥有多少资产，仅有这样一个词还是不够的。为了让人们更了解企业资产的具体内容，在会计语言中给资产做了适当的分类。例如，会计上通常是按流动性来分类，就是按资产变现速度的快慢来划分。这里所说的变现就是把资产变成钱，如果这个资产在1年内就能变成钱，这样的资产一般叫流动资产。如果把钱投放出去，如搞联营、买股票，回收期超过1年，就把这种资产叫长期投资。把企业的机器设备、仪器仪表、建筑设备叫固定资产。另外，企业的专利权、商标权、土地使用权等，在会计上叫无形资产。不属于前面类别的统称为其他资产。资产做适当的分类后，就知道企业1年内资产能变现的有多少，超过1年收回的投资有多少，机器设备有多少，无形资产有多少，还有其他资产应该有多少。

2. 负债

负债，一般的解释是，企业承担的，能够以货币计量的，需要以资产或劳务承付的现实义务。简单地说，负债就是所欠的钱。在会计语言中，负债必须和特定时点连在一起。例如，在年初欠多少钱，月末还欠多少钱，年末还欠多少钱。但仅有一个负债的概念，还不能满足管理上的需要。为了满足管理上的需要，会计语言中把负债分成两大类：一类叫流动负债，一类叫长期负债。

什么叫流动负债呢？就是偿债期在 1 年以内的负债，叫流动负债。偿债期超过 1 年的负债，通常界定为长期负债。有了负债的分类，就可以了解此时此刻欠多少钱，所欠的钱该在什么时候还。如果是流动负债，就要筹集资金在年内还清。如果是长期负债，还有时间筹集资金，因为偿还期会超过 1 年。

3. 所有者权益

所有者权益有不同的提法，有的叫所有者权益，有的叫股东权益，也有的叫业主权益。不管如何称呼，它的含义都是指企业投资人对企业的资产应该享有多少权益。投资人对企业资产应该享有的权益，有创办企业时投入的资本，这是投资者的权益。企业经营以后赚了钱，应该归投资人所有，这也是投资者的权益。有了所有者权益这个概念，就可以告诉阅读报表的使用者，或者财务信息的使用者，在特定时点，投资人在企业的财产当中，应该占有多少份额。

这样，会计语言中就产生了第 1 组词。它们具有时点数的特点，同时反映了企业在特定时刻是一种什么样的状况。而这种状况在数量上存在着一定的依存关系。它们数量上的依存关系，也就是在特定时点上资产应该等于负债加股东权益。这个公式是永远相等的，是永恒的，在会计语言上也叫会计恒等式，即

资产=负债+所有者权益

从表 12-1 可以看出，资产、负债及所有者权益总额，符合会计恒等式。

资产=负债+所有者权益。

表 12-1　资产负债表

编制单位：A 公司　　　　2010 年 1 月 1 日　　　　金额单位：元

资产		负债及所有者权益	
现金	1 000	应付账款	2 000
应收账款	800	所有者权益	8 000
存货	1 200		
固定资产	7 000		
资产总额	10 000	负债及所有者权益总额	10 000

案例 12-2

A、B、C 三人是好朋友，他们发现，现在的文化公司很赚钱，而且进入的门槛也很低。2009 年 3 月 20 日，他们决定到工商局去注册一家文化类的公司。注册时，A 入股 35 万元，B 入股 40 万元，C 入股 25 万元，共同投入到公司的资金是 100 万元。公司运营一段时间后，他们发现资金不够，于是决定向银行贷款。8 月 15 日，他们用公司的固定资产做抵押，向商业银行贷款 100 万元。

如果问3月20日公司拥有多少资产，我们会说有现金100万元。谁对它拥有权利呢？我们说股东拥有权利，因为投资人是企业的主人。这时候就是资产等于所有者权益，从数量上来讲就是100万元等于100万元，但它却包含两个方面的内容，即：一是告诉你此时此刻拥有什么；二是告诉你，此时此刻谁对100万拥有权利，这是一个问题的两个方面。

100万元不够，再借100万元存入银行。此时此刻拥有资产多少？我们说200万元，谁对它拥有权利呢？两部分人拥有权利，创业者拥有100万的权利叫所有者权益，对于创业者来说银行借款是债务，承担的债务有100万元。200万元=100万元+100万元，即

资产=负债+股东权益

12.5.2 反映企业经营成果的会计词汇

反映企业经营成果的会计语言词汇共有3个，即收入、费用、利润。从特点上来说，它们是“期间数”。必须是从某一个时点开始到某一个时点结束，这期间发生了多少收入，发生了多少费用，实现了多少利润。这3个词可以理解为：第一，期间数；第二，实际上是给企业所做的录像。

1. 收入

收入是企业在销售商品或提供劳务等经营业务中实现的营业收入，它包括基本业务收入和其他业务收入。收入具有以下两个明显特征：第一，收入是企业净资产的增加。因为收入的实现往往表现为资产增加或负债减少，最终必然导致企业净资产增加。但是企业净资产增加并不一定发生了收入，如所有者增加投资、接受捐赠等这类事项也反映为企业净资产增加，但企业并未因此而取得收入。第二，收入主要来源于生产经营过程中的主要经营活动，如销售商品、提供劳务等，但不是唯一的来源，如出租固定资产等也会取得相应的收入。

2. 费用

费用是企业生产经营过程中发生的各项耗费。费用具有以下特征：第一，费用最终会导致企业资源的减少，这种减少具体表现为企业的资金支出。从这个意义上说，费用本质上是一种资源流出企业，它与资源流入企业所形成的收入相反，它也可理解为资产的耗费，其目的是为了取得收入，从而获得更多资产。第二，费用最终会减少企业的所有者权益。一般而言，企业的所有者权益会随着收入的增长而增加；相反，费用的增加会减少所有者权益。但是所有者权益减少也不一定都列入费用，如企业偿债性支出和向投资者分配利润，显然减少了所有者权益，但不能归入费用。

3. 利润

利润是企业一定期间的经营成果，它包括营业利润、投资净收益和营业外收支净额。其中营业利润为营业收入减去营业成本、期间费用和各种流转税及附加费后的余额；投资净收益是企业对外投资收入减去投资损失后的余额；营业外收支净额是指与企业生产经营没有直接关系的各种营业外收入，减去营业外支出后的余额。

这3个词之间的关系是，一定时期的利润应该等于一定时期的收入减一定时期的费用，即

利润=收入－费用

12.6　会计报表的阅读与分析

会计工作的最终目的是编制会计报表。会计报表是在对日常会计核算进行综合整理的基础上编制的，是用来总括地反映某个会计单位在一定时期内的财务状况和经营成果的报告文件。在财务管理工作中，能够阅读、分析财务报表对中小企业的经营者来说具有非常重要的作用。忽视财务报表的作用，会带来灾难性的后果。

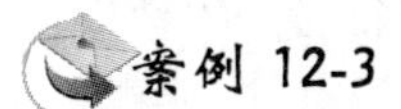

案例 12-3

总部设在伦敦的巴林银行，是世界上首家商业银行，创建于 1763 年。但是 1995 年年末，这家世界上最老牌的商业银行却破产倒闭了。是什么原因使这家老牌银行走向末路呢？除了银行内部的控制有问题以外，还有一个很经典的问题——这家银行的董事长比德巴林不重视财务报表。在一次演讲中，他曾经说过这样一句话：若以为揭露更多的资产负债表的数据，就能够增进对一个集团的了解，那真是幼稚无知了。他的意思是，如果认为报表的时点数有那么重要，那简直就是幼稚无知。具有讽刺意味的是，他发表这番“高论”之后不到一年的时间，巴林银行破产了，这是他绝对没有想到的。因为他不重视对资产负债表的阅读，使银行付出了惨痛的代价。其实巴林银行是完全可以避免破产的。银行每天都要编资产负债表，如果银行的高层管理能够关注资产负债表，就会知道公司已经发生什么事情。如果及时采取措施，就不至于使得公司破产倒闭。

(资料来源：http://doc.mbalib.com.)

所有的企业都要通过至少 3 种报表来报告他们的业务，即资产负债表、利润表和现金流量表。

12.6.1　资产负债表

资产负债表是反映企业某一特定时间资产、负债、所有者权益等财务状况的会计报表。资产负债表是根据资产等于负债加所有者权益这一会计等式编制的。

会计等式：

$$资产=负债+所有者权益$$

资产负债表中，将资产项目列在报表的左侧，负债和所有者权益列在报表的右侧，从而使资产负债表左右两侧保持平衡，即满足上面的会计等式，如表 12-2 所示。

表 12-2　资产负债表(简表)

年　月　日

资产	行次	金额	负债和所有者权益	行次	金额
流动资产			短期负债		
长期投资			长期负债		
固定资产			负债合计		
无形资产			实收资本		
其他资产			资本公积		
			盈余公积		
			未分配利润		
			所有者权益合计		
资产总计			负债与所有者权益总计		

资产负债表的左边是资产，包括流动资产、长期投资、固定资产、无形资产和其他资产，这是按照流动性排列的。市场经济条件下我们应当关注资产的流动性。企业规模大并不代表企业就有竞争能力，不代表财务状况就很好。表面上非常繁荣的企业，也可能由于资产性不够而导致破产。换句话说，任何一个企业破产，最本质、最直接的原因就是资产的流动性出了问题，没有现金去还债，于是债权人决定向法院申请企业破产。

资产负债表的右边是负债和所有者权益。负债是企业向外面借来的资金，反映的是债权债务的关系；所有者权益是企业接受投资人投资的资金。所有者权益和负债共同构成了企业的资金来源，企业有一定的资产来源就必然要有一定的资金占用，所以从另外一个角度来解释资产，资产就是资金的具体占用形态。

12.6.2 利润表

利润表又称损益表，是反映公司在一定期间(月份、季度、年度)经营成果的会计报表。利润表是根据收入减去费用等于利润这一等式编制的，如表12-3和表12-4所示。

会计等式：

利润=收入－费用

表12-3 利润表(简表)

年　月

一、主营业务收入
减：主营业务成本、税金及附加
二、主营业务利润
加：其他业务利润
减：营业费用、管理费用、财务费用
三、营业利润
加：投资收益、营业外收支净额
四、利润总额
减：所得税
五、净利润

表12-4 净利润计算公式

项目	公式
主营业务利润	主营业务收入－主营业务成本－主营业务税金及附加
其他业务利润	其他业务收入－其他业务支出
营业利润	主营业务利润＋其他业务利润－(管理费用＋财务费用＋营业费用)
利润总额	营业利润＋投资收益＋营业外收支的净额
净利润	利润总额－所得税

12.6.3 现金流量表

现金流量表是反映公司在一定时期内(如年度)现金流入和现金流出的会计报表。现金流量

表是根据现金流入量减去现金流出量等于现金净流量这一等式编制的。

会计等式：

现金净流量=现金流入量－现金流出量

现金流量表中的现金是指资产负债表中的货币资金。它是一个广义的概念，包括 3 个账户：①狭义的现金，就是库存现金；②银行存款；③其他货币资金。

现金流量表的理论基础是收付实现制，权责发生制的弊端要求在会计核算上要通过现金流量表来弥补权责发生制的局限性。所以现金流量表的基础是收付实现制，收到了现金一定要反映在现金流量表当中，应收账款跟现金流量表没有关系。因此，现金流量表是一个非常真实、非常客观的衡量现金流动的报表。现金流量表重要的意义就在于能最真实地反映企业的偿债能力，最真实地反映企业获取现金的能力。所以在分析报表的时候，一定要把利润表和现金流量表结合起来，不能只看利润表上企业实现的利润，还要看现金流量表上企业赚取的现金。如果利润表上实现了很多利润，而现金流量表的现金是负数，那么这个企业的偿债能力有问题，其收益质量就不高。

我国的现金流量表是一张年报表，就是一年编一张。利润表、资产负债表都是月报表，而利润表是一个时期的报表，是动态的报表；资产负债表是一个时点的报表，是静态的报表；现金流量表也是一个时期的报表，它反映的是一年中现金流入和流出的情况。

12.6.4 资产负债表阅读小技巧

拿到资产负债表以后，感到最困惑的是不知道要看什么，这是缺乏看表的方法和思路。那么，如何解除这种困惑呢？面对资产负债表，首先需要考虑的就是观察总额的变化。

不管资产负债表的项目有多少，其大项目只有 3 个：资产、负债、所有者权益，而这 3 个数字之间内在的数量关系就是资产等于负债加所有者权益。资产是企业资源变化的一个结果，引起这种结果变化的根本原因主要有两方面：一是负债的变化；二是所有者权益的变化。既然资产等于负债加所有者权益，那么资产的增减变化量应该等于负债的增减变化量加所有者权益的增减变化量，即

资产=负债+所有者权益

资产的增减变化量=负债的增减变化量+所有者权益的增减变化量

1. 资产增加

在具体考察资产、负债、所有者权益之间的依存关系时，当一个企业在某一特定时点的资产总额增加，伴随的原因可能是负债在增加，或者是所有者权益在增加。

案例 12-4

2000 年 5 月，由于扩大经营，A 公司从银行借款 100 万元存入公司账户。那么此时此刻 A 公司的资产增加了 100 万元，同时 A 公司的负债也增加 100 万元。2001 年 10 月，公司的管理层认为市场形势很好，决定继续扩大投资，A 公司的投资者继续注入资金，往公司再注入 100 万元。此时此刻，A 公司的资产又增加 100 万元，而且公司的所有者权益也增加 100 万元。也就是说，当资产增加时，伴随的原因可能是负债在增加，或者是所有者权益在增加。

2. 资产减少

当一个企业资产在减少时，伴随的原因可能是负债在减少，也可能是所有者权益在减少。

案例 12-5

如案例 12-4 所述，2002 年 8 月，公司的借款已到期，A 公司向银行还款 100 万元，那么资产会减少 100 万元，公司的债务也就减少了 100 万元。2002 年 10 月，A 公司的高层管理者认为现在的市场比较疲软，决定减少公司的投资。在工商局变更公司的注册资本，从公司的注册资本中依法撤资 100 万元。此时此刻，公司的资产会减少 100 万元，而股东的财产权利也会减少 100 万元。也就是说当资产增加时，负债可能在增加，所有者权益也可能在增加；当资产减少时，负债在减少，所有者权益也可能在减少。

其实，在现实中真实的情况要复杂得多。当资产增加时，可能负债在增加，而所有者权益在减少。研究这 3 个数字的关系，就可以基本上把握企业在某个经营时段中发生了哪些重大变化，也就可以摸清这个企业财务发展变化的基本方向。

12.6.5 利润表阅读小技巧

利润结构可以从 3 个方面来分析，即收支结构、业务结构、主要项目结构。通过利润结构的分析，可以判断利润的质量，进而为预测未来的获利能力提供依据。

1. 收支结构分析

收支结构有两个层次。

第 1 个层次是总收入与总支出的差额及比例，按照“收入－支出＝利润”来构建、分析。很明显，利润与收入(或成本)的比值越高，利润质量就越高，企业抗风险的能力也越强。

第 2 个层次是总收入和总支出各自的内部构成。显然，正常的企业，应以主营业务收入为主，而其他业务收入上升可能预示企业新的经营方向；营业外收入为偶然的、不稳定的收入；靠反常压缩酌量性成本、各种减值准备计提过低、预提费用过低而获得的利润，是暂时的、低质量的利润。

2. 业务结构分析

利润的业务结构就是各种性质的业务所形成的利润占利润总额的比重。

利润总额由营业利润、投资收益、营业外净收入构成，营业利润又由主营业务利润和其他业务利润构成。

对于生产经营企业，应以营业利润为主，主营业务利润的下降可能预示危机，其他业务利润、投资收益的上升可能预示新的利润点的出现，高额的营业外净收入只不过是昙花一现甚至可能是造假。

本项目知识要点

(1) 财务管理的日常工作：财务决策、财务计划、财务分析和财务控制。

(2) 我国中小企业的资金来源主要有：国家财政资金、企业自留资金、金融机构资金、其他企业和单位的资金、职工和社会个人资金以及境外资金。企业应努力学会降低运行成本。

(3) 企业管理者应掌握一定的财务知识，学会阅读财务报表的技巧。

思　考　题

(1) 中小企业财务管理目标是什么？
(2) 中小企业财务管理有哪些日常工作？
(3) 制定中小企业财务管理制度的重点有哪些？
(4) 我国中小企业经营的资金来源主要有哪些？
(5) 降低成本有哪些好办法？
(6) 资产、负债、所有者权益三者之间有什么联系与区别？
(7) 什么是资产负债表的会计等式？

实　训　项　目

(1) 搜集相关资料，为自己的模拟企业制定合适的财务管理制度。

(2) 将中小企业的财务管理工作分成各个岗位，小组成员每人承担一定岗位的工作职责，谈谈如何做好这些工作，各工作岗位之间应该怎样相互合作与交流。

项目13 中小企业风险管理

学习目标

1. 了解风险对于中小企业来说是不可避免的。
2. 了解中小企业经营者个人素质应对风险的重要性。
3. 了解中小企业在经营过程中可能碰到的风险并能进行风险管理。
4. 掌握中小企业在管理过程中可能碰到的风险并能规避风险。

案例 13-1 东盛：巧妇强为无米炊

东盛的故事是中国很多企业家会犯的典型错误。

天生慧眼

1996年，做贸易起家的郭家学正在寻求做产业的机遇，获悉一家名为陕西卫东制药厂的国有企业由于缺乏资金、经营状况不佳正对外出售。精明的郭家学看出，这个工厂暂时的经营困难只是因为销售渠道不畅。仅仅经过3天的谈判，郭家学就以零资产(承接债务)的方式收购了这家企业，开创了陕西民营企业兼并国有企业的先河。

凭借成熟的医药产品销售渠道，郭家学很快让这个原本气息奄奄的制药厂咸鱼翻身，转年便实现销售收入1 100万元，上缴税收200多万元。

后来声名赫赫的东盛集团，就是在这个制药厂的基础上成立的。不仅如此，他从此尝到并购甜头，在中国医药业迅速掀起一股并购旋风。

1998—1999年，东盛集团先后兼并了西安化工医药供销公司万年经营部、宝鸡济生药厂，初步建成一家集研发、生产、销售于一体的医药集团。1999年，郭家学买壳上市，入主同仁铝业并将之更名为“东盛科技”，并以之作为资本平台展开更大规模的并购。

2000年开始，郭家学在医药行业频频出手，几乎年年有大动作，在业内博得“并购狂人”之美誉。2004年之前短短5年，他先后吃进青海制药集团49%股权、江苏盖天力制药股份公司80%股份、山西广誉远中药、上海国大东盛大药房、国药集团安徽国怡药业、安徽淮南四达药业、河北邢台英华药业医药有限公司，尤其是1.7亿元与太太药业争夺丽珠集团，4亿元借道中国医药工业有限公司重组云药集团，以及1.4亿元受让潜江制药29.5%股权三场战役在业界引起轰动，成为关注焦点。

郭家学的疯狂并购源于一个准确的判断和一套成熟的手法。他判断医疗产业未来必定前途无限，通过大规模战略整合，中国医药行业今后会形成几家能够与国际巨头抗衡的企业集团。而收购处于暂时困境的国营医药企业更是相当于免费午餐。

郭家学有专门的公司战略部门，对并购对象进行认真评估。他在2003年前并购的所有亏损企业，都在第一年扭亏为盈，而原本赢利的企业，利润更是被数倍放大，这让他赢得了“点石成金”的称号：白加黑被并购时是2 000万元销售额，并购第一年达到2.9亿元。最辉煌的时候，东盛集团年合并销售收入达到了80亿元人民币。

天生缺陷

东盛的战略几乎完美，但有一个天生缺陷，即资金来源单一。

东盛历年来用在并购扩张方面的资金总额达到14亿元左右，而作为民营企业，公司资金的主要渠道就是上市公司或抵押贷款，最怕熊市来临加上银根紧缩，而2004—2005年恰恰是熊市加调控。

东盛集团抵押了股权、办公楼，撑了一阵，但2005年9月，东盛科技不得不将“盖天力”、“白加黑”、“小白”三个品牌的无形资产抵押给了陕西省西部信托投资公司。

这仍然填不实资金漏洞。不得已，郭家学只好选择断臂求生，于2006年10月25日，以1.08亿欧元将三大非处方药品牌“白加黑”感冒片、“小白”糖浆和“信力”止咳糖浆卖给拜耳。这成为我国医药保健领域最大的一起并购案，也被视为东盛帝国崩塌的象征。

在20世纪末和21世纪初期，中国各个产业经过十多年的发展，都出现了一批具有领袖优势的企业，通过并购来整合产业，改变生产能力分散、规模小、集中度低的局面乃大势所趋，但这不仅需要大智慧，还需要大钱。

郭家学败了，但宁高宁在华润和中粮都取得了巨大的成功。不是宁高宁比郭家学技高一筹，而是财胜一筹。

(资料来源：佚名.东盛：巧妇强为无米炊.竞争力(三联财经)，2010，5.)

思考与讨论：从东盛企业的遭遇中，你获得了哪些体会？

没有风险管理意识，企业就会失败。我们常常把市场经济比喻大海，这表明，中小企业在市场激烈竞争中绝不是一帆风顺的，随时随地都会遇到各种风险，甚至有时是灭顶之灾。只有认识到各种风险，并提前做好准备，才会享受在风险中博取成功的喜悦。

13.1 中小企业风险管理的概念、作用和程序

13.1.1 风险及类别

1. 风险的概念

风险是人类历史上长期存在的客观现象。它是指人们对未来行为的决策因为客观环境的不确定性而导致的实际结果与预期结果之间偏离的程度。它包含了以下含义。

(1) 风险是与人们的行为相联系的，这种行为既包括个人的行为，也包括群体或组织的行为。而行为受决策左右，因此风险与人们的决策有关。

(2) 客观环境和条件的不确定性是风险的重要成因。尽管人们不能完全控制客观环境的发生，却可以逐步认识并掌握其变化的规律性，并做出科学的预测和决策，这是风险管理的重要前提。

(3) 风险的大小取决于实际结果与预期结果偏离的程度，可以用风险程度来度量，它与该事件发生的概率及其产生的损失有关。

2. 风险的类别

按照不同的标准，对企业风险可进行多种分类。

(1) 依照风险事件发生的后果，可分为：

① 纯粹风险。指只为企业带来损失这一种可能性的风险。

② 机会风险(投机风险)。指既有为企业带来损失的可能性，也有为企业带来赢利的可能性。

(2) 根据风险的来源以及范围，可分为：

① 外部风险。包括法律风险、政治风险和经济风险。三者是相互影响、相互联系的。

② 内部风险。包括战略风险、财务风险、经营风险等。内部风险源自于企业自身的经营业务，包括企业战略的制定、财务的运行和经营的活动等方方面面的风险。内部风险一般更容易识别和管理。

(3) 依据风险产生的后果对象的不同，风险可分为：

① 人身风险。企业经营中的人身风险，是指在企业运营过程由于各种原因产生的人体生命和健康受到损害的风险。

② 财产风险。指企业在运营过程中，由于发生自然灾害、意外事故、工作疏忽或者其他原因而发生的财产的毁损、灭失、贬值和减少的风险。

③ 责任风险。指个人或者团体违反法律、合同或者道义上的规定，构成侵权行为或者违法行为从而造成国家的、集体的、他人的人身伤害和财产损失，需要负担的经济赔偿或者法律责任的风险。通常这种责任风险表现为民事责任、行政责任和刑事责任。

④ 信用风险。指企业或企业中的个人在经营过程中，由于违反约定或者违反公共信用，而导致企业信用降低而影响企业其他经营活动的风险。通常表现为因为不遵守合同约定而发

生的合同违约行为。同时，也导致企业信用受到威胁的风险。

(4) 根据风险效应可否抵消，风险也分为系统风险和非系统风险。系统风险指由整体政治、经济、社会等环境因素对整体经济所造成的影响。非系统风险是指对某个行业或个别企业产生影响的风险。

13.1.2　风险管理的程序

风险管理是指企业面对风险时采取科学有效的方法，以便以最小的成本获得最大安全保障利益的管理活动。风险管理的对象主要是纯粹风险以及某些特殊的投机风险。

1. 制定风险管理计划

风险管理的总目标是以经济有效的方法，将风险成本降到最低。通常，风险管理的目标可分为两个阶段：在损失发生之前，重点是避免或减少损失的发生，尽量将损失发生的可能性和严重性降到最低水平；在风险发生之后，重点是尽快使企业恢复到原有的状况，稳定环境，持续经营，确保企业生存。

具体的风险管理目标包括：节约生产和销售成本，追求利润最大化；减少内部忧患情结，维持安定稳固的局面，保证企业积极向上发展；注重客观条件和环境的变化，防止突发性的意外损害；承担社会责任，满足和建立良好的社会公众形象。

2. 识别风险

采用系统科学的方法，尽可能全面准确地识别出企业所面临的风险，是风险管理工作的关键步骤。

风险管理人员可以使用保险公司及保险出版机构提供的潜在损失核查清单来识别本企业所面临的各种纯粹风险。此外，还可以使用下列方法识别风险。

(1) 对企业财产和生产经营进行定期或经常性的实地检查，及时发现事故隐患。

(2) 使用内容广泛的风险分析征求意见表，收集在生产和经营第一线的人员对潜在风险的意见。

(3) 编制生产和经营的流程图，分析每个环节中的潜在损失风险。它可以描述从原材料入库到制成品售给顾客的全部经营过程，也可以描述单个制造过程——原材料从供货商的仓库运输到制造厂，经过储存、制造、包装等阶段，再把制成品搬运到自己的仓库。

(4) 使用财务报表、以往的损失报告和统计资料来识别重大的损失风险。例如，按会计科目分析重要资产的潜在损失及其原因。

(5) 请保险公司、保险代理人和经纪人提供风险评估咨询服务，包括分析企业外部环境的风险因素。

3. 估算风险损失

估算风险损失指运用概率及数量统计方法估计某种风险发生的概率及其损失后果的频度、性质，以准确地估量损失金额。风险估计包括对风险事件发生频率的估计和损失严重程度的估计。

风险损失的估算可依照以下程序进行。

(1) 估算风险事件在确定时间内(如一年、一月或一周)发生的可能性即频率的大小。主要根据风险的类型以及历史经验数据。

(2) 根据风险事件发生的数量和损失严重程度估计平均损失额的大小，包括损失程度的范围和严重程度。这里，既应包括频率很高、损失额比较小的风险损失，也应包括频率较低、损失额却比较大的风险损失；不仅要估算损失的直接后果，而且要估算间接的损失后果和财务影响。

根据预测的风险事件发生次数和平均损失额度，就可计算出预期风险平均损失总额。

4. 选择和实施风险管理方案

风险管理对策分为控制法和财务法两大类。

风险控制法的实质就是在风险分析的基础上，针对企业存在的各种风险因素，运用各种方法减少或消除风险损失，其重点应放在改变引起损失的条件环境方面，具体包括风险的避免和减少、风险的控制和分散等方法。

风险的财务对策是指用经济的方法来处理已经发生的损失。由于各种因素的影响，人们对风险的预测不可能绝对准确，而且防范损失的各种措施都具有一定的局限性，所以风险的发生及其带来的损失是不可避免的。风险财务对策的目的是提供转移风险的方法，降低损失的成本。

5. 检查和评估风险管理效果

对风险管理方法的适用性及收益性进行分析、检查、修正和评估是风险管理中的一个不可缺少的环节。它可以监督风险管理部门的工作，及时发现和纠正各种错误，避免不必要的损失，确保以最小成本获取最大风险保障的目的。

13.1.3 风险管理的作用

(1) 有利于增强中小企业管理者及员工的身心健康和工作热情，从而使他们有精力研究和承担有利的投机风险，增加企业获利机会。

(2) 能够减少中小企业年利润和现金流动的巨大波动。由于风险是可能给企业带来经济损失的不确定性的因素，一旦发生，会对企业的利润和现金流产生一定影响。只有将这些波动控制在一定的范围之内，才能使企业处于财务状况相对稳定的状态，这样才有利于企业的经营者确定合理的长远发展目标，做出正确的发展规划。

(3) 有助于树立中小企业良好的公共形象。通常企业外部的利益相关者，如投资者、债权人、客户和原料供应商都愿意与一个能够充分防范风险的企业交往。同时，较之收入不稳定的企业，内部职工也更喜欢收入稳定的企业。

13.2 中小企业风险管理的基本方法

中小企业对付风险的主要方法有 6 种，具体包括减少可避免的风险、实行损失管理、分散风险、通过非保险方式转移风险、自担风险、通过保险方式转移风险。

13.2.1 减少可避免的风险

当发现从事某一项活动会涉及过高的风险时，可决定减少或放弃这项活动，以便减少甚至完全避免风险。例如，不在洪水区域建造工厂就可以避免洪灾损失，不在人口稠密的地区

建造危险性高的工厂。

避免风险有两种方式：一种是完全拒绝承担风险，另一种是放弃原先承担的风险。然而，这种方法的适用性很有限。首先，避免风险会使企业丧失从不确定事件中取得收益的可能性；其次，避免风险的方法有时并不可行，例如，避免企业产品一切责任风险的唯一办法是取消责任，不再销售任何产品；再次，避免某一种风险可能会产生另一种风险，例如某企业以铁路运输代替航空运输就是一例。

13.2.2　控制风险损失

控制风险损失分为防损计划和减损计划。防损计划旨在减少损失发生频率，或消除损失发生的可能性。建造防火建筑物、质量管理、驾驶技术考核、颁布安全条例、提供劳动保护用品、检查通风设备、产品设计改进等均是减少损失频率的措施。减损计划是设法控制和减轻损失程度。例如，轮换使用机器设备、限制车速、安装自动喷水灭火系统和防盗警报系统、对工伤者及早治疗、建立内部会计监督、限制保险柜内的现金数量等。

控制损失管理在技术传统上分为工程管理和人为因素管理两种。工程管理方法强调事故的机械或物的因素，如有缺陷的电线、高速公路交叉口设计不当。但现代的损失管理越来越重视人为因素。人的不安全行为，如超速驾驶、注意力分散、滥用设备、安全装置失灵等，是工伤事故的主要原因。

13.2.3　分散风险

人们日常所说的“不要把鸡蛋都放进同一个篮子”讲的就是风险分散的原理。分散风险是通过增加风险单位的个数，减少风险损失的波动。这样，企业一方面可以比较准确地预测风险损失；另一方面，可以减少预防风险损失所需预备的资金。风险的分散又可分为隔离与兼容两种方法。

风险隔离是将现在的资产或活动，分散在不同的地方，万一有一处发生损失，不致影响其他地方各项业务的正常进行。例如，将存货分别储存在不同的地点；将原料分由几家供应商供应等；投资项目组合分散等。

风险兼容是通过增加新的风险单位，达到分散风险的目的。例如，准备一套备用机器，随时替代机器损坏的风险，保证生产顺利进行等。

13.2.4　通过非保险方式的转移风险

在风险管理中，较为普遍使用的非保险转移风险的方式有合同、租赁和转移责任条款。例如，一家公司在与某建筑承包商签订新建厂房的合同中可以规定，建筑承包商对完工前厂房的任何损失负赔偿责任。再如，计算机的租赁合同可以规定租赁公司对计算机的维修、保养、损坏负责。又如，一个出版商在出版合同中可加入转移责任条款，规定作者对剽窃行为自负法律责任。

13.2.5　自担风险

自担风险是指企业使用自有资金或借入资金补偿灾害事故损失。自担风险分为被动的和主动的，即无意识、无计划和有意识、有计划的。当风险管理人员没有觉察到所面临的风险，或者觉察到风险的存在，但没有做出对付风险的决策时，这样的自担风险是被动的。当风险管理人员觉察到风险存在，并相应采取了对付风险的办法时，这种自担风险是主动的。

自担风险的方法主要适用于下列情况。

(1) 在没有其他对付损失风险方法的情况下，自担风险是最后一种办法。例如，企业因战争造成的财产损失可归入自担风险。

(2) 在最大可信损失并不严重的情况下，也使用自担风险的方法。例如，一家大企业拥有一支庞大的车队，如果汽车停放在多个场所，不太可能同时受损，企业对车损险可以采取自保方式。

(3) 在损失能被较精确地预测的情况下，自担风险也是适当的方法。例如，工伤事故就属于这类可预测的损失风险。

13.2.6 通过保险转移风险

保险是一种转移风险的办法，它把风险转移给保险人。保险也是一种分摊风险和意外损失的方法，一旦发生意外损失，保险人就补偿被保险人的损失，这实际上是把少数人遭受的损失分摊给同险种的所有投保人。对于中小企业来说，投保是其对企业各类纯粹风险进行管理的最为有效的手段。

1. 保险项目的种类

保险人一般承保纯粹风险，保险项目一般分为人身、财产和责任保险。

(1) 财产保险，是以企业存放在固定地点的财产为对象的保险业务。最基本的是火灾保险，当前这类保险业务已逐步形成对由于飓风、爆炸、飞机失事以及由于盗窃和抢劫等造成的损失进行投保的保险。

企业财产保险的责任范围包括两大类。一是基本险，保险人承担的保险责任主要包括：因自然灾害或意外事故而导致的损失，如雷击、飓风、火灾、爆炸、飞行物或其他空中运行物体坠落造成的损失；被保险人拥有财产所有权的自用供电、供水、供气设备因保险事故遭受的损失以及由于这些设备损坏引起的其他设备、在产品和储藏品的损坏或报废；被保险人为了避免或减轻财产损失而造成的损失和支付的费用。二是综合责任险，是在基本险的基础上把保险责任范围扩展到包括暴雨、洪水、龙卷风、雪灾、雹灾、冰凌、泥石流、突发性滑坡、地面下陷下沉等因素造成的保险标的的损失。

中小企业抗风险能力相对较弱，财产保险是保护中小企业由于意外事故而导致的财产损失的一种有效方法。中小企业管理者必须重视企业的财产保险问题。

(2) 人身保险，是以人的寿命和身体为保险标的的一种保险，又可分为人寿保险、意外伤害保险和健康保险。

人寿保险是以人的生命为保险对象，以人的生存或死亡为给付保险金条件的保险，也称“生命保险”或“寿险”。寿险可分为死亡保险、定期生存保险、两全保险和年金保险。后两种是较为普遍的险种。寿险具有长期性、储蓄性等特点，很受社会欢迎。

意外伤害保险是以被保险人因遭意外伤害造成死亡或残废为给付保险金条件的保险。保险期限一般不超过一年。

医疗(健康)保险是以被保险人的身体为保险对象，当被保险人因疾病或意外伤害治疗时，保险人给予承担医疗费用的保险。有时作为人身意外险的附加险投保，有时单独投保，保险期限一般为一年。中小企业为员工提供集体人身保险是非常重要的，它可以为那些因遭受不

幸事故或因疾病、伤残、年老以致丧失工作能力的员工提供经济保障，增强中小企业的吸引力，大大降低企业的经营成本。

(3) 责任保险，是指中小企业因他人蒙受财产损失或人身伤害而负法律责任的可能性。中小企业由于员工素质相对较低，一方面容易在工作中造成一些失误，另一方面往往会忽视与顾客、员工以及其他与企业有联系的人间的关系，因此，对责任保险项目的投资是非常必要的。

2. 中小企业投保技巧

(1) 选择保险的范围。企业的保险需要可根据轻重缓急分为基本的保险、合意的保险和适用的保险3种。基本的保险包括那些由法律或合同规定的保险项目，如劳工保险，还包括那些威胁企业生存的巨灾损失保险，责任保险属于这一范畴。合意的保险是补偿那些能造成企业财务困难，但不会使企业濒临破产的损失。适用的保险则是补偿那些会使企业感到不便的损失。

风险管理人员还要决定是否使用免赔额及其大小。免赔额可以消除小额索赔及其理赔费用，从而降低保险费。它在本质上是一种自担风险的形式。

(2) 选择保险人。要考虑保险公司的经营范围、经营状况、偿付能力和服务水平，选择实力雄厚且服务好的保险公司。

(3) 选择合适的保险代理人。代理人是保险公司和保户之间的中介，客户可通过代理人享有保险公司的各类服务。因此，选择一个专业的、诚实的、有责任心的保险代理人显得尤为重要。一位合格的代理人，不但能在售前为客户设计最符合保障需求的保险计划，而且能在售后提供传递信息、缴纳保费、更改地址、赔付等服务。

(4) 保险更新时应注意的问题。一是与保险代理人协商以降低保险费用；二是对以前的保险条款进行合理调整以便达到最优化；三是尽可能了解保险公司提供的业务情况；四是了解是否存在某些更低费用的保险；五是考虑通过其他方式来降低风险。

案例 13-2

下面通过一个简单的例子说明风险管理人员是如何选择适当的对付风险的方法，如表13-1所示。

表13-1 中小企业风险类型

风险的类型	损失频率	损失程度
1	低	小
2	高	小
3	低	大
4	高	大

对第1种风险而言，采用自担风险的方法最为适宜。对第2种风险应该加强损失管理，并辅之以自担风险和超额损失保险。保险方法最适用于对付第3种风险，损失程度严重意味着巨灾可能性存在，而低的损失概率表明购买保险在经济上承担得起。这种类型的风险包括火灾、爆炸、龙卷风、责任诉讼等。风险管理人员也可结合使用自担风险和商业保险来对付这类风险。对付第4种风险的最好方法是避免风险，因为自担风险的办法不可行，也难以取得商业保险，即使能取得也得缴付高额保险费。

13.3 中小企业纯粹风险的管理方法与技巧

13.3.1 财产损失风险控制

1. 火灾风险控制

火灾损失是由一系列原因造成的。例如，设计原因、人为原因、技术原因等。风险控制措施就是用来中断上述一系列导致损失的事件之间的某些重要联系。

(1) 损失前火灾控制措施。通过除去热源、燃料、氧气或打断一连串的化学反应使火熄灭。

一是控制热源。例如，制定适当的与吸烟、烹调以及加热设备有关的规章制度；对计划热源的必要性进行论证；限制减少作为副产品的热能，如照明中采用荧光灯灯管，减少各种机器在摩擦中产生的热量；由适当的保险丝、自动断路器和接地装置来控制电产生的热能。

二是隔离热源。例如，将易燃物质与热源相隔离；禁止和限制计划外的热源；通过有效的建筑设计限制火势水平或垂直蔓延，或者在同一幢建筑物内设立几个防火区；由防火墙把建筑物分成防火隔离区，在两幢建筑物之间设置室外空间等。

三是减少损坏程度。例如，将易燃物置换成不易燃烧的材料。

四是控制纵火案造成的损失。限制纵火者进入场所，减少其纵火行为被发现的时间。

(2) 火灾后的减损措施。内部防火包括自动火警/灭火系统、灭火器、竖管灭火系统、守卫服务、消防队等。外部防火要有足够的、易取到的公共消防龙头，并且提供充足的水和压力。

2. 水渍险控制

水渍险主要是由于灭火过程中或日常灭火器材泄漏所造成的各种损失。其控制首先要从资源入手，进行适当的设计、安装和维护。例如，设计不同的喷洒头使其在不同的温度下才打开，对易坏的喷洒头安排看守人员等。

另一种方法是设法使水损失最小，抗渗透地板、把水排出，价格不贵的滑动垫木或堆物垫板，改用二氧化碳、干燥化学物品或卤化物等自动灭火器等。

3. 盗窃风险控制

(1) 控制盗窃和抢劫损失。控制盗窃和抢劫损失的措施可大致分为4类：一是物质防护，包括限制窃贼进入建筑物、保险箱、保管库等方法。二是报警系统，警示闯入者非法进入某一区域。三是监视摄像机，它可以拍下罪犯作案过程，便于鉴别罪犯和定罪。四是其他保护方法，如减少手持现金数量或其他有吸引力的财物，增加员工工作人数等。

(2) 控制商店偷窃损失。方法包括：摄像监视器，穿制服的保安或便衣人员；限制商品的拿取，如一些贵重的物品可以陈列在上了锁的陈列柜中；采用反偷窃标签。

4. 控制雇员不诚实损失

一是通过员工的动机约束和自我约束来减少犯罪的概率，包括管理控制和自我控制，前者如明确业绩标准、给予公平报酬、公开交流、建立信赖关系，形成良好的道德环境；后者如提高员工自尊、个人道德修养和对公司的忠诚度等。二是增加发现犯罪的概率，包括会计控制和接近控制。前者如内部审计、巡查、监督、标准程序的运用等，后者如限制只有重要雇员才能接触到目标财产。

5. 爆炸风险控制

造成爆炸状态的条件包括气体、蒸汽和粉尘。

对于气体与蒸汽爆炸，应集中力量消除一切可能的火源，并控制好通风。

对于粉尘爆炸，凡是会沉积粉尘的地方都应当清扫干净；安装集尘器，向防尘罩内通入惰性气体；用隔离器挡住异物，或者安装电子安全装置。

对于物理性爆炸，可通过防爆孔、活动风门等方式减轻爆炸力量，还可以安装防爆盘。

13.3.2 企业责任风险控制

1. 控制场所和经营责任风险

场所责任风险因素包括由于场所的保养不善而导致的建筑物、地面的危险情况。由于大多数场所责任风险在时间和地点上相对较为固定，因此企业只要尽到注意之责就可以消除和控制这类风险。例如，汽车修理厂可通过严禁顾客入内来防止场所内的事故发生。遵守有关法规对不同建筑物的火灾安全标准等。

2. 控制产品责任风险

最近几年，产品责任的风险由于通货膨胀和司法判决趋势的影响，已变得越发重要。企业更有可能对它们的产品或服务的使用者遭受的损失负责，并且赔偿额可能会很大。产品责任风险控制是一项复杂的工程，它涉及生产过程的各个阶段。

(1) 设计要尽可能预测到各种可能的使用和误用产品的方式，并在设计中采取防范措施。最关键的是按照政府或行业所规定的安全标准进行设计，并遵循一些非成文的标准，即行业惯例。

(2) 制造和装配阶段，要重视对进库产品进行质量控制，合理储存原材料和零部件，在生产过程中进行产品抽查，对主要机件进行记录，对次品或返工产品的控制，在装运前进行全面检测，正确标记产品或包装产品，必要时对产品进行更改。

(3) 广告应由工程人员、法律人员、产品安全委员会进行协调，以确保所有材料都能够准确和清楚地说明产品的性能和使用方法。

(4) 包装中要重视使用手册的内容。

(5) 通过良好的售后服务在事故发生前查出并纠正产品所存在的问题。售后服务人员的培训、适当的技术支持、售后服务人员和制造商之间畅通的信息流通渠道都是产品责任风险控制的重要方面。

(6) 保存所有关于产品的资料，记录保存的期限至少是产品的预期使用寿命。

(7) 当产品被证明或怀疑存在缺陷或在使用时有危险，由政府有关部门强令或厂商自愿收回产品。通过收回产品可使厂商在消费者受到伤害之前纠正产品缺陷。

13.4 中小企业经营管理风险的管理方法与技巧

经营管理风险是中小企业失败的最重要原因，前述的风险管理的原理同样适用。但由于这类风险大部分属于投机类风险，因而难以通过保险的方法来转移。中小企业只能通过提高经营管理水平，有效地防范和控制这类风险。

13.4.1 中小企业经营者要树立危机意识，提高风险管理水平

1. 转变观念，重视风险

现实中，有些企业在决策时，不屑进行细致的调查研究，不认真进行项目的可行性研究，不对方案进行规范的评估和抉择；有些企业在决策时缺少超前意识和对未来的预测；还有些企业仍然是想到什么就做什么。为此首先必须切实转变观念，强化风险意识，处理好风险和收益的关系。

(1) 认识到“创业难，守业更难”。中小企业经营者要不断地反思自身，寻找自己与一名优秀企业经营者的差距，并且弥补这种差距；要不断地学习和进步，永远保持进取和创新的心态和意识，真正与时俱进；还要不间断地审视自己的经营与管理，不至于在经营管理上出现重大的差错。

(2) 敢于不断反省自己。中小企业经营者应当学会任何时候都不应该为自己寻找任何借口，而应当勇敢地面对事实，培养自己与现状搏斗的勇气与策略。在面对逆境时，不是指责别人，而是反思自己。

(3) 任何时候不要逃避责任。无论在何种关键的时刻，中小企业经营者都要对自己的言行负起责任，而且要对自己员工的言行及其后果负起责任。忠实于自己的责任与职守，是作为一名经营者的必要条件。

2. 分析预测，把握趋势

面对客观存在的大量不确定因素和各种风险，关键是要对这些不确定因素和风险进行科学的分析和预测，这是防范和控制风险，取得经营成功的基础和关键。如果预测准确，不仅可防患于未然，更可以利用机会，获取超额利益。

风险分析和预测是在正确的理论指导下，根据客观事物发展变化的规律，对其未来发展趋势做出的科学推断。科学的预测要具备 3 个方面的条件：一要掌握大量的信息，这是预测的依据。二要具有正确的理论指导和科学的预测方法和手段。就此来说，前人已积累了许多成果，如损益平衡分析法、概率分析法、比率分析法、决策树法、偿债时间分散法等。三要具有丰富的经验和推理判断能力。

案例 13-3

史蒂芬·埃洛普(Stephen Elop)领导的诺基亚现在陷入困境，但其实在埃洛普加盟很早以前，诺基亚的诸多问题就已经暴露。

如果诺基亚倒下了，这不是埃洛普的错。在诺基亚发布预警称 2012 年第二财季财务表现可能将令人失望后，诺基亚股价再次大跌。诺基亚同时还宣布，在 2013 年底前，裁员 1 万人，这占据了员工总数的 10%。诺基亚还重组了管理团队，导致一些前任高管离职。

以下就是诺基亚过去所犯下的五大错：①未能跟随潮流开发翻盖手机；②继续忽略美国市场；③忽视了 iPhone 的威胁；④坚守塞班系统；⑤选择错误的新智能机平台。

3. 统筹兼顾，预防为主

事物发展变化的规律性、连续性、现实性和因果性，使科学预测成为可能。就此来说，任何事物的发展总是有征兆和轨迹可寻的，正像地震之前会有征兆一样。如果能见微知著，

并由此及彼进行推理，就有可能预料到未来的事态。

古人宋玉写过一篇《风赋》，讲风从“生于地”到“蹶石伐木，梢杀林莽”的过程和规律，对中小企业防范风险很有启示。当风“生于地”、“起于秋萍之末”、“舞于松柏之下”时，就应该觉察它、知晓它；当其“徘徊于桂椒之间，翱翔于激水之上”时，就应该防范它，更加关注它；一旦到“蹶石伐木，梢杀林莽”时，再去防范它，那就悔之晚矣。

4. 面对风险要沉着冷静

危机大部分是突如其来的，对待危机有时也如对待疾病，先得“看、闻、听、问”，查出危机的症结所在。危机并不是一个单发的因素，有其起因、积累和爆发过程。只有沉着冷静地了解了危机的本质，才能对症下药，研究出解决方案。然后在若干个解决方案中寻求一个风险和收益比较适中的方案，果断实施。“打蛇要打七寸”，危机处理不当足以毁灭一个企业。

13.4.2 回避和控制重大经营决策风险

1. 决策失误是中小企业最大的风险

企业经营管理活动本质上就是一个又一个决策的过程。对于中小企业来说，由于抵抗风险能力弱，有关企业经营方向、产品开发、投融资、市场拓展等方面的决策一旦出现失误，将会直接断送企业的前途。

其中在决策过程中最容易遇到的风险是新领域开拓面临的风险。中小企业开拓不熟悉的领域，要有雄厚的资金支持，还要拥有市场、人才、技术，这些资源任意一项不到位都会导致失败。这方面的事例不胜枚举，如“巨人”集团。史玉柱在计算机软件方面卓有成就，他开发的汉卡可谓巨人般的产品，但是，他却执意进军保健产品市场，把大量资金投入保健品开发，还举债兴建“巨人”大厦，使他的资金周转陷入瘫痪。最后“巨人”集团如流星一般陨落了。

2. 进入行业前先详细了解行业基本情况

中小企业要有效防止由于行业变化而引起的风险，就要对行业的状况有详细的了解。主要是分析行业内的企业数量、企业规模、技术水平及行业规范几个方面。

(1) 在某一个行业内，如果企业特别多，说明这个行业的容量已基本饱和，此时进入将面临残酷的竞争。我国的纺织行业就是典型。中小企业应该选择进入那些企业数量较少、有发展前途的行业，以免引来较大的风险。

(2) 如果行业内的企业规模都很大，中小企业就不宜进入，因为这些大企业甚至在一定程度上垄断着整个行业。例如，现在的汽车行业，国内已被一汽集团、东风集团、上海汽车几家特大型企业瓜分，中小企业不可能具备跟它们一样的资本实力和竞争实力。所以，一定要进入那些企业规模不大的行业，如餐饮、娱乐、小家电等。

(3) 在进入某一领域前，企业要了解该行业技术水平，以便对自己企业进行定位，有所准备。

(4) 有许多行业发展已基本成熟，有统一的行为准则和竞争规则，自律性较好，发展比较平稳，中小企业进入就会有较好的发展机会，如化工、运输等领域。有的行业，国家是大力扶持的，那么中小企业进入将非常有利，而且还可以获得某些优势，即使出现行业性危机，国家也不会坐视不管。而对于国家重点调整的行业，尤其是夕阳产业，则须特别谨慎。

3. 分析行业供求关系

市场供求关系直接决定行业的盈利能力。有一种简单方法可以分析行业供给状况。其步骤如下。

(1) 选定该行业内几个产量多、效益好的企业作为参照标准。

(2) 把这些选定企业的产量按每周汇总。

(3) 对每周的该产品价值进行收集。

(4) 把每周的价格变化、产量变化绘制成统计条形图和曲线图。

(5) 进行价格与产量的分析。

中小企业一般从需求状况中可以决定是否进入该行业。如果行业需求很大，中小企业进入该行业是可以的，如需求急剧减小，则不宜贸然进入。

案例 13-4

一个中小企业准备进入洗衣机行业，为了了解洗衣机行业的总供给情况。第一步，选定小天鹅集团、小鸭集团、荣事达集团为参照系。第二步把这3个集团的某一产品每周产量汇总。第三步再把这三种洗衣机的价格统计出来，可以把3个集团的同一型号的洗衣机价格平均化。如果以全自动4千克洗衣机为准，平均价格是1 600元、1 580元、1 550元。接下来把产量和价格绘制成统计图表。

根据统计，该企业发现，洗衣机行业供给量总体上是在下降的，而且伴随着价格的下降，说明整个行业很难容忍其他企业再加入。因而，该企业决定放弃进入。

4. 稳扎稳打，步步为营

中小企业在发展过程中，一定要有阵地战的思想，只有在行业内站稳脚跟，才会有其他的发展机遇，才会有更广阔的天空。如果盲目发展，肯定是有巨大风险的。为此，必须加强技术上的完善，提高、更新资金上的积累和优化，产品设计上的合理，质量上的提高，管理上的科学。

案例 13-5

广东祥云企业从创业开始就进入了餐饮行业，以经营祥云酒店为主。自开业以来，效益一直不错，餐饮也随顾客的往来效益可观，当时有的人就建议进入旅游行业，但搞旅游业必须有资金、人员、汽车等条件，而祥云酒店的利润并未达到再开办企业的程度。如果再搞旅游，就会增加企业负担，还会分散资源，影响祥云酒店的发展。于是，他们决定暂缓进入旅游行业，重点经营祥云酒店。他们提出了“微笑服务”等措施，吸引了众多顾客，成为当地的知名酒店。随后他们进一步巩固阵地，扩张地盘，兼并了两家三星级宾馆，使祥云企业在酒店行业里迅速壮大，而且生意红火。这时，企业领导者才决定开始启动旅游业务，由于资金、客源都在经营酒店过程中自然到位，祥云企业下设的旅游企业也一炮走红。这也得益于他们对酒店业的巩固。

5. 根据生命周期适时向相关领域扩展

任何行业的发展都有其生命周期，中小企业进入一个行业内必须要考虑这种风险，不能把所有的希望都押在一个行业、产品上，否则当行业不景气时就会面临风险。大企业一般采取多元化经营的方式，作为中小企业也应通过向相关领域扩展的方法，以分散其风险。

但中小企业对此一定要注意：多元化经营必须建立在成功的专业化经营之上，并能充分利用企业原有的资源条件。中小企业不能仅仅出于分散风险的目的进行多元化，而必须建立在充分利用自己的技术、人才、市场、资源的基础上，新进入的领域应至少能共享企业原有的部分资源，企业进入新产业领域后，能够在技术上、营销上、经济实力上或者其他某一方面建立起竞争优势，这种优势足以使企业立于不败之地。

13.4.3　有效控制管理风险

管理风险是指中小企业管理不善而酿成的风险，具体包括生产管理风险、员工管理风险、财务管理风险等。

1. 抓好产品质量

中小企业知名度不高，如果不在生产环节把好关，就很难赢得客户的信任。所以，中小企业的生产管理，实际上就是质量管理。

中小企业要保持健康、持续发展，就必须要拥有自己的支柱产品。支柱产品的特征是具有较高的市场占有率，并为广大的消费者所喜爱。支柱产品实际上指两种产品，一种是新产品，市场上没有或极少有该类产品；另一种是指在市场上有较高占有率，被广大用户广泛接受的产品。中小企业要生产的产品大多数可能是后一类型。为此，产品质量就成为其核心竞争力。对此，海尔集团在创业初期当众砸毁电冰箱就是典型的一个例子。

2. 提高财务管理水平和能力

财务管理的重要内容就是严格按财务准则办事。严格的财务制度是防范财务风险的有效手段。

(1) 制定严格的财务管理制度。包括：规范财务基础工作，建立财务审批权限与签字组合制度、成本核算和财务会计分析制度、内部审计制度等；依法建账，确保会计资料真实完整；提高财务管理水平，加强财务控制，提高提高财务信息的准确性。

(2) 提高投融资管理水平。企业进行的任何投融资决策，都必须基于科学详细的可行性论证，切忌拍脑袋，随意决策。

(3) 加强资产负债和现金流管理，防范违约风险，提高信用水平。

(4) 不断提高财务人员的素质和水平。

3. 广揽人才，提高员工素质

技术竞争的本质是人才的竞争，技术风险在某种意义上说主要是人才风险造成的。因而，中小企业一定要注意广招贤才，利用他们的智慧和才干发展企业。没有人才的企业，就谈不上拥有领先的技术，这样的企业是不可能在市场竞争中生存的。八佰伴企业的倒闭就是典型。八佰伴企业的总裁和田一夫深有感触地说：八佰伴企业的倒闭是因为出现了管理技术上的危机，而其根源是人才危机，没有懂经营、善管理的人才队伍，只以家族式管理不可能把企业搞好。有了人才，中小企业就有了技术，有了技术就有了优秀的产品、有了广阔的市场，也就有了发展的动力。

同时，中小企业还要通过培训等方法，不断提高一般员工的综合素质。

4. 防范合同风险

合同风险是指中小企业在经济交易中与其他民事主体签订合同后所面临的风险，具体包括合同缺陷风险、合同违约风险及不可抗力风险。

(1) 合同缺陷风险是由于合同本身条款的不明而导致对方不正确履行合同而给企业带来的损失。一般而言，经济合同主要的必备条款有 5 项，即合同标的，数量和质量，价款或酬金，合同的期限、履行地点和方式，违约责任。如果没有这 5 项必备条款，可能会出现违约情况，造成损失。

(2) 合同违约风险指企业或个人或故意不履行或过失不履行合同给中小企业一方带来损失，这种风险是普遍存在的。对此，中小企业要在经济交往中防范虚假合同带来的风险。签订合同前，最好通过法律顾问、律师、工商、银行等各种有效途径，摸清对方情况；签订合同要细心、认真，严格遵守有关的法律法规；如因虚假合同而上当受骗，要用法律手段维护自身的权益。

5. 学习和了解政策

正如打篮球必须遵守球场规则一样，在中国的市场上做生意就必须认真地考虑政策，不能偏离国家政策规定的轨道，否则难免会一失足成千古恨，错过了合法经营的大好时机！

被称为“商界奇才”的福海集团董事长罗忠福曾经坦言道：“无论在中国以外的任何一个地方，我都不可能有今天这样短短几年增值千倍的奇迹。要说我有过人之处，那就是我比别人更会利用政策。”

本项目知识要点

(1) 风险是指人们对未来行为的决策及客观条件的不确定性而导致的实际结果与预期结果之间偏离的程度。

(2) 风险管理的程序包括制定风险管理计划，识别风险，估算风险损失，选择和实施风险管理方案，检查和评估风险管理效果 5 个步骤。

(3) 中小企业风险管理的基本方法可分为：减少可避免的风险，控制风险，分散风险，非保险方式的转移风险，自担风险，通过保险转移风险等几种。

(4) 对于管理风险，中小企业一要抓好产品质量；二要提高财务管理水平和能力；三要广揽人才，提高员工素质；四要防范合同风险；五要学习和了解政策。

思 考 题

(1) 什么是风险？风险有哪些类别？各种分类方法对于认识风险有什么作用？

(2) 简述风险管理的步骤及各步骤的主要工作。

(3) 中小企业如何减少可避免的风险，控制风险损失和分散风险？

(4) 在哪些情况下中小企业应采取非保险方式的转移风险、自担风险和保险方式？

(5) 简述保险的类别和各类别的保险责任范围。

(6) 中小企业经营者如何树立危机意识，提高风险管理水平？

(7) 中小企业应怎样回避和控制进入新行业的风险？

实 训 项 目

(1) 深入一个中小企业，调查分析其财产损失风险和责任风险的种类、频率和损失程度，并为相关风险提出管理对策。

(2) 根据上述企业的情况，分析其存在哪些经营管理方面的风险，这种风险的大小和严重程度如何，应怎样进行控制。

模块三

中小企业的市场营销

项目 14 中小企业的产品策略

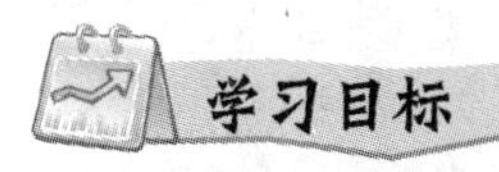

学习目标

1. 了解产品的概念及其层次性。
2. 理解产品组合的含义以及产品组合优化策略。
3. 了解新产品开发战略及开发程序。
4. 掌握产品生命周期的含义及企业营销策略。

案例 14-1 华龙方便面的产品组合

2003 年，位于河北省邢台市隆饶县的华龙集团，以超过 60 亿包方便面的销售量而跃居方便面市场的第二位，仅次于康师傅方便面。与康师傅和统一形成了三足鼎立的市场格局。华龙真正地从一个地方性品牌成长为全国性品牌。

华龙方便面产品组合非常丰富，其产品组合的长度、深度和宽度都达到了比较合理的水平。它共有 17 种产品系列，10 多种口味，上百种规格的方便面。这样企业能够充分利用现有的资源，发掘现有的生产潜力，更广泛地满足市场的各种需求。

华龙公司的成长经历了几个发展阶段。

在发展初期，华龙将目标市场定位于河北省及周边省份的农村市场。首先推出了适合农村市场的“大众面”系列。由于它超低的价位，迅速打开了农村市场。随后“大众面”系列红遍大江南北，抢占了大部分的低端方便面市场。在经历了几年的发展后，推出了面向全国市场的大众面中高档系列。如中档的“小康家庭”、“大众三代”，高档的“红红红”等。从 2002 年起，华龙开始走高档面路线，开发出高档面品牌“今麦郎”，并开始大力开发城市市场，在北京、上海等地大获成功。

华龙公司奉行的战略是：少做全国品牌，多做区域品牌，不同区域推广不同产品。考虑到中国地域轮廓，饮食文化的差异性非常大。地域不同，则市场不同，文化不同，价值观不同，生活形态也大不相同。华龙制定了区域品牌战略，以最大限度开发和满足区域市场的特定需求。如针对河南市场的“六丁目”，针对山东市场的“金华龙”，针对东北市场推出了“东三福”等品牌。与此同时，还创作了切合区域特征的广告。

之后，华龙又开始针对不同区域的消费者开发不同口味和不同品牌的系列产品。如针对回族居住集中的地区，开发“清真”系列方便面，针对东三省创立了有着浓重东北风格的“可劲造”品牌及系列产品。

华龙公司的方便面产品组合决策必须考虑两方面的战略决策：一是如何应对或挑战“康师傅”和“统一”这两个方便面市场上的强势品牌；二是如何应对或争夺地方小品牌的市场份额，在实行本土化的目标市场营销战略的总原则指导下，开发高中低多层次的产品组合，实行避强击弱的市场渗透战略。

在全国市场实行整体上的高中低档产品组合策略。既有低档的“大众系列”方便面，又有中档的“甲一麦”品牌的方便面，更有高档的“今麦郎”。在不同地区，根据本地市场的状况开发和销售不同分档次的产品。

产品线延伸是华龙公司的重要战略。如在“六丁目”品牌下，推出六丁目 108，六丁目 120，超级六丁目。在“金华龙”品牌下，生产出金华龙 108，金华龙 120，等等。华龙公司不仅实行产品线延展，还实施了多品牌战略。如在东三省推出“东三福”品牌之后，建立了“可劲造”新品牌。本地化和品牌战略的有效实施，使得方便面市场上的两个龙头老大防不胜防，也使得地域小品牌难以招架。这可能是华龙方便面跃居行业第二的秘密武器吧。

(资料来源：百度文库：http://wenku.baidu.com/view/ca26f3c008a1284ac85043fd.html.)

产品策略是市场营销 4P 组合的核心，是价格策略、分销策略和促销策略的基础。企业生产与社会需要的统一是通过产品来实现的，企业与市场的关系也主要是通过产品或服务来联系的。从企业内部而言，产品是企业生产活动的中心。因此，产品策略是企业市场营销活动的支柱和基石。

14.1 产品的概念

企业的一切生产经营活动都是围绕着产品进行的，即通过及时、有效地提供消费者所需

要的产品而实现企业的发展目标。企业生产什么产品？为谁生产产品？生产多少产品？这是企业产品策略必须回答的问题。企业如何开发满足消费者需求的产品，并将产品迅速、有效地传送到消费者手中，构成了企业营销活动的主体。产品是什么？以现代观念对产品进行界定，产品是指为留意、获取、使用或消费以满足某种欲望和需要而提供给市场的一切东西。电视机、化妆品、家具等有形物品已不能涵盖现代观念的产品，产品的内涵已从有形物品扩大到服务(如美容、咨询)、人员(如体育、影视明星等)、地点(如桂林、维也纳)、组织(如保护消费者协会)和观念(如环保、公德意识)等；产品的外延也从其核心产品向一般产品、期望产品、附加产品和潜在产品拓展，即从核心产品发展到产品 5 层次。

14.1.1　核心利益

产品最基本的层次是核心利益，即向消费者提供的产品基本效用和利益，也是消费者真正要购买的利益和服务。消费者购买某种产品并非是为了拥有该产品实体，而是为了获得能满足自身某种需要的效用和利益。例如，洗衣机的核心利益体现在它能让消费者方便、省力、省时地清洗衣物。

14.1.2　一般产品

产品核心功能需依附一定的实体来实现，产品实体称一般产品，即产品的基本形式，主要包括产品的构造外形等。

14.1.3　期望产品

期望产品是消费者购买产品时期望的一整套属性和条件，如对于购买洗衣机的人来说，期望该机器能省时、省力地清洗衣物，同时不损坏衣物，洗衣时噪声小，方便进排水，外形美观，使用安全可靠等。

14.1.4　附加产品

附加产品是产品所包含的附加服务和利益，主要包括运送、安装、调试、维修、产品保证、零配件供应、技术人员培训等。附加产品来源于对消费者需求的综合性和多层次性的深入研究，要求营销人员必须正视消费者的整体消费体系，但同时必须注意因附加产品的增加而增加的成本，消费者是否愿意承担的问题。

14.1.5　潜在产品

潜在产品预示着该产品最终可能的所有增加和改变。

现代企业产品外延的不断拓展缘于消费者需求的复杂化和竞争的白热化。在产品的核心功能趋同的情况下，谁能更快、更多、更好地满足消费者的复杂利益整合的需要，谁就能拥有消费者，占有市场，取得竞争优势。目前，发达国家企业的产品竞争多集中在附加产品层次，而发展中国家企业的产品竞争则主要集中在期望产品层次。若产品在核心利益上相同，但附加产品所提供的服务不同，则可能被消费者看成是两种不同的产品，因此也会造成两种截然不同的销售状况。美国著名管理学家李维特曾说过：“新的竞争不在于工厂里制造出来的产品，而在于工厂外能够给产品加上包装、服务、广告、咨询、融资、送货或顾客认为有价值的其他东西。”

14.2 产品组合

14.2.1 产品组合的概念

产品组合是指销售者售予购买者的一组产品，它包括该销售者销售的所有产品线和产品项目。

产品线是许多产品项目的集合，这些产品项目具有功能相似、用户相同、分销渠道同一、消费上相连带等特点。

产品项目，即产品大类中各种不同品种、规格、质量的特定产品，企业产品目录中列出的每一个具体的品种就是一个产品项目。

具体地说：产品组合是企业生产经营的全部产品线、产品项目的组合方式，即产品组合的宽度、深度、长度和关联度。其中，宽度是企业生产经营的产品线的多少；长度是企业所有产品线中产品项目的总和；深度是指产品线中每一产品有多少品种。

案例 14-2

宝洁公司生产清洁剂、牙膏、肥皂、纸尿布及纸巾，有5条产品线，表明其产品组合的宽度为5。

宝洁公司的牙膏产品线下的产品项目有3种，佳洁士牙膏是其中一种，而佳洁士牙膏有3种规格和两种配方，佳洁士牙膏的深度是6。

产品的关联度是各产品线在最终用途、生产条件、分销渠道和其他方面相互关联的程度。产品组合的4个维度为企业制定产品战略提供了依据。

14.2.2 产品组合优化

企业在调整和优化产品组合时，依据情况的不同，可选择如下策略。

1. 扩展策略

扩展策略包括扩展产品组合的宽度和长度。前者是在原产品组合中增加一条或几条产品线，扩大企业的经营范围；后者是在原有产品线内增加新的产品项目，发展系列产品。一般当企业预测现有产品线的销售额和盈利率在未来几年要下降时，往往会考虑这一策略。这一策略可以充分利用企业的人力等各项资源，深挖潜力，分散风险，增强竞争能力。当然，扩展策略也往往会分散经营者的精力，增加管理困难，有时会使边际成本加大，甚至由于新产品的质量、功能等问题，影响企业原来产品的声誉。

2. 缩减策略

缩减策略是企业从产品组合中剔除那些利小的产品线或产品项目，集中经营那些利最多的产品线和产品项目。缩减策略可使企业集中精力对少数产品改进质量，降低成本，删除得不偿失的产品，提高经济效益。当然，企业失去了部分市场，也会增加企业的风险。

3. 产品延伸策略

每一个企业的产品都有其特定的市场定位。产品延伸策略是指全部或部分地改变公司原

有产品的市场定位，包括下行延伸、上行延伸和双向延伸。

1) 下行延伸法

下行延伸法是企业原来生产高档产品，后来增加低档产品。向下延伸策略的采用主要是因为高档产品在市场上受到竞争者的威胁，本企业产品在该市场的销售增长速度趋于缓慢，企业向下延伸寻求经济新的增长点。同时，某些企业也出于填补产品线的空缺，防止新的竞争者加入的考虑，实施这一策略。

向下延伸策略的优势是显而易见的，既可以节约新品牌的推广费用，又能使新产品搭乘原品牌的声誉便车，很快得到消费者承认。同时，企业又可以充分利用各项资源。

2) 上行延伸法

上行延伸指企业原来生产低档产品，后来决定增加高档产品。企业采用这一策略的原因：市场对高档产品需求增加，高档产品销路广，利润丰厚；欲使自己生产经营产品的档次更全、占领更多市场；提高产品的市场形象。

向上延伸也有可能带来风险：一是可能引起原来生产高档产品的竞争者采取向下延伸策略，从而增加自己的竞争压力；二是市场可能对该企业生产高档产品的能力缺乏信任；三是原来的生产、销售等环节没有这方面足够的技能和经验。

3) 双向延伸法

原来生产经营中档产品，现在同时向高档和低档产品延伸，一方面增加高档产品，另一方面增加低档产品，扩大市场阵地。

案例 14-3

在我国大陆的轿车市场上，“别克”、“奥迪”、“帕萨特”等定位于中高档汽车市场，“桑塔纳”定位于中档市场，“夏利”、“奇瑞”、“吉利”等则定位于低档市场。

14.2.3　产品组合的分析工具

评价和选择最佳产品组合的评价标准有许多选择。这里主要从市场营销的角度出发，常用的方法有 ABC 分析法、波士顿矩阵法、通用电器公司法、产品获利能力评价法及临界收益评价法。以下对波士顿矩阵法做一简单介绍，如图 14.1 所示。

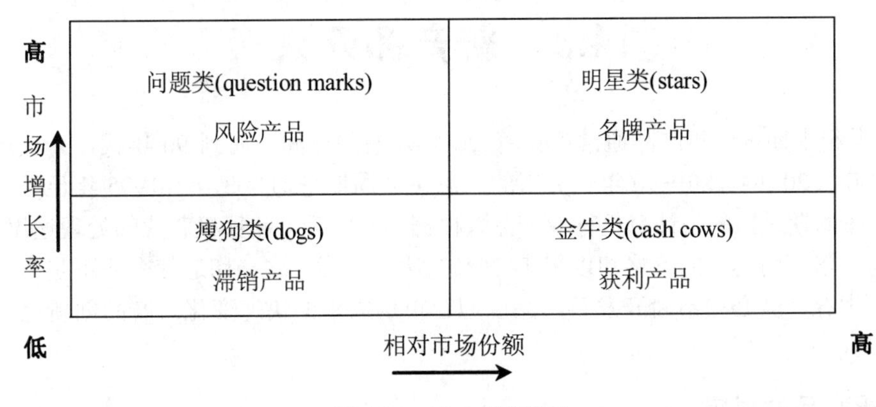

图 14.1　波士顿矩阵法

横坐标代表相对市场份额，纵坐标代表市场增长率。两个坐标分别分为高低两类，这样就产生了 4 种组合，两者都高的被称为明星类；两者都低的被称为瘦狗类；相对市场份额高但市场增长率趋于停滞状态的是金牛类；市场增长率高但相对市场份额较低的则属于问题类业务。

1. 明星类

该领域中的业务和产品处于需求快速增长的市场中，也占有支配地位的市场份额，表明这项业务既有较高的市场吸引力又处于竞争的优势地位。但是它们通常需要大量的短期资金和资源来支持其高速成长的市场，以便进一步提高产品质量，同竞争对手拉开差距，是公司最佳长期增长和获利机会之所在。管理者应优先保证和扩大这类业务的市场竞争地位。

2. 瘦狗类

该项业务市场需求萎缩、相对市场份额较低，往往不能有盈余来维持自身的发展，甚至需要从其他业务中抽调资金，是企业业务组合中前途黯淡的瘦狗。如果采用大规模的资产和成本削减的收缩战略仍无起色的话，就只能采取清算、剥离和退出战略，放弃这种产品，进行产品的更新换代、开发新产品，或干脆关闭并出售这部分的生产及服务部门。

3. 金牛类

由于该业务所在的行业已进入成熟阶段，许多明星类业务就逐步变成了金牛，市场需求增长率不高，但产品的市场占有率较高，为该项业务的龙头老大。因此新进入者较少，面临相对较小的竞争压力，不再需要大量的成长扩张投资资金，基本维持原有的生产规模，赢利能力较强，可以凭借其稳定的市场地位回收投资和赚取利润。之所以被称为金牛是因为其创造的资金超过所需要的资金，企业可以从该项业务利润中抽取相当大的一部分资金用于支持其他业务(如明星类业务)的发展，企业应使金牛业务尽可能长期地保持其优势地位。

4. 问题类

该领域中的业务和产品处于市场需求快速增长的行业中，但相对市场份额较低。表明这项业务有较高的市场吸引力但处于较弱的市场竞争地位，通常对资金的需求量大而资金创造能力小，具有一定的投机性和风险性，所以被称为问题类业务。管理者必须做出选择，对于有发展前途和市场潜力大的产品，应采取积极扶持的发展战略，进行大规模投资，致力于提高质量、开拓市场，使其向明星产品转化。对于没有希望的产品应尽快收缩、撤退。

14.3 新产品开发

在 20 世纪中期，一代产品通常意味着 20 年左右的时间，而到 90 年代，一代产品的概念不超过 7 年。20 世纪 80—90 年代美国的产品生命周期平均为 3 年，1995 年已经缩短为不到 2 年。生命周期最短的是计算机行业产品，根据莫尔定理，计算机芯片的处理速度每 18 个月就要提高一倍，而芯片的价格却以每年 25%的速度下降。这一切迫使企业不是为了利润，至少是为了生存，就必须不断开发新产品以迎合市场需求的快速变化。产品创新已成为企业经营的常态。

14.3.1 新产品的界定

市场营销意义上的新产品含义很广，除包含因科学技术在某一领域的重大发现所产生的新产品外，还包括在生产销售方面，只要产品在功能或形态上发生改变，与原来的产品产生

差异，甚至只是产品从原有市场进入新的市场，都可视为新产品；在消费者方面，则是指能进入市场给消费者提供新的利益或新的效用而被消费者认可的产品。

按产品研究开发过程，新产品可分为全新产品、模仿型新产品、改进型新产品、形成系列型新产品、降低成本型新产品和重新定位型新产品。

全新产品是指应用新原理、新技术、新材料，具有新结构、新功能的产品。该新产品在全世界首先开发，能开创全新的市场。它占新产品的比例为 10%左右。

模仿型新产品是企业对国内外市场上已有的产品进行模仿生产，称为本企业的新产品。模仿型新产品约占新产品的 20%左右。

改进型新产品是指在原有老产品的基础上进行改进，使产品在结构、功能、品质、花色、款式及包装上具有新的特点和新的突破，改进后的新产品，其结构更加合理，功能更加齐全，品质更加优质，能更多地满足消费者不断变化的需要。它占新产品的 26%左右。

形成系列型新产品是指在原有的产品大类中开发出新的品种、花色、规格等，从而与企业原有产品形成系列，扩大产品的目标市场。该类型新产品占新产品的 26%左右。

降低成本型新产品是以较低的成本提供同样性能的新产品，主要是指企业利用新科技，改进生产工艺或提高生产效率，削减原产品的成本，但保持原有功能不变的新产品。这种新产品的比重为 11%左右。

重新定位型新产品指企业的老产品进入新的市场而被称为该市场的新产品。这类新产品约占全部新产品的 7%左右。

14.3.2　新产品开发战略

1. 冒险或创业战略

冒险战略是具有高风险性的新产品战略，通常是在企业面临巨大的市场压力时为之，企业常常会孤注一掷地调动其所有资源投入新产品开发，期望风险越大，回报越大。该战略的产品竞争领域是产品最终用途和技术的结合，企业希望在技术上有较大的发展甚至是一种技术突破；新产品开发的目标是迅速提高市场占有率，成为该新产品市场的领先者；创新者希望是首创，甚至是首创中的艺术性突破；以率先进入市场为投放契机；创新的技术来源采用自主开发、联合开发或技术引进的方式。实施该新产品战略的企业须具备领先的技术、巨大的资金实力、强有力的营销运作能力。中小企业显然不适合运用此新产品开发战略。

2. 进取战略

进取新产品战略由以下要素组合而成：竞争领域在于产品的最终用途和技术方面，新产品开发的目标是通过新产品市场占有率的提高使企业获得较快的发展；创新程度较高，频率较快；大多数新产品选择率先进入市场；开发方式通常是自主开发；以一定的企业资源进行新产品开发，不会因此而影响企业现有的生产状况。新产品创意可来源于对现有产品用途、功能、工艺、营销策略等的改进，改进型新产品、降低成本型新产品、形成系列型新产品、重新定位型新产品都可成为其选择，也不排除具有较大技术创新的新产品开发。该新产品战略的风险相对要小。

3. 紧跟战略

紧跟战略是指企业紧跟本行业实力强大的竞争者，迅速仿制竞争者已成功上市的新产品，来维持企业的生存和发展。许多中小企业在发展之初常采用该新产品开发战略。该战略的特

点：产品的战略竞争领域是由竞争对手所选定的产品或产品的最终用途，本企业无法也无须选定；企业新产品开发的目标是维持或提高市场占有率；仿制新产品的创新程度不高；产品进入市场的时机选择具有灵活性；开发方式多为自主开发或委托开发；紧跟战略的研究开发费用小，但市场营销风险相对要大。实施该新产品战略的关键是紧跟要及时，全面、快速和准确地获得竞争者有关新产品开发的信息是仿制新产品开发战略成功的前提。对竞争者的新产品进行模仿式改进会使其新产品更具竞争力。强有力的市场营销运作是该战略的保障。

4. 保持地位或防御战略

保持或维持企业现有的市场地位，有这种战略目标的企业会选择新产品开发的防御战略。该战略的产品竞争领域是市场上的新产品；新产品开发的目标是维持或适当扩大市场占有率，以维持企业的生存；多采用模仿型新产品开发模式；以自主开发为主，也可采用技术引进方式；产品进入市场的时机通常要滞后；新产品开发的频率不高；成熟产业或夕阳产业中的中小企业常采用此战略。

14.3.3 新产品开发程序

案例 14-4 开发狩猎靴

L.L.Bean 公司位于美国缅因州，是美国著名的生产和销售服装以及户外运动装备的公司，于 1912 年开始生产狩猎靴。到 20 世纪 90 年代，公司已经发展到 10 亿美元资产，持续三十多年年增长率都超过 20%。“为顾客着想”这一理念始终贯穿于新产品开发的过程中。

(1) 了解顾客的真实感受。针对公司的狩猎靴，产品开发小组就要选定那些经常狩猎的人进行访谈。在访谈中，面谈者的工作就是要用一种非引导的方法来提出开放性的问题。“能给我讲述一下你最近狩猎的一次经历、一个故事吗？”“告诉我你最好的狩猎故事，它是怎样的经历？”然后是非常安静地听顾客尽情讲述。两人小组的另外一位负责记录，一字一句地记录，不加过滤，不做猜测。通过这些在狩猎者家中或者具体的狩猎场所访谈，可以获得狩猎者的真实想法，而不是提问者的想法。小组人员的工作更多的是聆听。当结束一次面谈的时候，小组尽快详细回顾并整理面谈内容，因为这时会谈的场景和内容在脑海还保存着清晰的记忆，能很快找出那些关键的印象深刻地描述出来。这样面谈 20 位狩猎者，产品开发小组获得了丰富的狩猎者的狩猎经历资料。

(2) 转化为产品需求和设计思想。所有的面谈结束后，整个开发团队进入隔离阶段，集中精力研究顾客需求，努力将顾客的语言翻译成一连串关于新的狩猎长靴要满足的需求。由于收集了丰富的材料，队员们在白板上贴了数百个即时贴的便条，每个便条都是一个需求陈述。他们必须将所有的这些需求浓缩成更加易于管理、便于利用的需求数目。团队采取投票的方式来将需求按重要性排列，每一个投票都代表了他们面谈的猎人的需求。几个回合的投票逐渐减少了需求的数目。然后，团队成员将剩下的需求进行分组排列，再排列，形成更小的需求组。大家在归纳需求组的过程中并不相互讨论，这就迫使队员对自己想不到的一些相互关联进行思考，而这种关联是别人正在思考而自己看来可能并不明显的。所以，这时候队员都在进行学习，团队逐渐地达成了一种共识。

最后，数量有限的几个需求组形成了，团队成员讨论关于每一组需求的新的陈述。作为一个团体，大家必须清楚这些小小的即时贴上的意见，是否完全抓住了队员思考的问题，描述是否准确。通过大量细致的工作，团队将每组的内容转化为一个陈述。这个流程进一步将需求的数目减少到大约 12 个。三天封闭会议结束的时候，L.L.Bean 的产品开发团队开发出了一份列有最终顾客需求的总结报告。此后便是将需求转化为设计思想的过程，头脑风暴会议是主要的讨论形式。例如“在靴子里装一个动物气味的发散装置，每走一步都会散发出一点点气味，像一个小型火车一样，气味从靴子里出来如同火车两侧的气体一股股喷出，只不过是无形的”。各种疯狂的主意中能得到产品最具创新变化的核心思想。

(3) 对新产品测试。这种新的狩猎长靴设计原型生产出来后，被送往所有 L.L.Bean 公司希望改进其产品的地方——即顾客，在产品最终要使用的环境中进行实际测试。为保证开发人员能够近距离地看到和听到这些顾客专家的意见，L.L.Bean 安排了一次实地旅行。在新罕布什尔的品可汉峡谷地区，L.L.Bean 集合了一组实地测试者来评审，包括导游、山顶装袋工、徒步旅行者、大农场管理员、滑雪巡逻队员等，这些顾客大部分是 L.L.Bean 公司好几个季节的测试者。会议的第一天花费在一次精力充沛的徒步旅行上，按每个人所穿的靴子的尺寸进行分组，每个人的包里都有两或三双靴子，几乎每个小时都要更换所穿的靴子产品，如穿 9 号的要与一个穿 8 号的交换靴子，有 L.L.Bean 生产的，也有竞争对手生产的。大家在各种环境里实验，及时记下对适应性、稳定性的评价，以便于公司及时做出调整。经过几个月的试用，公司获得了所有的改进建议。

在产品上市时的目录介绍中，公司能够通过测试期间的照片来说明种种问题，在推广产品时可以宣传整个测试过程，以便获得顾客的信赖。该种类型靴子在市场中很快获得认可，供不应求。

(资料来源：佚名.看世界知名企业如何开发新产品.中国经营报，2003-11-29.)

一个完整的新产品开发过程要经历 8 个阶段：构思产生、构思筛选、概念发展和测试、营销规划、商业分析、产品实体开发、新产品试销、商品化。

1. 构思产生

进行新产品构思是新产品开发的首要阶段。构思是创造性思维，即对新产品进行设想或创意的过程。缺乏好的新产品构思已成为许多行业新产品开发的瓶颈。一个好的新产品构思是新产品开发成功的关键。企业通常可从企业内部和企业外部寻找新产品构思的来源。公司内部人员包括：研究开发人员、市场营销人员、高层管理者及其他部门人员。这些人员与产品的直接接触程度各不相同，但他们总的共同点便是都熟悉公司业务的某一或某几方面。对公司提供的产品较外人有更多的了解与关注，因而往往能针对产品的优缺点提出改进或创新产品的构思。企业可寻找的外部构思来源：顾客、中间商、竞争对手、企业外的研究和发明人员、咨询公司、营销调研公司等。

2. 构思筛选

新产品构思筛选是采用适当的评价系统及科学的评价方法对各种构思进行分析比较，从中把最有希望的设想挑选出来的一个过滤过程。在这个过程中，力争做到除去亏损最大和必定亏损的新产品构思，选出潜在赢利大的新产品构思。构思筛选的主要方法是建立一系列评价模型。评价模型一般包括：评价因素、评价等级、权重和评价人员。其中确定合理的评价因素和给每个因素确定适当的权重是评价模型是否科学的关键。

3. 概念发展和测试

新产品构思是企业创新者希望提供给市场的一些可能新产品的设想。新产品设想只是为新产品开发指明了方向，必须把新产品构思转化为新产品概念才能真正指导新产品的开发。新产品概念是企业从消费者的角度对产品构思进行的详尽描述。即将新产品构思具体化，描述出产品的性能、具体用途、形状、优点、外形、价格、名称、提供给消费者的利益等，让消费者能一目了然地识别出新产品的特征。因为消费者不是购买新产品构思，而是购买新产品概念。新产品概念形成的过程亦即把粗略的产品构思转化为详细的产品概念。任何一种产品构思都可转化为几种产品概念。新产品概念的形成来源于针对新产品构思提出问题的回答，一般通过对以下 3 个问题的回答，可形成不同的新产品概念。即谁使用该产品，该产品提供的主要利益是什么，该产品适用于什么场合。

4. 营销规划

对已经形成的新产品概念制定营销战略计划是新产品开发过程的一个重要阶段。该计划将在以后的开发阶段中不断完善。营销战略计划包括 3 个部分：第一部分描述目标市场的规模、结构和消费者行为，新产品在目标市场上的定位，市场占有率及前几年的销售额和利润目标等；第二部分对新产品的价格策略、分销策略和第一年的营销预算进行规划；第三部分则描述预期的长期销售量和利润目标以及不同时期的营销组合。

5. 商业分析

商业分析的主要内容是对新产品概念进行财务方面的分析，即估计销售量、成本和利润，判断它是否满足企业开发新产品的目标。

6. 产品实体开发

新产品实体开发主要解决产品构思能否转化为在技术上和商业上可行的产品这一问题。它是通过对新产品实体的设计、试制、测试和鉴定来完成的。根据美国科学基金会调查，新产品开发过程中的产品实体开发阶段所需的投资和时间分别占总开发总费用的 30%、总时间的 40%，且技术要求很高，是最具挑战性的一个阶段。

7. 新产品试销

新产品市场试销的目的是对新产品正式上市前所做的最后一次测试。通过市场试销将新产品投放到有代表性地区的小范围的目标市场进行测试，企业才能真正了解该新产品的市场前景。市场试销是对新产品的全面检验，可为新产品是否全面上市提供全面、系统的决策依据，也为新产品的改进和市场营销策略的完善提供启示，有许多新产品是通过试销改进后才取得成功的。新产品市场试销的首要问题是决定是否试销，并非所有的新产品都要经过试销，可根据新产品的特点及试销对新产品的利弊分析来决定。

8. 商品化

新产品的商品化阶段的营销运作，企业应在以下 3 方面慎重决策。①何时推出新产品：针对竞争者的产品而言，有 3 种时机选择，即首先进入、平行进入和后期进入。②何地推出新产品。③如何推出新产品：企业必须制定详细的新产品上市的营销计划，包括营销组合策略、营销预算、营销活动的组织和控制等。

14.3.4 新产品的采用与推广

新产品的采用过程是潜在消费者认识、试用和采用或拒绝新产品的过程。从潜在消费者发展到采用者要经历 5 个阶段：知晓、兴趣、评价、试用、正式采用。营销人员应仔细研究各个阶段的不同特点，采取相应的营销策略，引导消费者尽快完成采用过程的中间阶段。新产品的采用者分为 5 种类型：创新者、早期采用者、早期多数、晚期多数和落伍者。新产品推广速度快慢的主要原因取决于目标市场消费者和新产品特征。5 种类型采用者价值导向的不同，导致他们对新产品采用不同的态度，对新产品的采用和推广速度快慢起着重要作用。新产品的相对优势、相容性、复杂性、可试用性及可传播性将会在很大程度上影响新产品的采用和推广。

14.4　产品生命周期

14.4.1　产品生命周期概述

产品从投入市场到最终退出市场的全过程称为产品的生命周期，该过程一般经历产品的导入期、成长期、成熟期和衰退期 4 个阶段，如图 14.2 所示。在产品生命周期的不同阶段，产品的市场占有率、销售额、利润额是不一样的。导入期产品销售量增长较慢，利润额多为负数。当销售量迅速增长，利润由负变正并迅速上升时，产品进入了成长期。经过快速增长的销售量逐渐趋于稳定，利润增长处于停滞，说明产品成熟期来临。在成熟期的后一阶段，产品销售量缓慢下降利润开始下滑。当销售量加速递减，利润也较快下降时，产品便步入了衰退期。

产品生命周期形态可分为典型和非典型。典型的产品生命周期要经过导入期、成长期、成熟期和衰退期，呈 S 形曲线，如图 14.2 所示。非典型形态有“循环—再循环”型、“扇形”、“非循环型”等。研究产品生命周期对企业营销活动具有十分重要的启发意义。

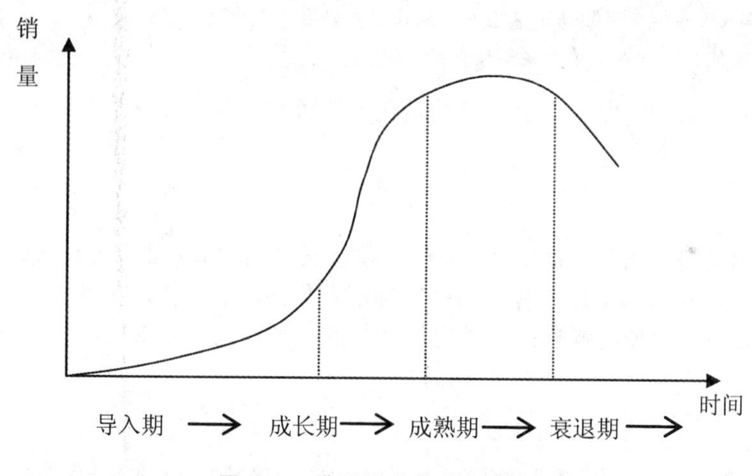

图 14.2　典型的产品生命周期曲线

14.4.2　不同时期营销策略

1. 导入期

导入期是新产品首次正式上市的最初销售时期，只有少数创新者和早期采用者购买产品，销售量小，促销费用和制造成本都很高，竞争也不太激烈。这个阶段主要是让消费者认识企业的产品。因此一般采取以下策略：要把主要精力放在解决人们对产品不认识或不熟悉的问题上，要千方百计使人们熟悉，使自己经营的产品站得住脚。

案例 14-5

“恒源祥，羊羊羊”，几乎没有人不知道这个广告。毋庸置疑，在恒源祥产品的导入期，广告起到了很好的效果。这个广告在央视黄金时间播放，每次重复 3 遍，让全国人民迅速知道了这个品牌。

在产品的导入期，企业对产品的促销诉求一定要建立在让消费者认识的基础上，这也是这一阶段促销的主要任务。

2. 成长期

成长期的产品，其性能基本稳定，大部分消费者对产品已熟悉，销售量快速增长，竞争者不断进入，市场竞争加剧。该阶段应采取的营销策略是扩充目标市场，广告宣传转向厂牌、商标的宣传，使人们对该产品产生好的印象，产生好感和偏爱，并要增加销售渠道或加强销售渠道。

案例 14-6

2001 年名人推出商务通，在其新产品导入市场时提出一个概念：“呼机换了，手机换了，掌上电脑也要换了!”将消费者的眼球重新吸引到自己身上，完成了消费者对名人重新认识的使命。为了达到消费者认可的目的，名人打出技术牌——“技术跳高，价格跳水”，以更低的价格推出运算速度更快、电池工作时间更长的掌上电脑“智能王”，同时向世界 PDA 制造商下战书，与他们比性能和价格。名人在产品成长期很好地将自己的产品特性(性能和价格)传给了消费者，将品牌个性(技术优势)呈现给消费者，很快就从众多的 PDA 产品中凸现出来。

这样的诉求为名人“智能王”销售迅速上升，快速进入产品成熟期立下了汗马功劳。在 PDA 行业竞争如此激烈的市场，“智能王”创造了单款机型销量的奇迹。

所以，在产品成长期，促销诉求的目的是让消费者对产品和品牌认可，并且不断强化这种认可度。

3. 成熟期

成熟期的营销策略应该是主动出击，以便尽量延长产品的成熟期，具体策略有以下几种：一是千方百计稳定目标市场，让原有的消费者都消费你的产品，提高消费者对本品牌的忠诚度，主要采取稳定目标市场的策略；二是增加产品的系列；三是要重点宣传企业的信誉。

案例 14-7

我们根本就看不到百事可乐对其产品功能诉求的促销广告，百事可乐的所有广告都是在诉求青春活力!例如，对中国甲 A 足球赛的冠名、百事可乐三人街霸足球赛等，都一再体现百事可乐在成熟期的诉求核心——将目标永远锁定年青一代，让他们对百事可乐产生依赖，让他们成为忠实消费者(消费者随着年龄增长消费习惯依旧保持)。更有意思的是，百事又推出了时尚运动鞋，一开始就打感情牌——时尚！这不能不说是成熟品牌的力量。

在产品成熟期，消费者对产品功能、品牌个性已经完全认可，对产品的消费因素中的理性因素在减弱，感性因素在加强，消费者更加关注的是消费你的产品所带来的感受，如有没有更加温馨的服务，能不能更显身份等。这时，企业促销的目的是要加强消费者对产品的依赖和对品牌的忠诚度，这样既可以迅速扩大市场份额，延长产品的生命期，又能树立品牌形象，为企业更多的新产品上市打下坚实的基础。

4. 衰退期

衰退期的产品，企业采取什么策略呢？一个比较普通的办法就是转移，撤出现有市场，有经验的营销人员总结了 3 个字：“撤、转、攻”。

本项目知识要点

(1) 产品层次包括核心利益、一般产品、期望产品、附加产品和潜在产品。

(2) 产品组合是指销售者售予购买者的一组产品，它包括所有产品线和产品项目。

(3) 新产品开发战略包括冒险或创业战略、进取战略、紧跟战略和保持地位或防御战略等。

(4) 新产品的开发程序包括：新产品构思的产生、构思筛选、新产品概念的发展和测试、商业分析和产品实体开发。

(5) 产品从投入市场到最终退出市场的全过程称为产品的生命周期，该过程一般经历产品的导入期、成长期、成熟期和衰退期4个阶段。各阶段企业有着相应不同的营销策略。

思　考　题

(1) 什么是产品层次，产品主要有哪些层次？

(2) 什么是产品组合？

(3) 产品组合优化有哪些策略？

(4) 新产品开发有哪些程序？

(5) 什么是产品生命周期？

(6) 不同产品生命周期的营销策略是怎样的？

实 训 项 目

在教师指导下，由学生自由组合成4～6人为一组的研究性学习项目小组，并确定负责人。并经教师确认选择2～3个类型的产品作为研究的样本。

由小组组织市场调研，针对样本产品的层次概念，市场生命周期等问题收集市场信息，确定所研究产品的整体概念和市场生命周期阶段。根据研究结论，针对该产品的竞争和营销现状提出改进方案。

(1) 该产品的产品层次概念可以怎样表达？

(2) 该产品处于生命周期的什么阶段？

(3) 该产品有何进一步开发的机会？

项目 15 中小企业的定价策略

学习目标

1. 了解合适的产品定价对于中小企业开拓市场的重要性。
2. 了解各种因素对产品价格的影响。
3. 了解产品定价的基本程序。
4. 了解各种定价方法。
5. 掌握基本价格策略。

案例 15-1　巧妙定价，就能反败为胜

当小企业向市场隆重推出自己产品的时候，千万不要忘记一个合适的价格的重要性。在激烈的市场竞争中，小企业正确的价格策略往往能够使自己摆脱劣势，出其不意地反败为胜。江西永诚公司就在这方面尝到了甜头。

江西永诚公司是一家规模不算大的公司，所有员工共 125 人，生产 7 号水泥，年产量约 5 万吨，但工厂的效益一直不大景气，员工的工资也只能勉强发放。公司领导层意识到这样下去，公司只会走上破产的道路。

于是公司的领导层决定大胆改革。在对市场和公司的整个管理体制进行仔细的调研之后，永诚公司的领导层得出了一个结论：造成永诚公司目前这种状况的主要原因不在于公司的产品，也不在于公司的管理体制，而是因为当地的市场竞争过于激烈。例如，在当地像永诚公司这样的水泥生产公司就有十多家，更不用说来自外省市的大企业了，因此整个市场被分割得差不多了，更重要的是所有这些水泥生产公司的水泥在质量上面、在价格上面大家又都相差无几。因此，对于买家来说买谁的产品都差不多。在这种情况下要想打开销路，占据其他公司控制的市场，唯一可行的办法就是尽量降低自己产品的价格，因为在质量差别不大的情况下，价格才是最具有竞争力的。但是降价就意味着公司利润的下降，也意味着公司将会在一段时间内可能比原来还能勉强发出工资的状况更为糟糕，这确实是一把双刃剑，也是一着险棋。

在公司领导层内部激烈的辩论之后，永诚公司的领导层最终做出了决定，实施“0+1+2 利润”的薄利多销方案，即分三步走：第一步把价格降得很低，接近于成本价格。这一步公司的目标是通过价格优势占领其他市场，打开销路，利润几乎没有。在占领了其他公司市场之后，实施第二步，即一成利润步骤。这一阶段，公司仍以多销为目的，主要是扩大影响，利用物价稍有上涨的契机把价格稍加提高，使公司从零利润到有了一成利润，但与其他公司相比，价格仍然是很低的。通过对价格的恰当调整之后，永诚公司成功了。在很短的时间内，永诚公司的水泥就占领了当地近 2/3 的市场，尽管其他公司也开始设法进行反击，但永诚公司的水泥已经在广大消费者心中树立了好品牌形象，销路一直看好并不断扩大。

第三步，永诚公司在对产品质量和包装改进的基础上，又将产品的价格进行了恰当的调整，在原来基础上价格有所提高，但仍然维持在低水平上，利润比原来多增加了一成，有了两成利润。正是采用了这种正确的价格策略，永诚公司的水泥销售量一直在攀升，公司取得了非常不错的效益。

（资料来源：李军，吴昊，熊飞．经营一个企业.北京：机械工业出版社，2005.）

价格的高低直接决定企业赢利水平，也直接影响消费者的购买行为。价格决策是企业经营决策中最重要的决策之一。

15.1　影响价格的主要因素

15.1.1　产品成本

产品成本是定价的基点，如果产品价格低于产品成本，企业就会亏损。一般情况下，产品的价格应高于其成本。

15.1.2　市场价格水平

市场价格水平是产品定价的重要依据。当企业产品具有特色、档次较高或是质量较高的名牌产品时，企业可以把价格定得高于市场价格。出售质量较差、档次较低或即将被淘汰的商品时，产品定价应低于市场价格。

15.1.3 产品的供需状况

当市场对产品的需求量大于供给量时，价格就会出现上升趋势；相反的情况，则会出现下降的趋势。

15.1.4 竞争对手状况

企业定价的高低是与竞争对手的产品及其服务和价格综合比较的结果。竞争对手较弱时，企业可以将价格定得较高而获取高额利润。

15.1.5 国家的宏观经济政策

在市场经济条件下，国家不直接干预商品的价格。主要通过宏观经济政策和税收、信贷等经济杠杆来影响价格的形成和变化。

15.2 定价的程序

一般来说，企业经营者在制定价格时，可以遵循以下步骤。

15.2.1 确定定价目标

企业的定价目标是以满足市场需要和实现企业盈利为基础的，是实现企业经营总目标的保证和手段；同时，它又是企业选择定价策略和方法的依据。一个公司的目标越明确，它制定价格就越容易。

15.2.2 预测市场需求

价格是影响需求的重要因素，一种产品的定价目标确定之后，必须首先对这种目标下的市场需求进行预测。

15.2.3 估计成本

一般来说，市场的需求为企业定价确定了一个上限，而企业产品成本规定了价格的下限。某种产品的价格应当包括所有的生产、分销和推销该产品的成本，还应包括生产经营和承担投资风险应该获取的正常利润。

15.2.4 分析竞争者的反应

竞争者的价格对企业定价的影响也极大，特别是那些容易经营、利润可观的产品及新产品，潜在的竞争威胁最大。企业在定价时，应该根据竞争对手所提供的价格和产品特点，采取相应的对策。如果竞争对手的产品和本企业的产品差别不大，那么二者价格也应大体一致；如果竞争对手的产品优于本企业产品，那么价格应定得比竞争对手低一些；如果竞争对手的产品比本企业的差，那么产品价格可以定得较高。

15.2.5 选择定价策略、方法和技巧

在对市场需求、产品成本和竞争状况进行分析和预测之后，企业定价过程便进入了通过

定价、方法和技巧的选择来制定最终价格阶段。

15.2.6　充分考虑与各种政策的协调

制定最终价格前还必须综合、全面地考虑企业整个生产经营计划，使定价政策同其他政策协调一致，如企业的产品政策、营销渠道选择策略、推销计划等。

15.2.7　制定最终价格

企业根据定价目标的要求，通过分析成本、需求和竞争因素，选择具体的定价策略、方法和技巧，然后根据与其他政策的协调要求对价格进行修订之后，就可以制定出产品的最终价格。

15.3　定 价 方 法

企业的产品价格高低受成本费用、市场需求和竞争情况 3 个方面因素的影响和制约。因而也存在着 3 种定价导向方法，即成本导向定价法、需求导向定价法和竞争导向定价法。

15.3.1　成本导向定价法

成本导向定价法即以营销产品的成本为主要依据，综合考虑其他因素制定价格称为成本导向定价。由于营销产品形态不同，以及在成本基础上核算利润的方法不同，成本导向定价有以下 4 种具体形式。

1. 成本加成定价法

这种定价方法就是在单位产品成本的基础上，加上预期的利润额作为产品的销售价格。售价与成本之间的差额即利润称为“加成”。其计算公式为

价格=平均成本+预期利润

这种定价方法的优点在于价格能补偿并满足利润的要求；计算简便，有利于核算；能协调交易双方的利益，保证双方基本利益的满足。缺点是定价依据是个别成本而并非社会成本，忽视市场供求状况，难以适应复杂多变的竞争情况。因而，这种方法一般适用于经营状态和成本水平正常的企业，以及供求大体平衡，市场竞争比较缓和的产品。

2. 边际贡献定价法

这种定价方法也称边际成本定价法，即仅计算可变成本，不计算固定成本，在变动成本的基础上加上预期的边际贡献。单位产品价格的计算公式为

单位产品价格=单位可变成本+边际贡献

边际成本定价法改变了售价低于总成本便拒绝交易的传统做法，在竞争激烈的市场条件下，具有极大的定价灵活性，对于有效地对付竞争者，开拓新市场，调节需求的季节差异，形成最优产品组合可以发挥巨大的作用。但是，过低的成本有可能被指控为从事不正当竞争，易被进口国认定为“倾销”，产品价格会因“反倾销税”的征收而失去其最初的意义。

3. 盈亏平衡定价法

在销量既定的条件下，企业产品的价格必须达到一定的水平才能做到盈亏平衡。既定的销量就称为盈亏平衡点，这种制定价格的方法就称为盈亏平衡定价法。科学地预测销量和已知固定成本、变动成本是盈亏平衡定价的前提。

例如，某企业年固定成本为 100 000 元，单位产品变动成本为 30 元/件，年产量为 2 000 件，则该企业盈亏平衡点价格=(100 000 ÷ 2 000)+30=80(元)。

以盈亏平衡点确定价格只能使企业的生产耗费得以补偿，而不能得到收益。因此，在实际中均将盈亏平衡点价格作为价格的最低限度，通常再加上单位产品目标利润后才作为最终市场价格。

4. 投资回收定价法

这是根据企业的总成本和预计的总销售量，加上按投资收益率制定的目标利润额，作为定价基础的方法。

这种定价法首先要估算出不同产量的总成本，估算未来阶段可能达到的最高产量，然后确定期望达到的收益率，才能制定出价格。因此，这种定价法有一个缺陷，即企业是根据销量倒过来推算价格，但是价格又是影响销量的一个因素。这一定价法适合产品有专利权或在竞争中处于主导地位的产品。

15.3.2 需求导向定价法

由于影响消费者需求的因素很多，如消费习惯、收入水平和产品的价格弹性等，就形成了不同的需求导向方法。

1. 习惯定价法

这是企业依据长期被消费者接受和承认的并已成为习惯的价格对产品进行定价。某些产品在长期经营过程中，消费者已经接受了其属性和价格水平，符合这种标准的价格容易被消费者接受，反之则会引起消费者的排斥。经营此类产品的企业不能轻易改变价格，减价会引起消费者对产品质量的怀疑，涨价会影响产品的销路。

2. 可销价格倒推法

这是以消费者对商品价值的感受及理解程度为基础确定其可接受价格的定价方法。一般在两种情况下企业可采用这种定价法：一是为了满足在价格方面与现有类似产品竞争的需要；二是对新产品推出先确定可销价格，然后反向推算出各环节的可销价格。

3. 需求差异定价法

这是根据需求的差异，对同种产品制定不同的价格的方法。

需求差异定价的前提条件：市场可以细分，各细分市场具有不同的需求弹性；价格歧视不会引起顾客反感；低价格细分市场的顾客没有机会将商品转卖给高价格细分市场顾客；竞争者没有可能在企业以较高价格销售产品的市场上以低价竞争。

4. 理解定价法

这是企业根据消费者对产品价值的感觉而不是根据卖方的成本制定价格的办法。各种商品的价值在消费者心目中都有特定的位置，当消费者选购某一产品时常会将该商品与其他同

类商品进行比较，通过权衡相对价值的高低而决定是否购买。因此，企业向某一目标市场投放产品时，首先需给这种产品在目标市场上“定位”，即企业要努力拉开本产品与市场上同类产品的差异，并运用各种营销手段来影响消费者的价值观念，使消费者感到购买该产品能比购买其他产品获得更多的相对利益。然后，企业就可根据消费者所形成的价值观念大体确定产品价格。

运用理解定价法的关键，是把自己的产品同竞争者的产品相比较，准确估计消费者对本产品的理解价值。为此在定价前必须做好市场调查，否则定价过高过低都会造成损失。如果定价高于买方的理解价值，顾客就会转移到其他地方，企业销售额就会受到损失；定价低于买方的理解价值，必然使销售额减少，企业也同样会受到损失。

15.3.3　竞争导向定价法

企业以竞争者的价格为基础，经过与竞争者的各种比较(如形象、产品功能、服务)等而做上下的调整，即为竞争导向定价法。通常有通行价格定价法、竞争价格定价法和投标定价法。

1. 通行价格定价法

通行价格定价法也叫现行市价法，即依据本行业通行的价格水平或平均价格水平制定价格的方法。它要求企业制定的产品价格与同类产品的平均价格保持一致。在有许多同行相互竞争的情况下，当企业生产的产品大致相似时(如钢铁、粮食等)，如企业产品价格高于别人，会造成产品积压；价格低于别人又会损失应得的利润，并引起同行间竞相降价，两败俱伤。因此，在产品差异很小的行业，往往采取这种定价方法。另外，对于一些难以核算成本的产品，或者打算与同行和平共处，或者企业难以准确把握竞争对手和顾客反应的，也往往采取这一种定价办法。

2. 竞争价格定价法

与通行价格定价法相反，竞争价格定价法是一种主动定价方法，一般为实力雄厚或独具特色的企业所采用。定价时首先将市场上竞争产品价格与本企业估算价格进行比较，分为高于、低于和一致 3 个层次。其次将产品的性能、质量、成本、式样、产量与竞争企业进行比较，分析造成价格差异的原因。再次根据以上综合指标确定本企业产品的特色、优势及市场定位。在此基础上，按定价所要达到的目标确定产品价格。

案例 15-2

沃尔玛能够迅速发展，除了正确的战略定位以外，也得益于其首创的折价销售策略。每家沃尔玛商店都贴有天天廉价的大标语。很多商品在沃尔玛比其他商店要便宜。沃尔玛提倡的是低成本、低费用结构、低价格的经营思想，主张把更多的利益让给消费者，为顾客节省每一美元是他们的目标。沃尔玛的利润通常在 30％左右，而其他零售商如凯马特的利润率都在 45％左右。公司每星期六早上举行经理人员会议，如果有分店报告某商品在其他商店比沃尔玛低，可立即决定降价。低廉的价格、可靠的质量是沃尔玛的一大竞争优势，吸引了一批又一批的顾客。

3. 投标定价法

一般是指在商品和劳务的交易中，采用投标招标方式，由一个买主对多个卖主的出价择优成交的一种定价方法。在国际上，建筑包工和政府采购，往往采用这种方法。

15.4 价格策略

不同的市场策略目标，会有不同的价格策略，一般常见的价格策略有以下 6 种。

15.4.1 奇零定价策略

奇零定价是一种心理因素的定价方式，针对的是消费者的求廉心理，在商品定价时有意定一个与整数有一定差额的价格，让消费者有比较便宜的错觉，特别是当企业销售的商品种类多，单价低时，这种策略更有效。如某品牌的 54cm 彩电标价 998 元，给人以便宜的感觉。认为只要几百元就能买一台彩电，其实它比 1 000 元只少了 2 元。

采用奇零定价，除了让人感觉商品便宜以外，还会给消费者一种经过精确计算的心理感觉。例如，超市里某品牌的 5 千克一袋装小麦粉 11.95 元一袋，顾客会想到，就连几毛几分钱都算得仔仔细细，定价一定比较合理。

15.4.2 撇油定价策略

这是一种高价格策略，是指在产品生命周期的最初阶段，将新产品价格定得较高，在短期内获取丰厚利润，尽快收回投资。这种定价策略犹如从鲜奶中撇取奶油，取其精华，所以被称为“撇油定价策略”。撇油定价策略在国内外新产品定价中运用很普遍。

案例 15-3

撇油定价策略最典型的实例是美国的雷诺公司 1954 年从阿根廷引进的圆珠笔。当时美国尚无其他厂家生产圆珠笔，并且时值圣诞节前夕，人们需要购买新颖别致的圣诞礼物，雷诺公司看准了这个机会。虽然当时每支圆珠笔的生产成本不足 50 美分，但该公司以每支 10 美元的价格批发给零售商，而零售商又以每支 20 美元的高价转售给消费者，从中获取了巨额利润。

撇油定价策略有以下优点：在新产品上市之初，利用顾客求新求异心理，以较高的价格刺激消费，以提高产品身份，创造高价、优质、名牌的印象，开拓市场；由于价格较高，可在短期内获得较大利润，回收资金也较快，使企业有充足的资金开拓市场；在新产品开发之初，定价较高，当竞争对手大量进入市场时，便于企业主动降价，增强竞争能力，此举符合顾客对价格由高到低的心理。

当然，采用这种定价法也有一定的风险。把新产品的价格定得过高，有时不利于打开市场，而且高价高利势必导致竞争的白热化，使价格下降，赢利减少。

15.4.3 渗透定价策略

与撇油定价策略相反，渗透定价是指在新产品进入市场之初，有意识地压低单位利润水平，以低价刺激需求，迅速打开新产品的销路，从而降低成本，谋求长时期总利润增大和提高市场占有率的一种定价策略。这是一种颇具竞争力的定价策略，它在新产品定价中得到广泛的应用。

在选择渗透定价策略时，必须考虑符合下列条件：第一，产品价格的高低与销售量之间

存在着密切的反比关系，即产品的需求价格弹性较大；第二，单位产品的生产成本与销售费用和销售量之间也有着密切的反比关系，即销量越大，单位成本和费用越低；第三，低价可以有效地阻止现实和潜在的竞争。

案例 15-4

惠普公司获得了一项打印机新技术的研发成功，此技术使得新型的打印机能够获得更佳的打印质量，大大提高了打印机的性能。惠普公司面临定价的选择：究竟是凭借新技术优势制定高价格入市，还是保持原价不变，抑或是适当提价，又提价多少呢？

让我们来看看惠普公司的这款打印机是如何以定价策略构筑进入壁垒，获得较长生命周期而持续获利的。

当时，惠普公司高层这样分析，目前市场上竞争对手的同类型打印机的售价在 150 美元，如果惠普新型打印机倚仗新技术而制定高价格，例如定价到 250 美元的话，惠普公司可以赚到 100 美元，产品的毛利率就形成了翻番的暴利局面。

虽然这样做惠普公司会获得短期的暴利，但是这样的价格体系必然会吸引大批的追随者加入。因为巨大的利润空间必然使得这些企业敢于花费研发成本而后入市，并以略低于惠普打印机的价格销售，以获得利润。

而其后进入的厂家又会以低于上一家的价格销售，最后的结局可能就是一窝蜂上来打，相互杀价，最后打垮惠普自己。

那么惠普是怎样定价的呢？惠普决定将价位定在 185 美元，摊上研发成本后惠普公司虽然只能赚到 25 美元/台，但是却可以有效地阻止追随者的进入。

当意欲追随者花费研发成本和时间成本加入竞争时，惠普的新产品已经收回了成本或已经开始盈利了。

一旦新对手加入竞争，惠普立即可以将价格调到 160～175 美元，新对手将无法以如此的低价格分摊成本，盈利也就微乎其微了。

由于在这项技术上惠普公司是市场领先者，他的价位也就代表了本项技术革新的标准价位，消费者是绝对不会再接受更高的价位的，除非新加入对手又有了技术创新，那就另当别论了。

15.4.4 牺牲品定价策略

为建立企业的低价格印象，企业可以找出一项大众化的产品，订出超低价，以吸引大量顾客。

案例 15-5

日本创意药房在将一瓶 200 元的补药以 80 元超低价出售时，每天都有大批人潮涌进店中抢购补药，按说如此下去肯定会赔本，但财务账目显示出盈余逐月骤增，其原因就在于没有人来店里只买一种药。人们看到补药便宜，就会联想到其他药也一定便宜，促成了盲目的购买行动。

15.4.5 声望定价策略

声望定价是指借助产品的高价，以塑造品牌地位。一些名牌服饰和用品就是典型代表，如劳力士表、夏资服饰及乔依(Joy)香水等。

采用声望定价法主要是利用消费者对名牌产品、优质产品的崇拜心理和信任心理。在许多消费者眼里，名牌是一种符号，代表着产品所有者的身份和地位。穿上一双“耐克”旅游鞋，不仅脚上舒服，脸面上也光彩。因此，许多人购买名牌产品时，不仅要求产品本身高档优质，同时也要求其价格极为显赫，以满足自己的炫耀心理。许多精明的企业一方面可以获得丰厚的利润，另一方面又能抬高产品的身价，树立名牌产品的高价值形象。这可以说是一石双鸟。

15.4.6 一视同仁的定价策略

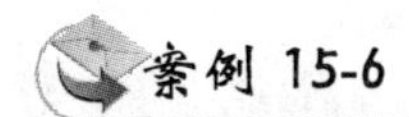
案例 15-6

20世纪初，日本人盛行穿布袜子，石桥便专门生产经销布袜子。当时由于大小、布料和颜色的不同，袜子的品种多达100多种，价格也是一式一价，买卖很不方便。有一次，石桥乘电车时，发现无论远近，车费一律都是0.05日元。由此他产生灵感，如果袜子都以同样的价格出售，必定能大开销路。然而，当他试行这种方法时，同行全都嘲笑他。认为如果价格一样，大家便会买大号袜子，小号的则会滞销，那么石桥必赔本无疑。但石桥胸有成竹，力排众议，仍然坚持统一定价。由于统一定价方便了买卖双方，深受顾客欢迎，布袜子的销量达到空前的数额。

不同的商品有不同的价格是营销的一般规律，但对于一些花色品种繁多的商品，零售商如果根据不同品种、式样分别定价，就必然出现一个庞杂的价格系列，这样会使消费者在挑选商品时犹豫不决，很难做出购买决定。所以，不少企业在进行定价时，将产品进行了归类整理，属于同类即便不属于同种产品也给予同样的价格。更有甚者，将此种定价方式推到极致，不论什么产品，定价都一样，如“五元店”、“十元店”等。

本项目知识要点

(1) 影响价格的主要因素：产品成本、市场价格水平、产品的供需状况、竞争对手状况、国家的宏观经济政策等。

(2) 定价的程序依次：确定定价目标、预测市场需求、估计成本、分析竞争者的反应、选择定价策略、方法和技巧、充分考虑与各种政策的协调、制定最终价格。

(3) 企业常用的定价方法有成本导向定价法、需求导向定价法和竞争导向定价法。

(4) 企业的基本价格策略包括奇零定价策略、撇油定价策略、渗透定价策略、声望定价策略、一视同仁的定价策略等。

思 考 题

(1) 产品定价对于中小企业有什么作用？
(2) 产品价格主要受哪些因素影响？
(3) 产品定价有怎样的程序？
(4) 产品定价有哪些方法？
(5) 有哪些基本价格策略？

实 训 项 目

每6人一小组，对大型超市或商场进行实地调查。通过调查，观察社会上商家经常使用的定价策略有哪些，实施目的和效果如何，并总结不同类型的商家常用的定价策略。

项目 16　中小企业的分销策略

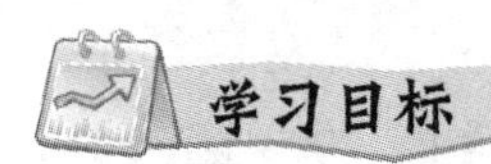

1. 理解分销渠道的概念与分销渠道结构。
2. 了解分销渠道的类型。
3. 深刻理解各种因素对中小企业分销渠道选择的影响。
4. 了解实体分配的范围、目标和战略方案。

案例 16-1 戴尔的直销与分销

从 2007 年起，戴尔渠道业务在经历了诸多挑战之后，已经渐入正轨，完成了因直销而成就的企业的渠道转身，其打造的新型复合营销架构已经告一段落，进入稳定发展期。

戴尔的渠道业务转型，其本质上不是要否定直销业务，而是要寻找一条直销与分销并存的新型的复合型营销架构。在原有直销业务的基础上，用渠道去覆盖直销所无法覆盖和满足的客户需求，这是其做渠道的主要目的。

需要特别指出的是，戴尔在做渠道业务之初，消费业务和商用业务就是完全独立分开各自探索。由于客户需求、销售方式等方面的差异，这两个业务在日后的渠道业务进度也存在一定的差别。相比较而言，戴尔从直销到兼做分销的转型，重点在于商用业务，难点在于要从制度上将商用业务中直销与分销的冲突有效地化解。

从发展上看，戴尔的业务转型大概经历了三个阶段，分别是 2007—2008 年 3 月的准备期，2008 年 3 月—2011 年 3 月的摸索期，以及 2011 年 3 月之后的稳定期。

在第一阶段准备期间，戴尔主要是在为渠道业务转型做各方面的准备，主要是营销思路上的自我修正，渠道转型的理论指导准备，以及渠道业务转型的人才储备。在观念上，戴尔颠覆了只做直销不做渠道的传统；进行了各种调研，分析论证，为将来的渠道转型做理论准备；同时进行了必要地人才储备，原效力于摩托罗拉的渠道负责人杨超，以及 SUN 中国代理业务总经理麦沛然先后加盟。

2007 年 9 月 24 日，戴尔宣布其产品进入国美销售。这虽是戴尔中国区首次正式采用渠道销售模式，但也被视为其后期大规模展开渠道业务的一种准备。

2008 年 3 月，戴尔消费业务开始大规模招募渠道。而在随后的 4 月，戴尔启动了其商用合作伙伴计划，这两个标志性的事件预示着戴尔开始正式大规模展开渠道业务。

第二阶段是探索期，戴尔在消费业务中采取了 FA 模式，采用神州数码为物流和资金平台，戴尔直接发展代理商，并快速大规模建设零售店面。由于相对稳定的政策，并且与直销几乎不存在冲突，消费业务发展迅速。两年后，戴尔在中国的零售店面已经突破 6 000 家。

而商用业务的渠道发展却并不顺利，在 2008 年 3 月宣布开始招募渠道之后，一些原有的戴尔的灰色渠道开始成为戴尔的授权合作伙伴。但很快也出现新问题，戴尔原有的四大商用部门(后改为三大部门)都开始发展渠道。这就形成了一定的内耗。一方面，各个部门都争夺渠道，另一方面也存在戴尔与渠道之间的订单竞争。除此之外，原有的业务习惯，各个层面的业绩压力，都导致商用业务的渠道发展一波三折。也是在这个过程中，戴尔逐步修正了政策上的不足，开始强化制度建设。

2011 年 3 月，戴尔中国宣布成立 GCC(全球商业合作伙伴事业部)，戴尔的渠道业务转型进入第三阶段的稳定发展期。这个新成立的事业部将戴尔的三大商用部门的渠道业务全权接管。戴尔对于直销和分销的客户进行了严格的区分。在政策方面，严格特单审批，加强渠道秩序监管，并给予渠道更多的支持。而 GCC 的负责人是由原来的商用直销部门的负责人吴业翔、王一山担任，这样就大大减少了 GCC 与直销部门的冲突和解决问题的可行性。在各种有利因素的作用下，商用渠道业务开始进入快速发展期。

如今，GCC 的业务已经占到了中国区商用业务的六成，并占到整个中国业务比重的三成。在经过了几年的探索之后，戴尔终于在制度上建立了一个有效规避直销和分销冲突的模式，从而实现了直销加分销的复合营销架构。

(资料来源：阿里巴巴网.http://www.alibaba.com.cn.)

思考与讨论：你认为戴尔和联想的销售模式各有什么利弊？

16.1　分销渠道的概念与分销渠道的结构

16.1.1　分销渠道的概念

分销渠道(Place Channel)是指某种货物和劳务从生产者向消费者移动时取得这种货物和劳务的所有权或帮助转移其所有权的所有企业和个人。它主要包括商人中间商，代理中间商，以及处于渠道起点和终点的生产者与消费者。在商品经济中，产品必须通过交换发生价值形式的运动，使产品从一个所有者转移到另一个所有者，直至消费者手中，这称之为商流。同时，伴随着商流，还有产品实体的空间移动，这称之为物流。商流与物流相结合，使产品从生产者到达消费者手中，便是分销渠道或分配途径。

16.1.2　分销渠道的结构

1. 5种流程

分销渠道由5种流程构成，即实体流程、所有权流程、付款流程、信息流程及促销流程。

(1) 实体流程。指实体原料及成品从制造商转移到最终顾客的过程。

(2) 所有权流程。指货物所有权从一个市场营销机构到另一个市场营销机构的转移过程。其一般流程为：供应商—制造商—代理商—顾客。

(3) 付款流程。指货款在各市场营销中间机构之间的流动过程。

(4) 信息流程。指在市场营销渠道中，各市场营销中间机构相互传递信息的过程。

(5) 促销流程。指由一单位运用广告、人员推销、公共关系、促销等活动对另一单位施加影响的过程。

2. 流程的功能

在以上流程中分销渠道发挥着这样几项功能。

(1) 调研。收集制订计划和进行交换时所必需的信息。

(2) 促销。进行关于所供应货物的说服性沟通。

(3) 接洽。寻找可能的购买者并与其进行沟通。

(4) 匹配。使所供应的货物符合购买者需要，包括制造、装配、包装等活动。

(5) 实体分配。从事商品的运输、储存等。

(6) 谈判。为了转移所供货物的所有权，而就其价格及有关条件达成最后协议。

(7) 财务。为补偿渠道工作的成本费用而对资金的取得与使用

(8) 风险承担。承担与从事渠道工作有关的全部风险。

16.2　分销渠道的类型

从一个企业在分销渠道决策时所面临的选择来看，分销渠道大致有以下3种分类。

16.2.1　直接渠道与间接渠道

直接渠道和间接渠道的区别实际上就是企业在其分销活动中是否通过中间商的问题。

1. 直接渠道

直接渠道是指产品从生产者转移到消费者时不经过任何中间环节，而直接把产品销售给消费者的分销渠道。

在我国，鲜活产品、食品和手工工业制品，有着长期传统的直销习惯；新技术在流通领域中的广泛应用，也使邮购、电话电视销售和计算机联网销售方式逐步展开，促进了消费品直销方式的发展。

直接渠道有利于生产者掌握市场状况与发展趋势。由于去掉了产品流转的中间环节，往往可以降低产品在流通过程中的损耗。但直接渠道在生产集中、消费需求分散的情况下，就不能胜任。制造商缺乏销售方面的经验，若自己承担商业责任，会加重制造商的管理难度，分散制造商的精力。

案例 16-2 安利模式

中国直销法规实施后，安利便出台了《安利业务新纲要》。在这份全新业务纲要中，安利将推出一种“营销代表+网点负责人+营销部主管”的混合模式，3种人员将分别以“产品销售、品牌建设和管理培训为导向”，打造全新的服务模式和业务架构。安利抛出的全新业务调整革新纲要，树立了一个解决多层次公司痼疾的行业标准。《安利业务新纲要》中显示，在新的营销管理架构下，安利销售代表将以非公司员工的身份，在非固定经营场所销售产品、服务顾客；而服务网点则由公司择优选拔的、拥有工商营业执照及符合公司要求固定经营场所的服务网点负责人进行经营，为销售代表及消费者提供信息咨询、售货、退换货等服务，但所有服务网点与销售代表均由安利(中国)直接管理与监督。而在涉及的业务员和经销商新的工作计酬制度中，安利销售代表将继续按其直接向消费者销售产品的收入计算销售佣金，最高佣金比率为30%；服务网点负责人则采用预约定额的计酬方式，按其具体的服务内容及服务量，获得合同中预先约定的季度定额品牌推广服务费。

安利在全国所有省份设立分支机构、在近2 000个县/市设立超过7 000家服务网点的内容。为了将业务转型带来的不利影响降到最低，安利加大了对品牌推广、服务网点、教育工程、个人发展方面的投入，在全国主要业务区域广泛设立服务网点，提升品牌的知名度与美誉度，制定全面系统的人员教育培训方案。此外，安利用了至少2亿元的资金来稳定销售队伍。

对于安利推出的业务新政，业界表示出高度关注。对于团队计酬与多层次计酬这一敏感地带，该新纲要推出了两种独立的经营身份对其进行了规避——一个是销售代表(无固定地点)，一个是经销商(有固定地点)，给予经销商和推销员以独立经营身份是符合直销法精神的，而经销商以公司的传统渠道经营的合作者身份出现，已超出推销员(直销商)范畴，故不存在着团队计酬问题。此外，公司将渠道费用通过传统合作方式发放，这就保证了旗下原有大的经销商的利益。

(资料来源：欧阳文章.中国直销经济学.北京：北京大学出版社，2007.)

2. 间接渠道

间接渠道是指企业通过一个以上的中间商向消费者销售产品的分销渠道。

间接渠道是消费品分配的主要类型，大约95%的消费品通过间接渠道销售。此外，一部分生产资料也通过间接渠道进行销售。大多数制造商缺乏直接营销的财力和经验，而采用间接渠道，能够发挥中间商广泛提供产品和进入目标市场的最高效率。利用中间商的分销网络、业务经验、专业化和规模经济优势，通常会使制造商获得高于自营销售所能取得的利润。另外，利用中间商能减少交易次数，达到节约的目的。

16.2.2　长渠道与短渠道

在产品向消费者运动的流通过程中，经过的买卖环节或层次越多，销售渠道越长，反之，渠道越短。销售渠道的“长”与“短”只是相对而言，不能仅因为形式不同而判定它们孰优孰劣。因为随着销售渠道的长短变化，一种产品既定的市场营销职能不会减少或增加，而只是在参与流通的机构也就是渠道成员间转移替代或分担。

例如，一家制造厂决定改由自己的推销机构直接向消费者出售商品。这样，它要把原来批发商、零售商替它承担的储存、运输、分装、拼配、资金融通、风险承担等多种职能统揽起来，收益固然不少，费用也随之增大。

因此，渠道长度决策的关键点是选择适合自身特点的渠道类型，权衡利弊得失，尽力扩大经营的效能和效益。实际上，企业往往采取多渠道推销某种产品，取长补短，提高市场渗透程度，以适应不同的市场需求。

16.2.3　宽渠道与窄渠道

企业经营者在选择采用间接渠道来销售产品时，应考虑到间接渠道还有宽窄之别。销售渠道的“宽度”取决于渠道的每个层次或环节中使用同种类型中间商数目的多少。多者为宽渠道，意味着销售窗口多，市场覆盖面大；少者则为窄渠道，市场覆盖面也就相应较少或很少。销售渠道的宽度是和制造商所采取的分销战略相关联的。

16.3　影响中小企业分销渠道选择的因素

影响分销渠道选择的因素很多。生产企业在选择分销渠道时，必须对下列几方面的因素进行系统的分析和判断，才能做出合理的选择。

16.3.1　产品因素

1. 产品价格

一般来说，产品单价越高，越应注意减少流通环节，否则会造成销售价格的提高，从而影响销路，这对生产企业和消费者都不利。而单价较低、市场较广的产品，则通常采用多环节的间接分销渠道。

2. 产品的体积和重量

产品的体积大小和轻重，直接影响运输和储存等销售费用，过重的或体积大的产品，应尽可能选择最短的分销渠道。对于那些按运输部门规定的起限(超高、超宽、超长、集重)的产品，尤应组织直达供应。小而轻且数量大的产品，则可考虑采取间接分销渠道。

3. 产品的易毁性或易腐性

产品有效期短，储存条件要求高或不易多次搬运者，应采取较短的分销途径，尽快送到消费者手中，如鲜活品、危险品。

4. 产品的技术性

有些产品具有很高的技术性，或需要经常的技术服务与维修，应以生产企业直接销售给用户为好，这样，可以保证向用户提供及时良好的销售技术服务。

5. 定制品和标准品

定制品一般由产需双方直接商讨规格、质量、式样等技术条件，不宜经由中间商销售。标准品具有明确的质量标准、规格和式样，分销渠道可长可短，有的用户分散，宜由中间商间接销售；有的则可按样本或产品目录直接销售。

6. 新产品

为尽快地把新产品投入市场，扩大销路，生产企业一般重视组织自己的推销队伍，直接与消费者见面，推介新产品和收集用户意见。如能取得中间商的良好合作，也可考虑采用间接销售形式。

16.3.2 市场因素

1. 购买批量大小

购买批量大，多采用直接销售；购买批量小，除通过自设门市部出售外，多采用间接销售。

2. 消费者的分布

某些商品消费地区分布比较集中，适合直接销售。反之，适合间接销售。在工业品销售中，本地用户产需联系方便，因而适合直接销售。外地用户较为分散，通过间接销售较为合适。

3. 潜在顾客的数量

若消费者的潜在需求多，市场范围大，需要中间商提供服务来满足消费者的需求，宜选择间接分销渠道。若潜在需求少，市场范围小，生产企业可直接销售。

4. 消费者的购买习惯

有的消费者喜欢到企业买商品，有的消费者喜欢到商店买商品。所以，生产企业应既直接销售，也间接销售，满足不同消费者的需求，也增加了产品的销售量。

16.3.3 生产企业本身的因素

1. 资金能力

企业本身资金雄厚，则可自由选择分销渠道，可建立自己的销售网点，采用产销合一的经营方式，也可以选择间接分销渠道。企业资金薄弱则必须依赖中间商进行销售和提供服务，只能选择间接分销渠道。

2. 销售能力

生产企业在销售力量、储存能力和销售经验等方面具备较好的条件，则应选择直接分销渠道。反之，则必须借助中间商，选择间接分销渠道。另外，企业如能和中间商进行良好地合作，或对中间商能进行有效地控制，则可选择间接分销渠道。若中间商不能很好地合作或不可靠，将影响产品的市场开拓和经济效益，则不如进行直接销售。

3. 可能提供的服务水平

中间商通常希望生产企业能尽多地提供广告、展览、修理、培训等服务项目，为销售产品创造条件。若生产企业无意或无力满足这方面的要求，就难以达成协议，迫使生产企业自行销

售。反之，提供的服务水平高，中间商则乐于销售该产品，生产企业则选择间接分销渠道。

4. 发货限额

生产企业为了合理安排生产，会对某些产品规定发货限额。发货限额高，有利于直接销售；发货限额低，则有利于间接销售。

16.3.4　政策规定

企业选择分销渠道必须符合国家有关政策和法令的规定。某些按国家政策应严格管理的商品或计划分配的商品，企业无权自销和自行委托销售；某些商品在完成国家指令性计划任务后，企业可按规定比例自销，如专卖制度(如烟)、专控商品(控制社会集团购买力的少数商品)。另外，如税收政策、价格政策、出口法、商品检验规定等，也都影响分销途径的选择。

16.3.5　经济收益

不同分销途径经济收益的大小也是影响选择分销渠道的一个重要因素。对于经济收益的分析，主要考虑的是成本、利润和销售量3个方面的因素。具体分析如下。

1. 销售费用

销售费用是指产品在销售过程中发生的费用。它包括包装费、运输费、广告宣传费、陈列展览费、销售机构经费、代销网点和代销人员手续费、产品销售后的服务支出等。一般情况，减少流通环节可降低销售费用，但减少流通环节的程度要综合考虑，做到既节约销售费用，又要有利于生产发展和体现经济合理的要求。

2. 价格分析

(1) 在价格相同条件下，进行经济效益的比较。目前，许多生产企业都以同一价格将产品销售给中间商或最终消费者，若直接销售量等于或小于间接销售量时，由于生产企业直接销售时要多占用资金，增加销售费用，所以，间接销售的经济收益高，对企业有利；若直接销售量大于间接销售量，而且所增加的销售利润大于所增加的销售费用，则选择直接销售有利。

(2) 当价格不同时，进行经济收益的比较。主要考虑销售量的影响，若销售量相等，直接销售多采用零售价格，价格高，但支付的销售费用也多。间接销售采用出厂价，价格低，但支付的销售费用也少。究竟选择什么样的分销渠道？可以通过计算两种分销渠道的盈亏临界点作为选择的依据。当销售量大于盈亏临界点的数量，选择直接分销渠道；反之，则选择间接分销渠道。在销售量不同时，则要分别计算直接分销渠道和间接分销渠道的利润，并进行比较，一般选择获利的分销渠道。

16.3.6　中间商特性

各类各家中间商实力、特点不同，如广告、运输、储存、信用、训练人员、送货频率方面具有不同的特点，从而影响生产企业对分销渠道的选择。

1. 中间商的不同对生产企业分销渠道的影响

例如，汽车收音机厂家考虑分销渠道，其选择方案有以下几种。

(1) 与汽车厂家签订独家合同，要求汽车厂家只安装该品牌的收音机。

(2) 借助通常使用的渠道，要求批发商将收音机转卖给零售商。

(3) 寻找一些愿意经销其品牌的汽车经销商。

(4) 在加油站设立汽车收音机装配站，直接销售给汽车使用者，并与当地电台协商，为其推销产品并付给相应的佣金。

2. 中间商的数目不同的影响

按中间商数目多少的不同情况，可选择密集式分销、选择性分销或独家分销。

(1) 密集式分销，指生产企业同时选择较多的经销代理商销售产品。一般情况下，日用品多采用这种分销形式。工业品中的一般原材料、小工具、标准件等也可用此分销形式。

(2) 选择性分销，指在同一目标市场上，选择一个以上的中间商销售企业产品，而不是选择所有愿意经销本企业产品的所有中间商。这有利于提高企业经营效益。一般来说，消费品中的选购品和特殊品，工业品中的零配件宜采用此分销形式。

(3) 独家分销，指企业在某一目标市场，在一定时间内，只选择一个中间商销售本企业的产品，双方签订合同，规定中间商不得经营竞争者的产品，制造商则只对选定的经销商供货，一般说，此分销形式适用于消费品中的家用电器，工业品中专用机械设备，这种形式有利于双方协作，以便更好地控制市场。

3. 消费者的购买数量

如果消费者购买数量小、次数多，可采用长渠道。反之，购买数量大，次数少，则可采用短渠道。

4. 竞争者状况

当市场竞争不激烈时，可采用同竞争者类似的分销渠道。反之，则采用与竞争者不同的分销渠道。

16.4 实体分配

16.4.1 实体分配的范围与目标

实体分配指对原料和最终产品从原点向使用点转移，以满足顾客需要，并从中获利的实物流通的计划、实施和控制。也称为实体流或物流，即产品通过从生产者手中运到消费者手中的空间移动，在需要的地点，需要的时间里，达到消费者手中。

1. 实体分配范围

实体分配范围很广，第一任务是销售预测，公司在预测的基础上制订生产计划和存货水平。生产计划明确采购部门必须订购的原料。这些原料通过内部运输运到工厂，进入接受部门，并被作为原材料存入仓库。原材料被转变为制成品，制成品存货是顾客订购和公司制造活动之间的桥梁。顾客的订货减少了制成品的库存，而制造活动则充实了库存商品。制成品离开装配线，经过包装、厂内储存、运输事务所的处理、厂外运输、地区储存、最后送达顾客，并提供服务。实体分配总成本的主要构成部分是运输(46%)、仓储(26%)、存货管理(10%)、接受和运送(6%)、包装(5%)、管理费(4%)以及订单处理(3%)。

2. 实体分配目标

实体分配必须解决：如何处理订货单？商品储存地点应该设在何处？手头应该有多少储备商品？如何运送商品？实体分配的目标就是妥善处理这4个问题。

1) 订单处理

实体分配开始于顾客的订货。订货部门备有各种多联单，分发给各部门。仓库中缺货的商品品目以后补交，发运的商品要附上发运和开单凭证并将单据副本送各部门。

2) 仓储

仓库数目多，就意味着能够较快地将货送达顾客处，但是，仓储成本也将增加，因此数目必须在顾客服务水平和分销成本之间取得平衡。可选择的仓库：私人仓库、公共仓库、储备仓库、中转仓库、旧式的多层建筑仓库、新式的单层的自动化仓库。

3) 存货

存货水平代表了另一个影响顾客满意程度的实体分配决策。存货决策的制定包括何时进货和进多少货，其主要指标是最佳订货量。

4) 运输

公司可以选择的运输方式：铁路、公路、水路、管道、航空运输、集装箱联运。

运输决策还必须考虑运输方式和其他分销要素的权衡和选择，如仓库、存货等要素。当不同的运输方式所伴随的成本随时间的推移而发生变化时，公司应该重新分析其选择，以便找到最佳实体分配安排。

16.4.2 实体分配的战略方案

在设计实体分配系统时，常常要在几种不同的战略中进行选择。一般来讲，可供选择的战略主要有以下3种。

1. 单一工厂，单一市场

这些单一工厂通常设在所服务的市场的中央，这样可以节省运费，但是，设在离市场较远的地方，也可能获得低廉的工地、劳动力、能源和原料成本。企业在两个设厂地点进行选择时，不仅应审慎地估计目前各战略的成本，更须考虑到未来各战略的成本。

2. 单一工厂，多个市场

1) 直接运送产品至顾客

这必须考虑：该产品的特性(如单位、易腐性和季节性)；所需运费与成本；顾客订货多少与重量；地理位置与方向。

2) 大批整车运送到靠近市场的仓库

与直运相比，将成品大批运送到靠近市场的仓库，再从那里根据每一订单运送给顾客的方式，要比直运费用少。一般来说，增加新地区仓储所节约的运费与所能增加的顾客惠顾利益如大于建立仓储所增加的成本，那么就应在这一地区增设仓储。如果考虑用仓库，应租赁还是自建？租赁的弹性较大，风险较小，在多数情况下比较有利，只有在市场规模很大而且市场需求稳定时，自建仓库才有意义。

3) 将零件运到靠近市场的装配厂

建立装配分厂的最大好处是运费较低。有利于增加销售额；不利之处是要增加资金成本和固定的维持费用。建厂必须考虑该地区未来销售量是否稳定，以及数量是否会多到足以保证投下这些固定成本后仍有利可图。

4) 建立地区性制造厂

在诸多因素中，最重要的是该行业必须具有大规模生产的经济性，在需要大量投资的行业中，工厂规模必须较大才能得到经济的生产成本。

3. 多个工厂，多个市场

企业有两种选择目标：一是短期最佳化，即在既定的工厂和仓库位置上制定一系列由工厂到仓库的运输方案，使运输成本最低；二是长期最佳化，即决定设备的数量与区位，使总分配成本最低。短期最佳化的有效工具是线性规划技术；而长期最佳化的有效工具是系统模拟技术。

本项目知识要点

(1) 分销渠道是某种货物和劳务从生产者向消费者移动时取得这种货物和劳务的所有权或帮助转移其所有权的所有企业和个人。

(2) 分销渠道可分为直接渠道与间接渠道、长渠道与短渠道、宽渠道与窄渠道。

(3) 影响中小企业分销渠道选择的因素包括：产品因素、市场因素、企业本身因素、政策、经济收益以及中间商等。

(4) 实体分配是对原料和最终产品从原点向使用点转移，以满足顾客需要，并从中获利的实物流通的计划、实施和控制。

思 考 题

(1) 什么是分销渠道？
(2) 分销渠道由哪几部分构成？
(3) 分销渠道有哪些类型？
(4) 影响分销渠道的因素有哪些？
(5) 什么是实体分配？
(6) 实体分配的目标是什么？

实 训 项 目

教师指定市场上某类产品(或学生模拟企业的产品)作为调查对象，学生以小组为单位在市场上收集生产或经营该类产品替代品的不同企业的有关信息，并了解存在的问题。然后进行小组讨论，撰写实训报告。

项目 17　中小企业的促销策略

学习目标

1. 熟悉中小企业促销的本质与理念。
2. 理解促销的四大手段，并能够组合运用。
3. 熟悉网络促销的技巧。
4. 了解中小企业常用的促销技巧，并能够熟练地运用。

17.1 认识促销

17.1.1 促销的概念

对于刚创业的中小企业来说，促销是企业应对竞争、扩大市场、争夺顾客、树立形象的基本营销手段。如何合理运用促销策略是每个企业都要面临的问题，在什么时候应该选择什么样的促销手段甚至会影响到整个市场的走向。

案例 17-1 海南养生堂“寻找十大类病症千名病友”活动

海南养生堂药业有限公司 1995 年在浙江推出“寻找十大类病症千名病友”免费大赠送、大优惠活动，以“关心最需要关心的人，帮助最需要帮助的人”为口号，向全省患有慢性肝炎、久痔脱肛、肾病等十大类病患者发出征集千名病友的邀请活动，对选定的千名患者实行“先使用后付款”，即先免费赠送 3 盒龟鳖丸，再次购买时，再先付清先期的货款，免费领走 4 盒产品，余下循环类推。这一活动，厂商显示真诚爱心的同时，也蕴藏着较为高明的无限商机。由于选定的信用服务对象是非随意性的，大多是该产品适用范围内的显效者，因此，良好的服务加上产品本身的功效，使服务对象极易成为该产品的消费对象。加之该促销活动带有一定的公益色彩，因此，养生堂此举较好地赢得了公众的信赖与赞誉，在众多保健品角逐的浙江市场中，一炮打响。在去年“寻找十大类病症千名病友”的基础上，2000 年养生堂推出寻找“百名特困病友”、“百名抗病勇士”，公司向“双百名”分别赠送 500 元，10 盒龟鳖丸，并向他们发放一年期养生堂龟鳖丸优惠卡，对选定的千名病友，除发放优惠卡外，同时赠送 3 盒产品。“养生堂”的原则是选定明确的赠送对象，关心最需要关心的人，将赠送活动定在对赠送对象的回访之后，既把对场面的控制权与主动权牢牢地控制在手中，又充分显示了公司的真诚与爱心。“养生堂”此次行动，再次赢得了良好口碑。

(资料来源：中国陶瓷信息资源网.http://www.ccisn.com.cn.)

从养生堂的例子可以看出，促销是企业通过人员推销或非人员推销的方式，向目标顾客传递商品或劳务的存在及其性能、特征等信息，帮助消费者认识商品或劳务所带给购买者的利益，从而引起消费者的兴趣，激发消费者的购买欲望及购买行为的活动。

促销实质上是一种沟通活动，在现代社会化大生产和市场经济条件下，企业必须与顾客、供应商、经销商、社会公众进行广泛的信息沟通活动。促销的沟通方式主要有 4 大类，包括广告促销、人员促销、销售促进、公共关系。有计划地将这 4 种方式结合起来，最大限度地发挥整体效果，从而顺利实现促销目标，称为促销组合。近年来，由于因特网和通信技术的迅速发展，网络也成为中小企业促销的重要阵地。

17.1.2 促销的作用

促销的根本目的是将企业的产品及服务的信息传递给消费者及整个渠道成员。为此，企业需要将自己的产品、服务信息进行分类、整理、编辑，通过广告、公共关系、人员推销、业务推广及中间商的帮助，把这些经过加工整理后的信息准确地传递到目标市场的顾客那里，刺激他们的购买欲望，调动他们的购买积极性，从而达到宣传企业及产品、树立企业形象的目的。顾客的口碑宣传在一定意义上也会对企业产品的推广起到广而告之的作用。

案例17-2 立普顿的生意经

风行世界的苏格兰立普顿红茶的开山祖师立普顿，由于他擅长心理宣传，从而使自己开设的食品批发店生意日渐兴隆。

有一年圣诞节，立普顿先生为使其代理的乳酪畅销，就想到欧美传统的说法：圣诞节前后所吃的苹果若含有6便士的铜币，明年将终年吉利如意。立普顿从中受到启发，他在食品店每五十块乳酪中挑一块装进一只英镑金币。同时用氢气球从空中散发传单，造成声势，以广招客。于是成千上万的消费者在气球的震撼与金币的诱惑下，拥进贩卖立普顿乳酪的经销店，人们想买到有金币的乳酪。

立普顿的发达遭到竞争对手嫉妒，他们向法院控告立普顿的做法有赌博的嫌疑。立普顿并没有因为对手的抵制而退缩，反而以退为进，在各地经销店张贴通知："亲爱的顾客，感谢大家爱用立普顿乳酪。但若发现乳酪中有金币者，请将金币退回，谢谢您的合作。"果不出立普顿所料，消费者不但没有退还金币，反而在"乳酪含金币"的声浪中踊跃前往购买。苏格兰法院认为这已是纯粹娱乐活动，而不再加以干涉。

立普顿的竞争对手仍不罢休，又以安全理由要求法院取缔这次危险活动。在法院再度调查时，立普顿乳酪又在报纸上刊登了一大页广告："法院又来一道命令，故请各位爱用者在食用立普顿乳酪时，注意里面有个金币，不可匆匆忙忙，应十分谨慎小心，方不至于吞下金币，造成生命危险。"结果是顾客更多，竞争对手也无招架之力了。立普顿因此占领了绝大部分市场，获得了巨额利润。

（资料来源：管理资源网.http://www.m448.com.）

思考与讨论： 立普顿的促销手法有何借鉴之处？促销给立普顿带来了怎样的好处？

从以上案例可以看出，促销有以下作用。

1. 增加市场需求、扩大销量

企业促销的目的在于激发潜在顾客的购买欲望，引发购买行为。有效的促销活动不仅可以诱导和激发需求，有时还可以创造需求。例如，当某种商品滞销时，企业可以通过适当的促销活动改变需求，甚至可以创造出新的需求，从而延长商品的市场寿命，吸引更多的新用户，使滞销商品从某种程度上得到恢复，出现新的销售势头。

2. 突出产品特色及企业形象

在激烈竞争的市场环境中，许多同类商品的细微差别，广大消费者是难以辨认和察觉的，这时，企业可以通过促销活动，宣传本企业产品与竞争者产品的不同特点及本企业所能给消费者带来的独特利益，使消费者加深对本企业产品及企业本身的了解，以便在市场上树立良好的产品形象和企业形象，促进销售。

3. 反馈信息，提供情报

在市场营销活动中贯穿着复杂的信息沟通系统。在产品进入市场前，企业必须把有关产品的信息专递到目标市场的消费者、用户和中间商那里。这样，一方面将企业的商品性能、特点与作用及可能提供的服务等信息传向消费者，引起注意，刺激购买；也可以使中间商采购到适销对路的商品，调动中间商的经营积极性。另一方面及时了解消费者和中间商对商品的看法和意见，迅速调整企业的经营战略，从而密切生产者、经销商和消费者之间的关系，加强营销渠道各环节的协作，加速商品流通。

4. 促销是总结——短期竞争的重要手段

在市场竞争中，企业的促销策略并不是一劳永逸的，某一种策略在这个阶段是适用的，而在另一个阶段也许就不适用。因此，企业需要不断总结各种促销手段的有效性、缺陷与不足，重新设计促销组合策略，以利于企业在新一轮的市场竞争中掌握主动权。

17.2 促销策划

作为企业的经营者，在面临各种资源有限的情况下，如何才能设计出一次有效的促销活动呢？做这样的促销活动会不会使原本就紧张的现金流更为紧张呢？其实，成功的促销是可以策划的，只要掌握了其中的奥秘，就可以用最小的代价策划一次最成功的促销活动。

17.2.1 有目标的促销

任何一项促销活动的展开，首先都必须确定促销活动的目标，只有目标明确，促销活动才能有的放矢。

案例 17-3 银泰百货商场“满就送”活动

“好不容易走到银泰门口，我望了一眼里面的人就退缩了，要想挤进去实在是需要太大的勇气与体力。”在一家外贸公司上班的何小姐这样描述她 2005 年 11 月 16 日杭州银泰百货商场的购物之行。这一天杭州银泰百货商场的每一个楼面，每一个楼面的每一排货架，每一排货架上的每一张标签，疯狂得像飓风一样摧枯拉朽，所有的女人把所有的热情喷发在了同一个方向——武林广场。除了疯狂地奔流的血，除了焦灼的眼光，一切都凝固在了一个支点上，“满 400 送 300”就这样无情地锁住了市场。

疯狂购物的人群造就的是 7 000 万元，这样一个全国百货店单日销售的最高纪录。

一大早，商场还没开门，等待的顾客就已经黑压压一片，银泰百货的安全部门勒令保安把门口的六扇玻璃门全都卸了下来，保证正门的畅通无阻。除了拆掉大门，他们还把商场里五六个安全通道全部打开，由保安各自看守，方便各个专柜补货，同时为自动扶梯缓解压力。

银泰百货副总经理刘索萍兴奋地看着电脑屏幕，上面的数字正在不断蹿升，下午 3～4 点，一个小时就做了 502 万元的销售额。到下午 5 点光景，当天的销售业绩已经超过了银泰历年来的最高纪录——2004 年 12 月 31 日创造的 3 420 万元销售额。截至晚上 12 点，银泰的销售额已经接近 7 000 万元，这个数字不但超过杭城百货店单日最高纪录 3 800 多万元，同时也创下全国百货店单日销售的最高纪录 6 000 万元。

从严格意义上来说，银泰百货的促销活动并非是单纯的让利促销活动。这一天销售额近 7 000 万元，超过日常销售额的十倍还多，但利润率却比平时要大大降低，甚至可能接近为零。银泰百货之所以这么做，是因为它促销的目的并不在于立竿见影的短期商业效果，而在于高瞻远瞩式的长远商业效果。在许多顾客的心目中，经过这次促销，银泰百货逐渐成为杭城购物的首选之地。

(资料来源：搜房房地产网.http://www.soufun.com.)

讨论：银泰百货公司的促销活动的目的是什么？

总的来说，你所希望实现的促销目标就是你期待目标市场对促销活动所做出的反应，如促使他们获取购物优惠券并进行购物。如果你希望通过刺激客户的购物欲望来达到提高销售业绩的目标，那么你就要更准确地确定你的各项促销方式与手段。多数刚从事市场营销的人都会犯这样一个错误，就是不能准确地确定开展促销活动所要实现的各项目标。希望提高销

售额是非常自然的事情，不过就特定产品而言，你必须确定采取哪些促销手段才是实现这一目标的最佳途径。

在某些情况下，想设法吸引更多顾客试用你的产品，从而实现扩大销售的目的。这时可以采取直接营销的手段，给客户寄去促销邮件，并为第一次购买公司产品的客户提供优惠条件，或有奖销售的方式，诸如此类的销售方式都能有效地帮助实现预期的促销目标。

17.2.2 促销的四大手段

1. 广告

广告刺激着消费、创造消费需求，但是广告是一把双面刃，使用得当可以起到事半功倍的作用，使用不当只会劳而无功，徒费资源。按渠道不同，广告可以分为以下6种。

1) 印刷品广告

印刷品广告包括报纸广告、杂志广告、电话簿广告、画册广告、火车时刻表广告等。印刷品广告的优势：覆盖面宽，读者稳定，传递灵活迅速，新闻性、可读性、知识性、指导性和纪录性“五性”显著，白纸黑字便于保存，可以多次传播信息，制作成本低廉等。印刷品广告的局限：以新闻为主，广告版面不可能居突出地位，广告有效时间短，如日报只有一天甚至只有半天的生命力，多半过期作废，不利于快速传播。

2) 电子媒体广告

电子媒体广告又称电波广告，电气广告，以电视广告为主要形式，其他形式包括电影广告、电台广播广告、电子显示大屏幕广告以及幻灯机广告、扩音机广告等。电视广告发展迅速，它收视率高，插于精彩节目的中间，具有强制性的特点，制作成本高，电视播放收费高，而且瞬间消失，并不是非常适合中小企业，而且由于网络媒体的迅速崛起，电子媒体广告受到越来越多的挑战。

3) 户外广告

主要包括：路牌广告(或称广告牌，它是户外广告的主要形式，除在铁皮、木板、铁板等耐用材料上绘制、张贴外，还包括广告柱、广告商亭、公路上的拱形广告牌等)、霓虹灯广告和灯箱广告、交通车厢广告、招贴广告(或称海报)、旗帜广告、气球广告等。

4) 邮寄广告

邮寄广告是广告主采用邮寄售货的方式，供应给消费者或用户广告中所推销的商品。它包括商品目录、商品说明书、宣传小册子、明信片、挂历广告、样品、通知函、征订单、订货卡、定期或不定期的业务通讯等。邮寄广告是广告媒体中最灵活的一种，也是最不稳定的一种。

5) POP

POP(售点广告)是英文Point of Purchasing Advertising的首字母缩写，即售货点和购物场所的广告。世界各国广告业都把POP视为一切购物场所(商场、百货公司、超级市场、零售店、专卖店、专业商店等)场内场外所做广告的总和。POP可以分为室内POP和室外POP两种。室内POP指商店内部的各种广告，如柜台广告、货架陈列广告、模特儿广告、圆柱广告、空中悬转的广告、室内电子广告和灯箱广告。室外POP是售货场所门前和周围的POP，包括门面装饰，商店招牌，橱窗布置，商品陈列，传单广告，活人广告，招贴画广告，以及广告牌、霓虹灯、灯箱和电子显示广告等。

6) 网络广告

网络广告就是在网络上做的广告。利用网站上的广告横幅、文本链接、多媒体的方法，在互联网刊登或发布广告，通过网络传递到互联网用户的一种高科技广告运作方式。网站广告主要形式为：网幅广告(包括Banner、Button、通栏、竖边、巨幅等)、文本链接广告、电子邮件广告、按钮广告、赞助式广告、与内容相结合的广告、插播式广告、主页型广告、关键字广告等形式，此外，博客、微博、微信等自媒体越来越成为网络广告的重要载体。

网络广告的主要优点是：互动性强、不受时间空间的局限、更具有经济性、广告效果更有可测评性、目标性和针对性强。但是也有不容忽视的缺点，例如，强制弹出、垃圾邮件、影响网站浏览、造成噪声等。

2. 人员推销

所谓人员推销，是指企业通过派出推销人员与一个或一个以上可能成为购买者的人交谈，做口头陈述，以推销商品，促进和扩大销售。人员推销的设计可以采取3种形式。

(1) 建立自己的销售队伍，使用本企业的推销人员来推销产品。在西方国家，企业自己的推销队伍的成员叫做推销员、销售代表、业务经理、销售工程师。这种推销人员又分为两类：一类是内部推销人员，他们一般在办公室内用电话等来联系、洽谈业务，并接待可能成为购买者的人来访；另一类是外勤推销人员，他们做旅行推销，上门访问客户。

(2) 使用专业合同推销人员。例如，制造商的代理商、销售代理商、经纪人等，按照其代销额付给佣金。西方国家的大公司甚至雇用国内外退休的高级官员当推销员。

(3) 雇用兼职的售点推销员。在各种零售营业场合，用各种方式促销，按销售额比例提取佣金，方式如产品操作演示、现场模特、咨询介绍等。一般称这种促销员为售点促销小姐或促销先生。

3. 营业推广

营业推广又称销售促进，是指那些不同于人员推销、广告和公共关系的销售活动，它旨在激发消费者购买和促进经销商的效率，诸如陈列、展出与展览表演和许多非常规的、非经常性的销售尝试。其种类包括以下3种。

1) 针对消费者的营业推广

可以鼓励老顾客继续使用，促进新顾客使用，动员顾客购买新产品或更新设备。引导顾客改变购买习惯，或培养顾客对本企业的偏爱行为等。其方式可以采用以下几种方法。

(1) 赠送。向消费者赠送样品或试用样品，样品可以挨户赠送，在商店或闹市区散发，在其他商品中附送，也可以公开广告赠送，赠送样品是介绍一种新商品最有效的方法，费用也最高。

(2) 优惠券。给持有人一个证明，证明他在购买某种商品时可以免付一定金额的钱。

(3) 廉价包装。指在商品包装或招贴上注明，比通常包装减价若干，它可以是一种商品单装，也可以把几件商品包装在一起。

(4) 奖励。可以凭奖励券买一种低价出售的商品，或者凭券免费以示鼓励，或者凭券买某种商品时给一定优惠，各种摸奖、抽奖也属此类。

(5) 现场示范。企业派人将自己的产品在销售现场当场进行使用示范表演，把一些技术性较强的产品的使用方法介绍给消费者。

(6) 组织展销。企业将一些能显示企业优势和特征的产品集中陈列，边展边销。

在网络营销中，还有一些独特的促销方式。

(1) 积分促销。在许多网站里面，都支持虚拟的积分，还有不支持的，可以采用积分卡，客户每消费一次，给会员累积积分，这些积分可以兑换小赠品，或在以后消费中可以当成现金使用。

(2) 联合促销。如果一家网站或网店与他人的网站在产品有些互补性，可以联合一起做一下促销，对扩大双方的网络销售都是很有好处。

(3) 限时限量促销。限时限量促销在大超市中也可以常见到的，但是因为担心出现踩踏而受到很大的限制。在网络上这种事故是不会出现的。

(4) 反促销促销。声明自己的网站或网店质量有保证，从不打折促销，这样做要有一定的实力，以不促销作为促销的卖点。

2) 针对中间商的营业推广

目的是鼓励批发商大量购买，吸引零售商扩大经营，动员有关中间商积极购存或推销某些产品。其方式可以采用以下 5 种方法。

(1) 批发回扣。企业为争取批发商或零售商多购进自己的产品，在某一时期内可给予购买一定数量本企业产品的批发商以一定的回扣。

(2) 推广津贴。企业为促使中间商购进企业产品并帮助企业推销产品，还可以支付给中间商以一定的推广津贴。

(3) 销售竞赛。根据各个中间商销售本企业产品的实绩，分别给优胜者以不同的奖励，如现金奖、实物奖、免费旅游、度假奖等。

(4) 交易会或博览会、业务会议。

(5) 工商联营。企业分担一定的市场营销费用，如广告费用、摊位费用，以建立稳定的购销关系。

3) 针对销售人员的营业推广

鼓励他们热情推销产品或处理某些老产品，或促使他们积极开拓新市场。其方式可以采用销售竞赛(如有奖销售、比例分成等)、免费提供人员培训、技术指导等。

4. 公共关系

公共关系是一个组织遵循诚实无欺的原则，以传播沟通为手段，通过有计划、持久的努力，提高企业的知名度和美誉度，影响公众行为，为企业塑造良好形象的现代管理活动。它通过协调与沟通内外部公众关系，为企业创造良好的市场营销环境。

公关活动中，通常有各种各样的联谊活动、庆典活动、赞助活动、公共关系事件以及危机管理等。对于这些活动，企业必须做到合理安排、统筹计划、精心组织、具体实施、效果评估。特别是对突发事件的处理，体现着企业公共关系工作的水平。企业在日常工作中会遇到大量的“问题处理”，需要排除故障，解决问题；也会遇到“问题”无法控制，而酿成冲突和对抗，所有这些都会给企业带来意想不到的危害。它们在公共关系中被称为危机事件。危机事件是指意想不到的与社会组织有关的危及生命财产和名誉等的重大事件。危机的发生有各种各样的理由，既有人为的影响，也有非人为因素的影响；有内部发生的，也有外部发生的。总之，危机不仅可能给社会组织带来直接的人、财、物损失，而且可能会严重地损坏社会组织的形象，使社会组织陷入舆论压力和困境之中。突发事件和危机对社会组织公共关系最富有挑战性的考验，社会组织对突发事件和危机的处理、策划，集中反映了社会组织的公共关系工作的水平。由于突发事件和危机的发生事先可能没有一点征兆，因此，企业的公共关系部门应在上级领导的直接指挥下迅速反应，及时采取应急措施，控制事态的发展。

17.2.3 合理运用促销组合

不同的促销组合形成不同的促销策略，诸如以人员推销为主的促销策略，以广告为主的促销策略。从促销活动运作的方向来分，有推式策略(从上而下式策略)和拉式策略两种。

1. 推式策略

推式策略是以人员推销为主，辅之以中间商销售促进，兼顾消费者的销售促进。把商品推向市场的促销策略，其目的是说服中间商与消费者购买企业产品，并层层渗透，最后到达消费者手中。

案例 17-4 杭州娃哈哈集团的营销组织结构

娃哈哈集团前身是杭州市上城区的一家校办企业，如今它的营销组织结构是这样的：总部—各省区分公司—特约一级批发商—特约二级批发商—二级批发商—三级批发商—零售终端。其运作模式：每年开始，特约一级批发商根据各自经销额的大小打一笔预付款给娃哈哈，娃哈哈支付与银行相当的利息。每次提货前，结清上一次的货款。一批商在自己的势力区域内发展特约二批商与二批商，两者的差别是，前者将付一笔预付款给一批商以争取到更优惠的政策。

娃哈哈保证在一定区域内只发展一家一级批发商。同时，公司还常年派出一到若干位销售经理和理货员帮助经销商开展各种铺货、理货和促销工作。在某些县区，甚至出现这样的情况：当地的一批商仅仅提供了资金、仓库和一些搬运工，其余的所有营销工作都由娃哈哈派出的人员具体完成。

这是一种十分独特的协作框架。从表面上看，批发商帮娃哈哈卖产品却还要先付一笔不菲的预付款给娃哈哈——在某些大户，这笔资金达数百万元。而在娃哈哈方面，则“无偿”地出人、出力、出广告费，帮助批发商赚钱。

对经销商而言，他们无疑是十分喜欢娃哈哈这样的厂家的：一则，企业大，品牌响，有强有力的广告造势配合；二则，系列产品多，综合经营的空间大，可以把经营成本摊薄；三则，有销售公司委派理货人员“无偿”地全力配合，总部的各项优惠政策可以不打折扣地到位。当然他们也有压力，首先要有一定的资本金垫底，其次必须全力投入，把本区域市场做大，否则第二年联销权就可能旁落他家。.

对于经销商的有力促销，保证了娃哈哈在全国市场的领先位置。

(资料来源：糖酒快讯网.http://www.tjkx.com.)

思考与讨论：娃哈哈这种营销组织结构对于企业的发展起着什么样的积极作用？

2. 拉式策略

拉式策略是以广告促销为拳头产品，通过创意新、高投入、大规模的广告轰炸，直接诱发消费者的购买欲望，由消费者向零售商、零售商向批发商、批发商向制造商求购，由下至上，层层拉动购买。

案例 17-5 可口可乐的促销活动

在各大街小巷的灯箱站牌上，在流动的公共汽车车身上，市民们很容易见到可口可乐醒目的促销广告。作为全球知名的饮料品牌，可口可乐对于已经到来的夏季饮料消费高峰开始发力，开展了一系列富有特色的品牌促销活动，以争取更大的饮料市场份额。

日前，可口可乐和香港迪士尼乐园宣布正式成为合作伙伴，于 2005 年 4 月在中国内地联合推出一个大规模的可口可乐“金盖”促销活动。此次可口可乐与迪士尼的联合促销活动正式推出后，在市场上反应热烈。据可口可乐中国公司反馈的信息，到目前为止，广东地区已经有超过 300 名幸运儿抽中免费香港迪士尼旅游大奖。市场统计数据显示，2005 年可口可乐系列产品在中国市场的销量与去年同期相比有双位数的增长。

为备战夏季饮料市场，可口可乐公司今年除了推出一系列新产品，包括芬达冰橙、酷儿慧健、活力酷儿、冰爽绿茶等，更在可口可乐品牌推广方面进行了相当大的投入。2005 年可口可乐公司推出了以奥运冠军刘翔领衔的“要爽由自己”系列情节广告，以刘翔、潘玮柏、余文乐和 S.H.E.六人的爱情故事为主题的“可口可乐版老友记”，现正在中国各地热播中。另外，可口可乐还专门推出了 iCoke 的网络平台和年轻的消费者进行沟通，而今年 iCoke 的重头戏是即将推出的与第九城市合作的“魔兽世界”的促销活动，届时还会有几款设计新颖的可口可乐促销包装和消费者分享。有广告营销专家分析认为，可口可乐公司推出多项特色营销活动，旨在引起年轻人的情感共鸣，以吸引更多的年轻消费者加入到可口可乐产品的消费大军中来，并逐步引导中国消费者的品牌消费习惯，使其成为可口可乐的忠实用户。

通过对大型卖场的销售人员及一些便利店店主的调查，他们表示，可口可乐的系列促销产品目前销量良好，许多市民都很关注此次促销活动，在购买可口可乐相关促销产品时还仔细询问兑奖的时间和程序等问题。有市场人士分析，从市场反应来看，此次可口可乐促销活动收到了初步的成效，在竞争激烈的夏季饮料市场上占得了先机。

(资料来源：TOM 网.http: //www.tom.com.)

17.3　常用促销技巧大盘点

在激烈而复杂的市场竞争中，促销以其独特的魅力，在促进企业销售、获得消费信赖、建树知名品牌的过程中扮演着重要的角色。促销就像企业的一把利刃，它可以直击市场的要害，刺激消费需求，形成消费拉力，迅速实现销售额的增长。同时，成功的促销活动也能快速而有效地推动品牌成长。那么，最有效的促销方式有哪些呢？

17.3.1　价格促销

在所有促销技巧中，价格促销是最直接、最有效、消费者最敏感的促销方式之一，也最易于实施执行。由于商家采取直接让利的方式给消费者实实在在的优惠，因而颇受消费者青睐。特别是在占有 80%以上中低消费人群的城市，价格促销更见其效，且屡试不爽。

价格促销带来的是制造商利润的下降，一般不是零售商利润的减少；他把一部分利润让利给消费者，提高了消费者购买的意愿，达到扩大消费人群来实现总体利润上升的目的。但价格促销方式一般都会导致竞争对手价格调整，很容易演变成为价格战。对于消费者来讲，若经常性的折扣，容易使消费者产生依赖性，从而养成平时不购买，非等到价格促销活动时才购买的习惯。同时，大幅的价格调整也会使消费对商品的定价和质量产生怀疑，而不利于品牌的健康成长。

价格促销主要有以下两种方式。

1. 直接折扣

直接折扣是指在购买过程中或购买后给予消费者的现金折扣。一般人比较喜欢物美价廉的商品，特别是现场捡到的这种实实在在的便宜，给几乎 90%以上的顾客强有力的刺激，以至于消费者有 70%甚至更多的购买决策都是在超市临时做出决定的。

直接折扣包括以下 4 种。

(1) 现场折扣。根据不同的时段，规定优惠的折扣度，如全场 6 折优惠、部分商品 3 折起等。折扣一般要和促销主题配合，使消费者明确这是阶段性促销，如“五一”大优惠，凡 5 月 1—7 日购买都可享受 6 折等，时间的有无相当关键，结果也是大不一样。你也可以采取在一段时间内逐天递降的折扣方式，如第一天 9 折，第二天 8 折，第三天 7 折，以此类推。

(2) 减价优惠。原价多少，现价多少。减价优惠一般需要 POP 的强力配合，如“原价 100 元，现价 50 元，您省 50 元或您节省 50%”，再在原价格上打上醒目的叉，以此来吸引消费者。或是在产品包装上标上零售价，再用 POP 标签写上减免后价格，如“仅售 25 元”等。

(3) 现金回馈。为了鼓励消费者大量购买，厂商可以规定，消费者只要购买产品达到规定数量，或是一整套系列产品，就可以凭购买凭证现场获得一定金额的现金回馈。例如，购买一套八件套的家庭影院就可以现场获得 1 000 元的现金回馈，购买 10 包洗衣粉可以获 10 元的现金回赠等。

(4) 统一价。采用取长补短的方式，定出一个比所有商品零售价格都要低的价格，统一销售。例如，全场牛仔无论 200 元一件还是 150 元一件的，全部只售 100 元。在价格上不给消费者以任何选择余地，但在款式档次上充分给予顾客选择空间。

2. 变相折扣

不以现金的方式回馈消费者，而是以各种变相折扣的手段来吸引消费者，或买赠或捆绑，或加量或回购等，变通法则让利消费者。

无论你是哪种优惠方式，消费者始终是精明的，只要是真正的优惠，他们都会精心推算看到底有多大的实惠。与现金折扣不同的是，变相折扣具有更大的操作空间，无论是买赠还是加量，都是以产品作为载体实现优惠，商家的成本相对更低，也更有利于操作。

变相折扣有以下 4 种。

(1) 多件数购买赠送活动。如买二赠一、买三赠二、买大赠小等，消费者支付一件商品的价格可以获得两件以上的商品，实质是变相为消费者打折，以此来吸引消费者批量购买。据统计，多件数购买赠送活动运用得好要占销售额的 65%左右。一般来讲，接受度高、需求量大的商品运用这种方式效果最好。

(2) 组合销售。两件或多件同一产品或不同产品组合在一起让消费者一次性购买，消费者支付的总价值要比单件购买之和优惠得多，以此来吸引顾客成套购买。例如将口红、眼线笔、指甲油等全套化妆品包装在一个盒子里，如果单件购买需要 200 元，组合成套购买仅需 88 元。或是购买同一品牌的全套产品可以享受最低打 6 折的特别优惠。

(3) 加量不加价。制造商在商品包装上标注加量不加价优惠细节，如用“500 克的价格买 800 克商品”、“本商品 35%产品为免费赠送”等。商品价格不变，而产品的数量增加了，即消费者用同样的价钱，可以买到更多的产品。因此为企业带来更多的消费者，获得更大的市场份额。

(4) 回购。在耐用商品中，制造商承诺在购买该商品若干年后，厂商以同样或稍低的价格回购该产品，或者可以以旧换新，这是吸引消费者购买的另一种手段。在消费者眼中看起来太划算了，其优惠程度甚至令部分消费者难以相信，在商家看来这是一种亏本的买卖，实则

不然，一部分顾客在若干年后会忘记向厂商回售产品，另一部分回售时，其一定程度的通货膨胀能够抵消一部分成本。同时，这种方式可以形成顾客的高忠诚度。实践表明，参与回购活动的人得到好处后还会再次购买，并可以将这则信息传播20人以上。

17.3.2　优惠券、代金券促销

优惠券是最古老、最广泛使用也是最有力的促销工具之一。优惠券一般被看成是减价的替代品，消费者可以免费获得，凭优惠券购买该商品可以享受一定的优惠。代金券是现金替代品，只在一定范围和时间内使用，它可以用较少的资金购买到面额较大的代金券。无论哪种方式，都无非是向消费者提供即时折扣或延迟折扣。

1. 优惠券促销

优惠券一般需要通过各种媒介送达消费者手中，其优惠内容如果能够引起消费兴趣，消费者则会收集保留，以至于在下次消费时使用；如果优惠较小或不是消费者即时需求商品，则不能引起消费者兴趣。

分发优惠券一般有8种方式。

(1) 登在报纸上。以广告的形式在覆盖目标群体的报纸上刊登优惠券，消费者剪下报纸即可使用。凭借报纸的高发行量，报纸优惠券可以同时起到良好的广告效果。其可信度高，但浪费较大。

(2) 登杂志上。杂志优惠券根据杂志覆盖的目标人群，能够有针对性地送到目标群手中。其可信度较低。

(3) 定点送发。不同的产品一定具有不同的目标群，先让这些目标群体显化，再有针对性地定点发送优惠券。这种方式针对性强，效果非常明显，但成本较高。

(4) 夹带。企业印刷好优惠券，随同报纸或杂志一同送达消费者手中。它是利用报纸或杂志的渠道而又不需要支付广告费用传送优惠券的方式。其成本低，普及率高，效果好。

(5) 邮寄。通过邮政渠道送达优惠券的方式之一。其针对性较强，但成本较高。

(6) 卖场分发。在商品分布的卖场分发，其针对性最强，优惠券的使用率最高。

(7) 附于包装。附于包装主要是增加老顾客的重复购买，这种方式能够给忠实消费者以回报，对于新用户效果不明显。附于包装的优惠券一般比普通的优惠券价值要大，顾客期望值要高，因为它是以购买产品为前提才能获得。使用包装优惠券一般不使用其他渠道发放，主要用于给忠实顾客的回馈。

(8) 即买即赠。其方式同附于包装一样，只有购买产品才能获得优惠券；其优惠券不是附于包装，而是由促销人员赠送。

2. 代金券促销

购买式代金券：零售商为了吸引消费者，往往采取用现金购买代金券的方式，如花100元买150元，花200元买400元，买100元送100元等，代金券仅限一定时间内本商场内限制使用。代金券对消费者具有一定的吸引力，但不能限制过多，如时间限制、商品限制等，只要不虚抬价格、确实让利给消费者，代金券促销方式还是具有很好的效果的。

赠送式代金券：有时候，零售商也赠送小额代金券作为现金使用，但也是有使用限制的，如消费500元可以使用50元代金券等。

17.3.3 赠品促销

赠品促销就是消费者在购物时，以“赠品”赠送的形式向消费者提供优惠，吸引其参与该品牌或该产品的购买。赠品促销是最常用的价值促销方式，它把商品作为礼物赠送给消费者，以一种实物的方式给消费者非价格上的优惠。这种方式虽然没有价格促销这样直接，但它可以以一种看得见而又实实在在的方式冲击消费者、增强品牌观念，并让消费者购买产品并长时间使用。创造性地运用好赠品促销，可以创造出居于该产品或服务独具特色的、竞争对手不能轻易模仿的良好效果。可以说，赠品促销是一种既能短时间增加销量、又能起到长时间建树品牌的极佳促销方式。

赠品可以是各种不同的东西，可以是销售的产品样品，也可以是一种标准或特殊产品；可以是一件具有纪念意义的礼物，也可以是一种极具实用价值的生活用品；可以是自己的品牌，也可以是其他品牌。也就是说，只要适合你的促销目标的东西，都是你赠品促销物的选择范围。

随着信息化的发展，赠品出现了新的形式——数字赠品。数字赠品与传统实体赠品的主要区别在于形式上，它是以数字的方式存在于硬盘、光盘等存储介质上的赠品。例如音视频、图片、文档、软件和电子书等。数字赠品的最主要作用有两个：增强促销效果和深入营销。数字赠品最大的特点就是无复制和运输成本，可反复使用，而且深入营销的功能非常强大。

17.3.4 有奖促销

有奖促销在所有促销方式中具有独特的魅力，已成为消费者和零售商都十分欢迎的促销方式。它的魅力在于消费者不参与消费或只要参与少量消费就可以获得博彩的机会，也许中奖率较低，但寄予了一种希望，他们抱着一种大奖舍我其谁的心态，不断在设想着赢得那些预设大奖的场景，所以深受消费者欢迎和喜爱。

与价格促销高招不同的是，有奖促销方式是给予每一位参与者实实在在的优惠，前提是参与购买才能得到实惠。而有奖促销不参与消费也有机会得奖，虽然不能保证得奖，但只要得奖，其优惠程度要比只要参与就能拿奖的促销优惠大得多，因而也具有极强的吸引力；同时，其优惠成本在事先可以控制，不随参与人数的多少而变化；另外，由于参与的门槛较低，所以能吸引大量的人气，对后续在人气中找到商机提供了足够的可能。

有奖促销只要不是恶意欺骗消费者的行为，一般都比较容易操作成功，只是国家对涉及有奖促销的规定较多，操作中要特别注意，触犯法律或使消费者失去信任不但会使销售受到极大的影响，而且会使品牌夭折。

17.3.5 活动促销

市场经济飞速发展，而今已是信息过剩的时代，传统的广告宣传早已使消费者的视听麻木，频繁的公式化促销方式他们早已感到厌倦，无法再激起购买的冲动。那么，用什么手段才能吸引顾客的注意力？这就是精心策划的一场场活动促销！

活动促销内容根据产品特点的不同而内容不同，但其围绕的方向主要集中在以下5个方面。

(1) 企业、产品的核心竞争力。根据企业及产品独特优势竞争力，设计区别性促销活动方式，充分体现出自我品牌或产品在市场中的优势。

(2) 目标群体的特点与需求。产品特点不同，目标群体也各异。充分分析了解目标群体的特点与需求，策划适合他们特点、爱好及需求的促销活动，将会有最明显的促销的效果。

(3) 竞争对手的弱势。充分分析竞争对手的弱点，有针对性地扬己所长、攻人所短策划一系列促销活动，变竞争对手的消费者为自己的消费者。

(4) 可供借势的时事。时事每天都在发生，抓住与自己有关的事件，借“事”(势)而上，必能收到事半功倍的效果。

(5) 由于活动促销比较复杂，情形多变，一般没有固定的程式，操作时应充分把握时局，才能有针对性地设计适合于本产品的活动促销。以下仅为3种常规手段，仅供参考。

1. 主题展销会

主题展销会是把商品以展览的方式呈现给消费者，给顾客一种品种丰富、价格便宜的感觉，供需求者能够一次性购足所需。主题展销会必须先设定促销目标，再根据目标设定主题，然后围绕主题设定活动内容与组织创新，如国美电器设计的冰洗节、手机节等。

主题展销会一般有如下4种。

(1) 分类商品展销会。按商品类别不同，分类展销。智能洗衣机展销会、保健鞋类特卖会等，商品品种齐全，方便消费者选购。

(2) 系列产品展销会。一般是同一品牌各种产品展售。如舒肤佳系列日化产品专卖会、长虹尖端视听展销会、三星IT产品展览会等。

(3) 地区商品展销会。某一区域产品的集中展示。例如，新西兰乳品展销会、日本数码产品展览会、四川土特产展销会等。某一地区的产业达到一定规模或具有与众不同的特色，即构成“地理”品牌，如果在异地举办这种展销会效果会相当好。

(4) 节令商品展销会。季节性产品或节令消费品可以充分利用季节的变化或节日来做展销活动。例如，夏季流行时装发布会、元宵食品展售会、情人节礼品专卖会等。

主题展销会一般配合免费抽奖、即时开奖、优惠券、赠品活动效果最佳。

2. 现场表演

对有特殊功能的产品，最好的促销方式是在销售时当场向顾客展示其特殊的功能，或让顾客亲自操作体验产品的优点，让顾客肯定其性能，从而引起消费者的兴趣，以至产生购买冲动。

不是所有的产品都适合现场表演的方式，下列产品比较适合现场表演促销。

(1) 具有优异、特殊功能的产品，尤其是那些在技术上有较大创新，又明显区别于竞争对手的产品，这些产品能够在人们生活中带来极大的变化，所以消费者的接受度更高。

(2) 新产业领域及专利产品，由于其商品还未全面普及，竞争对手相对较少，运用现场表演的方式能最有效地在短时间内说服消费者使用。

(3) 有表演媒介的产品，利用声音、气味、图像等为传播媒介，向顾客演示。例如，利用某种食品现煮的气味来吸引卖场的顾客，并举办现场品尝活动；音响产品利用其震撼的音质打动顾客等。

现场表演成功与否，取决于表演者是否淋漓尽致地在短时间内把产品特点展示给顾客。同时还需了解消费者的心理，掌握表演技巧效果方能达到最佳。一般选择节假日或每天的高峰时刻顾客较多时进行现场表演，位置一般在主通路。

3. 名人效应

名人本身具有极高的知名度，名人效应就是利用名人的知名度来达到提高产品知名度及消费认可度，从而达到带动大众消费的目的。名人效应不但是促销的有效手段，而且是提升品牌价值的有效手段。

利用名人效应促销一般有以下3种方式。

(1) 名人现场签售活动。名人亲临现场就某类商品签名销售，如各大书店经常策划的作家签名售书活动，又如国美电器策划的各大电器老总签名售机活动等。人们在购买的同时，能够亲睹名人风采并得到具有纪念意义的签名，满足了人们崇拜名人的精神需要。

(2) 名人现场表演活动。请名人到卖场进行各种形式的表演，以吸引人气促进销售。例如，影星到卖场举办文艺演出，歌星举办演唱会促进自己专辑的销售等。这种活动如果配合免费抽奖、优惠券等促销等方式效果更好。

(3)"名人物品"售卖活动。不请名人到场，也可以借名人之势。例如，本服装商城正在售出某著名服装设计大师的流行新款服饰或签名服装，某某明星最喜爱的首饰，环球小姐保持漂亮的首选化妆品等。这种方式必须首先挖掘产品的特点，再尽量和名人挂钩，实现借其名而造已势的目的。

利用名人效应促销如果请名人到场，则促销费用会相对偏高；产品与所请明星的关联度越高，消费者越容易接受，促销效果越明显。"名人物品"售卖活动效果不如名人到场效果好，费用相对较低，借用得好也能收到比较理想的效果，但切不可有任何侵犯名人肖像权、著作权等举动。

17.3.6 赞助促销

赞助常常被人们看作是品牌成长的阶梯，这是毋庸置疑的。其实赞助同样是促销的有力手段。赞助某种活动如体育活动、公益事业，这些活动本身就带着强大的势能，会引起媒体的广泛关注，企业只要善借其势，就会收到一般广告所不能达到的良好效果，从而有力地促进销售。

赞助一般分为体育赞助和公益活动的赞助两种。

1. 体育赞助

体育赞助是企业通过对体育组织、体育活动的经费、资源的支持以达到企业获利的行为。由于人们闲暇时间的增多和通信技术的日益发达，体育赞助已经成为许多企业促销的重要内容。

体育赞助主要是利用冠名、协办等手段，通过所赞助的体育活动来推广自己的品牌及产品。体育营销和明星推广已成为大众认同率最高的两大市场推广策略。体育赞助的效果突出，易于受众接受，其沟通对象针对性强，数量庞大，非常有利于企业与目标群体的有效沟通。体育赞助一般分为媒体体育节目的赞助、体育队伍的赞助及体育赛事的赞助3类。

案例 17-6

"嘉士伯"啤酒赞助中国亚运代表团，从而成为中国亚运代表团指定用酒，以中国亚运代表团指定赞助商的身份为其产品在中国的销售推广做宣传，得到极大的媒体回报。另外，嘉士伯啤酒还举办了"喝嘉士伯，与中国队共夺金牌的活动"，活动方式是消费者只要开中印有金牌图案的拉环或瓶盖，即可获得一枚足金金牌。同时，累积未中奖的拉环和瓶盖达到一定数量，也能到指定地点换取不同奖品。嘉士伯啤酒通过体育赞助，配合即时开奖等促销方式，一时销量猛增，同时其品牌知名度大大提高。

2. 公益活动赞助

常言说好心有好报，公益活动体现了企业关心社会、关心人类的美好形象。因此是十分高明的促销手段，如果策划得好，赞助促销能够成为新闻的焦点，从而在公众中引起强烈的反响，达到宣传和促销的目的，如赞助希望工程、重视环境保护等。

赞助公益事业往往可以为商家带来意外的收获，除了能够塑造良好的品牌亲和力外，还能使品牌的美誉度大大提高；同时，良好的口碑也是赢得消费者信赖的基础。如力波啤酒情系希望工程活动，一时使力波在消费者心中广受赞誉。

无论是体育赞助还是公益事业赞助，除了获得赞助本身的媒体回报外，还应有一系列完整的营销手段与之配合，因为“赞助”本身仅仅只提供了操作的许可证，而如何以此为由头让它发挥奇效，创造最大的利益，还需企业做“另外的动作”！

本项目知识要点

(1) 促销是企业通过人员推销或非人员推销的方式，向目标顾客传递商品或劳务的存在及其性能、特征等信息，帮助消费者认识商品或劳务所带给购买者的利益，从而引起消费者的兴趣，激发消费者的购买欲望及购买行为的活动。

(2) 促销的4大手段：广告、人员推销、营业推广、公共关系。

(3) 从促销活动运作的方向来分，有推式策略和拉式策略两种。

(4) 常用的促销方式包括：价格促销、变相折扣、优惠券/代金券促销、赠品促销、有奖促销、活动促销、赞助促销等。

思 考 题

(1) 什么是促销，促销能给企业带来怎样的作用？

(2) 促销主要有哪些手段？

(3) 人员推销有哪3种形式？

(4) 怎样合理地运用促销组合？

(5) 价格促销有哪些形式？

(6) 活动促销的手段有哪些？

实 训 项 目

(1) 教师提供的案例，学生分组进行分析，并对案例中产品策划一个有效的促销方案。

(2) 学生分组进行市场调查，对本小组模拟企业的产品策划一个有效的促销方案。

(3) 学生分组上街寻找商家的促销手段，讨论这些促销有什么作用，并在课堂上交流彼此观点。

项目 18　中小企业的品牌管理

学习目标

1. 了解中小企业品牌管理的必要性。
2. 熟悉中小企业品牌化决策和家族品牌决策。
3. 理解中小企业品牌延伸决策、多品牌决策及品牌重新定位决策。
4. 掌握中小企业合作品牌决策和名牌化决策。

案例 18-1 世界品牌实验室

世界品牌实验室(World Brand Lab)是一家国际化、专业性的品牌研究机构，总部在美国纽约。由 1999 年诺贝尔经济学奖得主、“欧元之父”罗伯特·蒙代尔(Robert Mundell)教授担任主席，全资附属于全球领先的战略咨询公司——世界经理人集团，致力于品牌评估、品牌传播和品牌管理，专家和顾问来自美国哈佛大学、耶鲁大学、麻省理工学院、牛津大学、剑桥大学等世界顶级学府，其研究成果已经成为许多企业并购过程中无形资产评估的重要依据。作为全球领先的品牌评估机构，世界品牌实验室独创的评估方法“品牌附加值”(BVA)评估模型得到企业界和金融界的普遍认可。

世界品牌实验室也是一家奉行“独立公正”原则的权威品牌评审机构，始终走在学术研究前沿，独创了国际领先的“品牌附加值工具箱”(BVA Tools)。其评估方法 BVA(Brand value Added)与现行的“经济适用法”(Economic Use Method)相吻合。同时，世界品牌实验室拥有一批专业的经济、金融及数理分析人才，他们大都来自欧美著名院校，具有不同的文化和背景。

其每年发布的《世界品牌 500 强》排行榜(The World' s 500 Most Influential Brands)的评判标准是品牌的世界影响力。品牌影响力是指品牌开拓市场、占领市场、获得利润的能力。世界品牌实验室评价品牌影响力的基本指标包括市场占有率 (Share of Market)、品牌忠诚度 (Brand Loyalty) 和全球领导力(Global Leadership)。世界品牌实验室经过长达半年对全球 3 000 个知名品牌的调查分析，根据品牌影响力的各项指标进行评估，最终推出了世界最具影响力的 500 个品牌。

由世界品牌实验室独家编制的 2011 年度(第八届)《世界品牌 500 强》排行榜于 2011 年 12 月 22 日在美国纽约揭晓，苹果(Apple)击败脸谱(Facebook)从 2010 年第二名跃居第一，脸谱(Facebook)退居第二，而 2010 年排名第五的谷歌(Google)上升两位跃居第三。2011 年中国内地有 21 个品牌入选，其中中央电视台(CCTV)、中国移动(China Mobile)、工商银行(ICBC)和国家电网(State Grid)位列前 100 名。

2011 年世界品牌 500 强排行榜入选国家共计 26 个，其中美国占据 500 强中 239 席，比 2010 年多 2 席，仍然是当之无愧的品牌强国。法国以 43 个品牌数位居第二，日本以 41 个品牌入选席位排名第三。入选品牌数量前十名的国家还有英国(39 个)、德国(25 个)、中国(21 个)、瑞士(21 个)、意大利(14 个)、荷兰(10 个)和瑞典(8 个)。

前十大品牌依次为苹果、Facebook、谷歌、微软、IBM、沃尔玛、可口可乐、亚马逊、梅赛德斯-奔驰、麦当劳。英特尔排名第 11，Twitter 紧随其后，索尼第 16，惠普第 17，Youtube 排名第 19，思科第 20。前二十大品牌除奔驰和索尼外，其余均为美国企业。

中国共有 21 家企业入选该榜单，其中 CCTV 排名第 50，在入选的中国企业中排名居首，中国移动排名第 65，联想第 121，海尔第 127，中国人寿第 264，华为第 275，长虹第 298，中国联通第 402，中国电信第 416。

Zynga 为入选企业中最年轻的品牌，品牌年龄仅有 4 年，排名第 477；Twitter 品牌年龄 5 年，排名第 12；Wii 品牌年龄 5 年，排名 333；Youtube 品牌年龄 6 年，排名第 19；Facebook 品牌年龄 7 年，排名第 2；第二人生(Second Life)品牌年龄 8 年，排名第 306；Skype 品牌年龄 8 年，排名第 382。

百年品牌柯达和诺基亚成为排名下滑最大的企业，昔日的影像印刷业霸主柯达深陷破产危机，被数字时代狠狠抛弃，成为下降速度最快的品牌，从 2010 年的第 90 名下滑到 2011 年的第 340 名，下滑 250 个名次；曾经个人通信设备堪称 NO.1 的芬兰手机品牌诺基亚也由于近年来严重缺乏创新，成为下降最快榜单第 2 名，从 2010 年的 38 名下滑到 2011 年的 185 名，下滑 147 个名次；摩托罗拉从 2010 年的 108 名下滑到 2011 年的 173 名，下滑 65 个名次。

入选 2011 年《世界品牌 500 强》的品牌共覆盖了 49 个行业，前景黯淡的传统媒体以 37 个品牌入选仍保持着行业第一，但是总体排名在下滑。消费品领域的食品与饮料行业紧随其后入选 32 个品牌，与 2010 年相同。汽车与零件与零售行业分别有小幅提升，以入选 28、27 个品牌紧随其后。而金融行业的前景依旧不容乐观，呈现出下降的趋势。

而由世界品牌实验室独家编制的2012年度(第九届)《世界品牌500强》排行榜于2012年12月19日在美国纽约正式揭晓，去年排名第三的Google时隔六年之后重返榜首，而亚军和季军分别由微软和可口可乐公司夺得，而苹果公司获得第四名，上届冠军Facebook跌至第九。

据悉，今年《世界500强》共有26个国家参选，其中美国占据500强中的231席，继续称霸“品牌王国”，法国以44个品牌位居第二，日本以43个品牌排名第三。

值得一提的是，中国的中信集团、中国建设银行和中国农业银行等三个品牌今年首次上榜，使得中国内地品牌入选数量达到23个，和德国一样位居《世界品牌500强》入选国家第五位。

本次榜单入选的品牌共覆盖了50个行业。此前传统媒体一直是入选500强品牌最多的行业，今年则有34个媒体品牌入选，屈居行业入选数量第二。而食品与饮料行业共有35个品牌入榜，位居入选行业数量第一。汽车与零售行业均有小幅提升，分别以入选30、24个品牌紧随其后。

品牌的定义多种多样，市场营销专家菲利浦·科特勒认为“品牌是一种名称、术语、标记、符号或设计，或是它们组合运用，其目的是借以辨认某个销售者或某群销售者的产品或服务，并使之与竞争对手的产品或服务相互区别”。由此可见，品牌是一个复合概念，包括品牌名称、品牌标记和商标等。

品牌名称是品牌中可以用语言称呼的部分，如可口可乐、海尔等。

品牌标记是指品牌中可以被认出但不能用语言称呼的部分，如符号、设计、独具一格的颜色或印字。

商标是指已获专利，并受到法律保护的一个品牌，或品牌的一部分。商标具有排他性，不同企业的商标不能相同，一般来说，同行业经营范围内商标必须是独家拥有。

中小企业必须重视品牌的作用，把创业品牌作为企业的长远战略规划。品牌被广大消费者接受了，就成为名牌。所以，名牌简单地说，就是知名品牌，或在市场竞争中的强势品牌。名牌是企业的无形资产，创名牌可以提高企业的知名度，中小企业只有重视品牌的作用，采取积极的态度来实施名牌战略，才能在激烈的市场竞争中立于不败之地，求得生存和发展。

18.1 品牌化决策

中小企业首先要决定是否给产品规定品牌名称，这叫做品牌化决策。中小企业基于竞争、生存和发展的考虑，依据企业自身的现实情况，可以选择的策略有以下3种。

18.1.1 无品牌的策略

无品牌策略，即不使用生产者或经销商的标记，不给产品规定品牌名称和品牌标志，也不向政府注册登记。这是一种节省成本和费用的策略。对中小企业来说，选择无品牌策略时，主要是基于这样的考虑。

首先，中小企业处于创业初期，无品牌策略可以节省建立品牌所要付出的成本——包装费、标签费和法律保护费等。

其次，中小企业经销未经加工的原料产品、农产品，如煤、木材、大米、玉米等。

再次，中小企业经销均质产品，尽管生产者和销售者不同，但是产品质量基本无差异，如电力、糖等。

最后，中小企业临时性或者一次性生产的商品，或者短期经营的商品。

创品牌是一项耗费大量人力、物力和财力的长期艰苦劳动。任何企业，如果不管其自身状况与条件如何，一味去争创名牌，很可能会适得其反、得不偿失，尤其对一些实力较差的中小企业，如果自量其力，采取无品牌化策略，以退为进，不失为其立足市场、以求生存和发展的良策。

中小企业可采取的无品牌化策略，包括不使用商标策略和采用零售商标策略。

18.1.2　借用品牌

借用品牌，或称商标许可，一般是指生产者经特许租借享有盛誉的其他企业著名商标，并支付一定的特许使用费。中小企业使用借用品牌策略主要基于以下几种考虑。

第一，企业产品没有自己的品牌，并且无力承担建立品牌要付出的各种成本和费用。

第二，企业要在一个目标对象不太了解本企业产品的新市场上推销产品。

第三，企业的商誉度低。

18.1.3　自创品牌

自创品牌是中小企业从创业之日起就决定使用自己的品牌，或实力壮大到一定程度时，采用自己品牌的策略。中小企业自创品牌是基于这样的利益。

第一，规定品牌名称可以使销售者比较容易处理订单并能够及时发现问题。

第二，商标能对产品独特的特点提供法律保护，减少被竞争者仿制的风险。

第三，自创品牌使中小企业有可能吸引更多的品牌忠诚者。

第四，自创品牌有助于建立良好的企业形象。

第五，自创品牌有助于中小企业细分市场。

18.2　家族品牌决策

中小企业决定采用自己的品牌还需要做进一步的选择，在这个问题上可供选择的策略至少有 4 种。

18.2.1　个别品牌

企业的不同产品分别使用不同的品牌。这种策略的好处是，企业的整体声誉不至于受其某种商品的声誉的影响，且有可能为每个新产品寻求最适当的品牌。但由于品牌多，新产品进入市场的费用较高。

18.2.2　统一品牌

企业的所有产品都统一使用一个品牌。企业采取统一品牌的主要好处是，企业宣传介绍新产品的费用开支较低，如果这个品牌声誉好，所有产品都能畅销，易于树立企业整体形象。但如有质量较差的产品，必然影响整个企业的信誉。

18.2.3　各大类产品分别使用不同的品牌

企业生产或销售不同类型的产品，如果都能统一使用一个品牌，这些不同类型的产品就容易相互混淆。另外，同一种类不同质量的产品，也可使用不同的品牌，这种策略兼收了个别品牌和统一品牌两种策略的好处。

18.2.4 企业名称与个别品牌并用

这是个别品牌与统一品牌同时并行的另一种方式，即企业决定其各种不同的产品分别使用不同的品牌，而且在各种产品的品牌名称前冠以企业的名称。企业采取这种策略的主要好处是，既可使产品系统化，享受企业已有的信誉，又可使各种产品各有不同的特色。

当中小企业决定了它的家族品牌决策后，还要进行选择特定品牌名称的工作。企业可选择人名、地点、质量、效用、制法、生活方式或艺术名字作为品牌名称。一般来说，企业在选择品牌名称时，应考虑到这样几个因素：它应该使人们联想到产品的利益；应该使人们联想到产品的作用和颜色等品质；应该易读、易认和易记；应该与众不同；不应该用在其他国家有不良的意思。

18.3 品牌延伸决策

所谓品牌延伸是指企业将某一知名品牌或某一具有市场影响力的成功品牌扩展到与成名产品或原产品不尽相同的产品上，以凭借现有成功品牌推出新产品的过程。品牌延伸并非只简单借用表面上已经存在的品牌名称，而是对整个品牌资产的策略性使用。品牌延伸策略可以使新产品借助成功品牌的市场信誉在节省促销费用的情况下顺利地进占市场。

中小企业适时适地推出延伸策略，可以把市场做大，锻造出成功的品牌。品牌延伸战略有许多优点，一个受人注意的好品牌能给予新产品即刻的认知，使之较容易地被接受，使新产品能迅速地、顺利地打入市场，新产品失败的风险有所减小，而且品牌延伸节约了大量广告费。当然，品牌延伸也有它的风险性，新产品可能使买者失望并损坏了企业其他产品的信任度；品牌名称对新产品可能不适宜；品牌名称滥用会失去它在消费者心目中的特定定位。

18.4 多品牌决策

多品牌策略，是指企业决定同时经营两种或两种以上互相竞争的品牌。一个品牌只适合于一种产品，一个市场定位；多品牌策略强调品牌的特色，最大限度地显示品牌的差异化于个性。

案例 18-2

多品牌策略是宝洁公司首创的。宝洁公司的产品有洗衣粉、香皂、洗发水等，其不同的产品线及不同的产品项目使用不同的品牌。宝洁公司大都是一种产品多个牌子，比如洗衣粉就有汰渍、洗好、欧喜朵、波特、世纪等9种。品牌策略追求每个品牌的鲜明个性，使每个品牌都有自己的发展空间。如“海飞丝”的个性在于去头屑，“潘婷”的个性在于对头发的营养保健，而“飘柔”的个性则是使头发光滑柔顺。

一般来说，企业采取多品牌策略的主要好处在于以下4个方面。

第一，多品牌策略适合零售商的行为特性。多种不同的品牌只要被零售商店接受，就可占用更大的货架面积，增加销售机会。

第二，多品牌策略可吸引更多顾客，提高市场占有率。一般说来，大多数消费者都是品牌转换者，品牌的铁杆忠诚消费者是很少见的。因此，发展多种不同的品牌，才能赢得这些品牌转换者。

第三，多品牌策略有助于企业内部各个产品部门、产品经理之间开展竞争，提高效率。

第四，多品牌策略可使企业深入到各个不同的市场部分，占领更大的市场。多品牌策略可以满足不同偏好消费群的需要，一种品牌有一个市场定位，可以赢得某一消费群，多个品牌各有特色，就可以赢得众多消费者，广泛占领市场。

多品牌策略虽有众多好处，但其对企业实力，管理能力要求较高，市场规模也要求较大。因此，中小企业采取此品牌策略应慎重，一般在企业发展壮大后才考虑使用。

18.5　品牌重新定位决策

即使某一个品牌在市场上的最初定位很好，随着时间的推移也必须重新定位。这主要是因为以下两个原因。

第一，竞争者推出一个品牌，把它定位于本企业的品牌旁边，侵占了本企业品牌的一部分市场，使本企业的品牌占有率下降，这种情况要求企业对品牌进行重新定位。

第二，有些消费者的偏好发生了变化，他们原来喜欢本企业的品牌，现在喜欢其他企业的品牌，因而市场对本企业的品牌需求减少，这种市场情况变化也要求企业进行品牌重新定位。

企业在做品牌重新定位决策时，要全面考虑两方面的因素：一方面，要全面考虑把自己的品牌从一个市场部分转移到另一个市场部分的成本费用。一般来说，重新定位距离越远，其成本费用就越高。另一方面，还要考虑把自己的品牌定在新的位置上所得收入的多少。而收入多少又取决于这个市场部分或偏好群有多少消费者；其平均购买率高低；这个市场部分或偏好群有多少竞争对手；自己品牌在这个市场部分的销售价格定得多高。企业必须权衡多种重新定位的收入费用，然后决定如何做品牌重新定位决策。

18.6　合作品牌决策

合作品牌是指两个或两个以上企业的品牌同时出现在一个产品上，每个品牌的企业期望另一个其他品牌能强化品牌的偏好或购买意愿。一种产品同时使用企业合作的品牌是现代市场竞争的结果，也是企业品牌相互扩张的结果。这种品牌策略现在日益增多，一般的做法是，企业往往以授权协议的方式，将自己的品牌名称之一同另一家企业的品牌名称放在一起使用，如“松下—小天鹅”、“三菱重工海尔”等。

18.7　名牌化决策

中小企业在确定了自己的品牌战略后，要不断地扩大品牌的知名度和美誉度，这就涉及中小企业的名牌化战略。

名牌是知名品牌或强势品牌，名牌的作用是在它的名牌效应，名牌作为企业的资产，是企业开拓市场、资本扩张等成功的法宝。中小企业在激烈的市场竞争中由于自身条件限制，往往处于最易失败的地位，更需借助创建名牌以保证企业的生存和发展。因为名牌是企业形象的集中体现，它代表着企业优良的产品质量、完整的销售服务和良好的商业道德。同时拥有名牌可以赢得消费者的信赖，尤其是品牌拥有了较高的知名度。美誉度后，会在消费者心目中树立起极高的威望，消费者会表现出对品牌的极度忠诚，从而使企业迅速打开市场并不断提高市场占有率。另外，名牌还能帮助中小企业解决筹措资金的困难。中小企业由于资金规模小，担保能力差，因此融资信用低；而名牌是一种无形资产，不但能够提高企业声誉，还代表企业良好的销售能力和发展潜力。

由于中小企业管理机构简单，上下沟通方便，因此决策层创建名牌的战略规划和具体策略容易落实。另外，中小企业一般生产经营的品种有限，市场面较小，容易接近市场，因而能及时了解市场需求变化趋势，相应地调整经营策略，适应市场需求而保持名牌声誉和扩大名牌影响。与此同时中小企业在创建名牌中也面临一些困难，如资金不足、经营风险大、人员素质低、保护名牌和提高名牌声誉困难较大等，这就要求中小企业在创建名牌时，一定要从本身特点出发，选择适合自身优势发挥的最佳途径。

中小企业在创立名牌过程中，要努力做到以下几个方面。

18.7.1 高度重视质量管理

中小企业的经营者要引导员工树立创造优质名牌产品的强烈意识，牢固树立“质量是企业的生命”的观念，并把它贯彻到企业的一切活动和全部过程之中。

案例 18-3 三角集团品牌管理：领先一步为目标

三角集团，以轮胎生产经营为主导，兼营精细化工、机电维修、三产服务的大型企业集团。仅仅十三年时间里，三角集团固定资产、净资产分别增长了25倍、15倍，职工年人均收入在原来2 300元的基础上增长36倍，达到17 000元，累计实现利税28亿元，上缴税金18亿元，出口创汇4.3亿美元。三角集团成为国内轮胎企业供给内需和外贸出口的主力，销售额领先国内同行。产品在国内外市场上树立起过硬的品牌形象，成为同行业第一个“中国驰名商标”。

而仅仅在十三年前，三角集团还是经营亏损、难以为继的企业。跨越十三年间的巨变，蕴藏着深刻的原因。众多经济学家、管理学家走访三角，得出了一个企业振兴的法则：管理，将严格的、细微科学的管理渗透到企业流程的每一个神经末梢，质量管理抓住了根本。

质量是赢得消费者的关键之所在，质量创新是企业创品牌的主战场。这一看似简单的企业运行法则，却是决定企业胜负的根本。三角集团始终坚信，“缺乏可靠的质量保证，在市场上只能糊弄一时”。

三角集团始终把品牌经营放在公司战略的高度来对待，确定了“建国际先进企业、创世界知名品牌”的目标，围绕品牌建设这个中心，持续推进战略创新、质量创新、科技创新、市场创新。

目前公司已拥有自主开发的34项科技成果，并获国家专利。品牌管理的终极目标是让品牌得到市场的认同。三角意识到，要使一个新品牌得到用户的认同，不但需要高端的品质，还需要创造市场，形成一个高效健康的市场运营体系，不断提高顾客的满意度和产品美誉度。三角集团始终认为，品牌的质量管理与市场创新不是两张皮，而是一个整体。“酒香也怕巷子深”，再好的质量也要在市场上亮相。三角集团市场营销的原则是，在国内市场，确立“以满足市场需求为导向、以确保效益增长为核心、以现金流最大为基础，以有力的市场调控为手段”的工作方针和“统一市场布局，统一品牌形象、统一营销通道，统一准入机制”的基本原则，严格规划销售区域，规范操作模式，逐步建立特约店或连锁店的销售形式，公司与经销商以及用户之间逐步形成了较为稳定的、利益共享的市场纽带关系。

(资料来源：新浪网.http://www.sina.com.cn.)

18.7.2　全面满足消费需求

市场竞争日趋激烈，消费者需求不断变化，产品的生命周期越来越短。这就要求企业要随着消费者需求的变化，不断调整产品，开发新产品，而且是从高起点来开发新产品，创造名牌。

18.7.3　以创新巩固名牌地位

创新是企业品牌的灵魂，是企业活力之源。只有不断创新，才能让企业品牌具有无穷的生命力和永不枯竭的内在动力，发展和壮大企业品牌。创新包括多方面的内容，企业近年的发展历程始终围绕着技术创新，技术使得品牌更加有竞争力，谁掌握了将技术转化为现实生产的能力，谁就将夺得市场的主导权。因此，没有强大的技术力量做后盾，品牌要实现飞跃几乎是不可能的。

本项目知识要点

(1) 品牌化决策是企业决定是否给产品规定品牌名称，可以选择无品牌的策略、借用品牌、自创品牌等策略。

(2) 家族品牌决策包括个别品牌、统一品牌、各大类产品分别使用不同的品牌，以及企业名称与个别品牌并用等。

(3) 品牌延伸是一个品牌从原有的业务或产品延伸到新业务或产品上，多项业务或产品共享同一品牌。

(4) 多品牌策略是企业决定同时经营两种或两种以上互相竞争的品牌。

(5) 合作品牌是两个或两个以上企业的品牌同时出现在一个产品上，每个品牌的企业期望另一个其他品牌能强化品牌的偏好或购买意愿。

(6) 名牌化战略就是企业及其品牌不断提高自身的知名度和美誉度。

思　考　题

(1) 什么是品牌？
(2) 中小企业品牌化决策有哪些策略？
(3) 什么是品牌延伸决策？
(4) 什么是多品牌决策？
(5) 为什么品牌要重新定位？

实　训　项　目

(1) 分组各自选择一个大学生常用的产品品牌，收集相关资料了解该公司的品牌化策略。
(2) 讨论满意度调查的工作方案，并设计调查问卷。
(3) 在教师的指导下，在本校及周边开展这个产品品牌的顾客满意度调查。
(4) 分析该公司品牌化策略的成败得失，并完成调查报告。

项目 19 中小企业的 CIS 设计

1. 了解 CIS 设计的基本功能。
2. 熟悉 CIS 具体内容。
3. 了解 MI、BI 和 VI 的关系。
4. 熟练掌握 CIS 设计的程序及方法。

案例 19-1　从“传奇”到“创新”——联想公司新标志

2003 年 4 月 28 日，中国的联想集团更换了使用了 18 年的标志，启用新的标志。联想公司从 1985 年推出第一块具有联想功能的汉卡时，就开始使用一个状似 5 英寸软盘的标志，1988 年在香港上市时，开始使用英文 Legend 作为公司的标志。18 年来，联想公司从小到大，已经变成了一家国际著名的电脑生产商，联想的年产值已经突破了 202 亿元。但是随着事业的发展，旧的标志也出现了问题。一方面，由于计算机工业的飞速发展，5 英寸软盘早已退出了历史舞台，新一代的电脑使用者已经无法理解原来标志所反映的高新科技的内涵。另一方面，联想的英文标志在世界上 20 多个国家已经被别人抢注了商标，使联想集团很难用自有品牌进入这些国家的市场。联想的新标志是英文 Lenovo，这一标志承袭了国际上一些大公司的传统做法，是一个再创造的过程。其中 Le 取自原有的 Legend，继承了“传奇”之意。Novo 据说来自希腊语“创新”之意。在英文的后边，还有两个端庄的汉字“联想”。随着中国国际形象的提高，联想电脑在国际上被普遍认同，这两个汉字本身就可以传达联想集团“传奇”、“创新”的理念。而过去所用的软盘形象，已不再适合这一新的思路。因为计算机技术发展迅速，以某一种硬件作为标志，很快又会过时。联想标志的更换，在国际、国内产生了很好的反应，促进了销售工作的进展。

(1) CI 的导入本身就十分复杂，原有 VI 的改变更是需要谨慎。这个过程涉及组织理念的鲜明传达，涉及公众对组织行为的恰当预期，涉及公众对组织形象的正确认知。

(2) 联想早期的“传奇”形象，是在中国计算机行业刚刚起步时的 VI。面对当时的社会环境，面对正处计算机启蒙时期的公众，这个形象给公众多么强的诱惑。它寄托了联想成员对未来的信心，对中国计算机事业崛起的信心。状似 5 英寸软盘的标志，也说明了企业的性质水平和主业支持背景。伴随着计算机事业的发展，联想的形象也深入人心。

(3) 随着计算机行业的迅猛发展，联想企业也在迅猛发展。越来越多的人深入了解认识了计算机，计算机神秘色彩正在渐行渐远。计算机作为一种技术平台，虽然不可能万事均能，但的确给人“只有想不到，没有做不到”的感觉。在这种形势下，联想本身也成长为国际著名的电脑公司，仅仅“传奇”已不足以正确传达联想的组织形象，“创新”就为联想的形象注入了更为充满活力的动态因素。用再创造的英文组合表示传奇和创新，加上汉字联想，中西合璧的 VI 代替了 5 英寸软盘状的标志背景，在国内外都产生了很好的影响。

(资料来源：网界网.http://www.cnw.com.cn.)

19.1　CIS 设计的概念及功能

19.1.1　CIS 设计的概念

企业形象设计 CIS 或 CI 是 Corporation Identification System 的英文缩写，原意是企业识别系统，意为一个企业或公司用以区别于其竞争对手甚至其他企业、团体、机关的各种形象、文字、风格等的综合体。其目的是展露产品特色，突出企业风格，宣传企业文化。它不仅仅是短期的促销工具，而且是企业营销发展战略的长远工具。

19.1.2　CIS 设计的基本功能

当今，国际市场竞争日益激烈，企业之间的竞争已经不仅仅是产品、质量、技术等方面的竞争。企业欲求生存必须从管理、观念、形象等方面进行适应性调整和更新，制定出长远的发展规划和战略，以应对市场环境的变化。

企业 CIS 是在企业经营环境中设计和塑造企业形象的有力手段，其具体功能有如下 5 项。

1. 管理功能

企业开发和导入CIS系统，就是对企业历史、经营状况、技术水平、人员素质的一次全面总结，是对企业价值观念、经营政策、发展战略、管理制度、企业文化和企业道德的一次全面提升。因此，在完成CIS的导入、CIS手册的制定后，企业就必须将其作为一部企业的内部宪法，要求全体人员贯彻执行。因而，CIS系统首先具有管理职能，通过其与众不同的身份，保证企业自觉朝着正确的方向进行有效的管理；使全体员工行动整齐划一，协调一致，保证组织内部政令畅通，领导层的意志和决策可以贯彻到基层，提高管理效率。

2. 识别功能

企业导入了CIS系统，能够有效避免本企业的产品和其他企业的产品同质化，从而提高产品的非品质竞争力，在激烈竞争的市场上脱颖而出，独树一帜，取得独一无二的市场定位，在顾客心目中建立起良好的形象，争取广泛的顾客群。

3. 传播功能

企业良好形象的树立和信息传播成正相关关系。企业CIS识别系统的导入与开发，可以使企业对外部传播的信息保持一致性和同一性，以节省企业信息传播的成本，防止信息的误导，提高传播的精确度和效果，把企业的有关信息传输给消费者，以此抓住消费者的心。

4. 教育功能

CIS的导入，在企业内部具有强大的教育功能。企业精神的确立、行为规范的制定，对全体员工来说，就是一次思想教育课。同时，建立统一的企业视觉形象，会在全体员工中产生激励和凝聚作用，增强职工的归属感和荣誉感，培养他们对企业的向心力和奉献精神。

5. 经济功能

企业导入CIS的最根本目的，还是增加企业的经济实力，在日趋激烈的市场竞争中立于不败之地。企业凝聚力的提高，使得企业可以吸收优秀的人才，充分发挥他们的聪明才智。传播功能的增强、企业社会知名度和美誉度的提高，就会为企业争得大批潜在顾客，占领更大的市场份额。

19.2 CIS具体内容及其关系

19.2.1 CIS具体内容

CIS具体内容包括3个方面，即企业的识别系统由理念识别(Mind Identification，MI)、行为识别(Behavior Identification，BI)和视觉识别(Visual Identification，VI)3个子系统综合构成。其中，理念识别系统处于主宰和支配的地位，是整个形象识别的关键，而行动识别和视觉识别则是理念识别的延展和推广。

1. MI

MI目的在于从理想信念、企业文化、价值观念等思想上、精神上使本企业区别于其他竞争者。相对而言，视觉识别设计轻而易举，行为识别设计也可以模仿，理念识别设计最为困

难，它包括建立独特的企业文化、企业价值观、企业信仰理想，其外在表现形式可以包括广告词：四川长虹“以产业报国，民族昌盛为己任”就反映了民族产业的企业文化；广东健力宝的“运动饮料健力宝”就反映了体育产品的企业文化。还可以包括企业的厂训、厂歌、特定仪式，如亚细亚集团的升旗仪式等。

2. BI

BI其目的在于从行为举止、行为方式上使本企业员工、服务方式区别于其他竞争者。其方式如饮食业从点菜到上菜时间的规定，迎宾员鞠躬度数的规定等。海尔集团规定：凡购海尔空调者，购后24小时内由公司派人员上门安装，安装1个月内电话查询使用情况，这种独特的时间规定就是海尔BI设计的一部分。

3. VI

VI视觉识别的目的在于从视觉上使本企业的产品、服务、形象区别于其他竞争者。其方法很多，包括设计独特的产品商标、颜色、款式、包装 、企业的厂牌、厂名、员工的着装及佩戴的厂徽等。例如，讲到柯达胶卷，就联想到明艳的金黄颜色；由可口可乐联想到活力奔放的大红色；娃哈哈的品牌标志是一个又像小孩又像老头的吉祥物；健康奋进的李宁则是健力宝的形象代表。

19.2.2 MI、BI和VI的关系

在企业CI系统中，MI、BI和VI是3个相互连接、相互推演、相互促进的统一体，缺一不可。其中MI是CI的核心与灵魂，是企业在长期发展中形象的独特价值体系，左右着BI和VI的设计和定位。BI是在企业理念的指导下建立起来的全体员工的行为方式和工作方法，是MI的动态表现形式。VI则是对企业理念的静态具体展示，是外部公众最经常接触的企业视觉信息。VI如果能将企业的精神内涵准确地表达出来，就可以在社会上取得形象识别、形象认知的目的。

19.3 CIS设计的程序及方法

19.3.1 MI设计

1. 企业理念的定位与策划

在整个企业CI设计的过程中，MI的设计最为重要，因为只有企业理念定位准确，企业才能顺利开展行为识别系统和视觉识别系统的设计。但企业理念的定位又最为困难，因为理念看不见、摸不着，它的确立需要有高度的概括和抽象能力。在进行企业理念定位时，要注意以下问题。

(1) 符合企业的实际情况。企业理念定位必须建立在实事求是、周密严谨的调查研究基础上，只有切实把握了企业各方面的实际情况，才能准确做好理念定位工作。

(2) 考虑领导者的个性特征。在企业所有权逐步落实的今天，领导者的个人意志在经营活动中显得越来越重要。可以说，企业理念在很大程度上就是企业领导人个性的发展和延伸。领导人具有的每一个理念不一定都成为企业理念，但领导人不具有的理念一定不能成为企业理念。

(3) 具有鲜明的时代特色。企业在进行理念定位时，要对自己所处的时代性质有准确的把握，使理念的策划与时代的大背景相协调。因此，在对企业理念进行概括时，企业应对社会的政治、经济、文化、伦理等诸方面的形势加以充分考虑。

(4) 突出企业特性。MI 系统最大的价值就在于与众不同，因此在对理念识别系统进行文字概括时，必须从某一个方面突出企业经营的特性。

(5) 表现中国特色。中国的企业家在为自己的企业进行理念定位时，要充分考虑我国企业在国际上的地位和对民族发展的价值，以振兴中华民族为己任。这样的理念定位，容易得到国人的理解和同情。

2. 企业理念的观念形式设计

所谓观念形式，也就是企业理念表达的不同侧重面，或者说设计者对企业理念诸多方面的不同切入角度。它大致有如下 6 种。

(1) 企业使命。回答了企业“干什么”的问题，是企业理念识别系统中最基本的构成要素。企业使命也是企业发展的原动力，只有树立了崇高使命感的企业，才能不断创造新成就，追求更高层次的目标。

(2) 经营哲学。是企业人格化的基础，是企业文化的灵魂和企业伦理的中枢。换言之，经营哲学是企业内部的人际交往和企业外部经营活动中所奉行的价值标准和行为原则，是企业一切行动的出发点。

(3) 行为准则。在 MI 系统中，行为准则属于“不许做”的问题，是明确的组织行为的戒律。

(4) 经营方针。经营方针不是具体的行为准则，不以详细的条条框框对企业加以限制，但却为企业经营制定了必须遵守的基本原则。

(5) 经营策略。经营策略虽然不是企业形象的全部展示，但公众可以从企业的经营策略中知道“自己是怎样从这笔生意中获得更多实惠的”，因此经营策略能够吸引广大公众的注意。

(6) 企业文化。企业内在性质最集中的体现，也是将本企业与其他企业相区别的个性体验。对一个企业文化的科学概括，不仅可以在组织内部起到激发员工潜能、焕发企业活力的作用，而且也便于外部公众的认知与识别。

3. 企业理念的文字形式设计

企业的 MI 系统不论突出哪个方面，都必须采用一定的文字形式。表达企业理念的文字形式主要有以下 4 种方式。

(1) 标语、口号。企业理念最常见的一种形式，就是将其概括成一句精粹凝练、通俗上口的标语或口号。例如，美国电报电话公司的“普及服务”；日本日立公司的“品不良在于心不正”；四通公司的“高效率、高效益、高境界”；宝山集团公司的“创造新的文明”等。

(2) 训词。有些企业将自己的企业理念提炼成一句训词，如同箴言、警句，作为全体员工的座右铭。又如，广州白云山制药厂的“爱厂、兴利、求实、进取”；北京西单购物中心的“热心、爱心、耐心、诚心”；康佳集团的企业理念是“康乐人生，佳品纷呈”。

(3) 歌曲。有些企业将自己的企业理念谱写成歌曲，在员工中广泛传唱，既可以利用歌曲慷慨激昂的旋律达到鼓舞干劲的作用，又可以借助优美动听的歌词传播企业信息。

(4) 分层表达。由于企业理念系统比较复杂，包含的内容十分庞杂，因此，一句口号往往无法完整表达，故企业可以根据对内、对外的不同情况设计多个宣传口号，在不同的领域使用。

案例 19-2 康佳电器理念系统

康佳理念：创新生活每一天。

康佳宗旨：质量第一，信誉为本。

康佳精神：团结开拓，求实创新。

康佳目标：领先国内，赶超世界。

康佳口号：员工至亲，客户至上。

康佳信念：建设一流环境，培养一流人才，练就一流技术，生产一流产品，提供一流服务，创造一流效益。

康佳风格：我为你，你为他，人人为康佳，康佳为国家。

康佳服务承诺：康佳产品遍四方，售后服务到府上。

19.3.2 BI设计

企业的BI系统形象设计涵盖了企业的经营管理、业务活动的所有领域，可以分为对内对外两大部分。企业内部系统包括企业内部环境的营造、员工教育及员工行为规范化等。企业外部系统包括市场调查、产品规划、服务活动、广告活动、公关关系、促销活动等内容。以下主要讲述企业内部系统的设计方法。

1. 企业环境

企业内部环境的构成因素很多，它主要分为两部分内容：第一，物理环境，包括视听环境、温湿度环境、嗅觉环境、营销装饰环境等；第二，人文环境，主要内容有员工精神风貌、领导作用、合作氛围等。

企业营造一个干净、整洁、积极向上、温馨融洽、团结互助的企业内部环境，不仅能保证员工的身心健康，而且是树立良好企业形象的重要方面。因为这是给社会公众留下的第一印象，第一印象给人的感觉最深，一旦形成就难以改变。

2. 员工教育

企业员工来自不同的社会阶层，学识修养、脾气秉性各不相同。员工教育的目的是使行为规范化，符合行业行为系统的整体要求。员工教育分为干部教育和一般职工教育，两者的内容有所不同。干部教育主要是政策理论水平教育、法制教育、决策水平及领导作风教育。一般员工教育主要是与其日常工作相关的一些内容，如经营宗旨、企业精神、服务态度、服务水准、员工规范等。

3. 员工行为规范化

一个企业要在经营活动中步调一致、令行禁止，必须要有一定的准则规范。行为规范是员工共同遵守的行为准则。行为规范化，既表示员工行为从不规范转向规范的过程，又表示员工行为最终要达到规范化的结果。它包括的内容有：职业道德、仪容仪表、见面礼节、电话礼貌、迎送礼仪、宴请礼仪、舞会礼仪、谈话态度、谈话礼节和体态语言等。

此外，内部系统还包括福利制度、公害对策、废弃物处理、发展战略等内容。

案例 19-3

1952 年，在美国的肯塔基州，年逾 60 岁的哈兰·山德士用仅仅 105 美元的社会救济金开始全心地投入专营炸鸡生意。这种“好到吮手指”的家乡鸡已成为全世界规模最大的零售食品之一，其形成的全球认同的 CIS 包括：第一，产品标准化，用重量相等的美国标准的 A 级肉鸡，均匀分割成 9 块，用含有 11 种香草和调料配制的秘方加工，再用特制的气压炸锅烹制。第二，神秘顾客检查制度，即肯德基主管人员从社会上招募一些整体素质较高但与肯德基无任何关系的人员，对他们进行专业培训，使他们了解肯德基食品的温度、重量、色泽及口感标准，他们以一般顾客的身份不定期地到各地餐厅就餐，进行打分，由于从餐厅经理、一般员工到公司总经理都不认识这些检查人员，所以这些检查人员就被称为“神秘顾客”。第三，“四步清洗法”，即 A：刮、冲、擦；B：用洗涤剂清洗；C：用清水冲洗；D：消毒。第四，柜台服务必须履行“服务五步曲”，即 A：热情问候，甜蜜微笑；B：双目注视，仔细聆听，重复订餐；C：建议销售，因人而异；D：迅速包装，准确无误；E：感谢顾客，欢迎光临。“五步曲”必须在 1 分钟之内完成。

(资料来源：有效营销网.http://www.em-cn.com.)

19.3.3 VI 设计

从企业理念到视觉形象。在整个企业识别系统中，视觉识别应当是理念识别的发展和延伸，通过静态的、具体化的视觉形象，将企业的经营思想、经营方针、价值观念和文化特征，有组织、有计划、完整准确地表达出来。因此，视觉识别系统的设计，一定不能离开理念识别系统的指导。背离了企业的经营理念，仅仅追求形象的外在美观，达不到企业识别的目的，顶多不过是一幅美丽的装饰品而已。

从企业理念出发，VI 的设计程序一般为以下 3 个步骤。

1. 确定形象概念

根据企业的使命、理念、哲学和文化，确定自己的形象概念。

2. 建立设计概念

设计概念是将以文字表达的形象概念转化为以图形表达的视觉符码的必经桥梁。没有明确的设计概念，也就没有视觉传达的基础和依据，没有衡量设计优劣的客观标准。因此，设计概念成为企业和形象设计师都必须遵守的共同原则。

3. 选择视觉符码

设计概念必须转化成视觉符码，才能进一步发展成可视的图形。视觉符码的正确选择是能否科学表达企业经营理念的关键环节。

视觉符码的内容包括以下 5 个方面。

(1) 形象。主要可分为具象、抽象和半抽象 3 类。

(2) 色彩。即不同的颜色及其色彩纯度、亮度的变化。在社会生活中，不同的色彩往往有不同的象征意义，如红色象征着光明，绿色象征着安宁，黄色象征着成熟，蓝色象征着希望。企业应根据自己的使命、理念、方针、经营范围来选择色彩。

(3) 质感。即一种带有触觉经验的视觉感受。有的图形给人光滑、温暖的感受，有的图像给人坚硬、冰冷的感受，不同质感，有不同的寓意。此外，还有一些辅助的视觉符码，如方向、位置、空间、重心等，也都有一定的文化蕴涵。

(4) 字母。用英文字母或汉语拼音字母作为组织的标志，是一种常见的表现手法。这样可以直接让公众看到组织的名称，同时又通过字母的某种形象变化，表达组织的理念。音乐符号、数字也有近似的功能。

(5) 汉字。汉字本身就是一种象形文字，体现着丰富的文化内涵。直接将汉字设计成一个标志，可以比较明确地传达组织信息。但这种方法超出了汉字文化圈就会碰到一定的传播障碍。

案例19-4 汉堡王的整体CI企业形象设计案例

在汉堡王的近25年的经营中，其品牌仅做过很少的改动。随着公司的发展，为重新树立其快餐业巨人的地位，决定对其品牌进行全面的改进，公司希望创造出稳健的、强有力的品牌形象，使品牌各个方面(如商标、招牌、餐馆设计以及包装)都能为消费者所熟悉。

斯特林设计集团接受委托与汉堡王公司的品牌设计组进行合作。汉堡王希望仍能保持老品牌中的小甜圆面包的设计因素，但目标是逐步形成一种有高度影响力的品牌标记。他们希望不必很时髦，但能适合时代的步伐，并体现出很强的活力。旧的品牌标识很大众化，并且很温和，一切都是曲线形的，其中字体是圆的，小面包的形状也是圆的，黄色和红色都是暖色调，缺乏节奏感和活力。

斯特林设计集团和汉堡王公司的品牌设计组在商标设计上进行了几次尝试，包括在设计中加入火焰图案，以突出汉堡王是经过火烤的。还尝试了不同的字体颜色。但是设计并没有加入过多的元素，他们认为，新商标的应用会无处不在，过于花哨会减弱其可视性。当然为了打破原商标的温和性，新品牌加入了蓝色，大大增加了设计的活性。最终，设计者很好地保留了原品牌标识中面包的形象，因为它体现出该品牌的魅力所在，设计者把字体扩大至面包的外围，以突出可口的三明治。稍微倾斜的状态则表现出了活力与动感。从新品牌设计的整个过程，设计者们保留了老品牌的一些因素，避免人们无法认出，造成汉堡王的惨重损失。

随着新品牌的确立，汉堡王公司委托费奇公司设计品牌的立体外观，包括建筑物的内外设计，商业装饰以及汉堡王餐馆内的一些标语牌。内部设计主要重点放在为方便消费者点菜而设计高效布局。例如，为点菜和选菜辟出专用空间，重新设计的菜单仅显示当天的菜肴等。调查发现人们喜欢快速获得食品，但却希望放松的用餐环境，于是在调整环境的情况下，几种座位的布局纳入设计的方案中，包括为团体、家庭准备的大的明亮的空间和情侣桌。灯光布置也进行了精巧的设计。在包装方面，还设计了一种透明的袋子，这样人们就很清楚袋子里装的东西，而没有必要打开袋子进行检查。甚至，在每个餐桌上都设置了提示服务员的按钮，当顾客需要服务的时候，可以按下按钮。这个主意使顾客非常满意。

新的品牌体现了这样一种理念：密切关注顾客对快餐店的期望。这使汉堡王在竞争中异军突起，别具特色。到目前为止，消费者对该品牌反应积极，销售额也随之暴涨，餐馆面貌一新，生意兴旺。

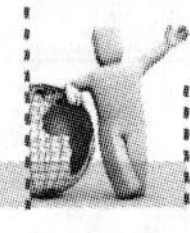

思考与讨论：汉堡王此次的品牌设计主要涉及的是CIS中的哪方面设计？其设计是如何与企业理念结合在一起的？

本项目知识要点

(1) CIS是企业识别系统，意为一个企业或公司用以区别于其竞争对手甚至其他企业、团体、机关的各种形象、文字、风格等的综合体，其目的是展露产品特色，突出企业风格，宣传企业文化。

(2) CIS设计的基本功能包括：管理功能、识别功能、传播功能、教育功能和经济功能。

(3) CIS具体内容包括3个方面，即企业的识别系统由理念识别(MI)、行为识别(BI)和视觉识别(VI)三个子系统。

(4) CIS设计必须遵循一定的科学程序。

思　考　题

(1) 什么是CIS设计？
(2) CIS设计有哪些基本功能？
(3) CIS有哪些具体内容？
(4) 进行企业MI设计应注意什么问题？
(5) 表达企业理念的文字形式主要有哪些？

实　训　项　目

为自己小组的模拟创业项目进行CIS的相关设计。要求设计要能体现模拟的企业的经营内容及经营理念。

项目 20 中小企业的顾客忠诚管理

学习目标

1. 了解策划顾客忠诚计划的基本技巧。
2. 知道顾客满意与顾客忠诚的差异。
3. 能够理解顾客忠诚对企业的重要性。

案例 20-1　青山农场的忠诚计划

美国纽约州锡拉克斯市有一家“青山农场”(Green Hills Farms)，但它不是真的农场，而是一家蔬果食品店。这是一家将近 70 年的老店，大约只有 2 200m^2，门脸陈旧，几年来却被誉为全美最好的小蔬食店。多年来，青山农场能在市场上保持骄人的记录，离不开它独特的忠诚计划。

青山农场与众不同的地方，在于它真正了解它的最佳客户在何处，并且真正为他们提供令人满意的服务。

青山农场的忠诚计划一开始就使用了条码技术，后来又很早向顾客发放了 IC 卡，这就使公司能够有办法去通过技术手段了解、分析和比较它的 15 000 多名经常性顾客。商店 20 岁刚出头的运营董事约翰·马哈尔说：“你常常觉得上这儿买东西的人没有你不认识的。可我们的分析报告一出来，你就发现有花销很大的顾客，你到现在还不认识，也有一些常客，他们的花销却实在不高，这很令我们意外。”青山农场进一步了解到了它的经常性顾客的潜力和收入、消费结构。不断的数据采掘(Data Mining)加上对奖励组合的不断调整，成为青山农场稳操顾客忠心的“把手”。霍金思把他们的忠诚顾客分为两种类型，一种是“交易忠诚”，另一种是“关系忠诚”。所谓交易忠诚者，大体还是只重价格。而关系忠诚者，在青山农场的价格没有明显优惠的时候也会跟它做生意，目的是享用它的客户服务和所提供的特惠待遇。“这样我们就把谁是谁(属于哪种顾客)完全搞清楚了。”霍金思说。

其实，青山农场的顾客中只有 300 多人够得上钻石级，1 000 多人够得上红宝石级。其他有级别的顾客分属珍珠级和蛋白石级。霍金思刚开始的时候以为随着时间推移，越来越多的顾客会不断升级，但他后来意识到世界上有大量的只看价格不看服务的顾客，要想打动他们的情感实在不易。正如青山农场负责信息服务的董事莉萨·裴隆说的：“想让低消费家庭增加支出吗？你没有多少点子可琢磨的。”

于是青山农场愈加重视对钻石级和红宝石级顾客的照顾，它做到了使钻石级和红宝石级顾客增加消费，而且是不断增加，是大户消费撑起了青山农场年销售额 1 800 万美元的业绩。以每平方英尺计算，青山农场的每周销售额是 16 美元，而业内平均水平仅 8～10 美元。在整个美国零售业的纯利率在 1%就算走运的时候，作为家族企业的青山农场却自称记录能够达到平均水平“两倍以上”。考虑到从它的附近直到对门，青山农场面对着包括沃尔玛在内六家超市的残酷竞争，这确实是个了不起的记录。

而莉萨·裴隆的部分职责，就是保证每一位消费大户都得到相应的回报和奖励。她甚至把商店每个部门的消费大户都做了统计和编排，亲自给他们写感谢信和寄上为他们个人定制的礼品通知；礼品篮内分别放入他们最中意的商品，由部门经理亲自把礼品篮交给有通知的顾客。青山农场每年能保持 96%的钻石级顾客，以往多年来的顾客保有率达到 80%。不仅如此，它还能从对手那边挖过来几个大户(一个大户就足以让它自豪)。良好的顾客保有率甚至还为青山农场赢得了供货商的赞许。

青山农场把营销真正做到了顾客的个人头上。在此基础上，它甚至不用再到当地报纸上做促销广告，并用每周节省下来的 6 000 美元中的一小半，给顾客投递促销通知单。

(资料来源：新浪财经.http://finance.sina.com.cn.)

思考与讨论：顾客忠诚是不是天生的？顾客是否忠诚企业或产品，好像是顾客自己意愿或行为的事，企业在顾客忠诚方面能否有所作为？在哪些方面有所作为？

我们知道，在经济学上存在着“20/80 定律”——仅仅只有 20%左右的顾客贡献了企业利润的 80%，企业的主要利润仅仅掌握在一部分顾客手中，如果牢牢地抓住这部分顾客，对于企业的利润增长和营销战略都具有非同寻常的意义。有关数据表明：保持一个顾客的营销费用仅仅是吸引一个新顾客的营销费用的 1/5；向现有顾客销售的概率是 50%，而向一个新顾客销售产品的概率仅有 15%；顾客忠诚度下降 5%，则企业利润下降 25%；如果将每年的顾客关系保持率增加 5 个百分点，可能使利润增长 85%；企业 60%的新顾客来自现有顾客的推荐。而顾客忠诚不是天生的，忠诚必须要去赢得。因此，系统性、计划性地让顾客忠诚已成为企业具有战略意义的营销规划之一。

20.1　关于顾客忠诚

20.1.1　顾客忠诚的概念

什么是顾客忠诚？顾客忠诚是指顾客满意后而产生的对某种产品品牌或公司的信赖、维护和希望重复购买的一种心理倾向。顾客忠诚表现为两种形式：一种是忠诚的态度；另一种是忠诚的行为。

忠诚的态度意味着忠诚是一种意识形态，如果顾客对某一企业有一种积极的、喜好的态度，我们可以说，顾客对这家企业或对其品牌是忠诚的。顾客喜欢这家企业、喜欢它的产品、喜欢它的品牌，因此，尽管产品或服务完全等价，但顾客会倾向于到这家企业去购买，而不到这家企业的竞争对手那儿去购买。但是，这里所强调的是他的“意愿”，而不是指实际发生的行为。

忠诚的行为是指顾客重复从某一企业购买其产品或服务。忠诚的行为是同再次购买活动联系在一起的，与态度和喜好无关。

忠诚的态度是原因，忠诚的行为是其结果。而一般情况下，企业往往容易把对此两种形式混淆起来，其实这两者具有本质的区别，前者对于企业来说本身并不产生直接的价值，而后者则对企业来说具有重要价值；道理很简单，顾客只有意愿，却没有行动，对于企业来说没有意义。想增加顾客忠诚度的企业，必须集中精力采取一切可能的战术，在事实上增加顾客重复购买行为的数量，但绝不只限于提高顾客对这种品牌的总体喜好率，或者只限于提高顾客对企业的满意程度与水平。企业要做的一是推动顾客从“意愿”向“行为”的转化程度；二是通过交叉销售和追加销售等途径进一步提升顾客与企业的交易频度。

20.1.2　顾客忠诚度的衡量

根据顾客忠诚的价值，我们可以从下面 7 个方面来衡量顾客的忠诚度。

1. 顾客重复购买次数

在一定时期内，顾客对某一品牌产品重复购买的次数越多，说明对这一品牌的忠诚度越高，反之则越低。由于产品的用途、性能、结构等因素也会影响顾客对产品的重复购买次数，因此，在确定这一指标合理界限时，须根据不同产品的性质区别对待，不可一概而论。

2. 顾客购买挑选时间

一般来说，顾客挑选时间越短，说明对这一品牌的忠诚度越高；反之则说明对这一品牌的忠诚度越低。例如，某消费者长期喝可口可乐，并形成了偏爱，产生了高度的信任感，在需要时往往指名要买，从不挑选。在运用顾客购买挑选时间指标时，也必须排除产品结构、用途等方面差异产生的影响，才能得出正确的结论。

3. 顾客对价格的敏感程度

我们可以衡量顾客对某一品牌的忠诚度。对于喜爱和信赖的产品，消费者对其价格变动的承受能力强，即敏感度低，而对于不喜爱和不信赖的产品，消费者对其价格变动的承受能

力弱，即敏感度高。运用这一标准时，要注意产品对于人们的必需程度、产品供求状况以及产品竞争程度3个因素的影响。

4. 顾客对竞争产品的态度

根据顾客对竞争产品的态度，能够从反面判断其对某一品牌的忠诚度。如果顾客对竞争产品有好感，兴趣浓，就说明对某一品牌的忠诚度低，购买时很有可能以前者取代后者；如果顾客对竞争产品没有好感，兴趣不大，则说明其对某一品牌的忠诚度高，购买指向比较稳定。

5. 顾客对产品质量事故的承受能力

任何一种产品都可能因某种原因出现质量事故，即使是名牌产品也很难避免。顾客若对某一品牌的忠诚度高，对出现的质量事故会以宽容和同情的态度对待，不会因此而拒绝这一产品。当然，运用这一标准衡量顾客对某一品牌的忠诚度时，要注意区别产品质量事故的性质，即是严重事故还是一般性事故，是经常发生的事故还是偶然发生的事故。

6. 顾客增加幅度与获取率

顾客增加幅度是指新增加的顾客数量与现有基础顾客之比；顾客获取率，即最后实际成为顾客的人数占所有争取过的总人数之比。这主要是衡量实施顾客忠诚计划后带来的间接效果。

7. 顾客流失率

流失率的历史纪录能显示出谁是最有希望的顾客群。企图对那些威胁着要离开的顾客进行挽留也是一种资源的浪费。对在业务上实际应该舍弃的顾客进行改善服务质量的投资可能是副作用的。

20.2 满意顾客与忠诚顾客

传统观念认为，发现正当需求——满足需求并保证顾客满意——营造顾客忠诚，如此过程构成了营销三部曲。因此，顾客满意必然造就顾客忠诚。

但是，“满意的顾客就是忠实的顾客，这只是一个神话”——世界知名的美国贝恩管理顾问公司(Bain & Co)的研究表明，40%对产品和服务完全满意的顾客也会因种种原因投向竞争对手的怀抱。根据清华大学中国企业研究中心对全国40多个不同行业390多家企业的调查，许多顾客满意度比较高的企业其顾客忠诚并不高。

那么顾客的满意度和顾客的忠诚度有什么区别呢？

满意度衡量的是顾客的期望和感受，而忠诚度反映顾客未来的购买行动和购买承诺。顾客满意度调查反映了顾客对过去购买经历的意见和想法，只能反映过去的行为，不能作为未来行为的可靠预测。忠诚度调查却可以预测顾客最想买什么产品，什么时候买，这些购买可以产生多少销售收入。

顾客的满意度和他们的实际购买行为之间不一定有直接的联系，满意的顾客不一定能保证他们始终会对企业忠实，产生重复购买的行为。

案例 20-2

许多用户对微软的产品有这样那样的意见和不满，但是如果改换使用其他产品要付出很大的成本，他们也会始终坚持使用微软的产品。最近的一次调查发现，大约 25%的手机用户为了保留他们的电话号码，会容忍当前签约供应商不完善的服务而不会转签别的电信供应商，但如果有一天，他们在转约的同时可以保留原来的号码，相信他们一定会马上行动。

但不可否认，顾客满意度是导致重复购买最重要的因素，当满意度达到某一高度，会引起忠诚度的大幅提高。

案例 20-3

1991 年，施乐公司曾对全球 48 万个用户就公司的产品和服务进行满意度和忠诚度调查，评分标准为 1～5 分，分别表示非常不满、不满、一般、满意、非常满意(完全满意)。结果发现，给 4 分(满意)和给 5 分(完全满意)的顾客，其忠诚度相差很大——给 5 分的顾客购买施乐设备的倾向性高出给 4 分顾客的 6 倍！这一发现使施乐后来一直致力于顾客完全满意的战略计划的制订和实施，大幅度提高了顾客忠诚度。

事实上，在竞争激烈的行业，顾客忠诚对比顾客忠诚满意的弹性很大，只要顾客满意度稍稍下降一点，顾客忠诚度就会急剧下降，企业必须尽力使顾客完全满意，否则就会导致顾客流失。在低度竞争的行业里，顾客满意的程度对顾客忠诚度的影响较小。在低度竞争或在垄断的情况下，顾客的选择余地有限，即使不满意，他们往往也会出于无奈而继续使用不满意的产品或服务，表现为一种虚假忠诚。

20.3　提高顾客忠诚的途径

顾客是否重复购买企业的产品或服务涉及的因素很多，包括顾客的满意程度、企业的顾客服务和支持系统如何、品牌在顾客心目中的形象、价格水平的高低，还有顾客情感等因素。但关键的因素在于企业与其竞争者相比是否能给顾客提供更高的产品或服务的价值。顾客的消费经验、相互间的交流和企业的各种经营活动都会改变顾客所认识到的产品价值。顾客在新一轮的购买选择中，如果仍然偏好企业产品或服务，认为能从中享受到最大的产品或服务价值，他们就会重复购买，从而建立起顾客忠诚；反之，顾客就会离开该企业，转向其竞争者。

基于上述的分析，我们可以得出，企业要培养和提高顾客忠诚度涉及企业经营管理的方方面面。一要不断提高产品的质量；二要提供优质的服务；三要降低顾客成本；四要消除顾客不满；五要提高顾客转换成本；六要提高内部员工的满意度；七要塑造良好的品牌形象。但提高顾客的转换成本是关键，因为只有提高顾客的转换成本，才能有效约束顾客购买的行为，而其他措施只能从态度上提高顾客的忠诚度。

20.3.1　提高转换成本是提高顾客忠诚的关键

“转换成本”(Switching Cost)的改变最早是由迈克·波特在 1980 年提出来的，指的是当消费者从一个产品或服务的提供者转向另一个提供者时所产生的一次性成本。这种成本不仅仅是经济上的，也是时间上、精力上和情感上的，它是构成企业竞争壁垒的重要因素。如果顾客从一个企业转向另一个企业，可能会损失大量的时间、精力、金钱和关系，那么即使他们对企业的服务不是完全满意，也会三思而行。

营销专家将转换成本分为8种。

(1) 风险成本，即顾客如果转投其他企业的产品和服务，有可能为自己带来潜在的负面结果，如说产品的性能并不尽如人意、使用不方便等。

(2) 评估成本，即顾客如果转投其他企业的产品和服务，必须花费时间和精力进行信息搜寻和评估。

(3) 学习成本，即顾客如果转投其他企业的产品和服务，需要耗费时间和精力学习产品和服务的使用方法及技巧，如学习使用一种新的电脑、数码相机等。

(4) 组织调整成本，即顾客转投其他企业，必须耗费时间、精力和新的产品服务提供商建立关系。

(5) 利益损失成本，即企业会给忠诚顾客提供很多经济等方面的实惠，如果顾客转投其他企业，将会失去这些实惠。

(6) 金钱损失成本，如果顾客转投其他企业，可能又要缴纳一次性的注册费用等。

(7) 个人关系损失成本，顾客转投其他企业可能会造成人际关系上的损失。

(8) 品牌关系损失成本，顾客转投其他企业可能会失去和原有企业的品牌关联度，造成在社会认同等方面的损失。

8种转换成本又可以归为3类。

第一类为程序转换成本(Procedural Switching Cost)，主要是在时间和精力上的，包括以上的经济风险成本、评估成本、组织调整成本和学习成本。

第二类为财政转换成本(Financial Switching Cost)，主要是在经济上的，包括以上的利益损失成本和金钱损失成本。

第三类为情感转换成本(Relational Switching Cost)，主要是在情感上的，包括以上的个人关系损失成本和品牌关系损失成本。

企业要提高顾客的转换成本，首先应该对如果自己的顾客转投竞争对手，将会在程序、财政和情感3方面有哪些损失进行仔细的评估。然后通过提高顾客8种转换成本中的一种或几种，来增加顾客转换的难度和代价。有的企业通过宣传产品、服务的特殊性，让顾客意识到他们的转换成本将很高。例如，信用卡公司可以向顾客宣传金融服务的复杂性和学习过程很长，让他们感知到程序转换成本很高，因此不愿意轻易更改服务提供商。同样，通过宣传企业自身的特殊性和不可替代性，为消费者提供一整套适合他们的不同功能产品和服务，来增加顾客对他们的依赖性，从而让消费者意识到它是不可替代的，也有效地抵挡了其他企业忠诚计划的诱惑。

为消费者提供更加人性化、定制化的产品，与顾客建立情感层面的一对一的关系，也将大大增加消费者的程序和情感成本。例如，花旗银行将顾客的照片印在信用卡上，MCI世界通讯公司为消费者提供一个专供家庭成员使用的直拨家庭电话系统，使用这个通话系统，家庭成员之间可以花费很少。

但一个厂家与消费者的关系越密切，消费者不满的概率就越高。如果只建立了程序和财政转换成本，增加了消费者离开的障碍，而以牺牲消费者对产品的喜爱为代价，就会更增加消费者对品牌的不满，从而最终损害顾客的忠诚。

目前，大部分的酒店、航空公司等忠诚计划的先行者已经将忠诚营销的重点，从原来的提高程序和财政转换成本，转为提高情感转换成本。因为，情感转换成本比起程序和财政转换成本来说，更加难以被竞争对手模仿，如香港商人惠特尼·斯莫一直是希尔顿酒店的忠实

顾客。在谈到为何不选择其他酒店时，她说：“每次我去曼谷出差，他们总是把我安排在同一间房间里，服务人员都认识我，了解我的爱好，房间里的设施都是我喜爱而且习惯了的，我就像在家一样自由自在。虽然别的酒店也有很多促销计划，但是我实在割舍不下希尔顿给我的这种感觉。”

案例 20-4 将情感赋予钻石的 MaBelle

MaBelle 钻饰是香港利兴珠宝公司推出的大众钻饰品牌，自 1993 年成立以来，目前已经在香港开设了 46 间分店，成为了深受时尚人士青睐的钻饰品牌。

价格不能成为企业的核心竞争力

MaBelle 的母公司利兴集团成立于 1949 年，刚开始时从事宝石进口和批发生意，在全世界搜购优质宝石和玉石，销往亚洲市场。从 1966 年开始，利兴由原有的宝石及玉石生意，改为专注进口和批发钻石生意，旗下拥有 Mabros、Falconer 等高端钻饰品牌。

1993 年，利兴集团的高层经过市场调查，发现几乎市场上所有的钻饰品牌都在中高端竞争，大众市场基本上空白。于是，他们推出了 MaBelle 钻饰，成为香港首间开放式的钻饰连锁店，专售价格相对便宜的钻石首饰。MaBelle 以款式多样时尚为主要卖点，将流行元素融入传统的钻石。独特、自由、轻松的购物模式，将钻饰在香港普及化。当年推出的千元价格的“黄钻”，更是在香港创造了钻饰消费的潮流。

香港是世界上最大的珠宝生产地之一，虽然 MaBelle 是大众钻饰品牌，但是公司清醒地意识到，价格绝对不能成为 MaBelle 的核心竞争力。顾客只因为价格便宜而购物，并不能令客人的忠诚度上升。不断创新的设计是 MaBelle 与其他品牌区别的主要特征，而与顾客建立情感上的沟通，赋予顾客与众不同的优越感，才能为企业创造更多的价值。

生活体验提高情感转换成本

MaBelle 与一般珠宝零售商和品牌相比，其最与众不同的地方，就是 MaBelle 设立的会员“VIP 俱乐部”。这个俱乐部通过为会员带去钻饰以外的生活体验，通过加强 MaBelle 店员与顾客之间的个人交流，以及会员之间的情感联系，将情感赋予了钻饰。

目前，MaBelle 在香港拥有 30 多万个活跃会员，这些会员大部分是 20～40 岁的白领女性和专业人士。

一般来说，顾客购买了一定数额的 MaBelle 钻饰就可能注册为“VIP 俱乐部”会员。公司对销售员工的要求是，必须定期通过电邮、电话、手机短信等方式和顾客建立个人关系，这种私人关系无疑增加了顾客的情感转换成本。MaBelle 还定期为会员举办关于“选购钻石的知识”以及“钻饰款式”方面的讲座，增加了顾客转换企业的学习成本。

MaBelle 还经常为“VIP 俱乐部”会员安排与钻饰无关的各种活动，根据公司掌握的不同会员的年龄、职业和兴趣等，邀请会员参与这些活动。例如，母亲节为妈妈们准备了“母亲节 Ichiban 妈咪鲍翅席”，情人节为年轻情侣筹办浪漫的“喜来登酒店情人节晚会”，为职业和兴趣相近的会员安排的“酒店茶点聚餐”，以及节假日为年轻会员安排的“香港本地一日游”。

香港的生活节奏非常快，人们一般学习工作很紧张，人际交往比较少，这些活动不但给会员提供了难忘的生活体验，而且还帮助他们开拓交际圈，通过俱乐部结识了不少朋友。很多会员参加过一些活动后，都邀请自己的亲友也加入 MaBelle 的俱乐部，真正起到了“口耳相传”的效果。

（资料来源：新浪网.http://www.sina.com.cn.）

思考与讨论：顾客意识忠诚重要还是顾客行为忠诚重要？如何辩证地认识顾客意识忠诚和顾客行为忠诚对企业的重要性？

20.3.2 梯度忠诚计划

企业处于不同的行业、不同的发展阶段，顾客对于他们的认知程度也完全不一。因此，不同的企业也应该采取不同的方法找出自己的目标细分忠诚顾客群，通过控制他们对于企业产品和服务的满意度，以及提高他们不同层面的转换成本，来制定具体、可操作的忠诚计划，实现顾客对于企业的忠诚。

1. 一级阶梯忠诚计划

这一级别的忠诚计划最重要的手段是价格刺激，或用额外的利益奖励经常来光顾的顾客。奖励的形式包括折扣、累计积分、赠送商品、奖品等，使目标消费群体的财务利益增加，从而增加他们购买的频率。这通常又被称为频繁营销。

近年来，随着以累计积分为主要形式的忠诚计划在各行各业的广泛应用，企业设立忠诚计划的模式有向纵深多方面发展的趋势。一些企业通过与其他行业合作伙伴的联盟，共享和扩大顾客资源，分担积分压力；也有些企业通过与细分市场的互动沟通，加深与消费者的情感联系和对消费者的了解。

积分计划有以下3种。

1) 独立积分计划

独立积分计划是某个企业仅为消费者对自己的产品和服务的消费行为和推荐行为提供积分，在一定时间段内，根据消费者的积分额度，提供不同级别的奖励。这种模式比较适合于容易引起多次重复购买和延伸服务的企业。

在积分计划中，是否能够建立一个丰厚的、适合目标消费群体的奖励平台，成为计划成败的关键因素之一。很多超市和百货商店发放给顾客的各种优惠卡、折扣卡都属于这种独立积分计划。

独立积分计划对于那些产品价值不高、利润并不丰厚的企业来讲，有很多无法克服的弊端。

首先是成本问题。自行开发软件，进行数据收集和分析，这些都需要相当大的成本和人工。其次很多积分计划的进入门槛较高，能够得到令人心动的奖励积分的额度过高，而且对积分有一定的时效要求。这样做虽然比较符合20/80原则，将更多的优惠服务于高价值的顾客，也有助于培养出一批长期忠实的客户，但这样做也流失了许多消费水平没有达到标准的准高价值客户。另外，随着积分项目被越来越多的商家广泛使用，手里持有多张积分卡的客户会越来越多。这些客户在不同的商家那里出示不同的会员卡，享受相应的折扣或者积分优惠，却对每一家都谈不上忠诚。

2) 联盟积分

联盟积分，是指众多的合作伙伴使用同一个积分系统，这样客户凭一张卡就可以在不同商家积分，并尽快获得奖励。相比较于企业自己设立的积分计划的局限性，联盟积分则更有效、更经济、更具有吸引力。

目前世界上最成功的联盟积分项目是英国的NECTAR，积分联盟由NECTAR这个专门的组织机构设立，本身并没有产品，只靠收取手续费赢利。项目吸引了包括Barclay银行、Sainsbury超市、Debenham商场和BP加油站等很多企业加入。顾客凭NECTAR卡可以在特约商户消费，或者用Barclay银行卡消费者，都可获得相应积分，并凭借积分参加抽奖或者领取奖品。NECTAR因此把消费者对他们的忠诚转变成对特约商户的忠诚，并由此向特约商户收取费用。在很短时间内，NECTAR就将5 880万个英国居民中的1 300万个变成了自己的客户，并

从中取得了巨大的收益。除此之外，航空业也普遍采取这种联盟形式，现在，更是出现了航空业、酒店业、租赁业等企业的联盟。

这种联盟最大的问题是联盟中商家实力不对等。例如，我国航空公司与国外战略伙伴在国际航线上的竞争力往往不对等，如果大量旅客在别人的国际航线上积累里程，而到我们的国内市场兑换免费机票，将对我国航空公司造成冲击。因此，在谈判联盟协议时，对这些问题要加以考虑。

企业是选择单独推出积分计划还是选择加入联盟网络，是由企业的产品特征和企业特征决定的。如果企业的目标客户基数并不是很大，企业主要通过提高顾客的“钱包占有率”，最大限度地发掘顾客的购买潜力来提高企业的利润，则推出独立积分卡较合适；联盟积分卡可以通过互相为对方提供物流、产品、顾客资料方面的支持，降低企业的各种压力，使企业能获得更多的新的顾客资源。

3) 联名卡和认同卡

联名卡是非金融界的营利性公司与银行合作发行的信用卡，其主要目的是增加公司传统的销售业务量。例如，美国航空公司(American Airline)和花旗银行联名发行的 Aadvantage 卡就是一个创立较早而且相当成功的联名卡品牌。持卡人用此卡消费时，可以赚取飞行里数，累积一定里数之后就可以到美国航空公司换取飞机票。美国电报电话公司的 AT&T Univers al Card 也是很受欢迎的联名卡，它通过对客户长途电话的折扣与回扣，扩大了顾客群，提高了竞争力。

认同卡是非营利团体与银行合作发行的信用卡。持卡人主要为该团体成员或有共同利益的群体。这类关联团体包括各类专业人员。持卡人用此卡消费时，发卡行从收入中提成出一个百分比给该团体作为经费。运动协会(如美国橄榄球协会 NFL)、环保组织、运筹学管理科学协会的认同卡就是这方面的成功例子。

与前述积分计划联盟模式不同点在于，联名卡和认同卡首先是信用卡，发卡行对联名卡和认同卡的信贷批准方式与一般的普通信用卡很接近，它们的运营和风险管理也有许多相通之外。在管理方式上，银行需要与合作的营利公司或非营利团体签有详细的利润分成合同。

从市场渗透的角度而言，针对有一定特殊共性的消费群体来设计品牌，是一个极好的市场细分的手法，对加强信用卡发行单位和签约单位的顾客忠诚度非常有效。

显而易见，这个级别的忠诚是非常不可靠的。第一，竞争者容易模仿。如果多数竞争者加以仿效，就会成为所有实施者的负担。第二，顾客容易转移。由于只是单纯价格折扣的吸引，顾客易于受到竞争者类似促销方式的影响而转移购买。第三，可能降低服务水平。单纯价格竞争容易忽视顾客的其他需求。

案例 20-5

美国航空公司是首批实施频繁营销规划的公司之一，20 世纪 80 年代初推出了提供免费里程的规划，一位顾客可以不付任何费用参加公司的 AA 项目，乘飞机达到一定里程后换取一张头等舱位票或享受免费航行和其他好处。由于越来越多的顾客转向美国航空公司，其他航空公司也相继推出了相同的规划。在大家实施了免费里程计划很多年后，由于顾客手中持有太多的免费里程，造成了兑换的“拥塞”，成为各个航空公司的巨大负担。

然而，对于那些目标顾客群庞大，且单位产品的边际利润很低的企业来说，一级阶梯忠诚计划比较适合他们。例如，中低端的餐饮连锁企业、生产日常用品的企业利益层是构建客户忠诚度的基本组成部分，一般都采用一级阶梯忠诚计划。他们的忠诚计划最重要的手段是使得目标消费群体的财务利益增加，从而增加她们购买的频率。

2. 二级阶梯忠诚计划

这一级别的忠诚计划的主要形式是建立顾客组织，包括建立顾客档案，建立正式的、非正式的俱乐部以及顾客协会等，通过更好地了解消费者个人的需要和欲望，使企业提供的产品或服务个性化和人性化，更好地满足消费者个人的需要和要求，使消费者成为企业忠实的顾客。这些形式增加了顾客的社会利益，同时也附加财务利益。

有的企业顾客群非常集中，单个消费者创造的利润非常高，而且与消费者保持密切的联系非常有利于企业业务的扩展。他们往往会采取俱乐部计划和消费者进行更加深入的交流，这种忠诚计划比单纯的积分计划更加易于沟通，能赋予忠诚计划更多的情感因素。

作为忠诚计划的一种相对高级的形式，会员俱乐部首先是一个“客户关怀和客户活动中心”，但现在已经朝着“客户价值创造中心”转化。而客户价值的创造，则反过来使客户对企业的忠诚度更高。

“会员俱乐部”可为企业带来综合性的效果：①链式销售。即客户向周围人群推荐所带来的销售。②互动交流，改进产品。通过互动式的沟通和交流，可以发掘出客户的意见和建议，有效地帮助企业改进设计，完善产品。③抵制竞争者。用俱乐部这种相对固定的形式将消费者组织起来，在一定程度上讲，就是一道阻止竞争者入侵的藩篱。

大部分面向中高端消费群客户的企业都采用了这一级别的客户忠诚计划。例如，一茶一坐采用了门店与互联网实名互通的会员营销系统，在一茶一坐各地的连锁门店加入会员后，消费者都可以在一茶一坐的网站上进行实名注册，注册后可以享受会员独有的生日优惠餐等特权，此外还可以在网络上互相交流、分享信息，极大地增加了客户与企业的黏合度。

很多零售企业也已经将其营销战略从一级阶梯忠诚计划转向了二级阶梯忠诚计划，如英国的德士高超市连锁和美国的SUPERVALU食品连锁都因此类忠诚计划建立了企业的核心竞争力。

英国超市连锁公司德士高的“俱乐部”卡之所以被誉为世界上最成功的零售忠诚计划，与其他超市推出的累计积分卡相比，“俱乐部”卡不仅仅是一张单纯的消费积分卡，它还为德士高提供了重要的顾客消费习惯和顾客细分的一手资料。在这些顾客资料的基础上，德士高将“俱乐部”卡细分为很多小类别，根据不同的消费者开展量身定做的促销计划。

3. 三级阶梯忠诚计划

这一级别的忠诚计划为顾客提供有价值的资源，而这个资源是顾客不能通过其他来源得到的，借此提高顾客转向竞争者的机会成本，同时也将增加顾客脱离竞争者而转向本企业的收益。主要是增加与顾客之间的结构性纽带，同时附加财务利益和社会利益。

在三级阶梯忠诚计划中，其表现形式往往也以俱乐部等顾客组织形态存在，但与二级阶梯忠诚计划中的顾客组织则有着关键的不同点。首先，它往往会花大力气为会员提供不能通过其他来源得到的资源，以此来显示会员的特权，这对会员的吸引力是非常大的；而更为重要的是，这类顾客组织往往会延伸、演变为一个“社区”，让志趣相投的一小撮人可以在这个“社区”中交流情感、分享生活。如果企业的顾客群比较集中，而且边际利润很高，则适合采用三级阶梯忠诚计划。

案例 20-6

哈雷·戴维森摩托车公司建立了哈雷所有者团体，拥有 30 万个会员。哈雷·戴维森摩托车的拥有者都具有明显的共性，向往大自然，追求自由的生活，他们常常喜欢聚在一起，比试爱车、兜风旅游。因此，哈雷所有者团体就设计了一系列有针对性的活动，将这一团体变成了“哈雷·戴维森”之家。除了提供紧急修理服务、特别设计的保险项目，第一次购买哈雷·戴维森摩托车的顾客可以免费获得一年期的会员资格，除在一年内享受 35 美元的零件更新等服务外，该团体还定期向会员提供杂志(介绍摩托车知识，报道国际国内的骑乘赛事)、旅游手册、价格优惠的旅馆信息，经常举办骑乘培训班和周末骑车大赛，向度假会员廉价出租哈雷·戴维森摩托车。目前，该公司占领了美国重型摩托车市场的48%，市场需求大于供给，顾客保留率达 95%。

案例 20-7　深圳万科的“万客会”

“深圳万科地产客户俱乐部”，简称万客会，成立 6 年来，已在 16 个城市扎根，会员总数达 80 000 名。

在房地产行业顾客重复购买率很低的情况下，万客会却表现出了强大的功力，如在深圳四季花城销售后期，老业主推荐成交率占 50%以上，而这些老业主基本上都是万客会的成员。

万科每一次新楼盘的开盘销售人气都很旺，这些人不一定买楼，但对项目的销售却起到了很好的宣传和促进作用。这一点万客会功不可没，通过会刊、网页、活动邀请函等，万客会以多种方式和会员保持联络，会员发现感兴趣的信息，就会主动关注，前往参加活动。

这种无形的影响既反映在人数的增长上，也反映在会员结构上。万客会的会员并不仅仅是万科业主，这与别的发展商组织的会员俱乐部不一样，万科业主仅占 50%～60%，其余都是对万科感兴趣的人士或单位/组织。

万客会真正实现了设立时的初衷，“与万科老客户，或想成为万科客户，或不想成为万客客户但想了解万科的消费者交流沟通”。

中国地产界的创新

1998 年，在持续了两年的概念轮炒、广告大战后，为了吸引客户的眼球，深圳地产界开始热衷于促销，买房子甚至送出了宝马汽车，一纸博士文凭可获 10 万元优惠等各类新招层出不穷。

而此时，深圳万科地产有限公司却推出了“万客会”，在地产界率先推出了“忠诚计划”。1998 年 8 月 15 日和 9 月 1 日，万客会招募会员广告于《深圳特区报》刊出两期，规定只需年满 18 周岁，无论性别国籍，均可入会。入会并不收取任何费用，条件是必须填写一份精心设计的包括有职业、年薪等情况的个人资料和现居住状况、购房置业理想的问卷。

万客会为会员提供了近十项优惠，包括提前收到深圳万科地产最新推出的楼盘资料和售楼全套资料；可以得到优先安排选购房产、选择朝向、挑选楼层；可以自由选择参加万客会举办的各类公众社会活动，享用万客会精选商号所提供的购物折扣和优惠价格等。

在成立短短四个月之内，万客会吸引了近 2 000 名会员。随后，万科地产减小了万客会广告推广的力度，进入了对俱乐部的维护建设阶段，推出了定期的业主运动会、一系列的沙龙与茶话会及对会员的各种奖励措施。

欢笑积分分享计划

最早，本着为会员谋取更多利益的原则，除了最初设立的一系列优惠，万客会曾向会员赠送过管理费，引起其他会员组织相继效仿。实施一段时间后，万客会抛弃了这种做法。

2002 年 7 月 18 日，“欢笑积分计划”的实施成为万客会历史上最重要的一步，成为规范的、长期的优惠计划。

会员在推荐亲友购买万科物业时享有推荐购房积分奖励，入会满一年的资深会员购买万科物业时享有购房特别积分奖励，成为业主会员再次选购万科物业时，还可享有老业主重购房特别积分奖励。根据会员积分等级的不同，万客会为会员提供了欢笑分享之旅、现金等礼品。

现在，此积分计划的积分方式、会员级别评定、奖励兑付、积分流程等更趋完善。而每半年举行一次的积分分享回馈盛会，更成为会员们欢聚一堂，共同分享万科的居住感受，收获欢乐的场所。

会刊成为最好的沟通工具

万客会刚创立的时候，万客会与会员之间的联系处于比较分散的状态，如何使会员有归属感？如何加强万客会与会员之间的联系？如何让会员了解万科的信息？

万科认为创办会刊是一个非常好的办法。1999年6月第一期万客会会刊发行，会刊将万客会的日常活动以及万科的楼盘销售信息放入其中，定期发送。万科集团的领导层和员工积极向会刊投稿，向业主灌输万科精神，而业主也非常珍惜自己在会刊上的话语权。会刊成为企业和顾客最好的沟通工具。

会刊最初更多的内容是万科的活动、销售信息，而现在这些仅作为辅助性内容，与其他刊物一样，万客会将会刊的可读性和质量放在第一位。因为万客会的成员有一部分并不是万科地产的用户，考虑到他们可能会对内部信息不感兴趣，会刊已从16开本的双月刊演变成社区版、时尚版分开的月刊，内容越来越丰富，形式也越来越美。

仅深圳分公司每年就要在万客会的会刊上投入100多万，这个数据反映了万科对万客会的重视。

特约商户提供增值服务

从为会员提供更多的增值服务的角度出发，在成立之初，万客会就与一些商家结成联盟，会员凭会员卡在特约商户消费可以享受到独特的会员价格。这不仅是为会员提供实实在在的优惠的举措之一，更是会员入会后的尊贵象征。

在商家的主动选择上，万客会非常注重商家对于会员生活的实用性，注意分析客户的需求与习惯。而在商家的选择上有自己的标准：第一，守法经营；第二，品牌、形象有一定的社会知名度，在其行业里的地位与万科在房地产行业的地位相匹配；第三，商品明码实价，而万客会会员享受的的确是独特的会员价。当然它还必须是比较有宣传意识，有合作意向的商家，才能合作成功。

万客会对于商家挑选的过程及后期的评估又是非常严格的。对于所有有合作意向的商家，万客会的工作人员都要对其进行实地考察。而合作商家也并非终身连任，在合作的过程中会不时地对商家的产品质量、服务质量等进行后期评估，主要是依据会员反馈的信息做出调整。而以后还会加大后期评估的力度，例如进行第三方调查、定期或不定期地回访等。万客会的精选商家数目并没有像会员那样大幅增长，因为数量并不是体现万客会优势及会员尊贵身份的必要一项，合作商家的品质是否一流、承诺的优惠能否兑现、类别是否符合会员的实际需求这些才是实实在在的东西。

万客会精选商家的范围得到不断拓展，最初的商家几乎都是与房地产行业密切相关的，如家居、装修、装饰等，现在则衣、食、住、行样样皆全。目前仅深圳万客会的精选商家已达到了40多家。

联名卡成为业主的VIP

2002年，万科集团与中国银行总行又联合策划了全国联名信用卡推广计划，并在北京率先得到实施。对于北京万科三个项目的业主来说，这张卡除了具有长城信用卡的所有功能外，还因为嵌入了智能卡芯片，可作为万科门禁系统的钥匙，充当起识别万科业主身份的智能卡。业主所持有的联名卡可以代收物业管理费等多种生活费用，为他们减去许多日常生活中的烦琐事务。联名卡成为万科业主的VIP，在中行享有“中银理财”优惠服务，亦可在中行与万科指定的特约商户享有消费打折优惠。另外，万科将其全球建材战略供应商纳入联名卡合作范围，邀请了包括科勒、多乐士、西门子、丹丽等知名企业共同为持卡人提供产品优惠服务，算得上是家居生活“一卡通”。除了北京万科三个项目业主以外，万客会会员以及双方认同的客户只要申请了此卡均在服务之列。

万客会自成立之初经历了服务理念的逐步深化：“培植依赖的服务”是最初的方向，而后是“双向沟通，服务客户”，2003 年转换成“分享无限生活”。从变化的过程可以看到万客会的工作重心与角色变化过程：开始是从服务者的角度出发，单向性非常明显；后来已不仅仅注重服务功能，还强调双向的沟通互动；而分享的包容性则更强、更广。

(资料来源：网易网.http://www.163.com.)

思考与讨论： 国内企业如何根据企业特点和所处的历史阶段有针对性地培育与提高顾客忠诚度？

4. 阶梯计划的综合应用

一级阶梯忠诚计划和三级阶梯忠诚计划是两个极端，企业需要根据产品和行业的特性，将这三个级别的计划融会贯通，贯彻到企业的经营中，如一般成立顾客俱乐部的企业都会在开展各种形式的俱乐部活动的同时，为会员提供一定的积分计划奖励。

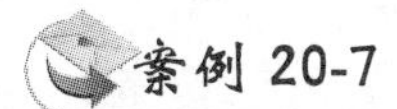

案例 20-7

迪士尼的俱乐部就是一个忠诚计划综合使用的典型例子。俱乐部对附近公司的员工提供迪士尼乐园的特别折扣。同时，600 万份迪士尼乐园优惠卡的持有者能够得到一份特别杂志，在购买门票和商品时可以打折；俱乐部成员与迪士尼的合作伙伴如德尔塔航空公司和全国汽车租赁公司发生交易时，也可以享受特定优惠。迪士尼与俱乐部会员经常交流，鼓励他们及其家人更多地到迪士尼乐园游玩，在其中逗留得更长，并且在需要吃住的时候选择迪士尼的设施。该俱乐部还令迪士尼公司获得了宝贵的消费统计数字和消费行为信息。现在，该俱乐部的活动遍及全球，有 27 000 家组织获得了参与资格，已经成为迪士尼发展的重要的战略武器。

本项目知识要点

(1) 顾客忠诚是指顾客满意后而产生的对某种产品品牌或公司的信赖、维护和希望重复购买的一种心理倾向。顾客忠诚表现为两种形式：一种是忠诚的态度；另一种是忠诚的行为。

(2) 顾客忠诚度的衡量方法包括顾客重复购买次数、顾客购买挑选时间、顾客对价格的敏感程度、顾客对竞争产品的态度、顾客对产品质量事故的承受能力、顾客增加幅度与获取率和顾客流失率。

(3) 提高转换成本是顾客忠诚的关键。不同的企业也应该采取不同的方法找出自己的目标细分忠诚顾客群，通过控制他们对于企业产品和服务的满意度，以及提高他们不同层面的转换成本，来制订具体、可操作的忠诚计划，实现顾客对于企业的忠诚。

思　考　题

(1) 什么是顾客忠诚度？
(2) 顾客满意度与忠诚度有什么区别？
(3) 顾客忠诚度对企业有什么作用？
(4) 提高顾客忠诚度有什么途径？
(5) 什么是梯度忠诚计划？

实 训 项 目

为某一品牌产品或学校附近的餐饮店制定一个顾客忠诚行为方案。当前，中小企业竞争日益激烈，产品同质性很高，同类的服务性企业也像雨后春笋般遍地开花。如何在同类产品或同类企业中让顾客忠诚于某一个品牌的产品或企业？让我们开拓思路，做一个顾客忠诚方案的创意计划。

项目 21 中小企业公共关系

学习目标

1. 了解公共关系的功能。
2. 理解公共关系的实施原则。
3. 掌握公共关系的实施步骤。
4. 熟练掌握公共关系各项专题活动的实施方法。

案例 21-1 轩尼诗公司在中国的公关活动

干邑白兰地为酒中之精品，在世界享有至高声誉。20世纪80年代末、90年代初，中国市场经济发展迅猛，人均收入大幅度提高，各种经济活动日益增多，这为干邑市场提供了活力。于是，世界各大干邑生产商先后进入中国，揭开了中国市场“洋酒大战”的序幕。

法国轩尼诗酿酒公司是X.O.的创立者，也是世界上最大的干邑生产商。它进入中国市场后，一直受到中外商界人士的欢迎。然而，由于面对来自其他干邑生产商的愈来愈烈的竞争挑战，轩尼诗公司决定在中国展开一系列公关活动，以树立其品牌形象，使自己在商战中立于不败之地。

爱德曼国际公共关系有限公司于1992年接受轩尼诗公司委托，担任起它在中国的公关代理。在对中国高档酒市场和其他干邑生产厂家的调查中，他们发现：长期以来，众多的干邑生产商的宣传和促销主要集中在产品本身，而忽视了对生产商自身的宣传和推广；大家往往热衷于斥巨资雇用促销小姐穿梭各大宾馆、商场和夜总会，同时大规模地购买各种户外广告位置和在媒体上频繁播放和刊登广告，而忽视对产品和企业进行高层定位。

根据调查结论并结合轩尼诗公司历来推崇文化艺术活动的特点，爱德曼国际公关有限公司为其策划了旨在树立企业和产品高品位形象的“轩尼诗创意之源”文化艺术系列活动计划。为保证计划的顺利实施，爱德曼国际公关有限公司成立由对高档消费品公关了如指掌的法国公关专家、熟谙市场开拓和营销策略的美国专家以及深入了解中国市场和媒介的中国员工组成的项目服务小组，并同时启用了北京、上海、广州和香港的四个分公司。

1. 目标

(1) 树立轩尼诗公司的高品位形象，宣传其积极支持中西方文化交流的愿望。

(2) 通过系列活动，支持中国文化艺术事业的发展。

2. 策略

通过推出“轩尼诗创意之源”文化艺术系列活动，支持中国文化艺术事业的发展，将世界其他地区的文化精髓介绍到中国，以与中国人民共同欣赏。

(1) 设立“轩尼诗创意和成就奖”，表彰对中国文化艺术事业做出卓越贡献、取得丰硕艺术成就并富于创新的中国艺术家。

(2) 设立“轩尼诗创意和成就青年奖”，以鼓励和支持年轻艺术家在不同艺术领域里的探索和创新。

(3) 在北京、上海、广州推出电影经典节目，将多部奥斯卡获奖经典影片推荐给中国观众。

(4) 组织经典电影修复研讨会，与中国电影界共同探讨如何保护中国的经典影片。

1993年6月8日，轩尼诗公司在北京王府饭店举行新闻发布会，宣布推出“轩尼诗创意之源”文化艺术系列活动。在其后的几年中，主要的活动有以下几个。

(1) 1993—1995年分别向谢晋、杜鸣心和吴冠中等中国艺术家颁发“轩尼诗创意和成就奖”，以表彰他们在电影、音乐和绘画领域所取得的突出成就，特别是他们对艺术创新的不断追求。1995年，轩尼诗公司还向我国青年雕塑家魏小明颁发“轩尼诗创意和成就青年奖”。

(2) 自1994年起，轩尼诗公司连续在北京、上海和广州电视台黄金时间播出多部奥斯卡获奖经典影片，其中包括“雨中曲”、“一个美国人在巴黎”、“金粉世家”、“百老汇的旋律”和“叛航喋血记”等，受到广大观众的欢迎和喜爱。

(3) 主办“轩尼诗电影修复研讨会”，邀请美国好莱坞著名电影修复专家来华与中国同行共同探讨如何保护中国经典影片。

(4) 赞助法国绘画大师巴尔蒂斯在中国举办绘画个人展。此活动得到了中法两国政府的大力支持。

“轩尼诗创意之源”文化艺术系列活动得到了中国政府的首肯和支持，文化部领导曾多次参加有关的活动。对于这些活动，爱德曼国际公关有限公司积极邀请记者予以报道、专访，另外还组织“轩尼诗第一干邑”巡展，让消费者品尝干邑，这些都产生了很好的宣传效应。

(1) 迄今为止，全国已有近九亿人次从报刊、广播、电视等媒介了解到了“轩尼诗创意之源”文化艺术系列活动。

(2) 给谢晋、吴冠中等中国艺术家颁奖后，在中国文化艺术界产生了良好影响。轩尼诗公司的形象已与中国文化艺术事业联系在一起。

(3) 通过品尝干邑活动和有关的专访，与目标媒介建立了稳定和良好的关系。

(4) 一批经典影片的播出，使广大中国消费者进一步了解了轩尼诗公司希望将世界优秀文化遗产与中国人民共同分享的良好愿望。

(5) 在浓郁的文化艺术氛围中，将轩尼诗公司的企业形象、产品品质更完美地呈现给了中国消费者。

(资料来源：MBA 智库文档.http://doc.mbalib.com.)

思考与讨论：法国轩尼诗酿酒公司是如何在中国开展公共关系活动的？公共关系活动在企业进行市场拓展的过程中发挥了什么作用？

案例 21-2　开启“本土化”之门：联合利华的公关谋略探秘

联合利华公司是世界上最大的跨国公司之一，主要生产食品和日用工业品。目前，联合利华在全世界拥有 500 多家分公司，在世界跨国工业企业中列第 20 位左右。早在 1932 年，联合利华在上海开办了第一家工厂——上海制皂厂，生产“日光牌”香皂。1986 年，联合利华重新回到中国投资建厂。“本土化”是联合利华在中国发展的最终目标，为了达到“本土化”目的，1998 年以来，联合利华公司针对中国市场采取了一系列措施：提升“中国区域”为业务集团，把区域性总部从新加坡移至上海；发展“中华牙膏”、“京华茶叶”、“老菜酱油”等多个中国民族品牌；对在华的联合利华企业进行资产重组；组织有才华的中方雇员到海外接受培训，实现本地化管理等。

1998 年初，中国环球公共关系公司接受联合利华公司的委托，策划执行以推进“本土化”为目的的系列公关活动。经过调查，中国环球公共关系公司得出了两大结论。

一、联合利华在“本土化”进程中存在的主要问题

1. 在我国引进外资的实践中，有的外资企业收购民族品牌后将其束之高阁，造成民族品牌贬值甚至消亡，导致中国国内反感情绪高涨，保护国有资产和国有品牌的呼声很高。联合利华想大规模收购，阻力不小。

2. 联合利华所主营的食品及日用工业品行业，并不属于中国政府优先注入外资的行业。从这个意义上讲，与中国政府沟通是十分必要的。另外，由联合利华控股的公司在中国上市是联合利华完成本土化进程的重要标志，但针对外贸或合资企业在华上市的问题，当时中国没有明确的政策。解决上述问题，首先要游说政府，获得政府支持，政府支持包括：第一，中国政府公开表示允许外资控股公司上市；第二，在条件成熟的情况下，允许联合利华作为第一批外资控股公司上市。

3. 资产重组必然带来部分企业关闭，可能导致人员下岗，给地方经济利益带来损失。在当时社会条件下，“下岗”问题十分敏感，可能会对联合利华的资产重组实行“一票否决”。

4. 公众在心理上接受外资的“本土化”需要一个长期的过程，联合利华需要做长期、细致的工作。

二、联合利华“本土化”问题上面临的机遇

中国经济纳入全球经济轨道运行，外企“本土化”是历史发展的必然，联合利华对中国长期投资，又是利税大户(年纳税达 5 亿元)，产品方面的优势是“力士”、“夏士莲”、“奥妙”等品牌已经深入人心，同时，大力发展“中华牙膏”、“京华茶叶”等民族品牌。联合利华把引进外资与保护国有品牌统一起来，既发展自己，又为民族品牌注入新的生命力，获得了不少中国民众的认同。

综上所述，在当时条件下，联合利华实现“本土化”的核心问题在于政府的支持。中国环球公共关系公司建议联合利华以协调政府关系为突破口，进一步优化联合利华的经营环境，同时，围绕协调政府关系活动，进行必要的媒介传播，形成有利于联合利华的社会舆论环境，开启“本土化”之门。

在中国环球公共关系公司缜密的策划执行下，联合利华进行了一系列公共活动：1998 年 6 月 10 日下午

3 点，国务院总理朱镕基接见联合利华的两位总裁，联合利华表达了在中国长期投资的信心，同时就“本土化”进程中的一些问题与朱总理交换了看法，朱总理很感兴趣，将原定半小时的会谈时间延长至一小时。6 月 5 日—6 月 10 日上海市市长也接见了两位总裁，双方就资产重组问题交换了意见；6 月 10 日，联合利华在人民大会堂宴会厅举办丰盛的晚宴，宴请中国有关政府机构的负责人、中方合作单位代表及社会知名人士；联合利华还宴请在联合利华的退休职工，表达关爱之心；6 月 10 日，联合利华出资 200 万人民币，资助 125 名贫困大学生的生活费用；6 月 10 日，两位总裁在天安门前与中国少年儿童共尝“和路雪”。联合利华在中央级媒介、上海当地主要媒介、全国重点地区核心媒介等 42 家媒体上以新闻发布会、新闻专访、CCTV 专题片、文字专稿、图片专稿的形式进行宣传。

联合利华两年来“本土化”进程顺利进行的实践说明，1998 年的系列公共关系活动取得了成功：在上海市政府的大力支持下，联合利华在华顺利完成了资产重组，重组后的公司达到资源的合理配置，大大降低了生产的成本，提高了产品的市场竞争力。1999 年，“奥妙”洗衣粉降价 30%～40%，销售势头十分强劲，“中华牙膏”、“京华茶叶”成为联合利华优先发展的品牌，现在“中华牙膏”销量稳居全国同行业之首。国家有关部门负责人明确表示，国家正考虑出台有关政策，允许如联合利华股份有限公司这样的外资控股公司在华上市。

思考与讨论:

1. 结合案例谈一谈创新在公共关系活动的作用，分析要创新需具备什么前提条件。
2. 中国环球公共关系公司在此次活动中做了哪些工作？结合案例运用公共关系原理谈一谈你的看法。

21.1　公共关系的含义及其功能

21.1.1　公共关系的含义

公共关系(Public Relation)是指某一组织为改善与社会公众的关系，促进公众对组织的认识、理解及支持，达到树立良好组织形象、促进商品销售的目的的一系列促销活动。它的本意是工商企业必须与其各种内部、外部公众建立良好的关系。它是一种状态，任何一个企业或个人都处于某种公共关系状态之中；它又是一种活动，当一个工商企业或个人有意识地、自觉地采取措施改善自己的公共关系状态时，就是在从事公共关系活动。作为促销组合的一部分，公共关系的含义是指这种管理职能：评估社会公众的态度，确认与公众利益相符合的个人或组织的政策与程序，拟定并执行各种行动方案，以争取社会公众的理解与接受。

公共关系的对象很广，包括消费者、新闻媒体、政府及业务伙伴等，公共关系被用来促进品牌、产品、人员、地点、构思、活动、各种组织机构甚至国家关系。组织机构利用公共关系去吸引公众的注意力或者去抵消留在公众头脑里的坏印象。国家使用公共宣传去吸引更多的观光者、外国投资者和取得国际支持。

21.1.2　公共关系的职能

公共关系职能是指以优化公众环境，树立组织形象为任务的一种传播沟通职能。即运用各种传播、沟通的手段去影响公众的观点、态度和行为，争取公众舆论的理解和支持，为组织的生存和发展创造良好的社会环境。

公共关系作为现代企业的重要管理原则，它具有以下四个主要职能。

1. 塑造企业形象

公共关系是一个企业在竞争中立足的基础工作。也就是说，在企业公共关系战略思想指导下，通过科学的、有计划、有步骤的公共关系活动，在社会各界公众心目中塑造良好的企业形象，以赢得用户公众对企业的理解和支持，这是公共关系的主要职能。企业形象不仅是企业产品的形象，更是企业总体文化的表现，是企业内在精神和外观形象的综合反映。因此，要在社会各界和公众心目中塑造良好的企业形象，必须结合企业自身的独特性质，对公共关系进行科学的规划和设计，以确保企业形象的完美。

2. 创造“人和”环境

求得人和，是公共关系工作的一项主要职能。现代企业的存在不是孤立的，而是处于立体化、错综复杂的社会关系之中。由于企业与公众之间具体利益的差别，公共关系中充满了各种矛盾，很难避免各种公共关系纠纷。因此，能否正确、妥善地处理这些公共关系纠纷，就成为企业求得人和境界的关键。而要想求得人和境界，就必须及时准确地了解社会各界及公众的意见，这就必须借助公共关系工作来完成。公共关系传播性职能是指在公共关系活动中通过传播工作的实施与运行所能发挥出的有利组织发展的效用。主要内容包括：采集信息、监测环境；组织宣传、创造气氛；交往沟通、协调关系；教育引导、服务社会。

3. 增进经济效益

增进企业的经济效益也是公共关系的重要职能之一。在现代社会中，信息的扩散与传播往往伴随着资金的流动。无论是销售决策还是投资决策，都离不开信息的服务。因此，从沟通信息的意义上说，公共关系是企业与企业之间、企业与社会之间信息传递的重要纽带。这种公共关系的服务越全面，信息越灵活，经营决策也越正确，企业自身的经济效益也就越容易提高。

4. 参与经营决策

在现代企业竞争中，企业的经营决策关系到企业的生死存亡。首先，从决策目标的确定来看，要想制定正确的决策目标，就必须调查民意，了解社会环境及市场状况。其次，从决策方案的实施来看，由于企业总是处于一定的政策环境和社会环境之中，国家的有关政策法令、社会公众的意见反映往往关系到企业经营决策方案能否得以实施。这就要求通过企业公共关系进行深入调查，准确收集信息，及时修正决策方案在实施过程中的偏差，使决策更加科学化。最后，从方案的评价与反馈来看，通过公共关系，可以收集社会各界公众的反映，了解经营情况，并以此来衡量和评价决策方案的实施效果，以便为今后的工作积累足够的经验。

21.2　公共关系的实施步骤

21.2.1　确定公共关系的原则

1. 以诚取信的原则

企业要在公众心目中树立良好的形象，关键在于诚实。只有诚实才能获得公众信任的回报。如果企业以欺骗的方法吹嘘自己，必将失去公众的信任。

2. 公众利益与企业利益相协调的原则

企业的生存发展不能离开社会的支持，如劳动力、资金、生产资料的提供及政府的宏观调控。因此，企业是为社会公众提供优质产品，公关活动时必须将公众利益与企业利益结合起来。

21.2.2 公共关系的工作程序

美国学者格伦·M. 布鲁姆(Glen M. Broom)等在其权威著作《有效的公共关系》(*Effection Public Relations*)一书中，提出了公共关系的四步工作法，将公共关系的工作程序概括成4个基本步骤：公共关系调查、公共关系策划、公共关系实施和公共关系评估。

1. 公共关系调查

公关调查作为公关工作程序的基础步骤和首要环节，对组织的整个公关活动具有重要意义。企业通过调研，一方面了解企业实施政策的有关公众的意见和反应，反馈给高层管理者，促使企业决策有的放矢。另一方面，将企业领导者意图及企业决策传递给公众，使公众加强对企业的认识。

(1) 公关调查的内容。公关调查主要包括社会环境调查、公众调查和组织形象调查3个部分。

(2) 公关调查的方法。公共关系的调查方法很多，经常使用的有文献调查法、观察法、访问法、抽样法、问卷调查法等5种。

2. 公共关系策划

在完成了调查研究以后，公关活动就进入了制订计划阶段。这是公共关系工作中最富有创意的部分。公共关系策划可以分成战略策划和战术策划两个部分。

1) 组织形象的战略策划

组织形象的战略策划，包括对组织未来若干年内生存发展环境的战略预测，组织将会遇到哪些竞争对手，组织的公众结构及公众的需求将会发生什么样的变化等组织发展的战略性思考。可以说，组织形象的战略策划应成为组织各项工作的基本指针。同时，组织形象的战略策划要有一定的稳定性，应在至少5年以上的时间内保持不变，因此意义重大，必须慎重。

2) 公关活动的战术安排

当组织的战略形象确定以后，具体的任务就是落实它，每一次战术性的公关活动，都是公关战略目标的实现。具体公关活动的策划过程如下。

第一，确定主题。公共关系目标是经过公关人员的专业策划，开展各类公关活动所要追求和渴望达到的一种目的或状态，也就是组织通过公关活动，准备“做什么”和“要取得什么成果”。对于公关活动来说，确定公关目标具有十分重要的意义。

第二，选择公众。一个组织的公众往往是多方面的，但一次公关活动则要有所侧重，面面俱到是不现实的。组织需要根据宣传的主题选择公众。这样，公关活动才能重点突出，顺利达到预期的目的。由于不同的公众有不同的经济条件、文化修养、生活习惯、价值观念、利益要求，对组织所持的态度也不尽一样。因此，组织在选择公众以后还要根据公众的特点选择传播渠道和公关模式。总之，对公众的了解越彻底，公关目标就越有针对性，实行效果也就越好。

第三，选择公关模式。公关模式不同，其功能也就不同。在制定公关计划时，要根据事先确定的主题选择的公众选择公关模式。常见的公关模式包括以下5种。

(1) 宣传型公关。这是最经常采用的公关模式，包括发新闻稿，登公关广告，召开记者招待会，举行新产品发布会，印发宣传材料，发表演讲，制作视听材料，出内部刊物、黑板报等。

(2) 交际型公关。交际型公关的具体内容包括各种招待会、座谈会、宴会、茶会、慰问、专访、接待、个人信函、电话等。交际型公关特别适于少数重点公众，其特点是灵活而富有人情味，可使公关效果直达情感层次，但缺陷是活动范围小，费用高，不适用于大数量的公众群体。

(3) 服务型公关。服务型公关的具体工作包括售后服务、消费引导、便民服务、义务咨询等。服务型公关能够有效地使人际沟通达到“行动”层次，是一种最实在的公共关系。

(4) 社会型公关。社会型公关的主要形式包括开业庆典，周年纪念，主办传统节日，主办电视晚会，赞助文体、福利、公益事业，救灾扶贫等。一个组织不论经营什么行业，它都是社会整体中的一员，负担着不可推卸的社会责任。

(5) 征询型公关。征询型公关的具体工作包括建立信访接待制度、进行民意调查、建立热线电话、收集报刊资料等。征询型公关是一项日常的工作，要坚持不间断地进行下去。

案例 21-2　宣传型公关——蒙牛乳业“一天三杯奶”推广活动中的媒介关系

借助“神六”这一全球瞩目的大事件，蒙牛希望能够完成一轮大规模、密集式的公关传播，促进国人的科学饮奶意识，并达到进一步提升品牌美誉度、稳定忠诚度的目标。

但是这一任务与两年前的“神五”相比，蒙牛又面临了新的挑战。一方面与“神五”相比，不仅人们对“神六”的关注度与振奋力相对下降；而且诸多的赞助商与合作伙伴争相开掘这一“金矿”的局面，也使得这一时期的公关宣传干扰因素甚多。另一方面，2005 年社会持续的焦点、热点是能源，是兴建和谐社会、节约型社会，对消费品的宣传并非当前社会主旋律，这对吸引媒体兴趣也形成一定阻碍。

在这样严峻的考验之下，要达成理想的公关传播效果，就必须在媒介关系上狠下工夫，整个公关传播的过程只有建立在与媒体方面充分、及时和反应迅速的沟通交流与执行的基础之上，在其中的每个环节有着细腻而针对性极强的处理，才会是成功的保障。

而在与媒体进行相关沟通之后，“一天三杯奶，强壮中国人”被认为是一个可发挥的主题。媒体不仅充分了解了一天三杯奶的科学性，而且可以借助航天员的饮奶习惯与“神六”这一新闻事件巧妙结合起来，同时对“一天三杯奶”这一倡议的发起者——蒙牛乳业的社会责任感表示赞同。于是，由公关公司成立了专门的媒介沟通小组，与媒体展开了前期沟通和执行跟踪工作；专门的撰稿队伍也同时成立，依据“一天三杯奶，强壮中国人”这个大的核心，分别针对各类媒体需求及其受众读者的特征进行策划并撰写了将近 50 篇内容、侧重点或类型都有差异的文章。在对这些文章选择媒体进行投放时，沟通小组和撰稿队伍还在跟媒体进一步交流的基础上对文章主题、内容和细节进行调整。在和媒体进行交流的过程中，为了消除媒体对传播内容、提法或概念的疑虑，蒙牛还提供各种权威机构和专家的有效佐证与联系方式，保证传播的顺利进行。一切工作都在对目标受众的分析和充分满足媒体需求的基础上完成。

在初步的媒体沟通规划之后，本项目成功地在全国范围内地 130 余家主流媒体上得到了有效传播，在短短 20 天的传播周期里平面媒体传播字数 38 万字，传播频次 250 余次。在网络上，不仅在新浪这样的门户网站的网络专题得以成功开展，转载量也相当惊人，在 Google 搜索引擎上，关于“一天三杯奶”的搜索结果已经达到 26 万条之多。

对蒙牛而言，此次媒介关系的良好处理，最大的意义不仅在于较好地达成了传播目的，让“一天三杯奶”的饮用意识在国民中取得了初步的成功；也在充分的交流中，让全国的主流媒体更加全面细致地了解到蒙牛企业在社会责任感方面的自觉意识，并得到了相当多的正面反馈。

(资料来源：中国公关网 http://www.chinapr.com.cn.)

第四，选择公关策略。具体而言，公关策略包括以下5种。

(1) 建设型公关。组织在初创时期，其形象尚不确定，产品的形象也没有在公众的头脑中留下什么印象。此时公关策略应当以正面传播为主，争取以较大的气势，形成良好的"第一印象"。从公众心理学的角度讲，就是争取一个好的"首因效应"。建设型公关常用的手段包括开业庆典、剪彩活动、落成仪式、新产品发布、演示、试用、派送等。

(2) 维系型公关。维系型公关的特点是采取较低姿态，持续不断地向公众传递信息，在潜移默化中维持与公众的良好关系，使组织的良好形象长期保存在公众的记忆中。

(3) 防御型公关。例如，及时调整组织自身政策和行为，主动适应环境的变动和公众的要求等，都属于防御型公关。

(4) 进攻型公关。组织要抓住有利时机和有利条件，迅速调整组织自身的政策和行为，改变对原环境的过分依赖，以便争取主动，力争创造一种新的环境，使组织不致受到损害。例如，揭露对手的不正当竞争行为；宣布打假措施等，都属于进攻型公关。

(5) 矫正型公关。社会组织要及时进行调查研究，查明原因，采取措施，做好善后工作，平息风波，以求逐步稳定舆论，挽回影响，重塑组织形象。矫正型公关属于危机公关的组成部分，如组织发生各种危机后采用的各种赔偿、致歉、改组、重张等活动。

第五，编制预算。编制预算实际上就是将一个公关计划具体化的过程，公关预算主要指财务预算。通过预算，基本上可以限定公关活动的范围和规模。编制公关预算的方法通常有两种。

(1) 销售额提成法，主要用于公关部门的年度预算。

(2) 一般用目标作业法。它是针对某一项公关活动进行的预算。目标作业法的开支包括劳务报酬、行政管理费用、传播媒介费、交际费、器材费、社会性活动、机动费。

3. 公共关系实施

计划制订好之后，就进入到了实施阶段。公共关系活动的性质非常复杂，但以传播性质的活动为主。公关传播的方法很多，要获得理想的传播效果，首先需要正确选择传播渠道。这里主要介绍一些选择传播渠道的技巧，提高传播效果的经验，传播过程中存在的主要障碍及其克服的方法。

(1) 选择传播渠道。在确定了主题、公众和公关模式以后，公关人员还要面对选择传播渠道这样一个技术性问题。公关人员要针对公众的生活特点，选择能够突出主题，实现公关目标的传播渠道。常见的传播渠道有人际传播、组织传播和大众传播3种。我们应当熟悉这3种渠道的性质和特点，以便灵活地加以应用。

(2) 选择传播内容。为了取得良好的传播效果，公关人员必须首先写出有利于传播的宣传材料。在这里，正确认识传播心理学的规律、提高信息制作技巧就成了问题的关键。

4. 公共关系评估

公共关系作为现代社会的一项管理方法，应当设计周密、有头有尾。因此，公共关系工作程序的第四步就是对公共关系活动效果的总结评估。

(1) 公关评估的内容。公共关系评估是一个连续不断的活动，一旦进入公共关系的工作过程，评估活动就开始了。因此，从理论上讲，公共关系评估的内容应该包括公共关系活动的方方面面。但在具体操作中，评估的内容可以根据要求有所侧重。

一般来讲，评估的指标可以包括以下 3 个方面。

第一，曝光频率。衡量公共关系效果的最简易的方法是计算出现在媒体上的曝光次数。企业同时希望报上有字，广播有声，电视有影。

第二，反响。分析由公共关系活动而引起公众对产品的知名度、理解、态度方面的变化，调查这些变动前后变化水平。

第三，如统计方便，销售额和利润的影响是最令人满意的一种衡量方法。

(2) 公关评估的方法。公共关系的效果除可凭主观印象，直接用文字形式来进行总结外，还可以通过某种更为精确的方法来加以衡量和评估。这些方法主要有直接观察法、内部监察法、外部监察法、传播审计法和公众行为检测法。

21.3 公共关系专题活动的实施方法

公共关系专题活动是指社会组织为了某一明确目的，围绕某一特定主题而精心策划的公共关系活动。公共关系专题活动是社会组织与广大公众进行沟通、塑造自身良好形象的有效途径。

公共关系专题活动的基本特征：必须有一个明确的主题；必须经过精心策划才能实现；通常与某一种类型的公众进行重点沟通；必须是针对某一个明确的问题而开展的，具有极强的针对性。

公共关系专题活动对于改善组织的公共关系状态有着极为重要的意义。它能使组织集中地、有重点地树立和完善自身的形象，扩大自己的社会影响。

21.3.1 赞助活动

所谓赞助活动，是指社会组织以不计报酬的捐赠方式，出资或出力支持某一项社会活动、某一种社会事业。

开展赞助活动是组织对社会做出贡献的一种表现，越来越多的组织或企业认识到自身的发展离不开社会的支持，作为社会的一员，企业应对社会的发展承担一定的责任和义务，为社会贡献一份力量。

1. 赞助活动的目的

赞助活动的目的主要有 4 个方面。

(1) 出资赞助社会公益事业，为企业经济效益的提高创造社会大环境。故赞助以提高社会效益为重要目的。

(2) 关心和支持社会公益事业，表明企业作为社会的一员，为社会做出了贡献，从而树立企业的美好形象。故赞助以承担企业的社会责任和尽义务为主要目的。

(3) 以资证明企业的经济实力，赢得社会公众的信任，谋求社会公众的好感。故赞助以增进感情的融通为主要目的。

(4) 以赞助活动为手段，扩大企业知名度，使之成为公共关系广告，增强企业商业广告的说服力和影响力。故赞助主要以扩大影响为主要目的。

2. 赞助活动的主要对象

赞助活动的主要对象：体育事业、文化事业、教育事业、社会福利和慈善事业。

3. 开展赞助活动的程序

开展赞助活动的程序如下。

(1) 调查研究、确定对象。企业的赞助活动可以自选对象，也可以按被赞助者的请求来确定。但无论赞助谁、赞助形式如何，都应做好深入细致的调查研究。

(2) 制订计划、落到实处。企业的赞助活动应是有计划的公共关系的一部分。在调查研究的基础上，赞助计划应具体详尽。

(3) 完成计划、争取效益。在实施赞助活动的过程中，公关人员要充分利用有效的公关技巧，创造出企业内外的“人和”气氛，尽可能扩大赞助活动的社会影响。

(4) 评价效果、以利再战。对每一次公共关系活动的效果，都应该做出客观的评价。这样做可使今后的活动搞得更好。

4. 赞助活动的注意事项

企业搞好赞助活动应注意以下事项。

(1) 企业的赞助活动，应以企业和企业所面对的社会环境为出发点，制定出切实可行的公共关系政策、方针和策略，切忌盲目。

(2) 企业应将公共关系政策公之于众，应保持与被赞助者和需要赞助的活动组织者之间的联系，用财政预算的应捐款项，及时帮助求助者。另外，企业应将赞助计划列入企业为其生存和发展创造环境的长期计划，分清所需赞助事业的轻重、缓急，逐步实施。

(3) 企业的公关部，应随时把握社会赞助的供求状况，做到灵活掌握赞助款项。

(4) 企业对赞助活动的科学管理，必使其善举“广”行，由此创造出良好的社会效益，必然会得到社会的广泛支持。

案例 21-3 农夫山泉赞助的策略

农夫山泉是一个擅长于策划炒作的公司，从“农夫山泉有点甜”到“纯净水天然水之争”，几乎每一次都成为媒体的焦点，现在则热衷于“体育赞助”。

从 1998 年赞助世界杯足球赛央视五套的演播室、1999 年的中国乒乓球队唯一指定用水，到 2000 年中国奥运代表团训练比赛专用水，再到现在的阳光工程，这些活动无一不与体育有关。其中最让人印象深刻的是“一分钱”活动，通过这些持续的活动，使得“农夫”既促进了销售又提升了品牌形象。

养生堂公司自 2001 年年初开始“喝农夫山泉，为申奥捐一分钱”活动。同时，央视台一直播放的“买一瓶农夫山泉，就为申奥捐一分钱”广告，巧妙地将商业与公益融为一体。“再小的力量也是一种支持”，这是一句煽动力极强的广告语，伴随着刘璇、孔令辉的笑脸，在申奥的日子里农夫山泉不知不觉地渗透到了消费者的生活之中。

行销专家就此发表评论，企业不以个体的名义而是代表消费者群体的利益来支持北京申奥。“以企业行为带动社会行为，以个体力量拉动整体力量，以商业性推动公益性”，这个策划在所有支持北京申奥的企业行为中，无疑极具创新性。

申奥成功后，农夫山泉的“一分钱”故事继续进行，还玩出来了更新的版本——阳光工程。农夫山泉阳光工程由国家体育总局器材装备中心和农夫山泉有限公司联合主办，工程计划从 2002—2008 年，为期 7 年。在 2002 年度活动期间，农夫山泉推出“一瓶水，一分钱”活动，即每销售一瓶农夫山泉水，农夫山泉公司

就代表消费者捐出一分钱用于阳光工程。2002年5月4日，农夫山泉阳光工程捐赠仪式在云南、湖南、安徽、河北、黑龙江5个省份同时展开。通过“五·一”长假的捐赠活动，有80多个市县的96所中小学校得到了盼望已久的体育器材，各地媒体的广泛报道更是给阳光工程增添不少公益的色彩。

同时，央视台“您每购买一瓶农夫山泉，就为贫困地区的孩子捐出一分钱”的广告不断地在消费者耳边响起。农夫山泉的这个广告为喧闹的电视广告增加了“爱”的内容，甚至有人会将“阳光工程”与“希望工程”联系起来，这无疑对企业形象的提升又起到一般“自吹自擂”广告所达不到的效果。

通过小小的一分钱，农夫山泉建立起与赞助对象之间的良好联想，在消费者心目中建立起良好的品牌形象，正是“小有小的妙”！

(资料来源：陈双全，谈伟峰．“两分钱”为何不如“一分钱”——农夫山泉 VS 乐百氏赞助策略述评，销售与市场．2003，1.)

21.3.2 庆典活动

庆典活动，是指组织在其内部发生值得庆祝的重要事件时，或围绕重要节日而举行的庆祝活动，组织一般将其视为一种制度和礼仪。它可以是一种专题活动，也可以是大型公关活动的一项程序。庆典活动往往给公众留下“第一印象”。现代组织的管理者应想尽办法利用庆典、利用合情合理的活动，让人们自觉自愿地接受。显然，这是与现代公共关系为建立信誉而扩大知名度、提高美誉度的思路相吻合的。

1. 庆典活动的类型

庆典活动在形式上，一般有开幕庆典、闭幕庆典、周年庆典、特别庆典和节庆活动等5种。

(1) 开幕庆典即开幕式，就是指第一次与公众见面的、展现组织新风貌的各种庆典活动。

(2) 闭幕庆典是组织重要活动的闭幕式或者活动结束时的庆祝仪式。

(3) 周年庆典是指组织在发展过程中的各种内容的周年纪念活动。

(4) 特别庆典是指组织为了提高知名度和声誉，利用某些具有特殊纪念意义的事件或者为了某种特定目的而策划的庆典活动。

(5) 节庆活动是指组织在社会公众重要节日时举行或参与的共庆活动，这里的重要节日可以是传统的节日，还可以是改革开放后源自西方的节日。

2. 如何开展庆典活动

无论庆祝还是典礼，都应有充分的准备，因天时、地利、人和等条件而开展。现代社会组织可利用庆祝的机会愈来愈多，组织的决策者们应适时地选择一些对组织和社会都有利的重要事件或重大节日来开展活动。在充分准备的情况下，一般每年组织2或3次就够了。

组织的庆典活动代表着组织的形象，它体现着一个组织和其领导者的组织能力、社交水平和文化素质，往往会成为社会公众取舍、亲疏的标准。因而，组织在进行这类活动过程中，一定要注意以下问题。

(1) 要有计划。庆典活动应纳入组织的整体规划，应使其符合组织整体效益提高之目的。组织者应对活动进行通盘考虑，切忌想起一事办一事，遇到一节庆一节。

(2) 要选择好时机。调查研究是组织开展公共关系活动的基础，庆典活动也应在调查的基础上，抓住组织(企业)时机和市场时机，应尽可能使活动与组织、市场相吻合。

(3) 科学性与艺术性相结合。公共关系活动是科学地推销产品和形象的过程，但要赋予其艺术性的化身，使其更具有魅力，这样会有更好的宣传效果，使企业形象更佳。

(4) 要制造新闻。公共关系活动应能够为公众的代表——新闻媒介所接受，它的反应是衡量活动成功与否的标尺，也是组织形象能否树立的重要环节。所以，庆典活动应尽量邀请新闻记者参加，并努力使活动本身具有新闻价值。

(5) 要注意总结。组织的公共关系活动应讲求整体性和连续性，作为整体公共关系一部分的庆典活动，应与其他公关活动协调一致。

当然，要把庆典活动办得圆满成功却不是那么容易的，尤其是大型的庆典活动，其牵涉面广，且具体而复杂，公关人员一定要精心策划，周密实施。具体地说，要办好一次庆典活动，应认真做好以下的工作。①精心选择对象，发出邀请，确定来宾。庆典活动应邀请与组织有关的政府领导、行政上级、知名人士、社区公众代表、同行组织代表、组织内部员工和新闻记者等前来参加。②合理安排庆典活动的程序。③安排接待工作。庆典活动开始前，应做好一切接待准备工作。④物质准备和后勤、保安等工作。庆典活动的现场，需要有音响设备、音像设备、文具、电源等。需要剪彩的，要有彩绸带、鞭炮、锣鼓等。在特殊场合，也要有所准备。宣传品、条幅和赠予来宾的礼品，也应事前准备好。赠送的礼品要与活动有关或带有企业标志。

总之，只要做到认真充分、热情有礼、热烈有序，就会使庆典活动取得成功。

21.3.3 开放组织

开放组织是公共关系活动中的重要手段之一，是组织通过直接的人际接触，来传递组织信息，谋求社会公众的好感与信任的最有效手段之一。

组织利用开放的机会接待来访者，既可直接向来访者展开宣传攻势，证实组织存在的价值，也可最直接地了解公众的看法。这不仅可以得到公众的理解、信任与好感，而且可以做到双向沟通，是提高美誉度的最好契机。

1. 开放组织的作用

可以让公众亲眼看见组织的整洁环境、先进的工艺、现代化的厂房设备、科学的管理制度、高素质的人员以及给社区和社会所做的贡献，还可以通过厂史、校史等资料向公众立体、全面地展示组织的过去、现在和未来前景。

2. 如何搞好开放组织活动

任何一个组织，特别是企业要想搞好开放组织活动，必须从以下方面去考虑。

(1) 明确目的。组织的任何一次对外开放活动，都应确定一个明确的主题，即通过这次活动让对象公众留下怎样的印象，取得什么效果，达到什么目的。

(2) 安排时间。组织对外开放的时间以不影响组织的正常工作为标准，同时要考虑选择公众方便的时候开放。另外，要有足够的时间来准备开放组织活动的工作。

(3) 成立专门机构。为使开放组织活动办得有声有色、尽善尽美，最好成立一个专门的筹备委员会，其成员可包括组织的领导成员、公关人员、行政和人事部门人员等。

(4) 做好宣传工作。要想使开放组织活动获得成功，最重要的是做好各种宣传工作。例如，编写通俗易懂的解说词，准备一份简单明了的说明书，搞好环境卫生和参观地点的装饰、场景的布置、实物的陈列等。

(5) 做好向导。应当有专人做向导工作，有向导陪同参观者沿划好的参观路线进行参观，并设置明显的路标为参观者导向，在人们可能最感兴趣的地方，安排专人做集中讲解。

(6) 做好服务接待工作。对参观者应热情友好、服务周到，认真做好接待工作。要提供休息场所，还可适当提供一些娱乐活动、开放俱乐部等。有条件的可准备一些茶水、饮料、点心等，还可准备签名册，以作纪念。

21.3.4 展览会

展览会是较为重要的公共关系专题活动之一，它以极强的直观性和真实感，给观者以极强的心理刺激，不仅会加深参观者的印象，而且会大大提高组织和产品在参观者心目中的可信度。同时，展览会还可以吸引众多的新闻媒介的关注，由记者将展览会的盛况传向社会，取得更大的宣传效果。所以说展览会是一种集多种传播媒介于一身的宣传形式。

1. 展览会的作用

展览会通过实物、模型和图表来进行宣传，不仅可以起到教育公众、传播信息、扩大影响的作用，还可以起到使组织找到自我、宣传自我、增进效益的作用。

2. 展览会的类型

展览会的形式很多，从不同的角度，可以划分为不同的类型。从展览会的性质分，有贸易展览会和宣传展览会；从举办的地点分，有室内展览会和露天展览会；从展览的项目分，有综合性展览会和专项展览会；从展览的规模分，有大型展览会和小型展览会。此外，展览会还有国内展览会和国际展览会、固定地点展览会和流动展览会、长期展览会和短期展览会等。组织要根据自己的情况和目标，恰当地选择展览会的类型，以收到更好的效果。

3. 展览会的组织工作

展览会为组织开展公关活动提供了一个良好的机会，组织应该充分利用这个机会展示自己的产品，传递必要的信息，加强与社会公众的直接沟通。为使展览会办得卓有成效，组织应认真做好以下工作。

(1) 分析参展的必要性和可行性。在举办展览会之前，首先要分析其必要性和可行性。展览会需要投入较多的人力、物力和财力，如果不进行科学的分析论证，就有可能造成两个不良后果：一是费用开支过大而得不偿失；二是因盲目举办而起不到应有的作用。

(2) 明确主题。每次展览会都应有一个明确的主题，并将主题用各种形式反映出来，如主题性口号、主题歌曲、徽标、纪念品等。必须弄清楚是要宣传产品的质量、品种，还是要宣传组织形象；是要提高组织的知名度，还是要消除公众的误解。

(3) 构思参展结构。组织经营生产的产品，其组合的深度、广度、密度各不相同，项目和品牌差别也很大。哪些产品参展，其参展产品的深度、广度、密度如何确定，参展产品项目和品牌怎样搭配，都需要认真构思。

(4) 选择地点和时机。地点的选择要考虑3个因素：交通是否便利？周围环境是否有利？辅助系统，如灯光系统、音响系统、安全系统、卫生系统等是否健全？如果自己组织的展览会，宜选在交通方便、环境适宜、设施齐全的地方。

(5) 准备资料、制定预算。举办展览会要花费一定的资金，如场地和设备租金、运输费、设计布置费、材料费、传播媒介费、劳务费、宣传资料制作费、通信费等。在做这些经费预算时，一般应留出5%～10%作准备金，以作调剂之用。

(6) 培训工作人员。展览会工作人员素质的好坏，掌握展览的技能是否达到标准，对整个

展览效果起着关键作用。因此，必须对展览会的工作人员，如讲解员、接待员、服务员、业务洽谈人员等进行培训，培训内容包括公关技能、展览专业知识和专门技能、营销技能、社交礼仪等。

21.3.5 危机公关

危机公关并不是常规的公共关系工作，它只是在组织发生危机事件时才存在。但危机处理意识和机制应当是常备的。危机公关是组织公共关系工作的重要内容，在组织的发展道路上，危机事件的出现是在所难免的。特别是现代社会中，在信息知识“爆炸”、社会变动复杂、企业竞争激烈的条件下，更增加了组织危机事件出现的可能性和严重性。及时控制、降低或清除危机事件的不良影响，是每一个组织的公关人员需要认真加以对待的重大问题。

1. 公关危机与危机公关

(1) 公关危机。人们通常所说的危机，一般是指由非常性因素所引起的某种非常事态，其外延非常广泛，如财政危机、金融危机、经济危机、能源危机、军事危机、管理危机等。公关危机是各种危机中的一种特殊类型，是由组织内外的某种非常因素所引发的公共关系非常事态和失常事态，也是一种特殊的公共关系状态。

(2) 危机公关。组织从公共关系的角度对危机的产生、发展、变化，采取或实施的有针对性的一系列控制行为，其内容主要是对危机进行预防和处理。

2. 危机事件的特点与类型

1) 危机事件的特点

危机事件有以下4个特点。

(1) 突发性。几乎所有的危机事件都是在人们无法预料的情况下突然发生的，它往往会使组织措手不及。

(2) 紧迫性。危机一旦发生，就有飞速扩张之态势，就会像一颗突然爆炸的炸弹，在社会中迅速扩散开来，对社会造成严重的冲击。同时，它还会像一根牵动社会的神经，迅速引起社会各界的不同反应，令社会各界密切关注，组织若不采取有效的制止措施，就可能使整个组织形象遭到彻底破坏。

案例21-4 肯德基反应迟钝使危机雪上加霜

2007年2月23日上午，纽约市的一家电视台播放了肯德基餐厅内老鼠横行的场面，见到这个场面的路人被吓得在镜头前高声尖叫。在那天，这还是一条作为“个别案例”存在的地方新闻。但在次日，随着这条新闻被网民张贴到全球最大的视频分享网站YouTube上，这段令人作呕的画面得到了迅速的传播，成为受到全美民众关注的公众事件。

在事情发生的5天后，肯德基才提出了解决方案。他们关闭了数家有卫生问题的加盟店，总裁格雷格·戴德雷克以视频的方式向公众表达了歉意。在视频中，戴德雷克说道：“坦白说，我们很难堪。”

但是肯德基并没有将这段视频上传到YouTube，这被许多媒体观察家认为是另一个失误。因为在YouTube上，肯德基的老鼠依然到处乱窜。在纽约肯德基餐厅恶劣的卫生状况被曝光后的一周内，数十段相关视频——电视新闻录像、网友的视频评论以及网民自制的视频报道——被上传至YouTube，上百万人观看了这些视频。

(资料来源：世界经理人网.http://oxford.icxo.com.)

(3) 危害性。任何危机事件不仅会给组织的经济利益和声誉造成不利的影响，破坏组织的正常运转或生产经营秩序，带来严重的形象危机和巨大的经济损失，而且会给社会造成严重的危害，给社会公众带来恐慌，甚至造成直接的损失。

(4) 可变性。危机事件是可变的，可以发生，也可以消除。

2) 危机事件的基本类型

危机事件的基本类型有以下4种。

(1) 由不可抗拒的外部力量所引起的事件。它包括天然性的自然灾害和突发性的全国或世界商业危机、经济萧条、社会政治大变革、战乱等。

(2) 非组织成员有意或无意造成的事件。它包括一些不法分子的蓄意破坏、陷害、诽谤等；一些不正当竞争者或采取散布谣言、恣意损害竞争对手的形象；或盗用竞争对手的名义生产假冒伪劣的产品；或进行比较性广告宣传，有意贬低竞争对手的能力；或采取恶劣行径严重扰乱竞争对手的经营秩序等。

(3) 公众的误解所引发的事件。公众对组织的了解并不是全面的，有的公众会因获得信息的缺乏或专听一面之词对组织形成误解。

(4) 组织管理方面的责任所引起的事件。由于组织管理混乱，往往出现一些重大工伤事故、重大生产失误事故、废水废气泄漏、劳资纠纷、罢工、股东丧失信心、内部人员的贪污腐化等。

3. 危机处理的一般程序

危机中进行公共关系，是公共关系的一种特殊表现形态，是组织的公共关系水平的综合显示。有效的危机公关工作不仅有助于避免组织不期望的事情发生，而且也是组织自我保护、维护形象的客观要求，它对于防止组织形象的下降，保卫已有的公共关系工作成果有着不可替代的效用。同时有效地开展危机公关活动有助于在广大公众心目中树立一种特殊的“危机公关形象”，有助于提高组织的公关水平，提高组织成员的公关意识。因此，我们不能把危机事件完全看成是坏事，它是可以转化为好事的坏事。正因为如此，组织或企业必须制定出一个反应迅速、正确有效的危机公关程序，以避免急迫过程中的盲目性和随意性，防止公关危机中的重复和空位现象。

(1) 采取紧急措施，防止事态发展。组织遭受突发性的公共关系危机，往往是猝不及防的，然而在此关键时刻，组织需要保持冷静，并采取紧急措施，防止事态的发展、蔓延、扩大。因为，现代社会信息传播高度发达，任何组织的公关危机事件都有可能被迅速传播，如不加以紧急控制，就可能使组织陷入灭顶之灾，或者损失惨重。而采取紧急措施，一方面可以使组织形象与声誉损失降到最低点；另一方面则赢得了宝贵的时间，可以使组织了解危机事件真相，并妥善地处理危机。

(2) 坦诚告知，表明诚意。组织一旦发生危机，便会受到社会与公众的关注，人们急于了解危机发生的真相，作为舆论代表的新闻界必然要来进行采访。此时，组织只有两种态度：一种是掩盖问题，隐藏真相；另一种是坦诚告知，表明诚意。事实证明，隐瞒事情真相，往往助长了公众的怀疑，扩大了危机的波及面，其结果势必无法处理危机；而坦诚告知，表明诚意，才是最佳的选择。

(3) 调查情况，收集信息。对于突发性公关危机的处理，最终是建立在针对事件真相，采取相应、得体的公关措施的基础之上。因此，调查危机事件的真相就显得非常重要。也就是说，在灾难得到遏止、危机得到初步控制后，组织就要立即展开对危机的范围、原因和后果的全面调查，查明原因是为危机处理决策提供依据，也是成功处理危机的关键所在。

(4) 针对对象，确定对策。在对危机事件真相调查分析的基础上，就可以针对不同的对象确定相应的对策。这些对策大体上包括组织内部对策、受害者的对策、上级主管部门的对策、业务往来单位的对策以及对其他公众的对策等。

(5) 评价总结，改进工作。组织在平息危机事件后，一方面要注意从社会效应、经济效应、心理效应和形象效应等方面，评估消除危机的有关措施的合理性和有效性，并实事求是地写出处理报告，为以后处理类似事件提供依据；另一方面要认真分析事件发生的深刻原因，收集公众对组织的看法、意见和议论，总结经验教训，以便改进组织工作，从根本上杜绝类似事件再度发生。

案例 21-5 查清事实，强生走出危机

1982年9月30日，在美国新泽西州新布伦瑞克市强生公司总部大楼的五层会议室里，董事长詹姆斯·伯克正在与总裁戴维·克莱尔促膝而谈。然而，一阵急促的敲门声打破了这里的平静，执行董事亚瑟·奎尔闯进了会议室。他带来了一个令人震惊的消息：在芝加哥，有几位病人因为服用了强生公司的 Tylenol 胶囊而中毒身亡。现已查明，在他们服用的 Tylenol 胶囊中含有剧毒成分——氰化物。很快，各药店、超级市场、医院、毒剂控制中心以及惊慌失措的消费者的询问电话铺天盖地而来。猝击之下的强生公司迅速采取行动，搜集相关资料来核查事实真相。他们很快搞清楚了受害者的情况、死因、有毒胶囊药瓶的标签号码、出售这些药的商店、胶囊制造日期及其批发分销渠道等详细资料。强生公司同时警告所有用户在事故原因没有查明前不要服用 Tylenol 胶囊。全美所有药店和超级市场都把 Tylenol 胶囊从货架上撤下来。这神秘的污染究竟来自何方？强生公司配合警方很快就确定氰化物不是在 Tylenol 胶囊制造过程中有意或无意放进去的。含有毒剂的胶囊是在强生公司的两家工厂分别生产的，而两家工厂同时发生投毒事件几乎是不可能的。因此，投毒过程肯定是在药品流通领域发生的。美国食品与药物管理局(FDA)怀疑是某人从药店里买了 Tylenol 胶囊，在其中一些胶囊中掺入氰化物，然后以退货为由将含有毒剂的药瓶退还给药店。如果不是这样的话，中毒事件应该在更大的范围内发生，而不应仅仅局限于芝加哥地区。强生公司与警方人员共同调查清楚 Tylenol 置人于死的真相，洗清了自身枉担的不实之冤，为转危为安、获得重新发展奠定了基础。当然，如果强生公司所调查到的事实真相与自己有关，那么只要尊重事实，切实采取改进、补救的措施，也能获得公众的谅解，并通过努力也会化险为夷。

(资料来源：唐人科. 企业的危机管理之道. 中国商人[J]. 2004，11.)

思考与讨论：

(1) 强生的危机公关给我们带来哪些启示？

(2) 若强生公司不采取公关措施，而是静观其变，其结果将如何？

21.3.6 举办会议

会议是指有组织、有目的的言语沟通活动方式，是围绕一定目的进行的、有控制的集会，有关人士聚集在一起，围绕一个主题发言、插话、提问、答疑、讨论，通过语言相互交流信息，表达意见，讨论问题，解决问题。

筹划和召开各种会议，利用会议形式来传递信息、沟通意见、协调关系，也是公共关系常用的一种传播方式。会议的形式有例行工作会议、专题性会议、布置工作和总结性会议，还有各种座谈会。

1. 成功会议的先决条件

举办一次成功会议要具备以下基本条件：确定参加会议的对象、确定会议的主题、确定会议的目标、确定会议的时间和会议的地点。

2. 成功举办会议的3个要素

与会者必须具有会议的共同目标；与会议规模相适应的经济、物质条件；制订完善、周密的会议计划。

3. 会议的准备工作

会议的准备工作应从几个方面考虑。

第一，会址的选定。会址的选择首先要考虑到参加会议者到会是否方便。

第二，议程的拟订。

第三，会议通知的派发。一般的会议通知最好是在开会前一个星期寄到与会者手中。

第四，会场的布置。布置会议场地应考虑会议的性质及与会人数的多少。

第五，会议的视听器材。

第六，其他事项，如住宿、就餐等。

本项目知识要点

(1) 公共关系(Public Relation)是指某一组织为改善与社会公众的关系，促进公众对组织的认识、理解及支持，达到树立良好组织形象、促进商品销售的目的的一系列促销活动。

(2) 公共关系的功能包括信息收集、咨询建议、信息沟通、教育引导。

(3) 公共关系的工作程序包括4个基本步骤：公共关系调查、公共关系策划、公共关系实施和公共关系评估。

(4) 公共关系专题活动赞助活动、庆典活动、开放组织、展览会、危机公关、举办会议等。

思　考　题

(1) 公共关系有哪些功能？

(2) 公共关系的实施原则有哪些？

(3) 公共关系有哪些实施步骤？

(4) 公共关系有哪些专题活动实施方法？

(5) 什么是危机公关，怎样处理危机公关？

实　训　项　目

设计公共关系活动方案：

(1) 试收集一些企业的公共关系活动方案，分析其利弊及对你的启示。

(2) 各小组根据模拟创业项目的营销需求，设计不同时间阶段的公共关系活动方案。

(3) 讨论各小组方案的优缺点，并完善、改正。

项目 22 制订市场营销计划

1. 了解企业市场营销计划的作用。
2. 掌握企业市场营销计划制订方法。
3. 了解市场营销计划书的主要内容。

案例22-1 美罗国际市场营销计划

根据公司整体战略的调整，下一步的目标是建立稳定的消费群体。公司将根据顾客消费产品数额，给予优惠。

优惠顾客

基本顾客：0～1 680元，原价使用产品；

银卡顾客：个人累计消费1 681～8 000元，享受15%的折让；

金卡顾客：个人累计消费8 001～15 000元，享受18%的折让；

银钻顾客：个人累计消费15 000元以上，享受21%的折让；

金钻顾客：个人累计消费50 000元以上，终身享受30%的折让。

直销员

1. 年满18周岁的中华人民共和国公民。

2. 依法可从事直销业务。

3. 向总公司提出申请，并接受公司业务培训。

4. 经公司审核确认。

符合上述条件者，可以申请成为直销员，享受顾客服务报酬。

直销员顾客服务报酬	30%
个人累计销售 0～1 680元	0
个人累计销售 1 681～8 000元	15%
个人累计销售 8 001～15 000元	18%
个人累计销售 15 000元以上	21%
个人累计销售 50 000元以上	30%

直营店

为了更好地服务顾客群，总公司将根据市场需求建立直营店，直营店分为四个级别：初级直营店、中级直营店、高级直营店和特级直营店。

有意与总公司合作，经营直营店者，需符合以下条件。

一、申请开设初级直营店

1. 在申请开设的区域内，必须有3个以上(含3个)业务经理在开展工作。

2. 设立的初级直营店每月至少达到人民币20 000元的销售业绩。

二、申请开设中级直营店

1. 某一区域内出现3个(含3个)以上初级直营店，可以申请开设中级直营店。

2. 设立的中级直营店每月至少达到人民币60 000元的销售业绩。

三、申请开设高级直营店

1. 在某一区域内出现3个以上(含3个)中级直营店，可以申请开设高级直营店。

2. 设立的高级直营店每月至少达到人民币180 000元的销售业绩。

四、申请开设特级直营店

1. 在某一区域内出现3个以上(含3个)高级直营店，可以申请开设特级直营店。

2. 设立的特级直营店每月至少达到人民币540 000元销售业绩。

奖励

总公司拿出当月总营业额的28%，设立专项基金，用于奖励销售业绩突出的直营店。

一、辅导基金(共8%)

1. 初级店(3%)。

2. 中级店(2%)。

3. 高级店(2%)。

4. 特级店(1%)。

二、培育基金(共10%)

当您培养出和您享受同等待遇的直营店时，您可以获得培育基金对您的奖励。

三、福利基金(2%)

初级直营店以上可以享受公司的福利待遇。

四、健康屋补贴(6%)

您也可以在当地申请开设美罗健康屋，健康屋营运补贴按照公司标准，分别给予4%或6%的营运补贴，用于支付服务市场所产生的广告、市场调查以及办公等费用。

五、促销(2%)

各地健康屋及直营店可根据市场情况进行促销，促销费用不得超过当月总营业额的2%。费用由公司支付。

讨论：你认为美罗国际制定市场营销计划有哪些作用？

22.1 营销计划的作用和特点

22.1.1 营销计划的作用

中小企业必须经过严格而周密的准备工作之后，才能更好地开展工作，以便制订出更完善、更周全、更合理、更适用的营销计划来。市场营销计划书是企业按照经营目标，通过市场调查、预测与决策等步骤，对商品销售从时空、人力、物力和财力上做出的具体安排。

制定市场营销计划书的作用主要体现在以下四个方面：

第一，理清营销思路，并为具体操作指明了方向，使企业的营销走向客观、理性。

第二，使营销管理实现数字化、制度化、流程化。不仅量化了营销目标，而且还通过营销目标的合理分解，细化到人员和月度，为制定更详尽的营销企划方案做了技术性支撑。

第三，整合企业的营销组合策略，通过销售计划，确定下一阶段营销执行的模式和手段，为市场的有效拓展提供了策略支持。

第四，为打造充满朝气、不断进取和富有战斗力的销售团队打下了坚实的基础。

22.1.2 营销计划的特点

市场营销计划作为企业战略管理的最终体现，具有以下三个特点。

1. 营销计划是公司或企业计划的中心

市场营销计划是企业计划各部门众多计划中的一个，又是最重要的计划之一，除了公司或企业的战略性计划以外，市场营销计划是企业其他计划的基础。公司内部的生产计划、财务计划、资本计划、投资计划和存货计划等，都要在预计了销售和生产数量以后才能最终确定。

2. 营销计划涉及公司各主要环节

在企业市场营销的内部支持环境中，还包括有其他一些主要部门，如制造部门、采购部门、研究与开发部门和财务部门等，它们各自的业务活动与市场营销部门业务活动互相关联。所以，市场营销部门在拟定市场营销计划时必须考虑其他部门业务活动的情况，并且需要得到企业内部各主要部门的密切合作。

3. 营销计划日趋重要和复杂

以往，企业只将市场营销计划看作综合计划，以为将不同的市场活动加起来就构成了公司的市场营销计划。现在不同了，市场营销计划被认定为公司战略体系的一部分，它拟定了整个市场目标，并使得公司所有市场活动都以这个目标为中心。

22.2 制订营销计划的一般原则和步骤

22.2.1 一般原则

企业营销计划的制订，必须符合以下四个原则。

1. 营销计划应服从企业发展战略并贯彻落实之

营销计划不能与企业发展战略南辕北辙，发展战略是宏观指导思想，那么，营销计划就是落实这一宏观思想具体化、程序化、科学化的运行方案。所以制订营销计划，不论是长期的，还是中期的、短期的，都应该紧紧围绕企业发展战略来进行。

2. 制订营销计划应遵循市场规律、循序渐进

在制订营销计划时首先应对企业面临的市场环境进行认真调研，如果草草越过这个阶段而去制订计划，无论理论上多么合理，都将经不起市场的严峻考验。

3. 制订营销计划应抓住关键，明确“表述”

营销计划不可能也不应该太详尽，而应抓住企业营销中的关键性问题予以列述。如企业产品如何定位，定位的品种、产量、质量指标和销售量、利润完成额，市场占有率以及新产品开发、营销促进、目标市场拓展等关键或重大事项应作为计划的主要内容，其他一般性管理和日常事务性问题不必列入计划，以免主次难辨，轻重不分。

同时，在计划中，对诸项重大问题应当进行具体而明确地规定或要求，而尽可能避免用模糊含混的语言进行表述。为此，应当尽可能采用定量化的标准予以界定和表述，如某一时段内完成××万元产值，或生产(或销售)××品种××单位数量，实现利润××万元。又如以百分之多少速度递增等。对不能或不宜量化的目标任务，宜用文字简明而准确地予以界定和要求，此类表达要足以使执行者不致误解，或出现解释分歧，给今后计划的履行、衡量和检查带来困难。

4. 制订营销计划应切实可行，灵活调整

要使营销计划具有较高的可行性，在计划制订中应注意做到如下几点。

(1) 遵循市场规律。

(2) 切合企业的实际和特点。

(3) 实事求是、循序渐进，切忌头脑发热，搞不切实际的“大跃进”，大干快上。

(4) 加强反复论证，把计划建立在科学、合理的预测基础上。

(5) 充分考虑市场、政策、企业自身等客观、主观，外部内部等变动因素。

营销计划一旦制订并颁行，一般应相对稳定，不能朝令夕改，但是，市场是不断变化的，

而企业又是被市场牵着鼻子走的，因此“你走我也走”，“你变我也变”。在计划实施过程中，当企业外部环境发生未能预期到的变化时，应对计划做出相应调整。这也是保证计划能够切实可行的最重要途径。这种调整可看作企业营销计划制定的“后期阶段”。当然应该注意的是，调整和修改计划不能过多或太随意，只有当市场变化太大，不得不调整时才可进行，否则会使计划丧失其权威性，甚至动摇企业各部门及其员工实现营销计划的信心。

22.2.2 制订的步骤

营销计划制订的步骤如下。

1. 第一步：“市场审计”

在制订营销计划时首先应对企业面临的市场进行认真的调研，此阶段可称作“市场审计”，也是“知彼”的阶段，这是制订计划的准备阶段。它为最终完成营销计划奠定坚实的基础。

2. 第二步：充分了解并掌握自身企业实际情况

这是制订计划的另一个重要依据，也是“知己”的阶段。

3. 第三步：各个部门群策群力

企业的营销计划作为企业未来一个时期的工作指南，涉及企业的各个部门，而且一旦确定并颁行，就要求整个企业的各个部门去齐心协力地实施、全力以赴地完成。因而，计划的制订就不应只是计划部门一家的事情，应当广泛听取各部门的意见，吸收采纳其合理和正确的意见与建议。在计划草拟成文之后，还需反复征询各方意见，以使营销计划真正切入企业实际及特点，更准确地反映市场运行规律，适应市场变化的脉搏。

4. 第四步：由远及近，先长后短

营销计划分为长、中、短期来制定。在制订计划时既不能将之含混和笼统，亦不能把它们完全割裂开来，同时也不能将它们的次序颠倒。具体而言，在制订计划时，避免采用长、中、短期计划被混在一起的“一揽子”计划，那样的计划内容表述势必含糊不清；任务、目标、方法等重要方面都将不可能明确、具体；而且在执行、实施上也不便操作，在检查、考核计划完成情况时，更会出现困难。因此，各期计划必须是分开、分别制定，制订时要照顾它们之间的有机联系。中、短期计划要贯彻长期计划精神，分担长期计划的任务目标，短期计划要贯彻落实中期计划的任务目标。从而做到方向一致、相互支持，且各有侧重及特色。一般而言，计划时间越短，越应具体。在制订的顺序上，应首先着眼于长期，其次为中期，最后是短期。这个次序不能颠倒，因为，它们之间的逻辑、辩证关系和各自的特点决定了必须这样才更为科学。

22.3 营销计划书的主要内容

一个全面的、优秀的市场营销计划书至少应包括以下内容：计划摘要、分析面临的形势、目标、策略、营销组合方案、财务文件、计划的控制方法、可能的其他方案以及关键问题出现的应对方法等。

22.3.1　计划摘要的编制

我们知道，审核年度营销计划的高级经理主要是 CEO、营销主管和财务主管，同时参与讨论的还有其他相关部门的高级主管。这些高级经理通常要处理很多问题，因此，在正式阅读计划之前对计划的主要内容做一个摘要放在文件的开头部分，将会很有帮助。高级经理可以立即了解计划的主要内容，同时可以挑出自己认为的关键部分进行了解。

计划的摘要主要是简单描述目前的形势、选择的战略、制定的目标、主要的行动步骤和可能的财务结果。这个部分一般有 2～3 页，占整个计划长度的 10%左右。

22.3.2　对于面临的形势分析

对于面临的形势分析，是年度销售计划制定的重要依据。我们可以采用 SWOT 分析法，即企业的优劣势分析以及竞争威胁和存在的机会，通过 SWOT 分析，销售负责人以及销售团队可以从中了解市场竞争的格局及态势，并结合企业的缺陷和机会，整合和优化资源配置，使其利用最大化。比如，通过市场分析，可以很清晰地知道了产品的市场现状和未来趋势。产品(档次)向上走，渠道向下移(通路精耕和深度分销)，寡头竞争初露端倪，营销组合策略将成为下一轮竞争的热点等。

对于面临的形势分析，应着重分析以下内容。

1. 产品类别分析

包括产品类别市场、市场规模、销售历史、各品牌的市场份额、相关产品的发展形势；产品类别的主要活动如广告、促销、分销渠道、价格变动、新产品上市速度及表现、主要的管理人员异动；销售成本、毛利变化；技术的改进对产品类别的影响，尤其是注意可替代性产品品牌的活动以及划时代的科技革新对产品生命周期和盈利能力的影响；政府政策和社会环境；产品类别对市场的吸引力……

2. 销售历史分析

包括各市场销售数据和市场贡献份额、公司的总体份额、各市场的盈利能力、发展潜力和趋势、各品种的销售数据等。

3. 竞争品牌分析

包括在品牌力、产品力、执行力、公司财力、管理能力、技术能力等方面进行比较分析，弄清楚自己的长短优劣；在主要的市场比较销售数据、营销投入、执行结果、策略的优劣等。

4. 消费者分析或者客户分析

消费者分析一般都从几个方面着手进行分析：年龄、性别、民族、生活习惯、区域、国家、家庭收入等。研究消费者不仅仅局限于消费者的消费行为，对于消费者的人口统计特征、生活态度及其他行为的分析研究，也将有助于对产品品牌的深入了解，并为生产企业改良产品特质、制定营销策略、编制媒体投放计划等，起到基础性的，甚至是关键性的作用。

案例 22-2　某方便面的消费者分析

每月消费 11 袋者，占消费者总数的 19%

如果我们把食用方便面的消费者分为轻度消费者(每月消费 2 袋碗桶或以下)、中度消费者(每月消费 3～10 袋碗桶)和重度消费者(每月消费 11 袋碗桶或以上)，那么，20 个城市重度消费者占消费者总人数的 19%，轻度消费者占总数的 22%，中度消费者占总数的 55%。虽然重度消费者仅占全部消费者的 19%，但其消费量却占总消费量的 45%，可见重度消费者的重要性。

男性略多于女性，年轻人多于年老者

那么，食用方便面的消费者是怎样的一群？新生代 1999 年“中国市场与媒体研究”结果显示，单身上班族及青年学生是方便面的忠实消费群，特别是男性群体，重度消费者占 53.3%，比调查总体男性 51.5%略高。另外，与此相对应的是女性重度消费者占 46.7%，低于男性 6.6 个百分点。

从重度消费者的年龄分布来看，重度消费者的分布从年轻到年老逐步降低；与调查总体相比，在 15～24 岁年龄段，重度消费者的比例达到 29.2%，远高过调查总体 23.4%的水平；在 55～64 岁年龄段，则正好相反，调查总体在此年龄段的比例为 11.4%，而重度消费者的比例为 7.5%。可见，对于方便面产品而言，年轻群体更偏好，而老年群体则对此类产品不是很感兴趣。

单身和学生群体消费欲望最高

从重度消费者的婚姻状况来看，以已婚人士为多数，但与调查总体相比，单身者的比例高出调查总体 5 个百分点，可见单身人士消费方便面的热情更高。

从重度消费者的工作状况来看，在人数上还是以全时性固定工作占了 46%；此外，学生群体占了总消费群的 17%，此比例高出其在调查总体比例中的 5%，可见，方便面更符合学生群体的快节奏的生活方式、图方便的心理特点，因而更容易赢得他们的喜爱。

综上所述，年轻男性对方便面的消费倾向性最高。这可能与他们在饮食方面较为马虎，加上工作与学习较为繁忙有关。这样，方便面在其生活中，既可以当点心、夜宵，又可以当正餐，因而成为其真正的方便食品。

(资料来源：百度知道.http://zhidao.baidu.com.)

讨论：消费者分析对于制订销售计划起着什么样的作用？

5. 计划的前提

任何计划都是依据一定的前提制订的，当前提发生了变化，计划也必须跟着调整，否则计划就变成了刻舟求剑，反而制约了营销工作。

22.3.3　营销目标的制定

营销目标是一切营销工作的出发点和落脚点，因此，科学、合理的目标制定也是年度销售计划的最重要和最核心的部分。这些目标包括：公司整体目标、各市场分目标以及营销目标(销售额、销售数量、市场份额、品牌知名度、利润等，有时候现金流也在包括范围之中)。

那么，如何制定营销目标的呢？方法比较多，下面是常见的一种方法。

首先，根据上一年度的销售数额，根据市场情况，按照一定增长比例，比如 20%或 30%，确定当前年度的销售数量。

其次，销售目标不仅体现在具体的每一个月度，而且还责任到人，量化到人，并细分到具体市场。

最后，权衡销售目标与利润目标的关系，做一个经营型的营销人才，具体表现就是合理的产品结构，将产品销售目标具体细分到各层次产品，从而更好地控制产品销量和利润的关系。销售目标的确认，使销售团队有了冲刺的对象，也使其销售目标的跟踪有了基础，从而有利于销售目标的顺利达成。

22.3.4 营销策略

营销策略是营销战略的战术分解，是顺利实现企业销售目标的有力保障。

案例 22-3 李经理的营销策略

李经理根据方便面行业的运作形势，结合自己多年的市场运作经验，制定了如下的营销策略。

一、产品策略。坚持差异化，走特色发展之路，产品进入市场，要充分体现集群特点，发挥产品核心竞争力，形成一个强大的产品组合战斗群，避免单兵作战。

二、价格策略。高质、高价，产品价格向行业标兵看齐，同时，强调产品运输半径，以600公里为限，实行"一套价格体系，两种返利模式"，即价格相同，但返利标准根据距离远近不同而有所不同的定价策略。

三、通路策略。创新性地提出分品项、分渠道运作思想，除精耕细作，做好传统通路外，集中物力、财力、人力、运力等企业资源，大力度地开拓学校、社区、网吧、团购等一些特殊通路，实施全方位、立体式的突破。

四、促销策略。在"高价位、高促销"的基础上，开创性地提出了"连环促销"的营销理念，它具有如下几个特征。

第一、促销体现"联动"，牵一发而动全身，其目的是大力度地牵制经销商，充分利用其资金、网络等一切可以利用的资源，有效挤压竞争对手。

第二、连环的促销方式至少两个以上，比如销售累积奖和箱内设奖同时出现，以充分吸引分销商和终端消费者的眼球。

第三、促销品的选择原则求新、求奇、求异，即要与竞品不同，通过富有吸引力的促销品，实现市场"动销"，以及促销激活通路、通路激活促销之目的。

五、服务策略，细节决定成败，在"人无我有，人有我优，人优我新，人新我转"的思路下，在服务细节上狠下工夫。提出了"5S"温情服务承诺，并建立起"贴身式"、"保姆式"的服务观念，在售前、售中、售后服务上，务求热情、真诚、一站式等。通过营销策略的制定，李经理胸有成竹，也为其目标的顺利实现做了一个良好的开端。

(资料来源：IT世界网.http://www.it.com.cn.)

讨论：你认为营销策略至少应该涉及哪些内容？

22.3.5 人员规划和团队管理

营销计划的完成，离不开强有力的人员保证和团队战斗力。

案例 22-4 李经理的人员规划和团队管理

在这个模块，李经理主要锁定了两个方面的内容。

一、人员规划，即根据年度销售计划，合理人员配置，制定了人员招聘和培养计划，比如，2006年销售目标5个亿，公司本部的营销员队伍要达到200人，这些人要在什么时间内到位，落实责任人是谁等，都有

一个具体的规划明细。

二、团队管理，明确提出打造“铁鹰”团队的口号，并根据这个目标，采取了如下几项措施。

1. 健全和完善规章制度。从企业的“典章”、条例这些“母法”，到营销管理制度这些“子法”，都进行了修订和补充。比如，制定了《营销人员日常行为规范及管理规定》、《营销人员“三个一”日监控制度》、《营销人员市场作业流程》、《营销员管理手册》等。

2. 强化培训，提升团队整体素质和战斗力。比如，制定了全年的培训计划，培训分为企业内训和外训两种，内训又分为潜能激发、技能提升、操作实务等。外训则是选派优秀的营销人员到一些大企业或大专院校、培训机构接受培训等。

3. 严格奖惩，建立良好的激励考核机制。通过定期晋升、破格提拔、鼓励竞争上岗、评选营销标兵等形式，激发营销人员的内在活力。李经理旨在通过这一系列的团队整合，目的是强化团队合力，真正打造一支凝聚力、向心力、战斗力、爆发力、威慑力较强的“铁血团队”。

(资料来源：IT世界网.http://www.it.com.cn.)

22.3.6 财务文件

财务文件主要是两个方面。

(1) 营销预算。包括费用预算、销售收入预算、品种销售数量预算、调查预算等。

(2) 成本、收益和利润预测。

案例 22-5 李经理的销售费用预算

销售费用的预算是李经理销售计划中的重要内容。销售费用是在销售目标达成后，企业投入费用的产出比。比如，李经理所在的方便面企业，销售目标5亿元，其中，工资费用：500万元，差旅费用：300万元，管理费用：100万元，培训、招待以及其他杂费等100万元，合计1 000万元，费用占比2%，通过费用预算，李经理可以合理地进行费用控制和调配，使企业的资源“好钢用在刀刃上”，以求企业的资金利用率达到最大化，从而不偏离市场发展轨道。

(资料来源：IT世界网.http://www.it.com.cn.)

22.3.7 计划的控制方法

这部分内容包括：确定关键的指标和控制阶段，以便及时衡量计划执行结果，及时找出差异，分析原因，并解决问题。

制订计划的控制方法旨在发现营销计划执行中出现的偏差，并及时予以纠正，帮助计划顺利执行，检查计划实现情况的营销控制活动。一个企业有效的计划控制方法应实现以下具体目标。

(1) 促使营销计划产生连续不断的推动力。

(2) 使年度控制的结果成为年终绩效评估的依据。

(3) 发现企业潜在的问题并及时予以解决。

(4) 企业高层管理人员借助年度计划控制监督各部门的工作。

22.3.8 可能的其他方案以及关键问题出现时的应对方法

在营销计划中，还需要说明有没有其他的方案以及采纳的条件；同时对于出现一些关键的问题而导致计划可能无法顺利实施，也应做出说明并提出对策。

本项目知识要点

(1) 市场营销计划书是企业按照经营目标，依照市场调查、预测与决策等，对商品销售从时空和人力、物力和财力上做出具体安排。

(2) 市场营销计划制订的步骤：市场审计、充分了解并掌握自身企业实际情况、各个部门群策群力、由远及近、先长后短。

(3) 市场营销计划书的主要内容包括：计划摘要、分析面临的形势、目标、策略、营销组合方案、财务文件、计划的控制方法、可能的其他方案以及关键问题出现的应对方法等。

思 考 题

(1) 什么是市场营销计划？

(2) 市场营销计划有什么作用？

(3) 市场营销计划有什么特点？

(4) 制订营销计划的原则有哪些？

(5) 制订市场营销计划的步骤有哪些？

实 训 项 目

制定市场营销计划书：

(1) 分组进行讨论，商定为模拟企业制订市场营销计划的程序以及内容。

(2) 试为你的模拟企业制定一份下年度的市场营销计划书。

(3) 课外实训：在市场调研的基础上，分组为一家企业制订一份市场营销计划书。请注意各位同学在制订过程中的分工合作。

参 考 文 献

[1] 刘伟东，陈风杰．中小企业现代经营[M]．大连：东北财经大学出版社，2002.
[2] 甘德安．中国家族企业研究[M]．北京：中国社会科学出版社，2002.
[3] 范军．中小企业管理[M]．上海：复旦大学出版社，2004.
[4] 李军，吴昊，熊飞．经营一个企业[M]．北京：机械工业出版社，2005.
[5] 陈国生，康健，戴旻．工商企业管理实务[M]．北京：对外经济贸易大学出版社，2007.
[6] [美]邓•皮泊斯．客户关系管理[M]．郑先炳，译．北京：中国金融出版社，2006.
[7] 江林．顾客关系管理[M]．北京：首都经济贸易大学出版社，2005.
[8] 林成安．促销管理[M]．北京：北京工业大学出版社，2004.
[9] 韩国现代管理研究所．促销战，促销经[M]．金贞希，译．北京：电子工业出版社，2006.
[10] 杨明刚．市场营销100个案与点析[M]．上海：华东理工大学出版社，2004.
[11] 陈黎明．经理人必备税务筹划[M]．北京：石油工业出版社，2000.
[12] 刘文秦．如何做好财务主管[M]．北京：中国财政经济出版社，2000.
[13] 卢家仪，蒋冀．财务管理[M]．北京：清华大学出版社，1997.
[14] 李家龙．中小企业市场营销[M]．北京：清华大学出版社，2006.
[15] 吴长顺．营销学教程[M]．北京：清华大学出版社，2005.
[16] 刘桂萍．人力资源管理[M]．北京：经济科学出版社，2006.
[17] 林汉川，邱红．中小企业管理教程[M]．上海：上海财经大学出版社，2006.
[18] 林汉川，邱红．中小企业战略管理[M]．北京：对外经济贸易大学出版社，2006.
[19] 余伟萍．品牌管理[M]．北京：清华大学出版社，2007.
[20] 吴晓，李立轩．中小企业人力资源管理与开发[M]．北京：清华大学出版社，2005.
[21] 付亚和．中小企业人力资源管理[M]．北京：中国经济出版社，1999.
[22] 单凤儒．企业管理[M]．北京：高等教育出版社，2004.
[23] 叶生．企业灵魂：企业文化管理完全手册[M]．北京：机械工业出版社，2005.
[24] [美]斯蒂芬•P. 罗宾斯．管理学[M]．7版．孙健敏，译．北京：中国人民大学出版社，2004.
[25] [美]斯蒂芬•P. 罗宾斯．组织行为学[M]．7版．孙健敏，译．北京：中国人民大学出版社，1997.
[26] 陈丰．创业培训核心课程[M]．北京：中国劳动社会保障出版社，2006.
[27] [美]玛利亚•汤斯利．中小企业生存指南[M]．江春，译．北京：中国人民大学出版社，2006.
[28] 窦胜功. 组织行为学教程[M]. 北京：清华大学出版社，2005.
[29] 徐盛华. 现代企业管理学[M]. 北京：清华大学出版社，2006.
[30] 张一弛. 现代人力资源管理[M]. 北京：北京大学出版社，2007.
[31] 国务院法制办公室. 中华人民共和国公司法[S]. 北京：中国法制出版社，2005.
[32] 吕宏程. 大学生创业的主要风险及对策分析[J]. 中国市场，2011，14.
[33] 黄翔，高树林. 突破成本领先战略的困境[J]. 企业管理，2006，4.